Renate Gerlach

Flußdynamik des Mains unter dem Einfluß des Menschen seit dem Spätmittelalter

FORSCHUNGEN ZUR DEUTSCHEN LANDESKUNDE

Herausgegeben von den Mitgliedern des Zentralausschusses für deutsche Landeskunde e. V. durch Gerold Richter

FORSCHUNGEN ZUR DEUTSCHEN LANDESKUNDE
Band 234

Renate Gerlach

Flußdynamik des Mains unter dem Einfluß des Menschen seit dem Spätmittelalter

1990
Zentralausschuß für deutsche Landeskunde, Selbstverlag, 5500 Trier

Zuschriften, die die Forschungen zur deutschen Landeskunde betreffen, sind zu richten an:

Prof. Dr. G. Richter, Zentralausschuß für deutsche Landeskunde, Universität Trier, Postfach 3825, D-5500 Trier

Schriftleitung: Dr. Reinhard-G. Schmidt

ISBN: 3-88143-045-8

Alle Rechte vorbehalten

Fotosatz: Satz & Text, Inh.: Hedwig M. Kapp, Trier, Telefon (0651) 36605
Reproduktion und Druck: Paulinus-Druckerei GmbH, Fleischstraße, Trier

VORWORT

Die vorliegende Arbeit entstand als Dissertation an der Mathematisch-Naturwissenschaftlichen Fakultät der Heinrich-Heine-Universität Düsseldorf bei Herrn Professor Schirmer an der Abteilung Geologie/Geographisches Institut. Ihm vor allem und allen Kommilitonen und Kommilitoninnen, die zum Gelingen der Arbeit beigetragen haben, sei für ihre ideelle, geistige und materielle Unterstützung gedankt.

Außerhalb des universitären Rahmens, in dem meine Doktorarbeit hauptsächlich durch Diskussionen vorangetrieben wurde, erfuhr ich sachliche und fachliche Unterstützung durch die Mitarbeiter der Staatsarchive Würzburg und Bamberg, des Hauptstaatsarchives München, der Stadtarchive Schweinfurt, Bamberg und Lichtenfels und der Staatsbiliotheken Bamberg und München.

Von allen Behörden, die mir bei der Recherche behilflich waren, sei hier stellvertretend das Wasserwirtschaftsamt Bamberg genannt, wo Hr. Walther die Einsicht in alte Stromkarten ermöglichte. Für die vielen kleinen „Alltagshilfen" danke ich meinen Freunden in Bamberg und Würzburg.

Finanziell wurde die Arbeit durch folgende Personen und Institutionen gefördert:

Stiftung Volkswagenwerk: Projekt „Wechselbeziehung zwischen menschlicher Aktivität und Flußgeschehen" (Leitung Professor W. Schirmer).

Deutsche Forschungsgemeinschaft: Projekt „Flußdynamik und Schotterbau im Talgrund mitteleuropäischer Flüsse" (Leitung Professor W. Schirmer).

Herrn Landrat Walter Keller, Landratsamt Hassfurt.

Herrn Landrat Karl Beck, Landratsamt Schweinfurt.

Darüber hinaus wurde ich während der Erstellung der Dissertation durch ein persönliches Graduiertenstipendium des Landes Nordrhein-Westfalen unterstützt.

Der Zentralausschuß für deutsche Landeskunde ermöglichte die Aufnahme der Arbeit in die vorliegende Reihe.

Renate Gerlach

INHALTSVERZEICHNIS

	Vorwort	5
1.	Einleitung	13
1.1	Untersuchungsraum und -zeit	13
2.	Geologie und Naturraum	16
3.	Aufbau des Talgrundes	19
4.	Hydrologie	23
5.	Die Entwicklung des Mains seit dem Spätmittelalter	28
5.1	Talabschnitt: Marktzeuln/Hochstadt — Schwürbitz	28
5.2	Talabschnitt: Michelau — Seubelsdorf	35
5.3	Talabschnitt: Reundorf — Wiesen	42
5.4	Talabschnitt: Döringstadt — Ebensfeld	51
5.5	Talabschnitt: Unterbrunn — Ebing	56
5.6	Talabschnitt: Unteroberndorf — Kemmern	63
5.7	Talabschnitt: Hallstadt — Bischberg/Gaustadt	71
5.8	Talabschnitt: Oberhaid — Rosstadt	79
5.9	Talabschnitt: Dippach — Zeil	83
5.10	Talabschnitt: Knetzgau — Hassfurt	92
5.11	Talabschnitt: Wülflingen — Untereuerheim	97
5.12	Talabschnitt: Gädheim — Mainberg	103
5.13	Talabschnitt: Schweinfurt — Sennfeld	106
5.14	Talabschnitt: Oberndorf — Grafenrheinfeld	112
5.15	Talabschnitt: Garstadt — Hirschfeld	120
5.16	Das Bewegungsprofil des Mains von 1400 bis 1900	123
6.	Die Eingriffe des Menschen in den Fluß	125
6.1	Uferschutz und Korrektion	125
6.2	Mühlen	136
6.3	Bewässerungsräder	143
6.4	Fischfanganlagen	144
6.5	Brücken	146
6.6	Uferabbrüche durch die Flößer	148
7.	Die Mainhochwässer: 1400 — 1900	151
8.	Die Aktivitätsphasen des Mains	155

9.	Der natürliche Zustand des Mains vor der Korrektion	158
9.1	Der Zustand eines Flusses: Mäandrierend oder Verzweigt	158
9.2	Der Zustand des Mains vor dem 19. Jahrhundert	163
10.	Die Ursachen der Aktivitätsphasen	168
10.1	Vorüberlegungen	168
10.2	Die Frage nach den Bildungsbedingungen spätholozäner Terrassen in der Literatur	170
10.3	Ausdehnung und Veränderung des Kulturlandes	172
	Landnahme und frühmittelalterlicher Ausbau	172
	Rodung und Ausbau im Hochmittelalter	173
	Die Entwicklung des Weinbaus	174
	Wüstungen und Kriegsschäden	175
	Der Wald von der Frühen Neuzeit bis zum Ende des 19. Jh.	177
	Die Landwirtschaft in der Frühen Neuzeit bis zum 18. Jh.	178
	Die Landwirtschaft im 19. Jh.	179
10.4	Klimaschwankungen in historischer Zeit	180
10.5	Ergebnis: Die Ursachen spätholozäner Terrassenbildung am Main	183
11.	Zusammenfassung	186
	Anmerkungen	188
	Anhang 1: Historische Maßangaben	218
	Anhang 2: Die großen Mainhochwässer von 1400 bis 1900	219
	Anhang 3: Index der Winterstrenge und Wintermilde	224
	Schriftenverzeichnis	225
	Kartenverzeichnis	239
	Quellenverzeichnis	240

VERZEICHNIS DER ABBILDUNGEN

Abb. 1	Untersuchungsgebiet	14
Abb. 2	Naturräumliche Gliederung (EMMERICH 1951, S. 17)	16
Abb. 3	Geologie der Talumrahmung (nach SCHWARZMEIER 1980)	17

Abb. 4	Schematische Übersicht des würmzeitlichen und holozänen Terrassensystems im Talgrund von Main und Regnitz (SCHIRMER 1983, S. 6)	20
Abb. 5	Jahresgang des Abflusses (Weißer Main, Obermain, Mittelmain und Pegnitz) (nach SPÄTH 1978, S. 32; KELLER 1978, S. 128)	26
Abb. 6	Die Rodachmündung bei Gruben 1719 [Ba/B 67 (12), 115]	31
Abb. 7	Uferschäden am Main zwischen Hochstadt und Schwürbitz 1806 [Ba/A 240, R 1257]	32
Abb. 8	Die Hochstadter Mühle in der Aufsicht 1806 [Ba/A 240, R 1257]	33
Abb. 9	Übersichtskarte für den Talabschnitt: Marktzeuln/Hochstadt — Schwürbitz	34
Abb. 10	Lichtenfels 1733 [Ba/A 240, T 789]	37
Abb. 11	„Grund-Riss über den vorhabenden Wasser-Bau zu Michelau Anno 1742" [Ba/B 54, 2069]	38
Abb. 12	Lage der Stauwehre und Mühlen bei Lichtenfels	40
Abb. 13	Übersichtskarte für den Talabschnitt: Michelau — Seubelsdorf	41
Abb. 14	Aufbau des Talgrundes bei Reundorf und Schönbrunn (SCHIRMER 1980, D14/15)	43
Abb. 15	Ausschnitt aus dem Plan der Zent Staffelstein 1508 (skizziert nach dem Original im Rathaus Staffelstein)	44
Abb. 16	Main zwischen Hausen und der Mittelau im frühen 18. Jh. [Ba/A 240, R 472]	46
Abb. 17	Strittige Uferschutzbauten bei Unnersdorf 1740 [Ba/B 67 (15), 776]	47
Abb. 18	Übersichtkarte für den Talabschnitt: Reundorf — Wiesen	49
Abb. 19	Aufbau des Talgrundes bei Ebensfeld (SCHIRMER 1980, E12)	51
Abb. 20	Geplanter Durchstich bei Oberbrunn 1778 [Ba/B 67 (15), 652 II]	54
Abb. 21	Übersichtskarte für den Talabschnitt: Döringstadt — Ebensfeld	55
Abb. 22	Main und Maindurchbruch zwischen Zapfendorf und Ebing 1617 [Ba/B 67 (15), 531 a]	57
Abb. 23	„Eigenttlicher Abriss des Meinfluss" zwischen Unterleiterbach und Ebing 1702 [Ba/B 67 (15), 463]	58
Abb. 24	Flußverlagerung bei Ebing ab dem 19. Jh. (Flurkarten 90/21 + 89/21) (NAGEL & SCHIRMER)	60
Abb. 25	Wasserschöpfrad am Main bei Unterbrunn 1735 (Ba/Standb. 4415, nach JAKOB 1986, S. 387)	61
Abb. 26	Übersichtskarte für den Talabschnitt: Unterbrunn — Ebing	62
Abb. 27	Main und Maindurchbruch zwischen Breitengüßbach und der Itzmündung 1631 [Ba/A 240, R 928]	65
Abb. 28	Main bei der Breitengüßbacher Überfahrt 1659 (Ba/B 110, 94, nach JAKOB 1986, S. 384)	67
Abb. 29	Uferabbrüche durch den Main unterhalb Kemmern 1820 [Ba/K 200 II, 5007]	68

Abb. 30	Flußverlagerung zwischen Breitengüßbach und Kemmern ab dem 19. Jh. (Flurkarten 88/22 + 88/23) (NAGEL & SCHIRMER)	69
Abb. 31	Übersichtskarte für den Talabschnitt: Unteroberndorf — Kemmern	70
Abb. 32	Main und Regnitz zwischen Hallstadt und Bischberg/Bamberg 1606 [Mü/PLS 11564]	72
Abb. 33	Main und Regnitz zwischen Hallstadt und Bischberg/Bamberg 1630 [Ba/B 46c, 614]	73
Abb. 34	Der Regnitzdurchbruch bei Gaustadt 1732 [Ba/A 240, R 777]	74
Abb. 35	Uferschäden und geplante Uferschutzbauten unterhalb Hallstadt 1742 [Ba/B 67 (15), 421]	74
Abb. 36	„Plan des Mains von der Hallstadter Mainmühle bis Bischberg" aufgenommen von dem Ingenieur Droßbach 1808 [Mü/PLS 9366]	75
Abb. 37	Übersichtskarte für den Talabschnitt: Hallstadt — Bischberg/Gaustadt	78
Abb. 38	Aufbau des Talgrundes bei Viereth und Staffelbach (SCHIRMER 1980, S. F9)	80
Abb. 39	Übersichtskarte für den Talabschnitt: Oberhaid — Rosstadt	82
Abb. 40	Strittige Anschütt und der Main zwischen Eltmann und Sand 1579 [Mü/PLS 10303]	84
Abb. 41	Plan des Amtes Schmachtenberg von Petrus Zweidler 1598 [StaBi. Ba/H.V.G. 2/22]	85
Abb. 42	Main zwischen Eltmann und Steinbach 1630 [Wü/Pläne I, 371]	86
Abb. 43	Main zwischen Eltmann und Ziegelanger 1705 [Wü/Gebr. A. IV E, 222]	86
Abb. 44	Der Maindurchbruch bei Ziegelanger 1718 [Mü/PLS 11565]	88
Abb. 45	Main zwischen Limbach und Ziegelanger im letzten Drittel des 18. Jh. [Ba/A 240, R 927]	89
Abb. 46	Übersichtskarte für den Talabschnitt: Dippach — Zeil	91
Abb. 47	„Abryß ao: 1582. So Hassfurther undt Augsveltter, wie auch gegen Knezgau undt Closter Marienburgh der fluvius Moeni die marckhung scheidtet" [Wü/Pläne I, 488]	93
Abb. 48	Der Maindurchbruch bei Augsfeld 1679 [Wü/Plane I, 485]	94
Abb. 49	Main zwischen Zeil und Hassfurt um 1740 [Wü/Gebr. A. IV W, 827]	95
Abb. 50	Übersichtskarte für den Talabschnitt: Knetzgau — Hassfurt	96
Abb. 51	Main zwischen Hassfurt und Obertheres 1674 [Wü/Pläne I, 396]	99
Abb. 52	Das Schaumburgische Altwasser und der Main bei Wonfurt und Obertheres 1603/04 [Ba/B 46 c, 831]	100
Abb. 53	„Situations Charte vom Maynstrom auf Horhauser Marckung" 1808 und 1828 [Wü/Pläne I, 339]	100
Abb. 54	Übersichtskarte für den Talabschnitt: Wülflingen — Untereuerheim	102

Abb. 55	Stromspaltung und Wasserbau bei Weyer und Forst 1685 (skizziert nach WÜ/Gebr. A. IV M, 16)	104
Abb. 56	Übersichtskarte für den Talabschnitt: Gädheim — Mainberg	105
Abb. 57	Details der Schweinfurter Wehranlagen: a) Wehrloch, b) Mühlwerk um 1800 (aus dem Skizzenbuch eines Zimmermannes, nach STADT SCHWEINFURT 1985, S. 80)	108
Abb. 58	Pflöckeeinschlagen gegen den Eisgang um 1800 (aus dem Skizzenbuch eines Zimmermannes, nach STADT SCHWEINFURT 1985, S. 81)	109
Abb. 59	Die Schweinfurter Wehranlagen um 1830 (KÜSPERT 1929, Beilage)	109
Abb. 60	Übersichtskarte für den Talabschnitt: Schweinfurt — Sennfeld	111
Abb. 61	Lage der alten Siedlung Rheinfeld und der alten Maindämme (HAHN et ali. 1976, S. 18)	113
Abb. 62	Main zwischen Oberndorf und Grafenrheinfeld 1590 (Original im Stadtmuseum Schweinfurt, nach SCHÖNER 1970, S. 14, 15)	115
Abb. 63	Uferschutzbauten und Dämme bei der Bergrheinfelder Überfahrt 1672 [Wü/Geb. A. III G, 56]	117
Abb. 64	Main zwischen Oberndorf und Grafenrheinfeld 1686 [Wü/Pläne I, 325]	117
Abb. 65	Die Einmündung des Wilden Sees und des Heidenfelder Mühlbaches in den Main 1599 (skizziert nach Wü/Geistl. 1460)	121
Abb. 66	Übersichtskarte für den Talabschnitt: Oberndorf — Grafenrheinfeld und für den Talabschnitt: Garstadt — Hirschfeld	122
Abb. 67	Grafische Zusammenfassung aller Wasserbauten und Uferschäden im Untersuchungsgebiet und ihr 10jähriges Mittel von 1400 bis 1900	124
Abb. 68	Erbauung, Existenz und Abriß der Mainmühlen im Untersuchungsgebiet	138
Abb. 69	Historische Mainmühlen im Untersuchungsgebiet (im 15. Jh.)	139
Abb. 70	Umbildung in der Staustrecke einer Wehranlage (SCHAFFERNAK 1950, S. 33).	141
Abb. 71	Örtliche Umbildung unterhalb einer Wehranlage (SCHAFFERNAK 1950, S. 41)	142
Abb. 72	„Abriß" eines Schöpfrades von Peter Carl aus dem Jahre 1606 (BRENNER 1983, S. 21)	143
Abb. 73	Räumliche Änderung der Fließrichtung an einem Brückenpfeiler (SCHAFFERNAK 1950, S. 10)	146
Abb. 74	Historische Mainbrücken im Untersuchungsgebiet (im 15./16. Jh.)	147
Abb. 75	Grafische Darstellung der großen Mainhochwasser und ihr 10jähriges Mittel von 1400 bis 1900	153
Abb. 76	Aktivitätsphasen des Mains von 1400 bis 1900	156
Abb. 77	Wasserbewegung in einem Mäander (WUNDT 1953, S. 23)	159
Abb. 78	Entstehung einer Flußverzweigung im Experiment (LEOPOLD & WOLMAN 1957, S. 46)	160

Abb. 79   Ursachen der Aktivitätsphasen (mit den Daten der Klima- und Siedlungsgeschichte von 1400 bis 1900)   184

VERZEICHNIS DER TABELLEN

Tab. 1   Hydrologische Daten des Mains und seiner Nebenflüsse   24
Tab. 2   Ausgewählte Klimadaten des Main-Einzugsgebietes   25
Tab. 3   Künstliche Durchstiche und die durch sie entstandenen Verkürzungen   133
Tab. 4   Jahreszeitliche Differenzierung der großen Mainhochwasser (1400—1900)   152
Tab. 5   Der Zustand des Mains um 1800 und Heute   163
Tab. 6   Durchschnittliche Flußbreite   164

1. EINLEITUNG

Zu einer Zeit in der „Natur" an sich schon fast der Vergangenheit angehört, stößt die Beschäftigung mit Naturgeschichte auf vermehrtes Interesse. Diese Untersuchung soll ein Beitrag zum historischen Verständnis des Ökosystems am Beispiel des Faktors Fluß sein. Die Flüsse gehörten immer zu den auffallendsten Phänomenen in unserer Umwelt. Sie waren lebensnotwendig und bedrohlich zugleich. Heute sind sie selbst lebensgefährlich bedroht. Es ist Aufgabe der Geowissenschaften, die Entwicklung unserer Täler zu rekonstruieren. Dabei verzahnen sich im Holozän Erd- und Kulturgeschichte in zunehmendem Maße. Die Grundidee dieser Untersuchung war es, eine Synthese zwischen Kultur- und Naturgeschichte zu erstellen. Geowissenschaftliche Fragestellungen und Ergebnisse wurden daher mit historischer Quellenforschung verknüpft. Aus dieser interdisziplinären Betrachtung ergab sich zum einen eine ganzheitliche Geschichte des Ökofaktors Fluß am Beispiel des Mains, und zum anderen bot dieser Arbeitsansatz die Chance, das aktualistische Prinzip in der Geologie zu durchbrechen. Denn für die jüngsten Abschnitte des Quartär können schriftliche Zeugnisse einen unmittelbaren Einblick in vergangene natürliche oder anthropogene Vorgänge geben, die zur Ausformung unserer Umwelt führten.
Der erste Teil der Untersuchung widmet sich der konkreten Geschichte des Mains unter der Berücksichtigung der natürlichen und anthropogenen Bedingungen. Im zweiten Teil steht die Rekonstruktion der flußdynamischen Verhältnisse im Vordergrund. Dort werden gleichsam die historischen Momentaufnahmen zu einem Film über die Mobilität des Mains zusammengesetzt. Ein Kernproblem ist dabei die Frage nach den Entstehungsbedingungen der holozänen Ablagerungen, die die heutige Talaue aufbauen: Steuerte die Natur sich noch selbst oder konnte in historischer Zeit der Mensch bereits tief in das natürliche flußdynamische Geschehen und damit in einen Teil der inneren ökologischen Steuerungsmechanismen eingreifen?

1.1 UNTERSUCHUNGSRAUM UND -ZEIT

An kaum einem anderem Fluß ist die holozäne Talgeschichte und der Aufbau des Talgrundes so umfassend erforscht wie am Main. Auf der Grundlage der Terrassengliederung von SCHIRMER war eine historische Rekonstruktion der Entstehungsbedingungen möglich. Das 105 km lange Maintal zwischen Rodachmündung und Hirschfeld am Ausgang des Schweinfurter Beckens enthält alle Typuslokalitäten der spätglazialen-holozänen Main-Regnitzterrassen (Abb. 1).

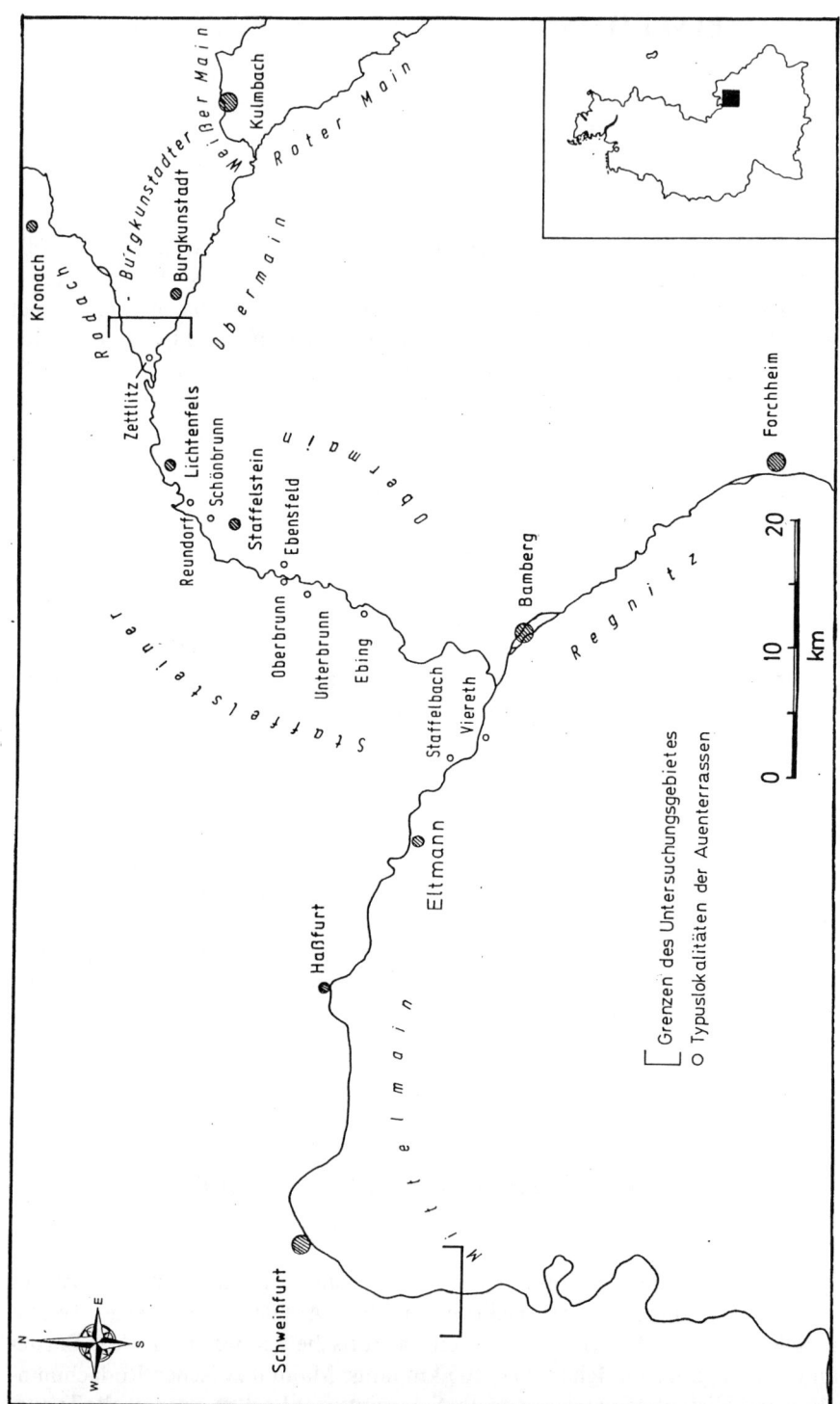

Abb. 1: Untersuchungsgebiet

Da Mittel- und Untermain von den Abflußcharakteristika des Obermains und des oberen Mittelmains (mit dem Einfluß der Regnitz) bestimmt werden, ist der gewählte Flußabschnitt in hydrologischer Hinsicht repräsentativ für den gesamten Main. Der Untersuchungsraum endet an der südlichen Flurgrenze des Ortes Hirschfeld, dort wo auch die Talweitung des Schweinfurter Beckens in die Muschelkalk-Engtalstrecke mündet. Von hier ab ändert sich der Engtalcharakter, gebildet durch die widerständigen Schichten von Muschelkalk und Buntsandstein, nicht mehr bis zum Aschaffenburger Becken. Es finden sich daher nur oberhalb dieser Engtalstrecke, in den weichen Keuperschichten, die Talweitungen, die dem holozänen Main Platz für raumwirksame Flußlaufveränderungen boten.

Methodisch konzentriert sich diese Arbeit auf die Auswertung historischer Quellen (Karten, Akten, Urkunden), die vor dem Hintergrund geowissenschaftlicher, hydrologischer und flußmorphologischer Erkenntnisse interpretiert wurden.

Die Untersuchung setzt daher mit dem 15. Jh. ein, da erst mit dem starken Ansteigen der Papierproduktion und der damit im Zusammenhang stehenden Erhöhung der allgemeinen Schriftlichkeit auch Nachrichten aus dem Alltag niedergeschrieben wurden. Die chinesische Erfindung des Papiers wurde dem Abendland über die Araber vermittelt. Eine stärkere Nutzung des schon länger bekannten Schreibstoffes setzte im 15. Jh. ein, damit begann das sogenannte „Aktenzeitalter" (BRAND 1958, S. 69, 104). Die obere Zeitgrenze, Ende des 19. Jh., ist eine Folge der anthropogenen Eingriffe in den Fluß. An der Wende 19./20. Jh. war der Main fast vollständig korrigiert und damit hatte die natürliche Flußdynamik mit ihrer potentiellen Formungskraft ein Ende gefunden. Flußverlagerungen konnten seither nicht mehr stattfinden. Der Mensch hatte somit die letzte Partie im Wechselspiel mit dem Fluß gewonnen, allerdings um den Preis aller bekannten Nebeneffekte (z. B. Verlust von Auenbiotopen, Erhöhung der Hochwassergefährdung), die eine solch nachhaltige Umgestaltung des Ökosystems zur Folge haben mußte.

2. GEOLOGIE UND NATURRAUM

Das Einzugsgebiet des Obermains beginnt im Nordostbayrischen Grundgebirge. Der weiße Main, der eigentliche Quellfluß des Mains, entspringt am Ochsenkopf, einem Granitmassiv im Fichtelgebirge. Auf seinem kurzen Weg durch das Grundgebirge quert er metamorphe Gesteine des Kambriums und Ordoviziums und devonische Diabase. Die Zuflüsse Rodach und Kronach aus dem Frankenwald durchziehen hauptsächlich das verfaltete Unterkarbon thüringischer Fazies (KANZ & SCHNITZER 1978, S. 36). Dieses Variszikum bricht längs der herzynisch streichenden Fränkischen Linie mit über 1000 m Sprunghöhe ab. Westlich der Störung bilden mesozoische Sedimente das Nordostbayrische Schichtstufenland aus. Bereits jenseits des Abbruchs, im Obermainischen Bruchschollenland südlich Bayreuth, entspringt der Rote Main. Für die Talmorphologie war wesentlich, daß der Main westlich der Fränkischen Linie bis in den Raum Hassfurt hinein fast ausschließlich in den Schichten des Keupers verläuft. Da das

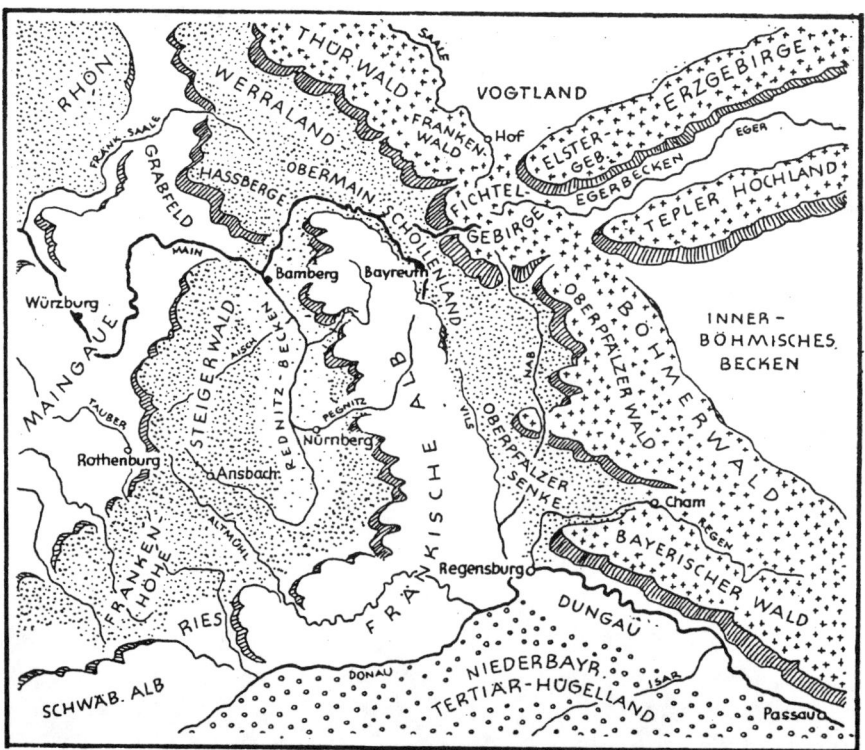

Abb. 2: Naturräumliche Gliederung (EMMERICH 1951, S. 17)

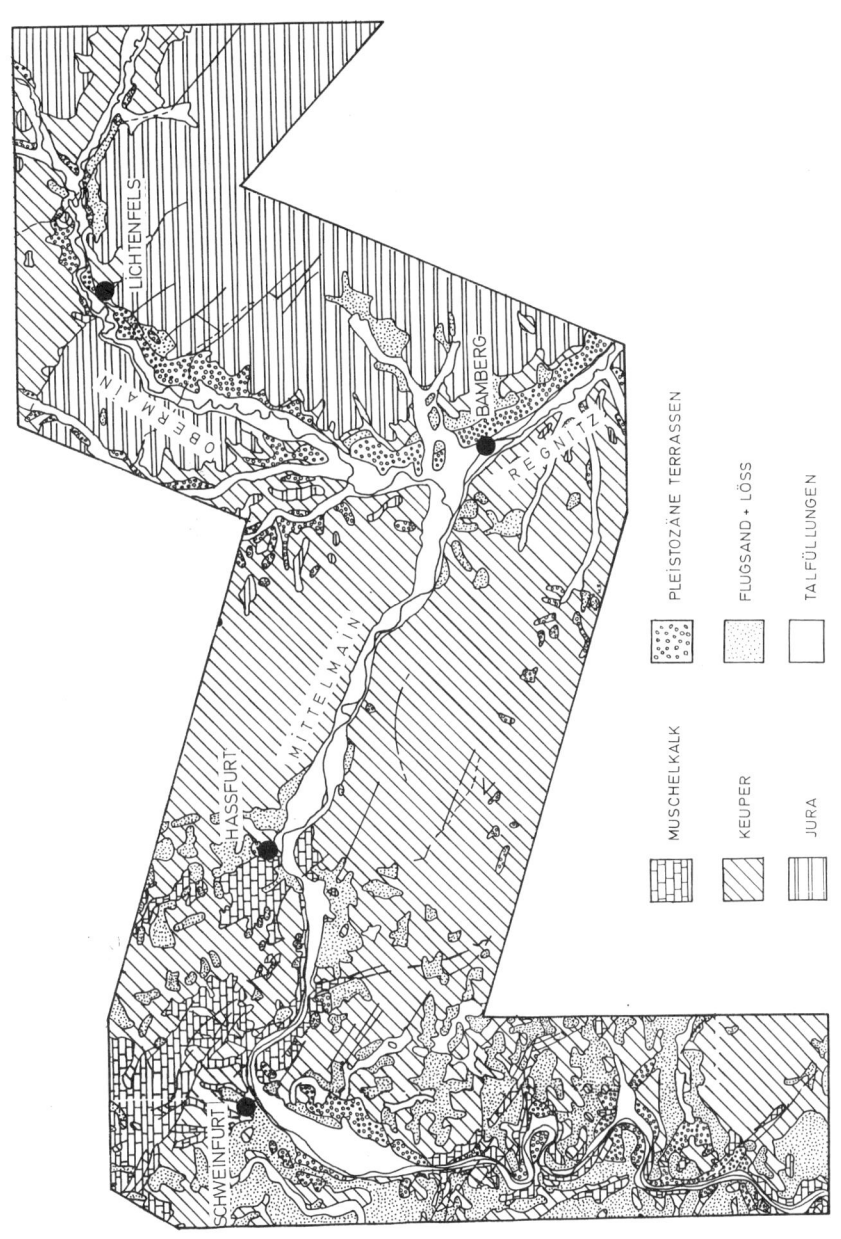

Abb. 3: Geologie der Talumrahmung (nach SCHWARZMEIER 1980)

Schichtstufenland nach Südosten einfällt quert der Main dabei immer ältere Schichtglieder des Keupers. Nur im Talabschnitt zwischen Lichtenfels und Ebensfeld, im Zentrum der Fränkischen Mulde, bildet auf längerer Strecke der Lias den Taluntergrund und der Dogger die Umrahmung. Da die Hauptmasse der Keupergesteine aus weichen Schiefertonen und mürben Sandsteinen besteht, die der fluviatilen Seitenerosion wenig Widerstand boten, konnten sich größere Talweitungen ausbilden. Ab Hassfurt durchfließt der Main die Muschelkalkschichten, deren morphologische Wertigkeit (Ausnahme der mittlere Muschelkalk) zu engen steilen Tälern geführt hatte. Bei Schweinfurt wird diese Engtalstrecke allerdings nochmals durch ein breites Becken in Keupergesteinen unterbrochen, ebenso wie weiter flußabwärts bei Kitzingen. In den westwärts folgenden Bundsandstein von Odenwald/Spessart und in den kristallinen Vorspessart schnitt sich der Main mit relativ steilen Tälern ein (KÖRBER 1962, S. 9 ff.). Die naturräumliche Gliederung und die geologische Umrahmung des Untersuchungsgebietes zeigen Abbildung 2 und 3.

3. AUFBAU DES TALGRUNDES

Den Rand der Talaue markiert am Obermain und am oberen Mittelmain die Niederterrasse aus dem letzten Hochglazial, die durchschnittlich 10 m über dem Fluß liegt. SCHIRMER (1978) versteht unter der Aue jenen Talbereich der noch heute von Hochwässern erreicht werden kann. Diese Talaue wird von verschieden alten holozänen Schotterkörpern aufgebaut. Insgesamt sind die Ablagerungen in der Aue 6—7 m mächtig. Den Sockel bilden 2—3 m mächtige Schotter der letztglazialen Niederterrasse. Eiskeilpseudomorphosen, Mammutzähne und Kryoturbationen belegen deren Eiszeitcharakter. Darüber lagern diskordant 3—4 m spätglaziale-holozäne Ablagerungen. Diese Ablagerungen weisen einen spezifischen Makrofossilinhalt (Rannen, warmzeitliche Fauna und Flora) und anthropogene Funde (Keramik, Mühlsteine, Pfahlbauten, Einbäume etc.) auf (SCHIRMER 1978, S. 150 f.). An der Oberfläche bilden die verschieden alten Schotterkörper kleinere Terrassenstreifen und -leisten die in etwa gleichem Niveau liegen. Relativ und absolut können die einzelnen Terrassen anhand ihrer morphologischen Diskordanz, des Sedimentaufbaus, der Bodenbildungen, der Anzahl der Deckschichten und Auensedimentdecken, der Dendrodaten begrabener Bäume (Rannen), dem 14—C Alter und anhand anthropogener Funde (z. B. Pfahlanlagen und Kermik) datiert werden (Abb. 4).
SCHIRMER (1983) gliederte und datierte die einzelnen Terrassenkörper wie folgt:

Niederterrasse

    Reundorfer Terrasse   Würm-Hauptvorstoß

Höhere Auenterrassen

    Schönbrunner Terrasse   präalleröd
    Ebinger Terrasse   Jüngere Dryas
    Ebensfelder Terrasse   Atlantikum
    Oberbrunner Terrasse   Subboreal
    Zettlitzer Terrasse   Eisen-Römerzeit

Mittlere Auenterrassen

    Unterbrunner Terrasse   Frühmittelalter (5.—9. Jh.)
    Staffelbacher Terrasse   15.—17. Jh.

Tiefere Auenterrasse

    Vierether Terrasse   1. Hälfte d. 19. Jh.

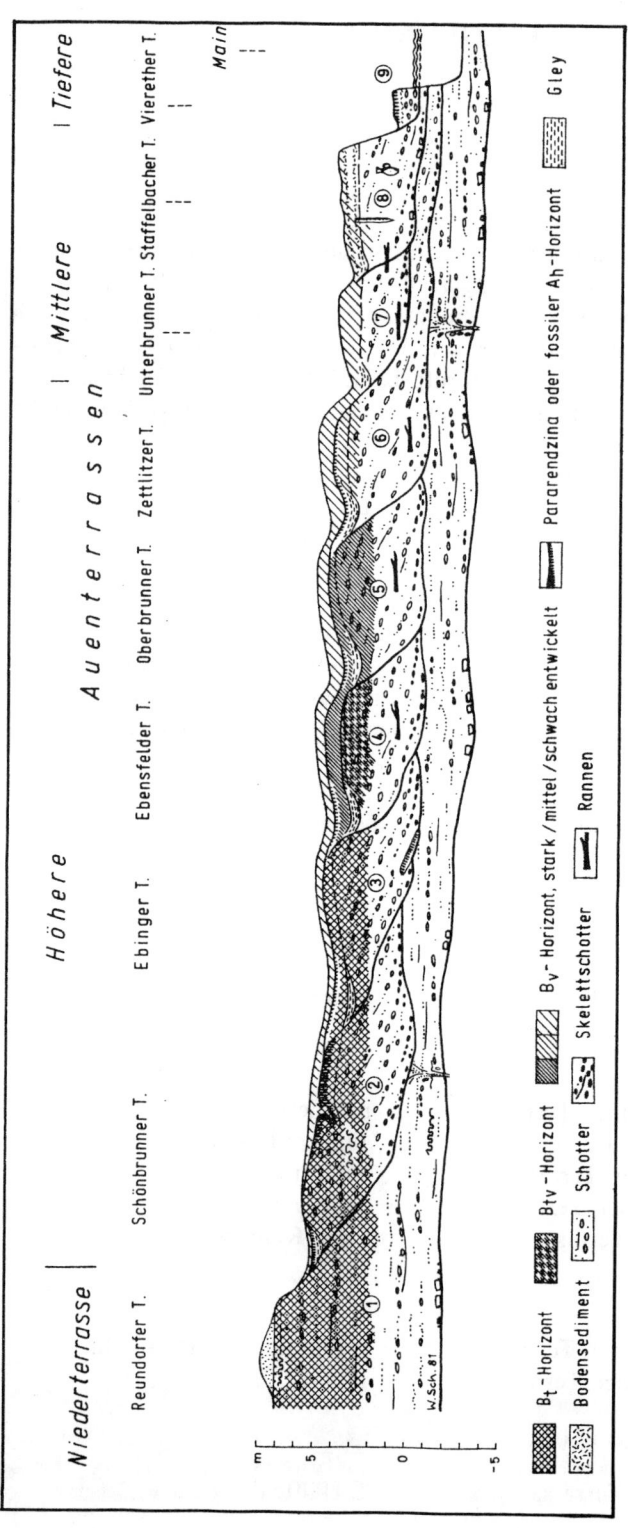

Abb. 4: Schematische Übersicht des würmzeitlichen und holozänen Terrassensystems im Talgrund von Main und Regnitz (SCHIRMER 1983, S. 6)

Die fünf höheren Auenterrassen (Schönbrunner, Ebinger, Ebensfelder, Oberbrunner und Zettlitzer Terrasse) sind sowohl an Basis als an Oberfläche annähernd gleich hoch, aber als Ganzes in die Niederterrasse eingeschachtelt. Ihre Schotterkörper weisen erstmals eine deutliche großbogige Schrägschichtung auf, die die typische Ablagerungsform eines mäandrierenden Flusses darstellt, der an seinem Gleithang lateral aufschichtet, während der glaziale „braided river" vertikal aufwächst (SCHIRMER 1983, S. 25). Alle holozänen Terrassen wurden von einem einbettigen, mäandrierenden Fluß geschaffen, der Material am Prallhang abnahm und am Gleithang wieder anlandete. Die talabwärts wandernden Bögen wälzten so das vorhandene Schottermaterial ständig um. Die Existenz holozäne Schotterkörper belegen nun Phasen stärkerer Umlagerungsaktivitäten, deren Produkte die Auenterrassen sind. Auf dies Aktivitäsphasen folgten Ruhezeiten, in denen sich ungestört von größeren Hochfluten ein Boden auf der Terrasse ausbilden konnte, der nach dem jeweiligen Alter des Umlagerungskörpers typisch ausfällt (SCHIRMER 1983).

Die mittleren Auenterrassen (Unterbrunner und Staffelbacher Terrasse) wurden bereits in historischer Zeit gebildet. Ihre 1—2 m höhere Basis zeigt, daß der damalige Fluß flacher war als bei den Vorgängern, sie sind in die höheren Auenterrassen eingeschachtelt. Gleichzeitig hatte sich der Fluß verbreitert, namentlich im Spätmittelalter/Frühe Neuzeit (Staffelbacher Terrasse) wurde eine größere Fläche in die Umlagerung miteinbezogen. Der Trend zur Sohlenaufhöhung und damit auch zur Verbreiterung hielt an, denn die Vierether Terrasse aus der ersten Hälfte des 19. Jh. ist wiederum in ihre Vorgänger eingeschachtelt. Die Bildung dieses letzten fluviatilen Körpers wurde ab der Mitte des 19. Jh. durch die Korrektion unterbrochen. Seither hat sich der Main nicht mehr verlagern können und dank der künstlichen Flußeinengung rund 2 m eingeschnitten (SCHIRMER 1981b, S. 204 ff.).

Da die drei jüngeren Auenterrassen am Main Grundlage dieser Untersuchung sind, sollen sie kurz porträtiert werden (nach SCHIRMER 1983):

— Die **Unterbrunner Terrasse** ist bis zu 4 m mächtig. Begrabene Bäume die sich in ihrem Schotterkörper fanden (Rannen) wurden von BECKER dendrochronologisch auf 550—850 n. Chr. datiert. Auf einem mächtigen eingliedrigen Auensediment hat sich eine schwache Braunerde entwickelt, die bis zu 1 m tief in den Schotter reicht.

— Die bis zu 5 m mächtige **Staffelbacher Terrasse** ist frei von Rannen da sie bereits in einer Ackerbaulandschaft entstanden ist. Sie ist allerdings außerordentlich reich an Keramikresten, besonders unterhalb von Städten. In ihr fanden sich auch Pfahlsetzungen, Werkzeuge und Einbäume. HAUSER konnte die Bildungszeit anhand der Keramikfunde auf das 15.—17. Jh. einengen. Die Auensedimentdecke enthält viel allochthones Bodenmaterial von den erosionsgefährdeten Ackerfluren. Die Staffelbacher Terrasse läßt sich in zwei Teile differenzieren: Einen flußfernen älteren Teil, wo sich eine Braunerde entwickeln konnte und einen flußnäheren jüngeren Bereich der reich an allochthonem Material ist und dank dieser Frischsedimentzufuhr nur eine Entkalkungstiefe von 1—2 Dezimetern aufweist.

— Der Schotterkörper der **Vierether Terrasse** kann bis zu 2 m mächtig werden und ist mit Auelehmbändern reich durchsetzt. Auch er führt keine begrabenen Bäumstämme mehr. Am Obermain fanden sich in ihm Porzellanpfeifen aus dem Anfang des 19. Jh. und am Mittelmain die erst in der ersten Hälfte des 19. Jh eingewanderte Flußmuschel „Dreissena polymorpha". Die Vierether Terrasse war das noch auf historischen Karten erkennbare Flußbett des Mains in der ersten Hälfte des 19. Jh. Bisher hat sich auf dieser Terrasse eine schwache Auen-Pararedzina entwickeln können.

4. HYDROLOGIE

Der Main ist 530 km lang und hat ein Einzugsgebiet von rund 27 205 qkm (SPÄTH 1978 S. 31). Seine beiden Quellflüsse, der weiße und der rote Main, vereinigen sich bei Mainleus zum Obermain. Mit der Rodach aus dem Frankenwald erhält der junge Fluß bei Schwürbitz einen bedeutenden Zuwachs wie die hydrologischen Daten der Tabelle 1 dokumentieren.
Mainabwärts stoßen im Raum Breitengüßbach/Baunach Itz und Baunach als größere Nebenflüsse hinzu. Der wichtigste und mit Abstand größte Zufluß ist aber die Regnitz. Nach ihrer Einmündung wird der bis dahin nur floßbare Obermain zum schiffbaren Mittelmain. Den Zusatz „Nebenfluß" hat die Regnitz gar nicht verdient, denn ihre hydrologischen Daten (Tab. 1) zeigen, daß sie sowohl von Abflußmenge als von Größe des Einzugsgebietes her dem Obermain überlegen ist. Durch die Einmündung der Regnitz dehnt sich das Main-Einzugsgebiet sprunghaft auf 11 500 qkm aus. Bis zum Pegel Schweinfurt erhöht sich das Einzugsgebiet mangels potenter Nebenflüsse nur unwesentlich auf 12 715 qkm. Erst 200 km unterhalb der Regnitzmündung erhält der Main durch die Fränkische Saale wieder einen größeren Zuwachs, wenn auch die Fränkische Saale nicht an die Bedeutung der Regnitz heranreicht (BAYR. STAATSMINISTERIUM 1985, S. 24).
Das Gefälle des Obermains senkt sich von 0,85 Promille oberhalb Schwürbitz auf 0,65 Promille bei Hallstadt (BAYR. STAATSMINSTERIUM 1985, S. 22). Unterhalb der Regnitzmündung bis Schweinfurt betrug das natürliche Gefälle vor der Kanalisierung nur 0,49 Promille (WALLNER 1957, S. 5).
Das Einzugsgebiet des Mains zeigt einen relativ homogenen Mittelgebirgscharakter mit gemäßigtem ozeanischem Klima und einem zumeist aus schwer durchlässigen Verwitterungsauflagen bestehendem Untergrund. Am Oberlauf wird das Abflußgeschehen besonders durch Frankenwald und Fichtelgebirge bestimmt. Nach der Regnitzmündung kommen das Abflußverhalten eines Karstflusses hinzu. Die Abflußcharakteristika von Obermain und oberem Mittelmain prägen im weiteren auch den gesamten Abflußgang des Unterlaufes (BAYR. STAATSMINISTERIUM 1985, S. 101).
Die Verteilung von Hoch- und Niedrigwasser entscheidet über das Abflußregime eines Flusses. Dabei spielen auch die Faktoren Geologie, Boden, Morphologie, Vegetation, Klima und menschlicher Einfluß eine Rolle. Während sich die ersten drei Parameter nur langsam verändern, können sich Klima, Vegetation und die Ausstattung der Kulturlandschaft schon in wenigen Jahren wandeln. Von allen Einflüssen ist das Klima für das Abflußregime am bedeutsamsten. Der Niederschlag trägt mit Höhe, Dauer, Häufigkeit, Intensität und jahreszeitlicher Verteilung wesentlich zum Abflußgang bei.
Im Mittel kommen im Main-Regnitzgebiet 30 Prozent des Gebietsniederschlages zum Abfluß (SPÄTH 1978, S. 32). Die Temperatur wirkt vor allem in ihren

Tab. 1: Hydrologische Daten des Mains und seiner Nebenflüsse

Fluß (Pegel)	A_E qkm	MQ/a m³/s	MQ/Wi m³/s	MQ/So m³/s	MHQ/a m³/s	MHQ/Wi m³/s	MHQ/So m³/s	HQ
Weißer Main (Ködnitz)	313	3,81	5,03	2,61	36,6	34,5	20,9	80 (1961—82)
Roter Main (Unterzettlitz)	501	4,22	5,86	2,61	59,7	54,5	27,9	130 (1946—82)
Rodach (Unterlangenstadt)	713	10,40	15,20	5,69	131,0	128,0	42,1	344 (1931—82)
Main (Schwürbitz)	2 424	28,80	40,70	17,00	285,0	281,0	98,9	764 (1941—82)
Itz (Coburg)	365[1]	4,90[2]	7,10[2]	4,90[2]	48,8[2]	48,6[2]	17,2[2]	274[2] (1937—57)
Baunach (Leucherhof)	383[1]	1,98[1]			24,5[1]			
Main (Kemmern)	4 251	42,10	59,20	25,30	346,0	340,0	129,0	1000 (1931—82)
Regnitz (Pettstadt)	7 005	51,20	63,20	39,40	314,0	301,0	148,0	738 (1923—82)
Main (Schweinfurt)	12 715	104,00	138,00	69,80	638,0	626,0	255,0	1380 (1911—82)

BAYERISCHES STAATSMINISTERIUM 1985:199
[1] BAYERISCHES STAATSMINISTERIUM 1985:57
[2] VOLLRATH 1965:19, 20

A_E qkm = Oberirdische Einzugsgebiet
MQ = Mittelwert des Abflusses
MHQ = Mittlerer höchster Abfluß
HQ = Höchster Abfluß (in der jeweiligen Jahresreihe)

a = Jahr
Wi = Winterhalbjahr (November — April)
So = Sommerhalbjahr (Mai — Oktober)

niedrigen Bereichen auf das Abflußverhalten ein. Bei gleichmäßig über das Jahr verteilten Niederschlägen kommt es im Winter, infolge der herabgesetzten Verdunstung, zu höheren Abflüssen. Bei niedrigen Temperaturen werden Teile des Niederschlages in Form von Schneedecken gespeichert. Das Schneereservoir erhöht bei Tauwetter den Abfluß sprunghaft und führt zu den berüchtigten Tauhochwässern im Frühjahr. Auch durch den winterlichen Bodenfrost wird der Abfluß erhöht, da der gefrorenen Boden in seiner Wasseraufnahmekapazität stark gehemmt ist. Durch Eisstände, die freilich in unseren künstlich aufgeheizten Flüssen selten geworden sind, wird ein Teilabschnitt des Flusses in wenigen Tagen beträchtlich aufgestaut ohne daß auch nur ein Tropfen Niederschlag fallen muß (KELLER 1979, S. 100 ff., 142). Die winterlichen Temperaturverhältnisse haben also in unseren Breiten einen ganz entscheidenden Einfluß auf das Abflußverhalten. Tatsächlich konnte NIETSCH (1955, S. 29) für die Weser, die in ihren hydrologischen Daten dem Main sehr ähnlich ist, nachweisen wie die Strenge eines Winters die Wirkung von Niederschlägen deutlich überlagerte. In Tabelle 2 wurden einige Klimadaten für das Maingebiet zusammengestellt.

Tab. 2: Ausgewählte Klimadaten des Main-Einzugsgebietes

	Frankenwald	Fichtelgebirge	Obermain und Mittelmain	Regnitztal	Schweinfurter Becken
Mittlerer Niederschlag/a mm	900—950	900—1100	650—750	650—750	500—600
Verhältnis von So. zu Wi. Niederschlag in %	110—120	110—120	140—160	140—160	140—160
Mittlere Temperatur Jahr	5—6°	5—6°	7—8°	7—8°	9—10°
Januar	<- 3°	<- 3°	- 1 bis - 2°	- 1 bis - 2°	0 bis -1°
Juli	15°	15°	17—18°	17—18°	18°
Verdunstung mm Oktober — März	25—37,5	25—37,5	25—37,5	25—37,5	25—37,5
April — September	400—425	400—425	400—425	400—425	375—400
Mittlere Zahl d. Tage mit min. 10 cm Schnee	60	80—120	5—10	10—20	5—10

(Keller 1978: Kartenband)

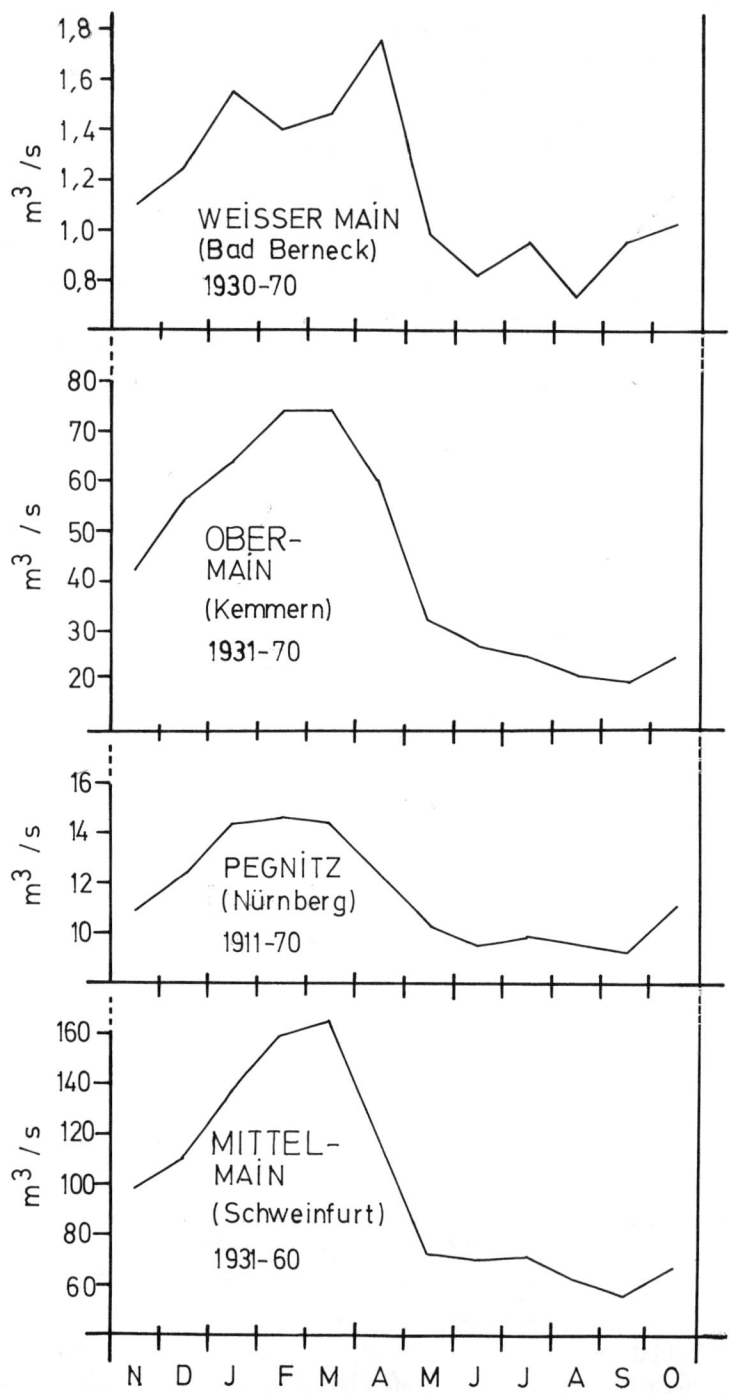

Abb. 5: Jahresgang des Abflusses (Weißer Main, Obermein, Mittelmain und Pegnitz) (nach SPÄTH 1978, S. 32; KELLER 1978, S. 128)

Der Main gehört dem sogenannten pluvio-nivalem Abflußregime an, da er einerseits vom Regen, andererseits aber auch von der Schneeretention abhängig ist. Das pluvio-nivale Regime ist typisch für Mittelgebirgsflüsse. Es ist in der Regel durch ein sommerliches Minimum (August/September) und durch zwei winterliche Maxima gekennzeichnet. Das erste Maximum wird durch Niederschläge am Winteranfang im November/Dezember hervorgerufen. Im Hochwinter werden dann im Mittelgebirge Teile der Niederschläge in Form von Schnee gebunden, der in der frühjährlichen Tauperiode zum Abfluß kommt (Februar/März). Dieses zweite Maximum kann durch das Zusammentreffen mit Frühjahrsniederschlägen besonders stark ausfallen. Als Folge von häufigen Warmlufteinbrüchen, die die Schneedecke schon in den Wintermonaten abschmelzen lassen, bildet sich oftmals auch nur ein einziges, dafür breites winterliches Abflußmaximum aus. Weil das Einzugsgebiet des Mains weit nach Osten und hoch auf die Mittelgebirge ausgreift (Frankenwald und Fichtelgebirge) können noch im April stärkere Hochwässer auftreten, da die Schneedecke in diesen Lagen oft erst zwischen März und Mai abtaut (KELLER 1979, S. 120, 144). Sommerhochwässer, verursacht durch Starkregenfälle, können zwar auftreten sind aber Ausnahmen bei diesem Abflußregime. Zum pluvio-nivalen Regime gehören in Deutschland neben dem Main zum Beispiel noch die Lahn, Neckar, Aller, Mosel und die bereits erwähnte Weser (KELLER 1979, S. 145).
Für die Regnitz gelten allerdings gänzlich andere Abflußbedingungen. Der jahreszeitliche Einfluß wird hier in hohem Maße durch das Wasserrückhaltevermögen des Karstes gedämpft. Diese Pufferung der klimatischen Abflußschwankungen gibt die Regnitz an den Main weiter, ohne jedoch dessen pluvio-nivalen Charakter zu verdecken.
In der Abbildung 5 werden die Abflußkurven für ein pluvio-nivales Regime mit zwei Maxima (Weißer Main) aus einer kontinentalen Mittelgebirgslage, für ein breites Wintermaximum (unterer Obermain) und für einen typischen Karstfluß aus der Frankenalb (Pegnitz) dargestellt. Während die Amplitude zwischen Minimum und Maximum am Obermain noch 73 Prozent des höchsten Abflusses beträgt ist diese Amplitude am Mittelmain (Schweinfurt) dank des dämpfenden Regnitzeinflusses auf 56 Prozent abgesunken.

5. DIE ENTWICKLUNG DES MAINS SEIT DEM SPÄTMITTELALTER

Im folgenden steht die Geschichte des Mains, seine Laufveränderungen, die durch ihn verursachten Uferschäden und die Eingriffe und Umgestaltungen durch den Menschen, wie sie sich aus den historischen Quellen ermitteln lassen, im Vordergrund. Als Teil der Landschaft geriet auch der Fluß ab dem Neolithikum in den Wirkungsbereich des Menschen, dessen raumwirksame Tätigkeit dazu führte, daß die Natur nach und nach in in ein „... variables, aus natürlichen, quasi- und seminatürlichen, sowie anthropogenen Komponenten bestehendes Wirkungsgefüge gestellt ..." wurde (JÄGER 1978, S. 8).

Die Aufteilung in einzelne Talabschnitte ergab sich aus den jeweiligen naturräumlichen, hydrologischen und historisch-politischen Verhältnissen. Jedem Kapitel wurde daher eine kurze Beschreibung der natürlichen und historischen Charakteristika vorangestellt. Ehemalige Herrschaftsgrenzen sind insofern von großer Bedeutung, als zumeist nur dort, wo Flußlaufveränderungen Grenzstreitigkeiten auslösten, eine schriftliche Überlieferung in Form von Gerichtsunterlagen vorliegt. Die Geschichte des jeweiligen Flußabschnittes wird in Form einer Chronik wiedergegeben. Mühlen und Brücken werden allerdings extra behandelt, da sie anders als zum Beispiel die Uferschutzbauten zu jenen anthropogenen Eingriffen gehören, die nur höchst bedingt von flußdynamischen Faktoren abhängen, vielmehr Ausdruck wirtschaftlicher, technischer und politischer Zustände sind. Zu jedem Flußabschnitt gehört eine Übersichtskarte (am Schluß des Kapitels) in der alle in Chronik und Text genannten Lokalitäten [eckige Klammer] eingetragen und auf der die alten, historisch faßbaren Mainläufe kartiert wurden. Es wurde dabei bewußt auf Jahrgänge der Topographischen Karte 1:25 000 vor der Gebietsreform und der Flurbereinigung zurückgegriffen, da nur diese einen Vergleich mit den historischen Flurgrenzen, welche wichtige Hinweise auf Altarme liefern können, erlauben. Die bei der Auswertung benutzten Flur-/Katasterkarten aus dem 19. Jh. sind Teil einer Sammlung der Abteilung Geologie, die von W. SCHIRMER und I. NAGEL zusammengetragen wurde. Die kartographischen Vergleiche der verschieden alten Katasterstände wurden der unveröffentlichten Examensarbeit von Frau I. NAGEL (1977) entnommen. Die Zahlen in runden Klammern verweisen auf die Quellenangaben und ergänzende Anmerkungen im Anhang.

5.1 TALABSCHNITT: MARKTZEULN/HOCHSTADT — SCHWÜRBITZ

Unterhalb von Hochstadt mündet die Rodach in den Obermain. Dank der erheblichen Zufuhr von Wasser und Geschiebe (Kap. 4) verbreitert sich der Fluß

von 20—25 m auf 30—35 m und die Wassertiefe nimmt erheblich zu (BAYR. STAATSMINISTERIUM 1931, S. 144).
Nach SCHIRMER (1980) wird der Auenbereich bei Hochstadt und Zettlitz oberhalb der Rodach von der Zettlitzer Terrasse aus der Eisen-Römerzeit eingenommen, die hier ihren Locus Typicus hat (Kap. 3). Die spätmittelalterliche Staffelbacher Terrasse umgibt den Fluß in einer Breite von 100 m. Sie liegt 2 bis 2,20 m über dem Fluß. In ihrem Schotter fanden sich aufrecht stehende Pfähle, deren Fällungsjahr dendrochronologisch mit 1454 n. Chr. bestimmt werden konnte (SCHIRMER 1980, S. A1—A3). Unterhalb der Rodachmündung hat sich die Trieber Talbucht im mittleren Keuper (Feuerletten) ausgebildet. Im Anschluß an ältere Terrassenreste reicht die eisen-römerzeitliche Zettlitzer Terrasse hier direkt an den Main heran (SCHIRMER 1980, S. C1—C2).
Historisch-politisch betrachtet steht dieser Raum im Spannungsfeld zweier Herrschaften, dem Fürstbistum Bamberg und dem Kloster Langheim. Sowohl die Grenzen der Hochgerichtsbarkeit (Centgrenze), als auch die der niederen Gerichtsbarkeit verliefen hier teilweise am Main (WEISS 1959). Zum hiesigen Besitz von Langheim zählten die Orte Hochstadt, Trieb und Schwürbitz (HOFMANN 1954, s. Karte). Das Zisterzienserkloster Langheim wurde 1132/1133 von dem Bamberger Bischof Otto gegründet. Ein wichtiges Recht, das Fischrecht im Main (bei Hochstadt) verlieh der Bamberger Bischof 1279 dem Kloster (GELDNER 1952a, S. 13 ff., 26 f.).

Chronik

Jahr	Lokalität	
vor 1390 (Erw. 1390)	[1]	Erwähnung des Wörth (= Uferland) „unter dem Kaczenzagel" (später auch „Katzenfurt") genannt. (1) Zuvor muß sich der Main nach rechts verlagert haben, da das neue Wörth in der Nähe des linken Ufers (= Besitz des Klosters) anwuchs. Es entbrannte ein Streit um den Landbesitz zwischen einem Einwohner aus Zeuln (Marktzeuln) und dem Kloster.
1430	[1]	Vorerst war das Wörth noch eine Insel. (2)
1434	[1]	In seiner Nähe hatte das Kloster einen Wasserbau, eine Art Buhne aus Holzpfählen („Hintergang") errichtet, der 1434 von der Gegenpartei aus Zeuln angefochten wurde. (4) Aus späteren Quellen läßt sich rekonstruieren, daß dieser und alle folgenden Wasserbauten des Kloster bei der Katzenfurt (dem späteren Ort Gruben (s. u.)) der Befestigung
	[2]	Krümmungsspitze des großen Mäanders unterhalb der Rodachmündung dienten. Es wird ein Vertrag über die Zulässigkeit der Wasserbauten angefertigt. (3, 4)
1435	[1]	Erneuter Bau eines solchen „Hinterganges" von Seiten des

		Klosters; der Bau darf dem Vertrag von 1434 nach nur 3 Schuh weit in das Wasser ragen (ca. 0,90 m). (5)
1440	[1]	Der Altarm auf der Seite des Langheimschen Besitzes (= linkes Ufer) war weitgehend verlandet und mit Weiden bestanden, nur im Frühjahr stand noch das Wasser darin. Altarm und Wörth („Katzenfurt") wurden 1440 dem Kloster zugesprochen, da im Sommer die Langheimer Seite trockenfiel. (3)
1451	[1]	Auf seinem neuen Land ließ das Kloster eine Fischerhütte errichten. Das Fischhaus erhielt den Namen „Gruben" (= Fischgrube). (6)
1451		In derselben Urkunde Erwähnung eines Wasserbaus im Ort Hochstadt. (6)
1482	[1]	Neuer Wasserbau von Seiten des Klosters bei der Katzenfurt. (7)
vor 1522 (Erw. 1522)		Vor 1522 Verlagerung der Rodachmündung flußaufwärts, so daß sie genau gegenüber Gruben lag. (8) Davon war auch ein klösterliches Fischwasser, eine Aurinne zwischen Hochstadt und der alten Rodachmündung am rechten Ufer betroffen. (9)
1543		Erwähnung eines bereits bestehenden Wasserbaus bei Zettlitz, der einem anstoßenden Acker schadet. (10)
ca. 1570 (Erw. 1671)	[2]	Starke Abbrüche durch den Määnder unterhalb der Rodachmündung. (11)
um 1600 (Erw. 1671)	[2]	Der Main machte Ansätze den Määnder zu durchbrechen. (12) Seither zeugt von dem Durchbruchsversuch ein noch heute sichtbarer Graben, längs dem die Flurgrenze von Trieb und Marktzeuln verläuft. Der Durchbruch konnte mit schweren Wasserbauten an der Krümmungsspitze verhindert werden und der Graben verfüllte sich wieder. (12)
1604	[2]	Neue Bauten („Steinkörbe") verstärkten den Uferschutz. (12)
1563—1575	[3]	1575 klagt ein Wiesenbesitzer, daß die Rodach seit zirka 12 Jahren oberhalb von Zeuln sein Land abreißt und an anderer Stelle wieder anlandet. (13)
ca. 1660 (Erw. 1671)	[2]	Durch die Mäanderaktivitäten ab zirka 1660 bis 1671 wird von der Schwürbitzer Markung viel Land abgerissen und auf der Trieber Seite angelandet, dabei wurden auch die Markungssteine an der Trieb/Schwürbitzer Grenze unterspült. (14)
1671	[2]	Gegen die Landabbrüche hat das Kloster etliche Wasserbauten errichtet (erwähnt sind 14 Wasserbauten). (15)
um 1700 (Erw. 1740)	[3]	Weitere Aktivitäten der Rodach oberhalb von Marktzeuln: Ausbildung der weiten Linkskrümmung, wodurch viel Land zerstört wurde. Begünstigt wurden die Randabrisse durch das Fehlen bzw. die falsche Ausführung von Uferschutzbauten. (16)

1719	[1]	Errichtung neuer Wasserbauten (Pfahlanlagen) bei Gruben (Abb. 6), nachdem Anfang des 18. Jh. wieder Uferschäden eingetreten waren. (17)
1760		Im Januar 1760 folgten drei schwere Hochwässer mit Eisgang aufeinander. (18) Es entstanden starke Schäden an Brücke, Mühle und Landstraße bei Hochstadt und
	[4]	an der Straßenbrücke über den „Seeleinsgraben".
1771	[1]	Schwere Beschädigungen der klösterlichen Wasserbauten bei Gruben. (19)
1795	[3]	Durch weitere Auskrümmung der Rodach oberhalb Marktzeuln, werden die dortigen Wiesen hinweggerissen oder durch Kiesanschüttungen unbrauchbar gemacht. (20)
1806	[1]	Das Hochwasser verursacht schwere Schäden im Bereich
	[2]	der Rodachmündung und an den Ufern des Mäanders. (Abb. 7)
1808	[1]	Der drohende Einbruch in das Altwasser bei Gruben wird durch den Einbau eines Steindammes („Verleg") verhindert (MÄLZER, 1986 S. 18).
1827		Schäden an Brücke und Straße bei Hochstadt durch ein Hochwasser. (21)
1838	[2]	Mehrere Grundbesitzer müssen die Krümmungsspitze des Mäanders bei Schwürbitz am rechten Ufer mit Uferschutzbauten befestigen. (22)

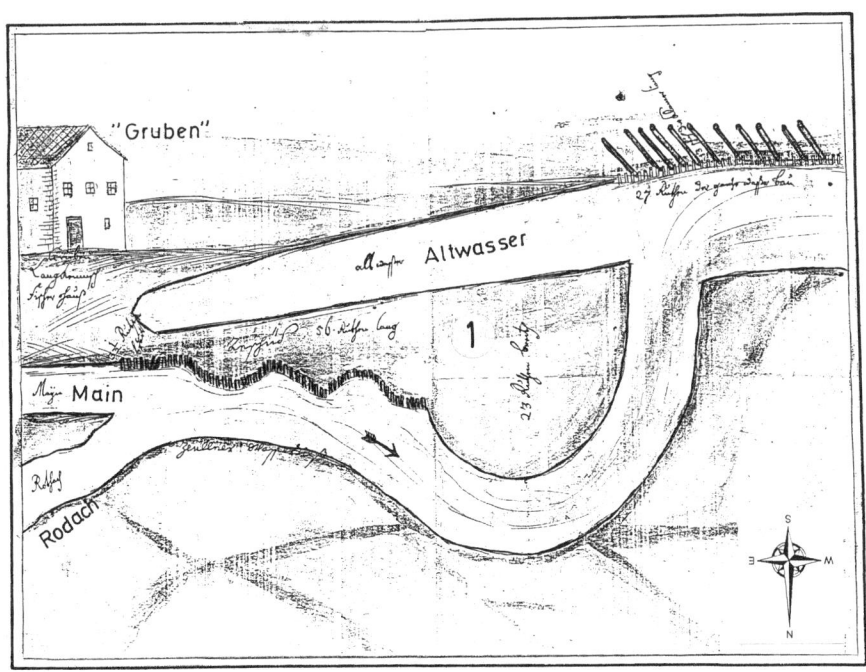

Abb. 6: Die Rodachmündung bei Gruben 1719 [Ba/B 67 (12), 115]

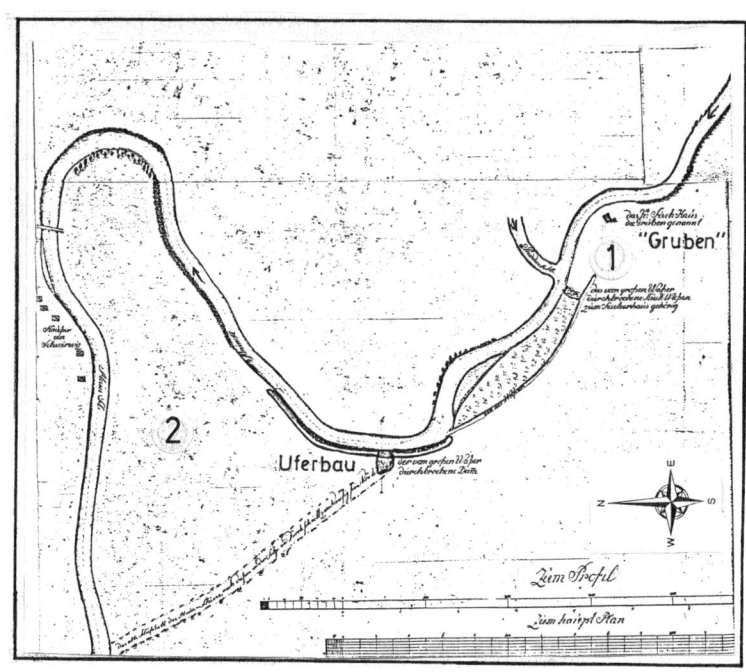

Abb. 7: Uferschäden am Main zwischen Hochstadt und Schwürbitz 1806 [Ba/A 240, R 1257]

1840—1850	[3]	Weitere Flußverlagerungen der Rodach oberhalb von Marktzeuln. Dabei wurden bestehende Wasserbauten hinweggerissen. (23)
1852		Die Flurkarte aus diesem Jahr (ohne Abbildung) zeigt noch „mittelalterliche Verhältnisse". Lediglich das Altwasser bei Gruben war inzwischen verlandet. Wahrscheinlich wurde es für den Bau der Eisenbahn 1844/45 trockengelegt.
1900	[2]	Der Hollertswehr-Mäander wurde beidseitig mit Leitwerken befestigt (BAYR. STAATSMINISTERIUM 1909, Karte 25).
ab 1930		Die Rodachmündung wird korrigiert und liegt danach ähnlich wie vor 1522. Der Obermain bei Hochstadt wird begradigt (Durchstiche der kleinen Mäander) (BAYR. STAATSMINISTERIUM 1931, S. 146).

Der Hauptaktivitätsraum war nach den Quellen der Bereich unterhalb der Rodachmündung mit dem Mäander um die Flur Hollertswehr. Hier hatte jedoch das massive Einschreiten des Menschen, in Form von etlichen Wasserbauten, eine größere Flußlaufverlagerung und einen drohenden Durchbruch unterbunden. Die seit dem 15. Jh. dokumentierten Uferschutzanlagen haben also die Ausbildung einer spätmittelalterlich-frühneuzeitlichen Terrasse verhindert. Welche natürliche Dynamik der Fluß aber hatte, läßt sich an der starken Notwendigkeit zum Wasserbau und an den beständigen Reparaturen ablesen.

Mühlen und Brücken

Die klösterliche Mainmühle und die Brücke zu Hochstadt werden 1258 erstmals erwähnt (GELDNER 1952, S. 13). Sie wurden demnach zwischen 1182, dem Jahr, in dem Hochstadt in den Besitz des Klosters Langheim kam und 1258 erbaut. Die Brücke bestand aus fünf Steinbögen und war eine der wenigen Steinbrücken am Main. Die fünf Brückenpfeiler boten natürliche Ansatzpunkte für Sedimentanlandungen. Dagegen wußte man allerdings schon früh vorzugehen. Eine Verleihurkunde für die nahe Klostermühle aus dem Jahr 1432 billigte dem Müller ausdrücklich das Recht zu „... den Gries unter der Brücke ..." zu seinem Baubedarf zu nutzen. Im selben Vertrag wird auch die Mainmühle beschrieben. Sie bestand aus drei Gängen (d. h. sie hatte drei Mühlräder): Korn-, Säge- und Schlaggang. (24) Das dazugehörende Mühlwehr hemmte naturgemäß den Mainlauf. Eine entsprechende Klage etlicher Flößer aus dem Jahr 1511 dokumentiert die dadurch entstandene Behinderung der Floßfahrt (25). Ohnehin waren Müller und Schiffer/Flößer die erbittertsten Konkurrenten am Main, wie im weiteren immer wieder deutlich wird. Die Abbildung 8, ein Detail aus dem bereits erwähnten Plan des Ingenieurs v. Fackenhofen (1806), zeigt die Lage von Mühle samt Wehr und der Brücke bei Hochstadt in der Aufsicht.

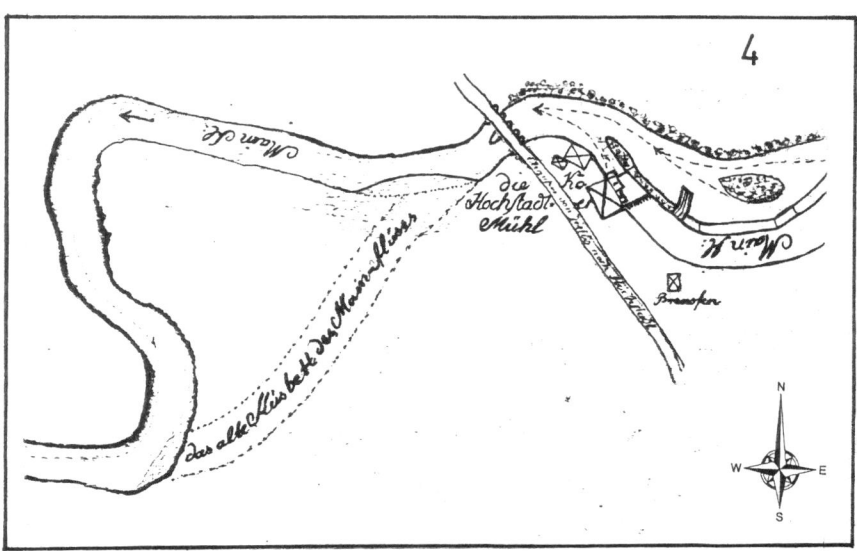

Abb. 8: Die Hochstadter Mühle in der Aufsicht 1806 [Ba/A 240, R 1257]

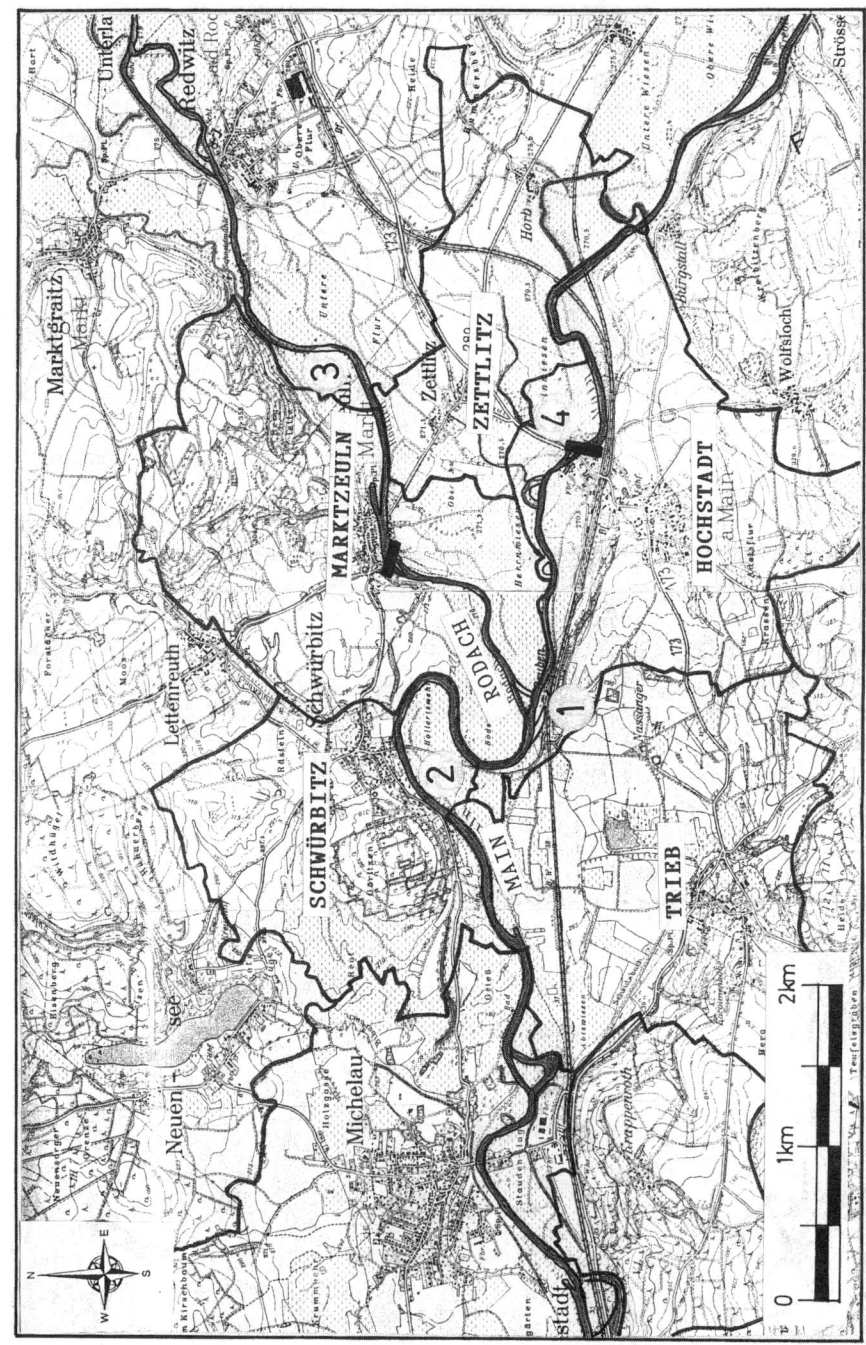

Abb. 9: Übersichtskarte für den Talabschnitt: Marktzeuln/Hochstadt — Schwürbitz

Auch an der Rodach bei Marktzeuln gab es eine Mühle, sie wurde erstmals 1444 genannt. (26) Im Jahr 1504 teilte man sie in eine obere Mahlmühle und eine untere Schneidmühle. (26) Den nötigen Stau erreichten beide Mühlen durch ein gemeinsames Wehr oberhalb des Ortes Marktzeuln. Nach einem schweren Eisgang 1760 wurde der Müller beschuldigt, dieses Wehr zu hoch aufgestockt zu haben, wodurch sich das Eis festgesetzt hätte. 1762 brachte man daher einen Eichpfahl an, der fortan die Maximalhöhe des Staus anzeigte. (26)
Sowohl die Hochstadter als auch die Marktzeulner Mühle existieren noch heute, allerdings in einer neuen Funktion als Elektrizitätswerke.

5.2   TALABSCHNITT: MICHELAU — SEUBELSDORF

Während die Talbucht von Michelau im Anschluß an die Trieber Talbucht noch rund 2 km Breite aufweist, verengt sich das Tal bei Schney/Lichtenfels auf 500—700 m. Der fränkische Jura tritt hier mit seinen steilen Hängen beidseitig an das Maintal heran. Nördlich von Lichtenfels setzt an einer Störung die Fränkische Mulde ein, in deren Bereich der Main die Schichten des Lias durchläuft (DOBNER 1980, S. 27, 40).
Zwei der Dörfer in diesem Talabschnitt liegen in der Aue, was sich auch in ihren Namen widerspiegelt: Michelau (= die große Aue) und Lützelau (= die kleine Aue). Letztere ist heute ein Stadtteil von Lichtenfels und heißt nur noch kurz und bündig „Au". Dieses Dorf war der Vorläufer der Stadt Lichtenfels, die knapp östlich davon errichtet wurde. [1] Michelau und Lützelau wurden schon 800—900 n. Chr. in Fuldaer Urkunden erwähnt (MEYER 1958, S. 16 f.; MEYER 1964, S. 16 f.). Da sie in späteren Jahrhunderten immer wieder von Hochfluten bedroht wurden liegt der Schluß nahe, daß im frühen Mittelalter, zur Zeit ihrer Gründung, der Fluß weiter entfernt lag. Die Stadt Lichtenfels selbst geht auf eine Burg der Herzöge von Andechs-Meranien, die erstmals 1142 erwähnt wird, zurück. Die Marktsiedlung zu ihren Füßen wurde 1206 oder 1208 mit einer Mauer versehen. Nach Erlöschen der hiesigen Andechs-Meranier Linie 1249, fiel die Stadt Lichtenfels dem Bamberger Bischof zu (MEYER 1964 11 ff.). Während Krappenroth noch zum Klosteramtsbezirk Langheim zählte, war Schney ein ritterschaftlicher Ort, hier beherrschte der Graf von Brockdorff zu Schney das Gemeindeleben. Bis auf den Ort Kösten, der schon zum Banzer Klosteramt gehörte, zählten alle übrigen Orte in diesem Talabschnitt zum Bamberger Amt Lichtenfels (Ausnahme war Michelau als Teil des Bamberger Amtes Burgkunstadt) (WEISS 1959).
Der Hauptort Lichtenfels beherbergte auch ein Kastenamt, welches die Aufgabe hatte die fürstlichen Domänen, Getreideböden und Kammerlehen zu verwalten. Im Falle von Lichtenfels gehörte auch die Forst- und Fischereiverwaltung und die Kontrolle der Wasserbauten im Main dazu.

Chronik

Jahr	Lokalität	
1239	[2]	Erwähnung des Altwassers unter dem Krappenberg bei der Flur Hammerleite. Dieses Altwasser ist heute noch existent, da es von einigen Quellen am Krappenberg gespeist wird (MEYER 1968 S. 45).
1567	[2]	Das Altwasser war zeitweilig ausgetrocknet.
16. Jh.		Ebenso waren im 16. Jh. laut den Lichtenfelser Kastenamtsrechnungen viele Altwässer am Obermain, die begehrte Fischgruben waren, ausgetrocknet (MEYER 1968 S. 42, 45).
1522		Die Austrocknung der Talaue wird auch durch den Bau eines Wasserrades in den Main belegt, das der Lichtenfelser Forstmeister zur Bewässerung seiner Güter in der Au benötigte. (27)
1547	[3]	Neue Landanschüttungen am „Bürgerwörth" bei Unterwallstadt werden vom Dorfherrn (Schaumburg zu Schney) mit einem Steinkorb befestigt (MEYER 1967 S. 28).
1562	[3]	Die konsolidierte Anschüttung wird aufgeteilt. (28)
1585		Ein Sturm fachte eine Hochflut an (MEYER 1963/64 Nr. 9).
1599		Große Überschwemmung in Lichtenfels (MEYER 1963/64 Nr. 9).
1606	[3]	Die „Pfarrwiese" bei Unterwallstadt erlitt so viele Wasserschäden, daß sie auf Befehl des Bamberger Bischofs mit
1619	[3]	einem Uferbau geschützt werden mußte. Der Bau war 1619 fertig (MEYER 1967 S. 28).
1618	[2] [4]	Hochwasser drang in die Altwässer/Aurinnen bei der Flur Hammerleite und Staudenlage ein, wobei der Steg über die Aurinne bei der Flur Staudenlage hinweggerissen wurde (MEYER 1968 S. 45).
1620		Hochwasser beschädigte das Oberwallenstädter Mühlwehr (MEYER 1968 S. 47).
1650		Schweres Hochwasser; anschließend verbaute man den Lichtenfelser Mühlbach mit Schutzdämmen (MEYER 1963/64 Nr. 9).
ca. 1670 (Erw. 1749)	[5]	Erster Versuch die bereits vorhandene scharfe Linkskrümmung oberhalb des Dorfes Michelau bei der Flur Staudenlage zu durchstechen. Der Durchstichsversuch hatte keinen Erfolg. (29)
1673		Ein sogenanntes „Jahrhunderthochwasser" ließ den Main so hoch ansteigen, daß die Fischer mit ihren Nachen um die Kronen des Reundorfer Wäldchens fahren konnten (MEYER 1963/64 Nr. 9).

		Im letzten Drittel des 17. Jh. herrschten extreme Klimaverhältnisse, die eine Chronik des Ortes Schney schildert:
1673		Ein Juli-Hochwasser trat ein. (30)
1675		Drei Hochwässer im Juni. (30)
1676		Sehr trockenes Jahr. (30)
1678		Extrem harter Winter. (30)
1679		Wieder ein Julihochwasser. (30)
1681		Dezember-Hochwasser (MEYER 1963/64 Nr. 9).
1682		Januar-Hochwasser, bei dem in Lichtenfels Häuser, Stadel, Mühlen und Wasserbauten zerstört wurden. Die Mainbrücke wurde schwer geschädigt, ganze Backtröge und Schweineställe hinweggeführt. Die Leute auf dem Anger (= ehemalige Maininsel bei Lichtenfels) und aus der Vorstadt (der alten „Lützelau") mußten von Dach zu Dach kriechen und konnten nur mit Schelchen gerettet werden (MEYER 1963/64 Nr. 9).
1685	[3]	Die Gemeinde Oberwallenstadt erhält die „Pfarrwiese", deren Erhalt erhebliche Wasserbaukosten verursacht, zum freien Gebrauch (MEYER 1967 S. 22).
1721		Großes Frühjahrshochwasser (MEYER 1963/64 Nr. 9).

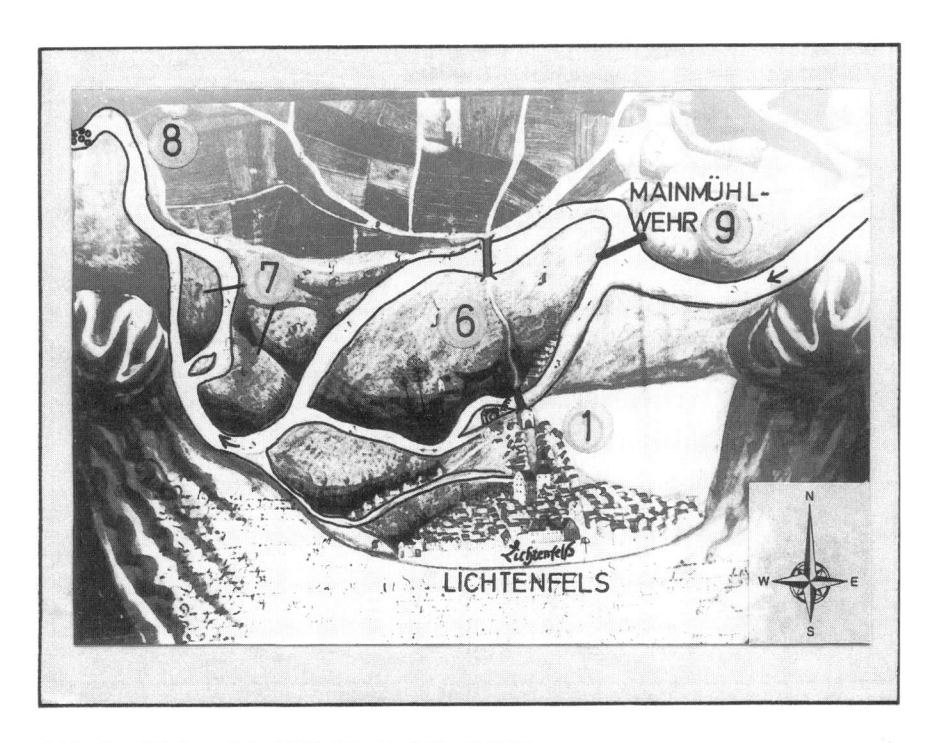

Abb. 10: Lichtenfels 1733 [Ba/A 240, T 789]

vor 1733 (Erw. 1733)	[7] [8]	Bei der Flur „Schafanger" war ein neuer Mainarm entstanden (31) und unterhalb davon ein alter Fahrweg nach Kösten hin abgerissen worden (32), obwohl dort von Seiten des Klosters Banz erst vor kurzem zwei bestehende Wasserbauten repariert worden waren (Abb. 10). (33) Über die Landabbrüche und Anlandungen kam es 1733 zu einem Streit zwischen Lichtenfels und dem Kloster Banz, dessen Land hauptsächlich betroffen war.
1733	[5]	Ein erneuter Versuch den Mäander oberhalb Michelau zu durchstechen mißlingt. (35)
1735	[9]	Uferschäden am Schneyer Anger wurden durch das Einstechen der Flößer verursacht. Ein Dekret des Klosters Banz verbietet daher den Flößern das Abstoßen am Schneyer Ufer. (34)
1741	[5]	Fortlaufende „Wasserrisse" und Schäden am Mainufer oberhalb Michelau werden von einer Regierungskommission besichtigt. (36) Die Gemeinde war nicht mehr in der Lage, die Wasserbauten beständig zu reparieren und Instand zu halten (Abb. 11 zeigt bei G die alten zerstörten

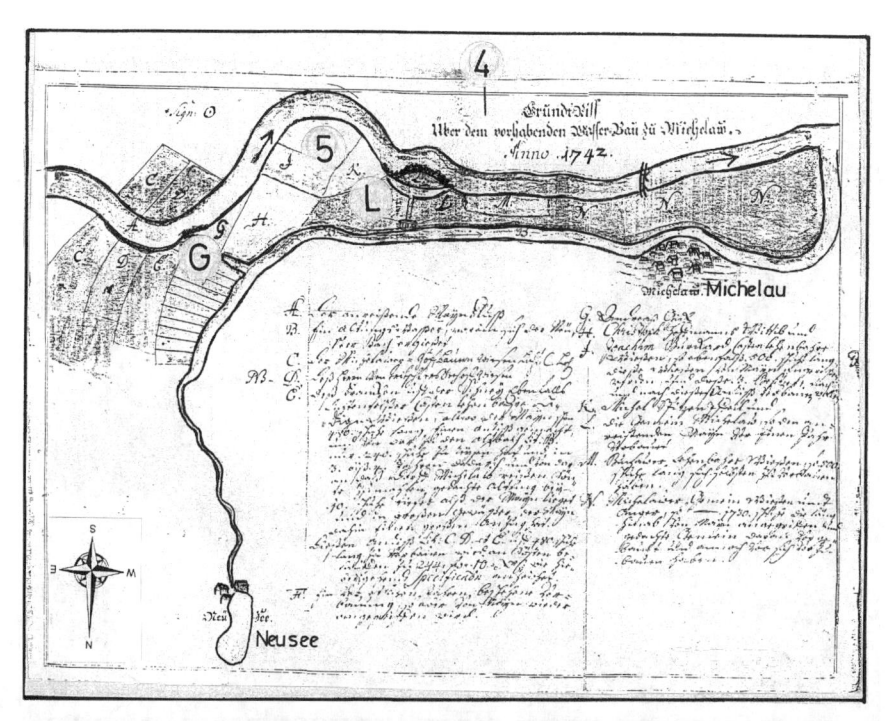

Abb. 11: „Grund-Riss über den vorhabenden Wasser-Bau zu Michelau Anno 1742" [Ba/B 54, 2069]

		Wasserbauten). Es bestand vor allem die Gefahr eines Einbruches in die Aurinne, die unmittelbar am Dorf vorbeilief.
1742	[5]	Die Hofkammer ließ von dem Ingenieur Roppelt ein Gutachten und eine Situationskarte anfertigen (Abb. 11). (36)
1749/50	[5]	Der bestehende Bau (Abb. 11, L) wurde auf Kosten der Hofkammer zu einer soliden Uferschutzwand, bestehend aus Brettern und Pfählen mit drei vorgelagerten „Steinkörben" (eine Art gedrungen Buhnen), ausgebaut. (37)
1757+1763	[5]	An diesem Bau („Fürstenbau") waren Reparaturen nötig (MEYER 1958 S. 41).
1763/64		30. 12. 1763 — 1. 1. 1764 fand ein verherendes Hochwasser statt. Die Vorstadt Lützelau versank völlig, die Hausfundamente wurden unterspült. Ein Haus soll umgerissen und bis nach Reundorf (5 km weiter flußabwärts) getrieben worden sein (MEYER 1963/64 Nr. 9).
1774	[1]	Ein Wasserbau an der Lichtenfelser Au wird im Frühjahr gebaut und im Herbst werden zu seiner Befestigung Weiden eingepflanzt. (38)
1801		In seiner Bamberger topographischen Beschreibung erwähnt BUNDSCHUH ausdrücklich die „beschwerlichen Wasserbäue", die beträchtliche „Gemeinderevenuen" von Michelau verschlingen (BUNDSCHUH 1801 S. 594).
1851/52		Schweres Hochwasser mit Eisgang beschädigte das Schneyer rechte Ufer stark. Es mußte ein Schutzbau unter der Aufsicht des Flußwartes Groh errichtet werden. (39)
1853	[5]	Neue Uferabbrüche bei der „Staudenlage". Demnach scheinen die Wasserbauten lange Jahre ihre Funktion erfüllt zu haben, da seit 1750 keine neuen Landabbrüche beklagt wurden. (40)
1857	[5]	Eine umfassende Korrektion des Mains oberhalb Michelau scheiterte an den konkurrierenden Rechten des Michelauer Müllers. Es konnte von Regierungsseite nur ein neues Parallel- und Uferdeckwerk gebaut werden. (40)
1871	[5]	Ein Hochwasser am 21. 2. 1871 zerstört die neuen Bauten teilweise. (41)
1878	[5]	Nach jahrhundertelangem Bemühen wird der Bogen dauerhaft durchstochen. Der neue Lauf wird am 15. 5. 1878 eröffnet. (42)
1889	[5]	Ein Hochwasser durchbrach die Absperrbauwerke, die anschließend verstärkt werden mußten (MEYER 1964 S. 33).
1900—1910		Der gesamte Mainabschnitt wurde korrigiert (BAYR. STAATSMINISTERIUM 1931).
1933/34	[7]	Durchstich des Mains bei Lichtenfels (MEYER 1964 S. 33).

Ab dem letzten Drittel des 17. Jh. sind längs dieses Flußabschnittes stärkere Wasserbautätigkeiten überliefert, welche zusammen mit den Hochwassernachrichten auf eine gesteigerte Flußaktivität hinweisen. Die hauptsächlichen Flußbewegungen spielten sich im unmittelbaren Anschluß an den Hollertswehr-Mäander bei Michelau ab. Die Mainbewegungen bei Michelau scheinen aber erst ab dem letzten Viertel des 17. Jh. bedrohliche Ausmaße angenommen zu haben. Mit dem Wasserbau von 1750 wird die Flußbewegung mehr oder minder gestoppt. Eine erneute Belebung in der Mitte der 50er Jahre des 19. Jh. führte dann letztendlich zum Durchstich 1878.

Mühlen und Brücken

Die Stadt Lichtenfels unterhielt für den Betrieb ihrer Mühlen zwei Mühlwehre. Das älteste ist das „Krößwehr" bei Oberwallenstadt. Es diente dazu, den Mühlbach abzuleiten, der durch Lichtenfels führte und bei der Flur Schafanger [7] wieder in den Main mündete. An diesem Mühlbach lagen zwei Mühlen: Ober- und Wöhrdmühle. Wehr und Mühlbach sind wahrscheinlich noch von den Andechs-Meraniern im 12./Anfang 13. Jh. angelegt worden (MEYER 1962, Nr. 8; MEYER 1968, S. 46) (Abb. 12).

Die Mainmühle wurde vom Bamberger Bischof erbaut, der die Stadt 1249 übernommen hatte. Mit 5 Mahlgängen und je einem Schneid-, Loh- und Ölgang war sie die größte Lichtenfelser Mühle. Alle drei Mühlen, die Mainmühle, die Ober- und Wöhrdmühle werden zusammen 1348 genannt (MEYER 1962, Nr. 8). Auf der Karte von 1733 (Abb. 10) ist das Mainmühlwehr eingetragen. Damit

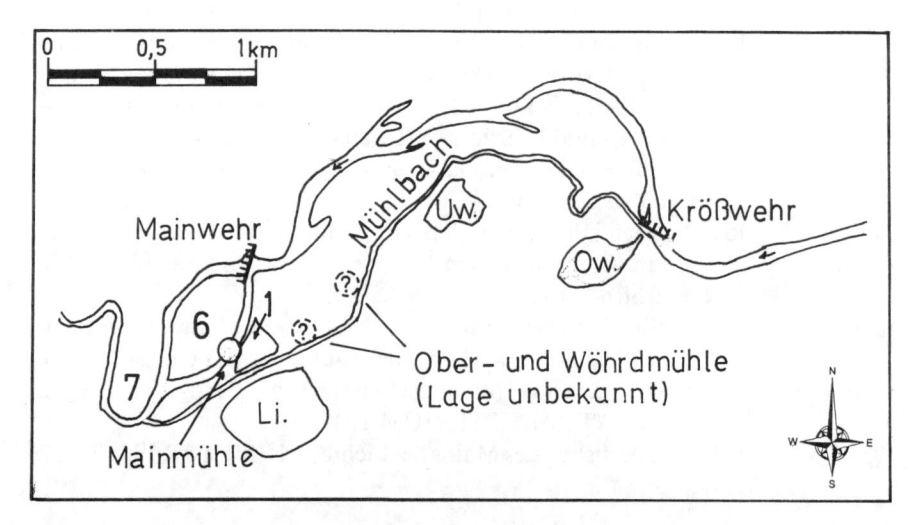

Abb. 12: Lage der Stauwehre und Mühlen bei Lichtenfels

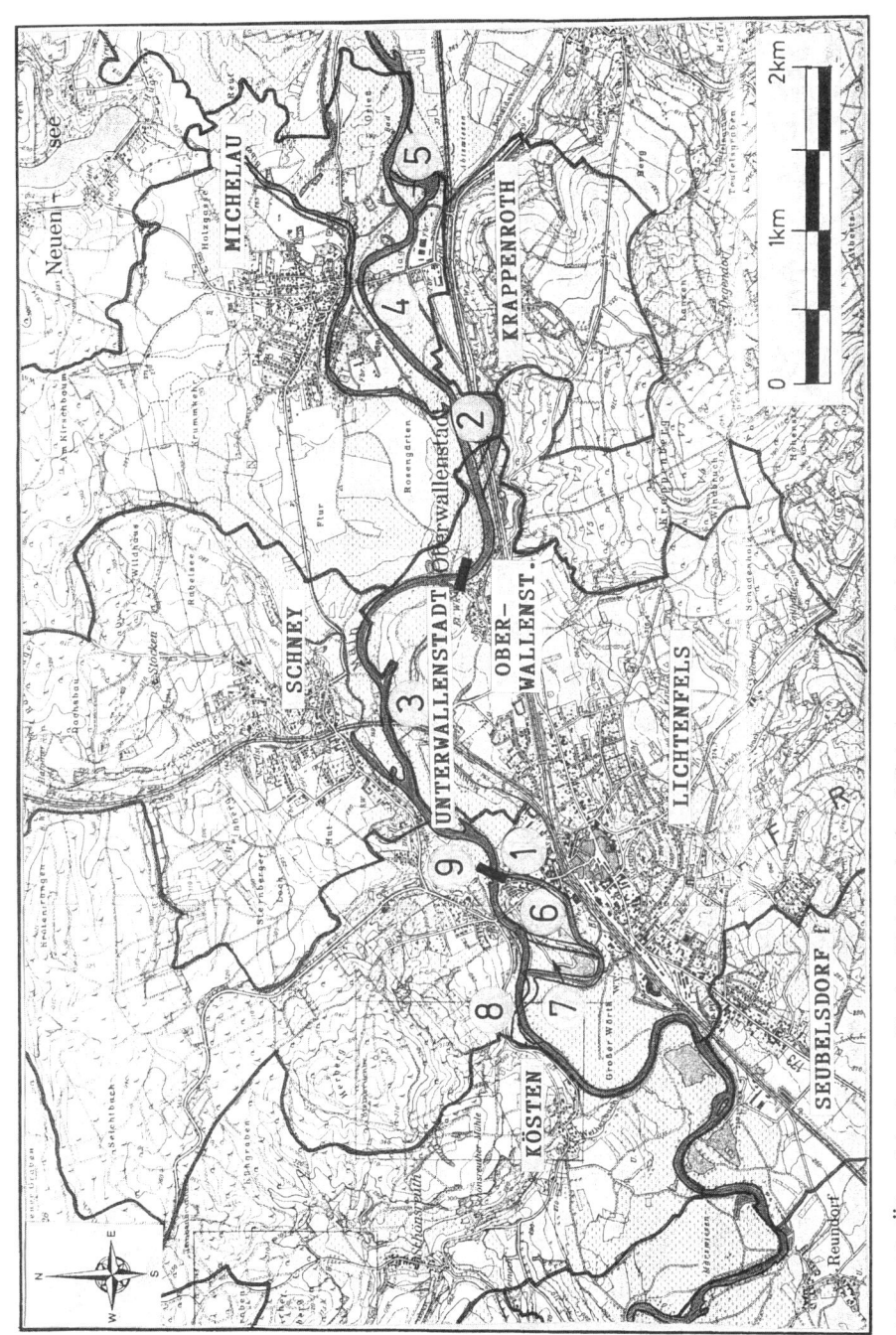

Abb. 13. Übersichtskarte für den Talabschnitt: Michelau — Seubelsdorf

entpuppt sich der linke Mainarm um die Lichtenfelser Insel als künstlicher Mühlbach, dem man mit Hilfe eines Wehres Wasser zuleiten mußte. Eine Verordnung aus dem Jahr 1563 über „Geschütz und Wehr" der Mainmühle regelte unter anderem die Stauhöhe. (43) Während das Mainmühlwehr ungestört durch die Jahrhunderte hindurch existierte, erlebte das Krößwehr bei Oberwallenstadt unruhige Zeiten. Es wurde im Markgräfler Krieg 1553 schwer beschädigt, 1554 aber wieder aufgebaut (MEYER 1968, S. 46 f.). Nachdem der Mainmüller im Jahr 1559 den beiden Mühlbach-Müllern vorgeworfen hatte, sie würden das Krößwehr durch Steinlagen widerrechtlich erhöhen, wurden Eichpfähle zur Kontrolle installiert (MEYER 1968, S. 46 f.). Ein Eisgang zerstörte im Februar 1620 das Krößwehr vollständig. Erst 1630/31 wurde es wieder aufgebaut. Nach der Baubeschreibung bestand es aus einer Reihe von Pfählen, die dem blanken Fels aufsaßen. Während des Schwedeneinfalls 1632 wurde die Wöhrdmühle, die an dem Mühlbach lag und das gerade neuerbaute Krößwehr wieder zerstört (MEYER 1962, Nr. 9). Erst nach 70 Jahren, (1702), wurde das Krößwehr repariert und der inzwischen verwachsene Mühlgraben gereinigt (MEYER 1968, S. 48). Die Mühlwehre verloren in den letzten Jahrzehnten ihre alten Aufgaben. Das Oberwallenstadter Wehr speist zur Zeit ein Elektrizitätswerk. Das Lichtenfelser Wehr hat keine Funktion mehr, da die Mainmühle 1954 ihren Betrieb einstellte.

Lichtenfels besaß wahrscheinlich seit der Stadtgründung (1206/1208) auch eine Mainbrücke, die „Lange Brücke", welche über den rechten Mainarm, den eigentlichen Hauptfluß, führte. Diese Holzbrücke wird erstmals 1344 erwähnt (MEYER 1964, S. 16 ff., 33 f.).

Bei Michelau überspannte ein hölzerner Steg den Main; er ist auf der Abbildung 11 aus dem Jahr 1742 zu sehen. Der Steg muß nach Auswertung der historischen Quellen zwischen 1513 und 1567 gebaut worden sein (MEYER 1958, S. 27).

Sowohl die Lichtenfelser Brücke als auch der Michelauer Steg sind heute moderne Straßenbrücken.

5.3 TALABSCHNITT: REUNDORF — WIESEN

Unterhalb von Lichtenfels weitet sich das Tal wieder auf 1,2 bis 1,5 km und es setzt eine deutliche Asymmetrie ein. Die rechtsmainischs Talflanke ist aus oberem Keuper (Rhät) und Lias aufgebaut; sie hebt sich steil heraus. Linksmainisch hingegen vollzieht sich ein sanfter Anstieg über ältere Terrassenflächen. Auf der gesamten Länge von Lichtenfels bis Ebensfeld unterschneidet der Main seinen Westhang, eine Folge der Flußabdrängung durch die schuttreichen Jurabäche (KÖRBER 1962, S. 106).

Den Aufbau des Talgrundes im Bereich von Reundorf/Schönbrunn zeigt Abbildung 14. Der Talgrund wird von der Reundorfer-, der Schönbrunner- und nicht

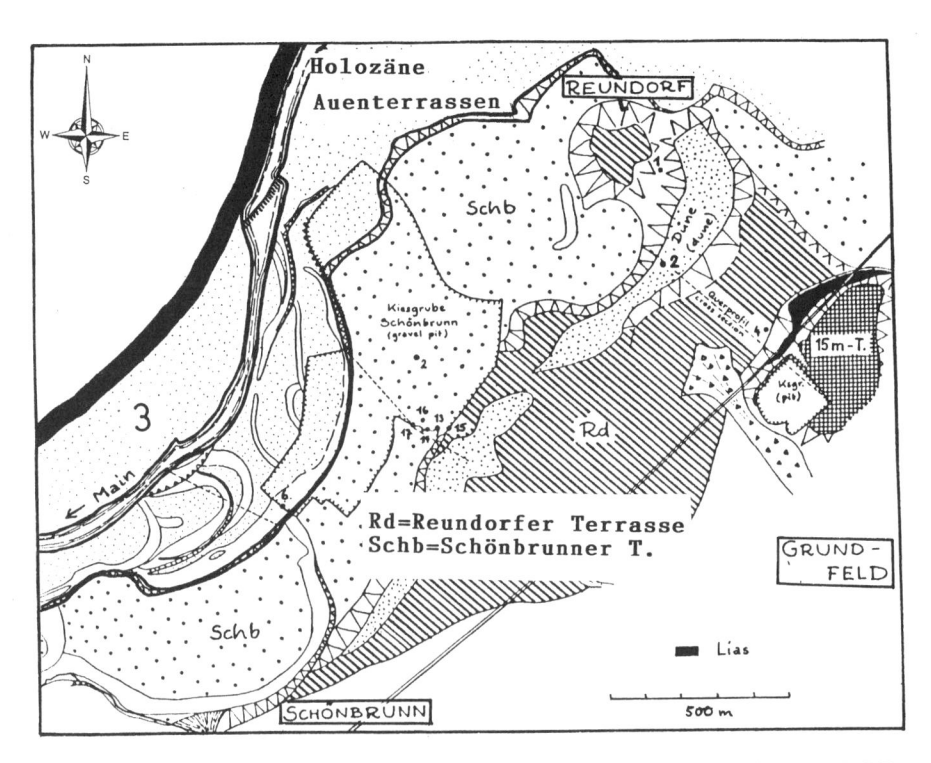

Abb. 14: Aufbau des Talgrundes bei Reundorf und Schönbrunn (SCHIRMER 1980, D14/15)

näher differenzierten Holozän-Terrassen eingenommen. Die Holozän-Stufe liegt 2—2,5 m über dem Fluß. Charakteristisch ist ihre bewegte Morphologie: Rinnen durchschneiden den Auenbereich in einzelne Rücken (SCHIRMER 1980, D1). In der Aue liegen bzw. lagen der ehemalige Hof „Oberau" (b. Staffelstein) und die Wüstung „Mittelau" (b. Wiesen). Hier treffen wir auf das zweite große Kloster am Obermain: Kloster Banz, das hoch über dem Maintal bei Hausen aufragt. Seine Existenz geht zurück auf alten Besitz der Schweinfurter Grafen (WEISS 1959, S. 9). Alberada, eine der Töchter das letzten Schweinfurter Grafen, gründete zwischen 1069 und 1071 das Benediktinerkloster. Bis zum 14./15. Jh. hatte sich das Kloster seinen eigenen Machtbezirk, das Klosteramt Banz erworben. Am Main gehörten zu diesem Klosteramt die rechtsmainischen Orte Kösten, Hausen, Unnersdorf, Nedensdorf und Weingarten (PFUHLMANN 1980, S. 253 ff.). Auf der östlichen Mainseite teilten sich die Bamberger Ämter Lichtenfels und das Amt Staffelstein (ein Amt des Bamberger Domkapitels) die niederen Rechte. Zum domkapitelschen Amt Staffelstein zählte neben dem Amtssitz noch der Hof Oberau und Unterzettlitz am Main. Staffelstein selbst erhielt am 5. April 1130 Marktrecht, Immunität, Bann und Zollrecht. Es war damit de facto Stadt (ZIMMERMANN 1980, S. 11 ff.). Reundorf und Schönbrunn waren dem Amt Lichtenfels verblieben, aus dessen Sprengel im Spätmittelalter der Staffelsteiner Amtsbezirk herausgeschnitten worden war. Der Ort Wiesen im Süden des Talabschnittes war bereits Teil des Domprobsteiamtes Döringstadt (s. u.) (WEISS 1959, S. 12, Karte). Aber auch das Kloster Langheim hatte in diesem Gebiet noch einige Besitzungen. Ein Altwasser und ein Abschnitt des Mains bei Schönbrunn wurden dem Kloster 1299 als Fischwasser übergeben. (44) Mit Langheim verbunden war auch der Einzelhof Mittelau bei Wiesen, 1395 erstmals genannt. (45) Dieser Einzelhof ist heute verschwunden, war aber noch Anfang des 19. Jh. existent. (46) Heute ist damit der Wiesener Ortsteil „Insel" identisch. [1] Wie die Abbildung 15 aus dem Jahr 1508 zeigt lag der Hof auf einer von Altarmen und Bachläufen gebildeten Insel.

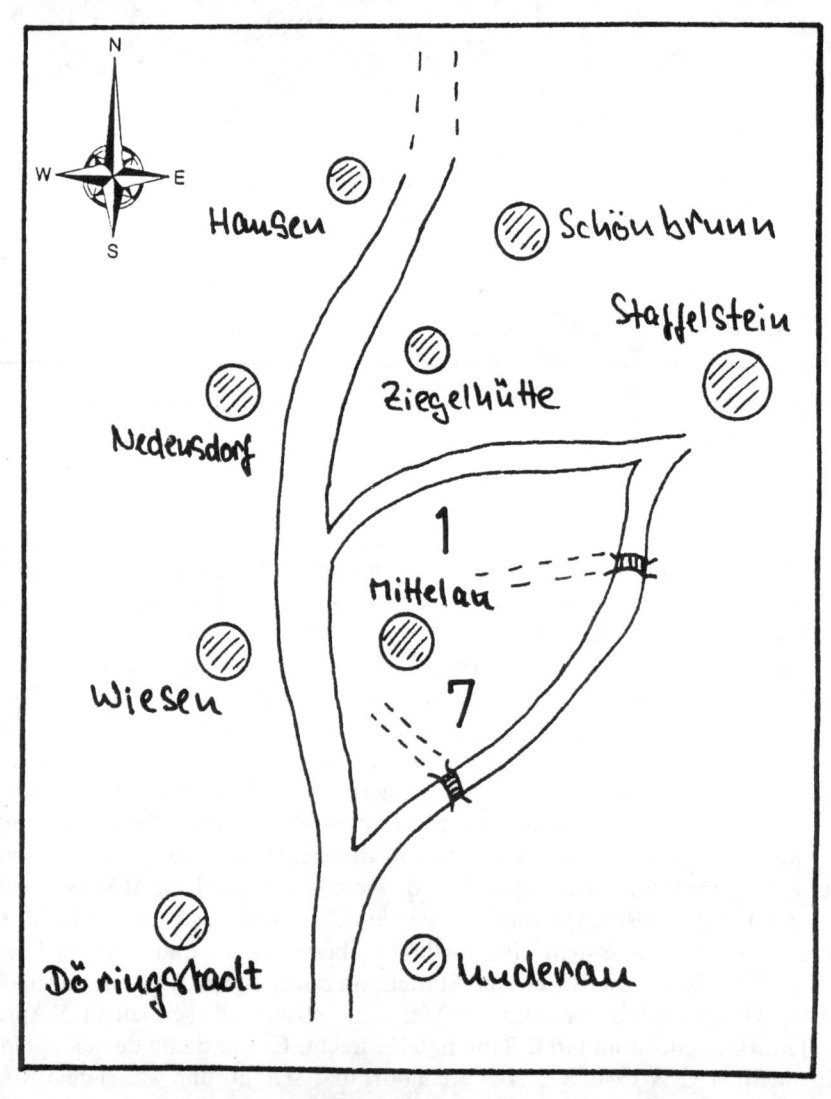

Abb. 15: Ausschnitt aus dem Plan der Zent Staffelstein 1508 (skizziert nach dem Original im Rathaus Staffelstein)

Chronik

Jahr	Loka- lität	
1485	[2]	Durch die Ausbildung des linken Mäanders zwischen der Staffelsteiner und Unnersdorfer Markung wurde den Gemeinden Land abgerissen. (47) Dagegen errichteten beide Seiten Wasserbauten aus Pfählen, sogenannte „Dulden und Gattern". Da diese Wasserbauten gegenseitig streitig waren, kam es 1485 zu einer Besichtigung durch Sachverständige („Wasser Leuthe") aus Hallstadt, Burgkunstadt und Zeuln (Marktzeuln). (48) Deren Urteil gipfelte 1485 in der ersten Wasserbauordnung, erlassen vom Bischof Philipp. Kernbestimmung war die Anweisung keinen Wasserbau mehr als drei Schuh weit in das Wasser zu bauen. (49)
ca. 1520	[3]	Die Schönbrunner beklagen Landabrisse am linken Ufer, die durch das neue Mühlwehr bei Hausen und dortige Wasserbauten verursacht sein sollen. (50)
1539	[2] [4]	Neue Wasserbauten waren an der Flur „Griesanger" (der heutigen Flur Reisanger) nötig. (51) Hier lag die Krümmungsspitze des Mäanders.
1539—1551 (Erw.1551)	[2]	Innerhalb dieses Zeitrahmens hat sich der Mäander in einem plötzlichem Akt weiter nach links gegen die Staffelsteiner Flur hin ausgebildet („ . . . der Mainfluß einen gewaltigen Umbruch gethan . . . ."). (52) Die Mäanderwanderung fand also nicht nur allmählich und stetig statt, sondern erfolgte auch in abrupten Schritten.
1593	[5]	Vom Kloster Banz aus war ein „Wasserriß" (eine Hochflutrinne) am großen Reundorfer Mäander mit Pfahlanlagen abgedämmt worden. Die anhaltenden Wassereinbrüche (= Verlagerungstendenzen) sollten dadurch gestoppt werden (RADUNZ, E. & RADUNZ, K. 1979, S. 17).
1629		Neue Wasserbauten sind bei Staffelstein nötig, dafür bekommt die Stadt vom Domkapitel 100 Gulden. (53)
1693 (Erw. 1717)	[7]	In diesem Jahr geschah ein großer „Mainbruch", durch den etliche Bauern aus Döringstadt und Wiesen Land im Gesamtwert von 755 Gulden verloren. (62) Damals brach die enge Schleife um die „Mittelau" bei Wiesen durch, wodurch sich der Mainlauf gänzlich veränderte (Abb. 16). (61)
1695/96 (Erw. 1699)	[5]	Bei Reundorf machten verstärkte Verlagerungstendenzen des Mainmäanders (Landabrisse) neue Wasserbauten nötig. (54)
1696	[6]	Im Receßbuch des Domkapitels werden andauernde Landabrisse erwähnt, die durch die Auskrümmung des sanften Linksbogens oberhalb Nedensdorf verursacht wurden. (60)

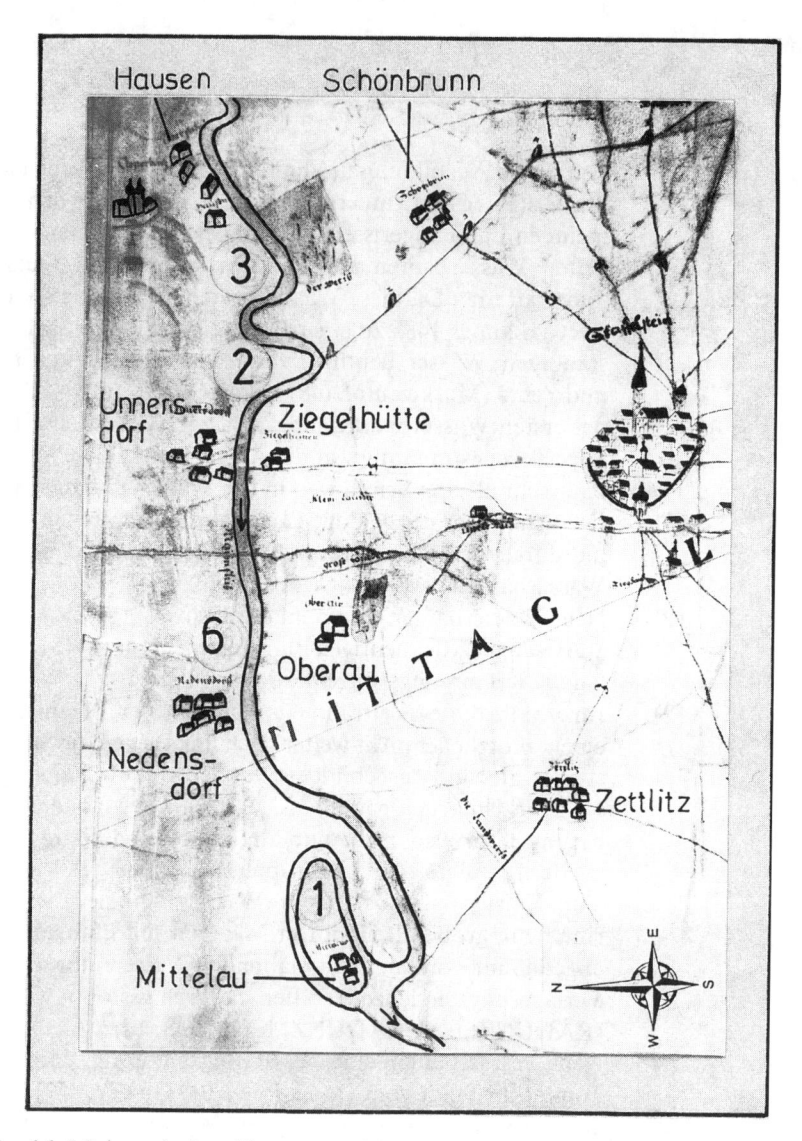

Abb. 16: Main zwischen Hausen und der Mittelau im frühen 18. Jh. [Ba/A 240, R 472]

1703	[5]	Die seit geraumer Zeit bestehenden Wasserrisse bei Reundorf werden von einer Kommission des Domkapitels begutachtet und ein neuer Wasserbau bei der Flur „Hopfanger" errichtet. (55)
1717	[7]	Die alte Schlinge bei der Mittelau war schon teilweise verlandet und mit Weiden bewachsen. (63) Das Terrain wurde neu abgemarkt.

1726/27	[4]	Ein neuer Wasserbau ist am Staffelstein/Unnersdorfer Mäander an der Krümmungsspitze bei Staffelstein nötig. (66) Dagegen protestiert Unnersdorf. (67)
1740	[8]	Bei Unnersdorf hatte man einen soliden Steinkasten gebaut (Abb. 17). (68) Hier schützte auch eine Ufermauer den Ort vor weiteren Abbrüchen. Streitpunkt waren 1740 „wider allen Vernunfthen" eingeworfene ganze Baumstämme, die den Stromstrich ablenken sollten. (69)
1740	[3]	Solche Baumstämme hatte das Kloster Banz auch bei Schönbrunn einlegen lassen, dabei wurde der Stamm am Ufer befestigt und die Krone in den Fluß gelegt. (70)
1740	[5]	Der oben genannte Wasserbau bei der Flur „Hopfanger" aus dem Jahr 1703 muß wiederhergestellt werden. (56)
1743	[5]	Ein neuer Wasserbau wird bei Reundorf mit der Hilfe der Nachbargemeinden gebaut. (57)
1744	[5]	Die Schäden durch die weitere Auskrümmung des Reundorfer Mäanders werden noch durch die Entnahme von „40 Fuder Erde und Gries" zur Befestigung von Viehweg und -tränke durch Reundorfs Nachbarn verstärkt. (58)
1745	[5]	Erneut müssen die Reundorfer über ihre Nachbarn klagen, nunmehr führte die Überweidung zu beschleunigtem Uferverfall. (58)

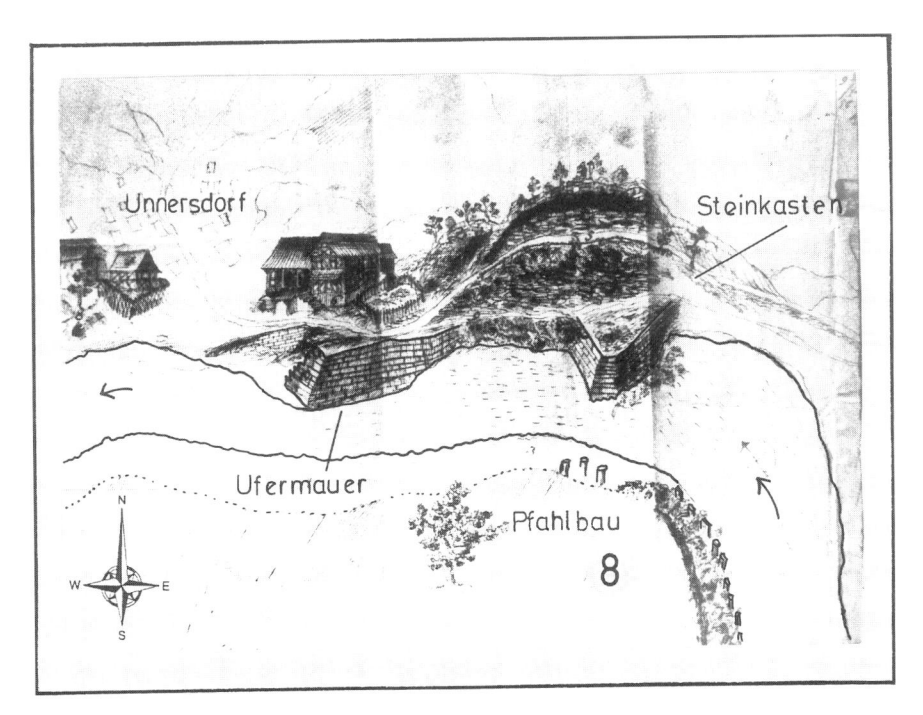

Abb. 17: Strittige Uferschutzbauten bei Unnersdorf 1740 [Ba/B 67 (15), 776]

1745	[4]	Staffelstein „entblödete" sich (nach Meinung der Unnersdorfer) einen Steinkasten in den Main zu bauen. (71)
1749	[5]	Durch die seit Anfang des 18. Jh. verstärkte Notwendigkeit zum Wasserbau bei Reundorf wurden die Baumaterialien Weidenholz und Kies knapp. (59)
ca. 1760 (Erw. 1785)	[7]	Die Gemeinde Wiesen baute über ihr noch immer versumpfte Altwasser einen Wegedamm; noch heute wird die Niederung mit einer kleinen Brücke überspannt. (64)
1764	[2]	Neue Wasserbauten: Einlegebäume und Faschinen am Staffelstein/Unnersdorfer Mäander werden gegenseitig angefeindet. (72) Staffelstein warf Unnersdorf vor, einen neuen Bau errichtet zu haben und davor in „...boshafter Weise..." 3—4 schwere „...Kläfterige Bäume..." eingeworfen zu haben. Auch haben die Unnersdorfer eine Staffelsteiner „...Erdreich Verfestigung..." zerstört, indem sie die Pflöcke und Faschinen herausgerissen haben.
1771	[7]	Ein Hochwasser dringt in den Wiesener Altmäander ein und zerstört den Wegedamm. (65)
1785	[7]	Hochwässer benutzen jedes Frühjahr die Rinne zum Abfluß, so daß Lichtenfelser Fischer den Altarm 1785 noch vom Main her anfahren konnten. (65)
1807/08	[6]	Ein Wasserbau wird am Linksbogen bei Nedensdorf erbaut. (73)
1826	[8]	Neuer Wasserbau bei Unnersdorf, der sofort Proteste der Staffelsteiner provoziert. (74)
vor 1830 (Erw. 1830)	[7]	Neue Aktivitäten im Bereich der Wiesener Durchbruchstrecke; es sind hier durch die Ausbildung einer „Doppelserpentine" (noch heute als Altrinnen sichtbar) viele Grundstücke zerstört worden. 1830 wollen die Grundbesitzer lieber ihre Felder opfern, statt die enormen Wasserbaukosten zu tragen. (75)
1833	[5]	Bei Reundorf hatte sich der Mäander weiter dem Dorf genähert. (76) Er prallte nun auf 100 Schritt bedrohlich an das Dorfufer; es wurde ein Wasserbau errichtet.
1834	[5]	Trotz dieses Baus ging auch im nächsten Jahr die Verheerungen weiter. (76)
1834	[7]	Die Doppelserpentine unterhalb der Mittelau wird durchstochen. (75)
1837	[7]	Der Fluß bleibt trotzdem lebendig, bereits drei Jahre später hatte sich der Main im Durchstich in zwei Arme geteilt. (75)
1837/38	[2]	Da auch beim Staffelstein/Unnersdorfer Mäander die Situation bedrohlich blieb, wurden nunmehr Durchstichspläne entworfen. (77)
1839/40	[5]	Das Dorfufer von Reundorf wurde mit mehreren Steinbuhnen befestigt. (78) Diese Maßnahme stabilisierte die Situation offensichtlich,

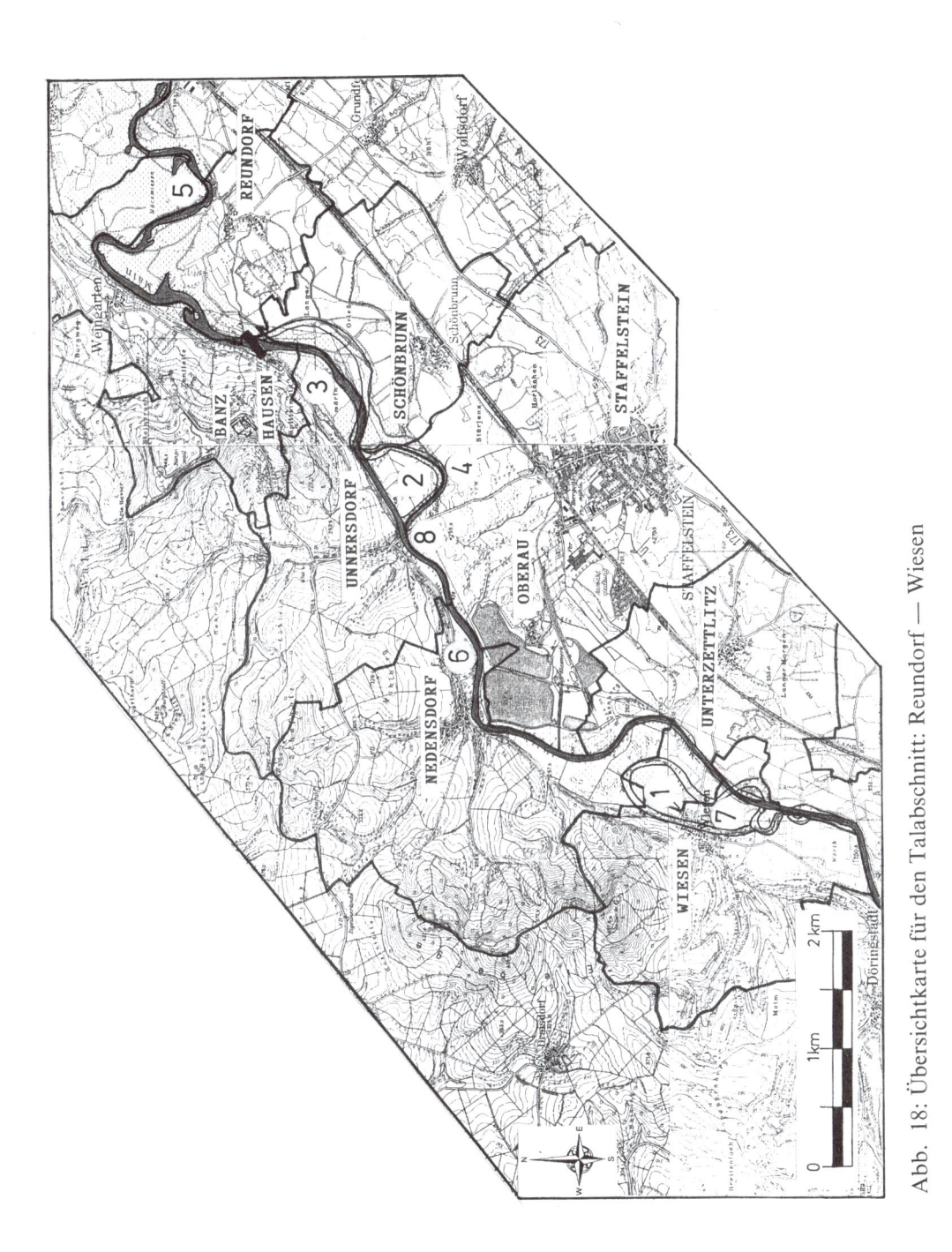

Abb. 18: Übersichtskarte für den Talabschnitt: Reundorf — Wiesen

		denn danach sind keine weiteren Klagen über Uferschäden überliefert.
1841/42	[2]	Der Staffelstein/Unnersdorfer Mäander wird durchstochen. Schwierigkeiten machte dabei der Untergrund aus festem Lias-Ton. (79) Die Pfähle für die Zuschlußbauten konnten nur mit Eisenspitzen in den Boden gerammmt werden. (80) Zurück blieb das heute noch sichtbare Altwasser.
1845	[3]	Am Prallhang des weiterhin unbefestigten Mäanders bei Schönbrunn verursachte das große 1845er Hochwasser (mit Eisgang) schwere Landabbrüche. (81)
1846	[3]	Es wurde ein steinerner Uferschutz gebaut. (81)
1852	[6]	Befestigung des Nedensdorfer Bogens. (82)
1853		Uferschutzbauten bei Staffelstein (nicht lokalisierbar). (83)
ca. 1860—1870		Dauerhafte Befestigung der Prallhänge. (84)
ca. 1900—1920		Systematische Korrektion des Flußabschnittes mit Leitwerken und Ende der natürlichen Flußdynamik. (84)

Überall dort, wo sich der Main von der rechten Talflanke löste, rissen seine Mäander die Ufer ein. Unter jenen ist an erster Stelle der Bogen von Staffelstein/ Unnersdorf zu nennen, der sich nachweislich ab dem 15. Jh. ausbildete, bzw. akzentuierte. Auch hier kann davon ausgegangen werden, daß seine volle Entwicklung durch die Uferschutzbauten gehemmt wurde. Die ihm eigene Dynamik ist aber durch beständige Reparaturen und Neubauten dokumentiert. Ab dem Ende des 17. Jh. ist eine Aktivitätsphase des Main bei Reundorf, Wiesen und Nedensdorf nachweisbar. Stärkere Flußaktivitäten kennzeichnen auch, die 30iger Jahre des 19. Jh.

Mühle bei Hausen

Noch heute existiert das Mühlwehr der alten Banzer Klostermühle bei Hausen. Diese Mühle wurde 1509 errichtet. (85) Eine Verbreiterung des Wehres erfolgte im Jahr 1536. Bei diesem Umbau mußte das Kloster mit blechbeschlagenen Pfählen die äußeren Abmessungen des Wehres abstecken, da die Schönbrunner eine unzulässige Erweiterung befürchteten. (86) Ein neuerlicher Umbau, diesmal am Wehrloch (eine Wehröffnung durch die Schiffe passieren konnten), mußte auf Anraten der Lichtenfelser Fischer 1540 vorgenommen werden. (87) In den Wirren der Reformationskriege verfiel das Kloster und stand von 1567—1575 leer. Auch die Hausener Mühle fiel damals wüst. Erst unter einem neuen Abt wurde 1577 die Mühle wiederaufgebaut (THEODORI 1925, S. 36). Kurz darauf (1585) durchbrach ein Hochwasser das Wehr (MEYER 1963/64, Nr. 9). Größere Schäden verursachte auch eine Hochflut 1665. Besonders hart getroffen wurde die Mühle bei dem Hochwasser von 1762, dessen Stand an der Mühle markiert wurde. Es soll rund 30 cm höher gewesen sein als das Jahrhunderthochwasser von 1909. (88) Nach der Säkularisation 1802/1803 wandelte man die Mühle in die Silbermannsche Porzellanfabrik um (MENK-DITTMARSCH 1843, S. 95).

5.4 TALABSCHNITT: DÖRINGSTADT — EBENSFELD

Bis Ebensfeld bleibt die Talasymmetrie mit steilem Westhang und flachem Anstieg im Osten erhalten. Bei Ebensfeld streicht jedoch der Rhätsandstein ein, dadurch verengt sich die Talsohle. Im Ebensfelder Raum liegt die vollständigste Abfolge holozäner Terrassen im Maintal vor (Abb. 19).
Die frühmittelalterliche Unterbrunner Terrasse liegt rund 3 m über dem Fluß. Sie ist charakterisiert durch ein lebhaftes Relief mit kräftigen Aurinnen. Die im Schotter gefundenen zahlreichen Rannen haben ein dendrochronologisches Alter von 350 bis 870 n. Chr. Es schließt sich die Staffelbacher Terrasse mit einer Höhe von 2,7 bis 3 m über Fluß an. Sie führt die typische spätmittelalterliche Keramik. In einem etwa 100 m breiten Streifen begleitet die Vierether Terrasse den Main. Sie wird noch alljährlich überflutet, da sie nur 10—20 cm über dem Mittelwasser liegt (SCHIRMER 1980, S. E1 ff.).
Hier vollendet sich mit dem Dorf Niederau die Reihe der relativ jungen Orte (Ober-, Mittel-, Unter-Niederau), die man im Talgrund angelegt hatte und die entsprechend stark von Flußverlagerungen bedroht waren.

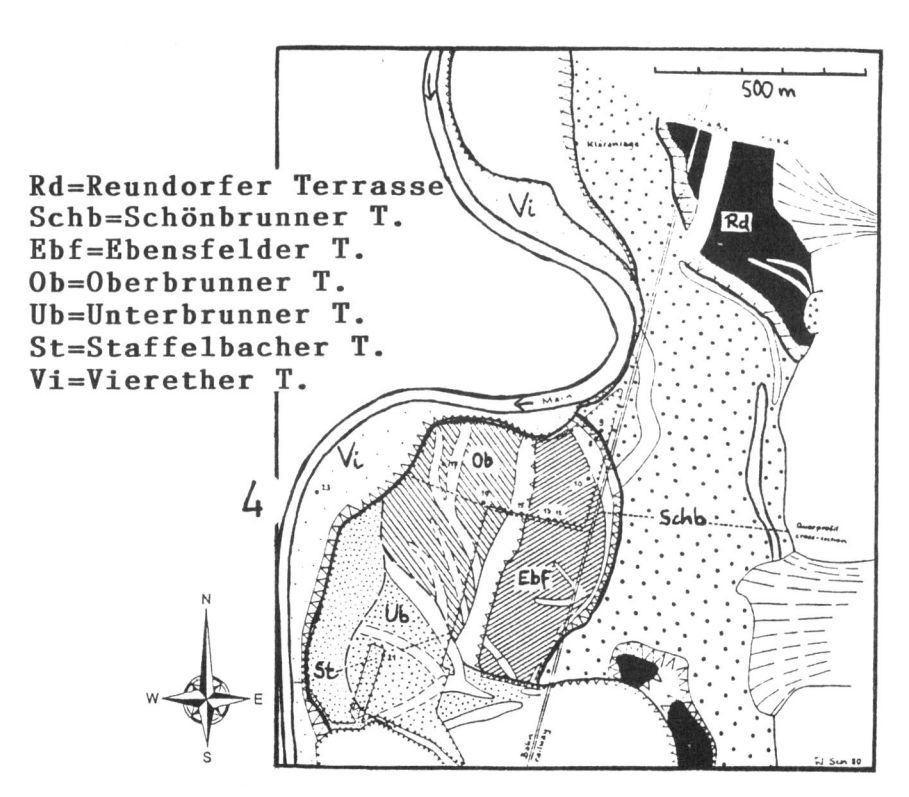

Abb. 19: Aufbau des Talgrundes bei Ebensfeld (SCHIRMER 1980, E12)

Historisch-politisch gehörte dieser Raum ohne größere Nebenherrschaften zum Bamberger Bistum. Ebensfeld und Niederau zählten zum Amt Lichtenfels, Oberbrunn und Döringstadt zum Domprobsteiamt Döringstadt. In Oberbrunn hatten allerdings noch die Rittergutsbesitzer Giech von Brunn großen Besitz und Einfluß (WEISS 1959, S. 31 ff., 45).

Chronik

Jahr	Lokalität	
vor 1521 (Erw. 1521)		Zwischen Oberbrunn und Ebensfeld war durch eine Flußlaufänderung eine Anschüttung entstanden, die 1521 zwischen den beiden Orten geteilt wurde. (89)
1559		Ein (neues ?) Altwasser wird zwischen Oberbrunn und Ebensfeld strittig. (90)
1567	[6]	Errichtung eines Uferschutzbaus bei Niederau, der von „Wasserleuthen" aus Kulmbach, Hassfurt, Michelau und Schwürbitz in Hinblick auf die Bestimmungen der Wasserbauordnung von 1485 (Kap. 5.3) begutachtet wurde. Der Mäander bedrohte unmittelbar das Dorf. (91)
1567	[5]	Auch bei Döringstadt machte der anprallende Main Wasserbauten nötig. (92)
1570		Der Dorfherr von Oberbrunn Hanns Mathes von Giech hat bei dem 1559 erstmals erwähnten Altwasser „... durch einen ungewöhnlichen Abschlag (Pfahlreihe) und wellen (Faschinen) einlegen den Main an seinem natürlichen Lauf gehindert...", mit dem Ziel ein Fischgehege zu errichten. (90) Diese unzulässige Erweiterung seines Fischwassers kommt vor das „Wassergericht" in Lichtenfels. (90)
ca. 1574 (Erw. 1586)	[3]	Der Fluß krümmte sich nach links gegen Ebensfeld hin aus, wodurch sich auf Oberbrunner Seite neues Land bildete.
1586	[3]	Diese Anschüttung wurde strittig und der Streit mußte vom Kaiser Rudolph (Lehnsherr des Ritters Giech von Brunn) entschieden werden. Das neue Land wurde zum Eigentum des Giech von Brunn erklärt. (93)
1590	[1]	Die Flur von Ebensfeld wurde durch Aktivitäten des Mäanders an der Grenze nach Döringstadt („Muckengrieß") bedroht. (94) Hier mußte ein Steinkorb „geschlagen" werden.
1597	[1]	Im Zuge der Auskrümmung war auf Döringstadter Seite eine neue Anschüttung entstanden, die „... anitzo (1597) mit Weiden bewachst...". (95)
1605	[1]	Ebensfeld befestigte die Krümmungsspitze mit einem zweiten Steinkorb. (96)

um 1610 (Erw. 1710)	[2]	„... der alte Mainfluß in dem sogenannten Himmelreich..." war 1610 soweit verlandet, daß es über seinen Besitz zwischen dem Kloster Langheim (das hier Güter besaß) und dem Lichtenfelser Kastner zu Differenzen kam. Das alte Bett wurde erst 1710 aufgeteilt. (97)
1611	[3]	Gegen die anhaltende Wasserbautätigkeit, die Ebensfeld zum Schutz seiner Felder vornehmen muß, beschwert sich Giech von Brunn. (98) Er erreicht ein Verbot des „Einlegens von Flachs" (= Faschinen).
1619	[4]	An der Flurgrenze von Unterbrunn und Ebensfeld hatte sich der Main „gebrochen", „seinen Lauf verlassen" und auf die Ebensfelder Seite hin verlagert. (99) Wahrscheinlich brach damals der heute noch im Gelände gut sichtbare Mäander an der Flurgrenze durch.
1623 1628	[1]	Der steigenden Bedrohung durch den „Muckengrießmäander" versuchten die Ebensfelder zweimal (1623 und 1628), mit einem Durchstichsversuch zu entgehen. (100)
1628		Auf der anderen Seite hatte Döringstadt seine Ufer mit starken Wasserbauten sichern müssen. (100)
1630	[1]	Nach dem mißlungenen Durchstich wurden auf Ebensfelder Seite neue Steinkörbe notwendig. (101)
1675	[1]	Wieder werden Steinkörbe am Ebensfelder Ufer eingelegt. (101, 102)
1720		Gegenüber von Niederau baut Döringstadt zwei Steinkörbe. (103)
1720	[5]	In einem Vertrag zwischen Oberbrunn und Ebensfeld wird Ebensfeld der Bau von Uferschutzanlagen verboten, wenn diese dem Ort Oberbrunn schaden. (104) Dahinter steckt die zunehmende Bedrohung des Ortes Oberbrunn selbst durch den vorwärtswandernden Mäander unterhalb des „Muckengrieß".
1723	[1]	Trotz des Vertrages werden 8 Steinkörbe am Ebensfelder Ufer gesetzt. (105)
1750	[5]	Oberbrunn erhebt den konkreten Vorwurf, daß die Ebensfelder Wasserbauten (speziell die 8 Steinkörbe) Schuld an der Bedrohung des Dorfes durch den Main seien. (106) Eine Kommission des Bamberger Domkapitels kommt allerdings zu dem Schluß, daß Oberbrunn (und auch Döringstadt) keinen ausreichenden Uferschutz errichtet habe und nur deshalb gefährdet sei. (107)
1772	[5]	Im Auftrag des Domkapitels wird die Krümmungsspitze mit einem dammähnlichen Uferbau befestigt, der im Kern aus Pfahlreihen besteht. Die Arbeiten werden allerdings wenig professionell ausgeführt, so daß der Bau dem Dorf mehr schadet als nutzt. (108)
1774	[5]	Die unzureichende Befestigung wird von einem mittleren Hochwasser zerstört. (109)

1778	[5]	Der „ruinöse Bau", wird trotz eines bereits existenten Durchstichsplans (Abb. 20), nach den Vorstellungen des Ingenieurs Roppelt nochmals repariert. (110)
1790	[5]	Erneute Zerstörung des „Damms", die zeigt, daß der Mäander seine Migration fortsetzte. (111)
1792	[5]	Der Erlanger „Wassergraf" Georg Konrad schlägt erneut einen Durchstich vor (auch dieser Plan blieb unausgeführt). (111)
1790	[6]	Das Dorf Niederau muß einen neuen Uferschutz bauen. (112)
vor 1834 (Erw. 1834)	[6]	Im 19. Jh. war der Main weiter gegen das Dorf vorgedrungen und 1834 nur noch 50 Schritt vom Ort entfernt. (113)
1834	[6]	Es wird ein neuer Uferschutz aus Pfählen, Senkfaschinen und Erd-Kiesabdeckung errichtet. (114)
1841/42	[6]	Nach dem Durchstich bei Wiesen (s. o.) „... hat der bis dahin ruhige Fluß [bei Niederau] einen rascheren Lauf genommen, so daß an der Krümmung der ganze Ort bedroht ist ...". (115) Die „Concave" hatte sich während Herbst 1841 bis Frühjahr 1842 auf 70 Fuß vergrößert.
1843—1845	[6]	Die Bedrohung endet durch den Einbau von 5 Treibbuhnen und Uferdeckwerken aus Stein. (115)
1843		Steinerne Uferbauten werden auch bei Döringstadt, Oberbrunn und Ebensfeld ausgeführt. (116)
1847/48		Neue Bauten bei Oberbrunn und Ebensfeld. (117)
1858/59	[1]	Befestigung des Mäanders mit Leitwerken. (118)

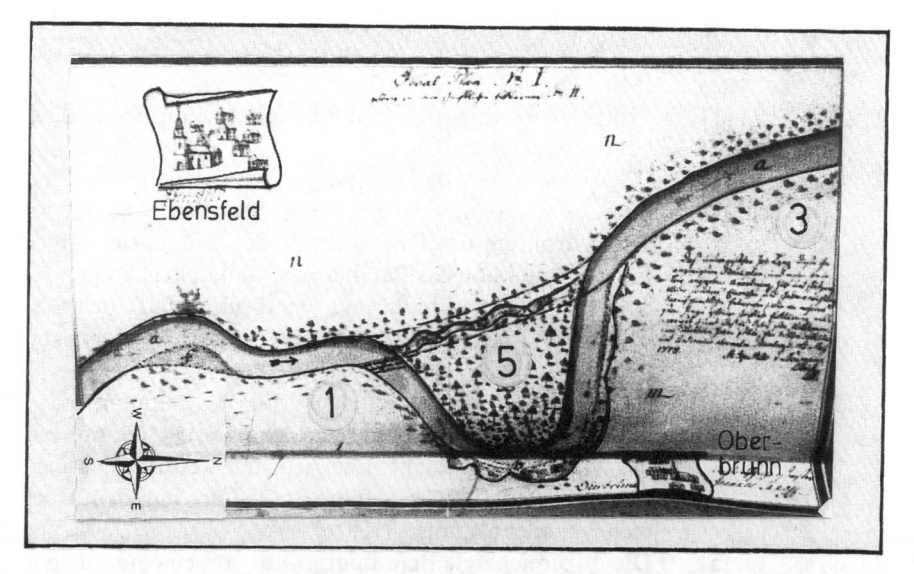

Abb. 20: Geplanter Durchstich bei Oberbrunn 1778 [Ba/B 67 (15), 652 II]

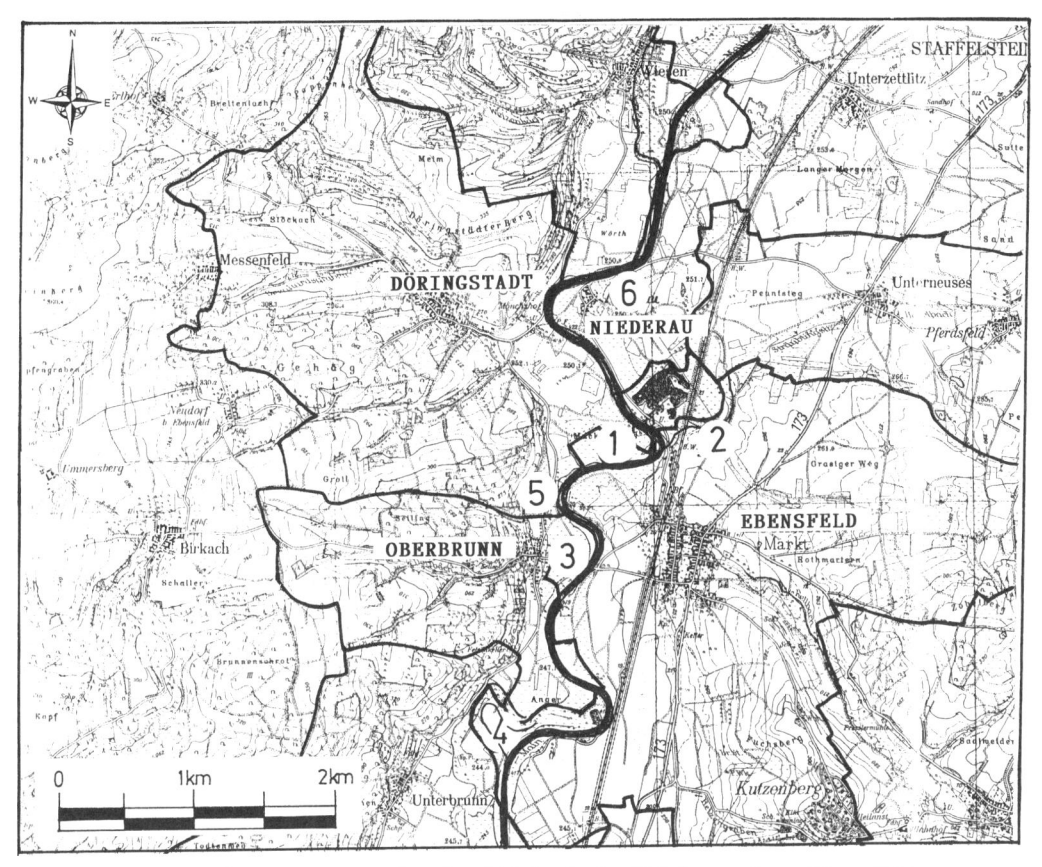

Abb. 21: Übersichtskarte für den Talabschnitt: Döringstadt — Ebensfeld

1860—1870	[5] [6]	Befestigung des Mäanders bei Döringstadt und Oberbrunn mit Leitwerken. (118)
ca. 1870—1880		Weitere Teilstücke werden hier mit Leitwerken eingeengt. (118)
1925—1934/35		Die gesamte Strecke wird mit Leitwerken ergänzt und ist danach vollständig korrigiert. (118)

Die Bewegungen der hiesigen Mäandern, vor allem bei Döringstadt und Ebensfeld scheinen sich ab dem Ende des 16. Jh. zu verstärken. Eine erneute Aktivität trat um die Wende 17./18. Jh. ein. Vermehrte Wasserbautätigkeit ist im letzten Drittel des 18. Jh. zu konstatieren. Auch ab den 30er Jahren des 19. Jh. mehren sich wieder Nachrichten über Wasserschäden. In diesem Talabschnitt schützte man spätestens ab dem Ende des 16. Jh. die Ufer, vor allem zwischen Ebensfeld und Döringstadt, in ausreichendem Maße. Starke Flußlaufänderungen sind daher selten. Eine größere Laufverlagerung fand nur an der Grenze Ebensfeld/ Unterbrunn 1629 statt. Das endgültige Ende der natürlichen Flußaktivität wurde durch die ab Ende der 50er Jahre des 19. Jh. beginnende Einengung mit Leitwerken eingeleitet und war in den 30er Jahren des 20. Jh. beendet.

5.5 TALABSCHNITT: UNTERBRUNN — EBING

Hier durchfließt der Main wieder auf ganzer Strecke die Schichten des Keupers (Burgsandstein und Feuerletten). Bei Ebing erhebt sich ein steiler Osthang aus Feuerletten, während sich auf der westlichen Talflanke ein Sporn aus älteren Schotterterrassenresten heranschiebt. Dadurch verengt sich das Tal auf rund 750 m (KÖRBER 1962, S. 10, 100).
In diesem Raum verfügte das dritte große Kloster des Bamberger Territoriums, das Kloster Michelsberg, über sein Haupteinflußgebiet. Das etwa 1015 in Bamberg gegründete Benediktinerkloster war in den Orten Unterbrunn, Rattelsdorf und Ebing fast alleiniger Grundherr, was sich in der Existenz eines eigenen Klosteramtes Rattelsdorf, zu dem unter anderem Unterbrunn und Ebing gehörten, niederschlug (WEISS 1959). Zapfendorf war hingegen Sitz eines Bamberger Vogteiamtes und Zentgerichtes (WEISS 1959, S. 46). In Unterleiterbach gehörte die Dorfherrschaft den Herren von Brockdorff, welche bereits bei Schney genannt wurden (WEISS 1959, S. 108).
Auffällig in der hiesigen Talaue sind die vielen Paläo-Mäander, die sich noch heute als Rinnen oder in den geschwungenen Flurgrenzen wiederfinden lassen. Die ehemals zahlreichen Altwässer und Inseln in diesem unruhigen Laufabschnitt sind auch historisch beurkundet. So die „... Insula oder werd dicta Pferrich..." bei Rattelsdorf/Ebing im Jahr 1306. (119) Ein Ort namens Stegen [1] soll im Spätmittelalter/Frühe Neuzeit den zahlreichen Flußlaufverlagerungen zum Opfer gefallen sein (JAKOB 1986, S. 388, 392).

Chronik

Jahr	Lokalität	
vor 1542 (Erw. 1542)	[2]	Eine neue Anschüttung verursacht einen Streit zwischen den Dörfern Ebing und „Oberndorff" (Unteroberndorf).

		(120) Die Anschüttung lag unter „... dem Pamberg [Baumberg] wo der Main umflossen und erschütt ..." Wahrscheinlich brach damals der „Rosengarten" Mäander durch und hinterließ das ehemals umflossene Wörth.
Anfang 16. Jh. (Erw. 1617)	[3]	Der Mäander um die Flur „Im großen Wörth" bildete sich in einem Akt aus. Nach einem Hochwasser hatte der Main seinen neuen Lauf „in Form eines halben Mondes" beibehalten. Der Mäander ist also keine Folge der üblichen Flußdynamik, sondern wurde in einer sicher präexistenten Form „gefangen" gehalten, nachdem der Hauptstrom bei einem Hochwasser seinen Weg dorthin gefunden hatte. (121, 122)
1567	[3]	Auf dem umflossenen Wörth wuchsen bereits Weiden. (121)
1585	[3]	Der neue Mäander hatte sich soweit konsolidiert, daß im Bogeninneren Ackerbau aufgenommen werden konnte konnte. (121)
1593	[3]	Der Main verließ seinen großen Bogen und brach ihn auf gerader Strecke durch. (122, 123)
1617	[3]	Um das ehemalige Mäanderinnere kam es zu einer gericht-

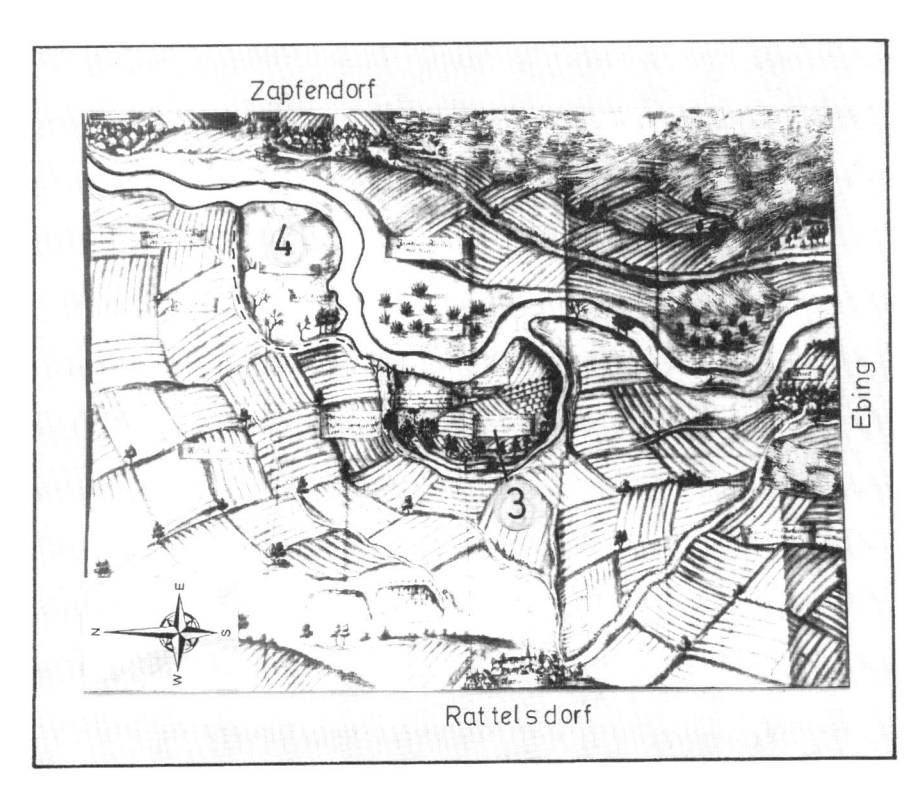

Abb. 22: Main und Maindurchbruch zwischen Zapfendorf und Ebing 1617 [Ba/B 67 (15), 531 a]

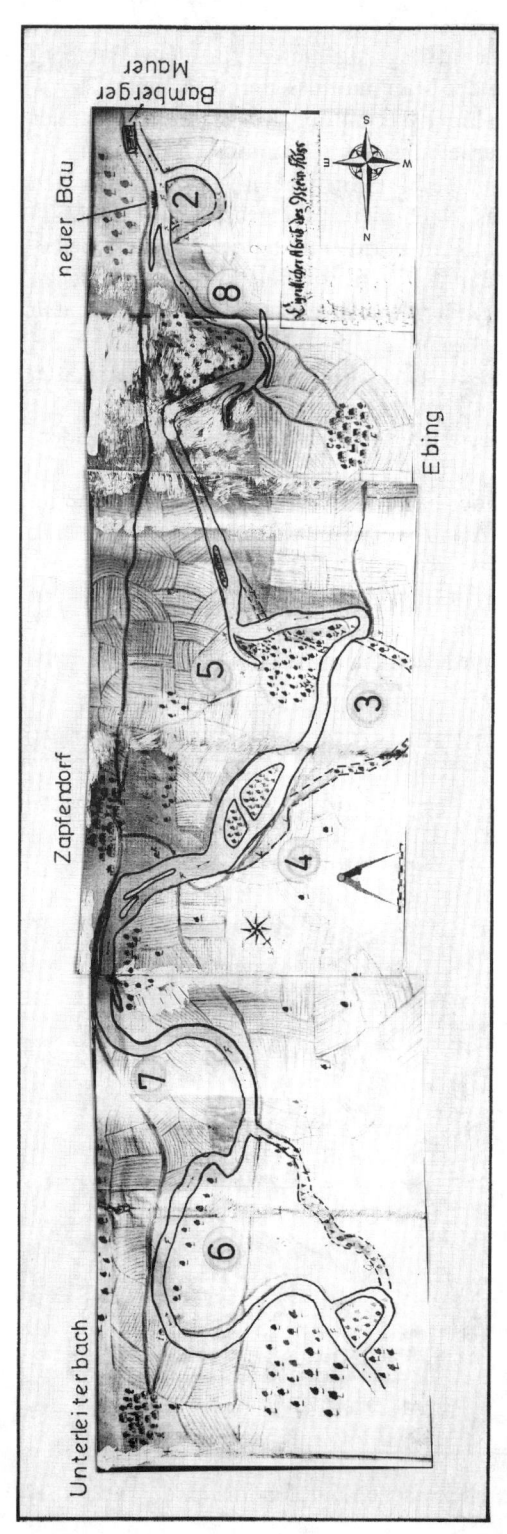

Abb. 23: „Eigenttlicher Abriss des Meinfluss" zwischen Unterleiterbach und Ebing 1702 [Ba/B 67 (15), 463]

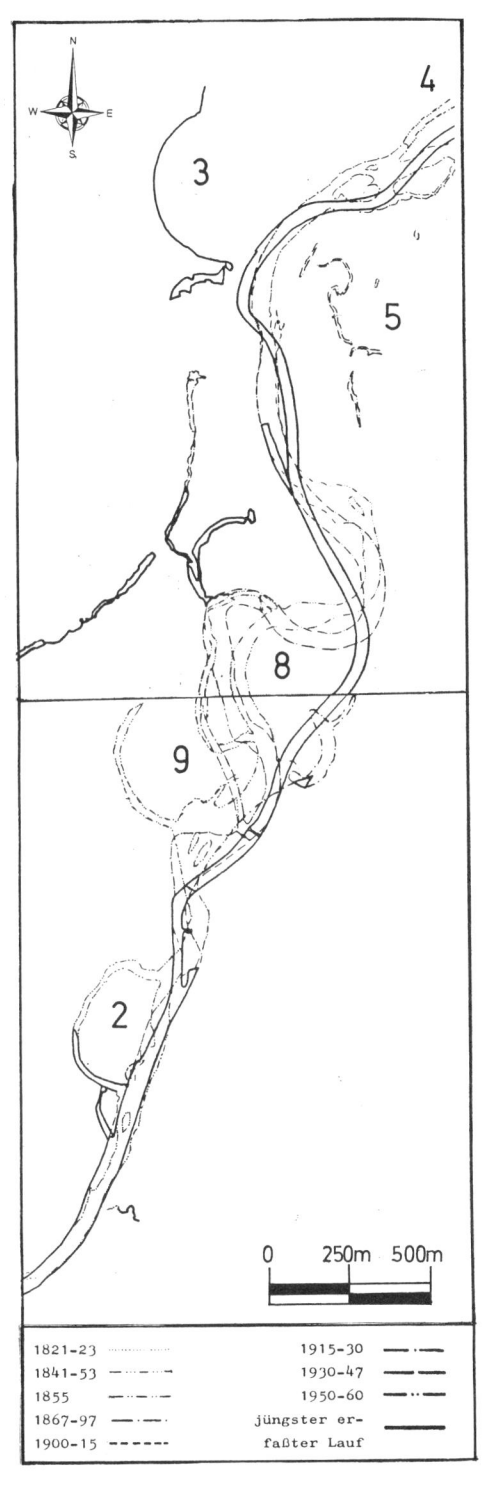

Abb. 24: Flußverlagerung bei Ebing ab dem 19. Jh. (Flurkarten 90/21 + 89/21) (NAGEL & SCHIRMER)

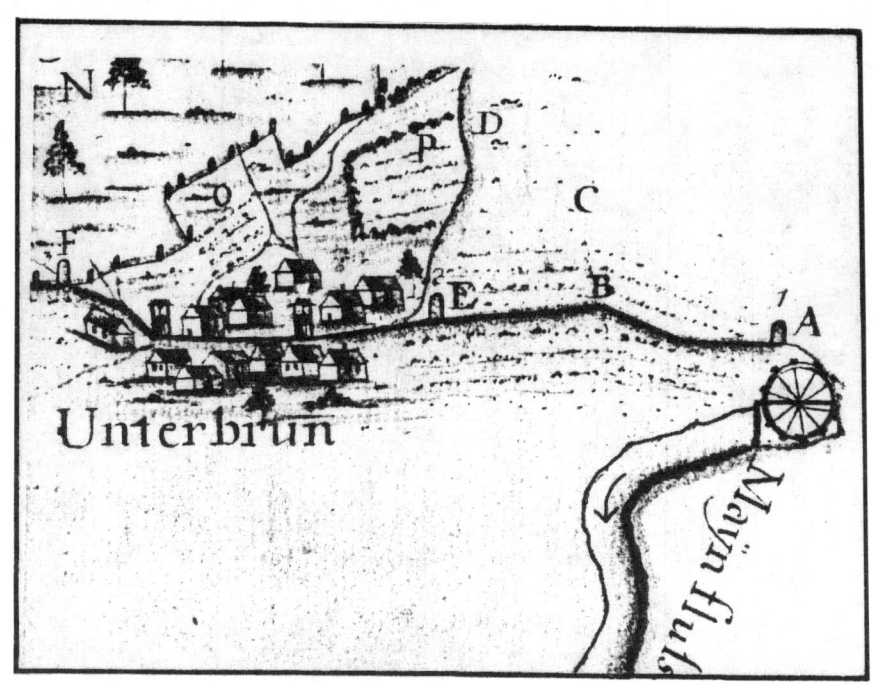

Abb. 25: Wasserschöpfrad am Main bei Unterbrunn 1735 (Ba/Standb. 4415, nach JAKOB 1986, S. 387)

lichen Auseinandersetzung. Dabei wurde die Situation sehr detailgenau in einer Karte wiedergegeben (Abb. 22). Der Kartograph soll der Bamberger Hofmaler Veit Kunrath gewesen sein (JAKOB 1956, S. 65).

Die Karte erlaubt aufgrund des detailgenauen Wegenetzes, einen direkten Vergleich mit der Topographischen Karte (Abb. 26).

1650—1660 (Erw. 1686)	[5]	Der Main hatte an dem „Heiligen Acker", der in Zapfendorfer Flur lag, aber das Salär für die Ebinger Frühmesse abwarf, „abgemahlen". (124)
1686	[5]	Der Fluß begann unter Zurücklassung einer Anschüttung und eines Altwassers die fragliche Stelle wieder zu verlassen. (125)
ca. 1690 (Erw. 1698)	[2]	Die Landstraße nach Bamberg wurde von einem Prallhang mehr und mehr bedroht, so daß der Zapfendorfer Vogt an der Straße eine Schutzmauer errichten mußte. (126)
1698	[2]	Diese Mauer wird unterspült, da die Ebinger eine kleine Krümmung oberhalb des Prallhanges durchstochen haben. (126)
1700	[2]	Es wird eine neue Mauer gebaut. (127) Dieser „neue Bau" ist auf der Karte von 1702 eingezeichnet (Abb. 23).

1702	[5]	Da über die Nutzung des Wörths beim Frühmeß-Acker ein Gerichtsstreit ausbrach, wurde eine ebenfalls sehr detailgenaue Karte angefertigt (Abb. 23).
	[3]	Auf dieser Karte ist der Altarm um das „Große Wörth" bereits völlig ausgetrocknet.
	[8]	Der Mäander, der 1617 (Abb. 22) noch oberhalb von Ebing lag, hatte das Dorf inzwischen erreicht.
	[7]	Bei Zapfendorf existierte noch der große Linksbogen durch den heute die Eisenbahn verläuft.
	[6]	Der Mäander bei Unterleiterbach hatte schon ähnliche Ausmaße wie heute. Die kleine „Schlaufe" war laut Kartenlegende 1698 durchgebrochen.
1710	[8] [9]	Der Main hatte sich näher an das Dorf Ebing herangeschoben. (128) Bei Hochflut näherte sich der Fluß bereits bedrohlich den „hinteren Häusern" des Dorfes.
1719	[2]	„Wasserschäden" an der Bamberger Landstraße. (129)
1735/36	[2]	dito. (129)
1744	[2]	dito (Hochwasser und schwerer Eisgang). (129)
1746	[2] [6]	Die Landstraßen an der Bamberger Mauer und bei Unterleiterbach wurden unterspült. (129)
1747		dito. (131)
1754		dito. (131)
1764—1766	[2]	Der Ingenieur Isaac Bachmeyer baut einen neuen Wasserbau an der gefährdeten Landstraße. (130) Seither verstummten die Schadensmeldungen.
1764		Da das Dorf Zapfendorf selbst vom Main bedroht ist, läßt das Fürstbistum auf seine Kosten Schutzbauten aufstellen. (132)
1769		Wasserbauten müssen auch zum Schutz des Ortes Ebing erbaut werden. (132)
1773/74	[8]	Offenkundig hatte sich in der zweiten Hälfte des 18. Jh. die Bedrohung von Ebing durch die Mäandrierung verstärkt. (133) 1773/74 wurde an der Krümmungsspitze ein Damm gebaut.
1795	[8] [9]	Neue Ufersicherungen bei Ebing. (134)
1800	[8] [9]	Ebenfalls neue Uferschutzanlagen bei Ebing. (135)
1816	[8] [9]	Daß sich trotz allem die Situation zuspitzte, dokumentiert ein amtlicher Bericht: „Es droht der Fluß ... in diesem Jahr sich ein neues Bett gegen das Dorf selbst zu nehmen". (136) Der Fluß war hier fast verwildert zu nennen.(137)
1817	[8] [9]	Ein neuer Wasserbau soll Abhilfe schaffen. (138)
1819/20		Von Dezember bis März traten ungewöhnlich starke Hochwässer auf. (139)
1822	[8] [9]	Der Main war nur noch 80 Schuh von den hinteren Häusern des Dorfes entfernt. (139)
1826		Um den insgesamt „verwilderten" Mainlauf zwischen Zap-

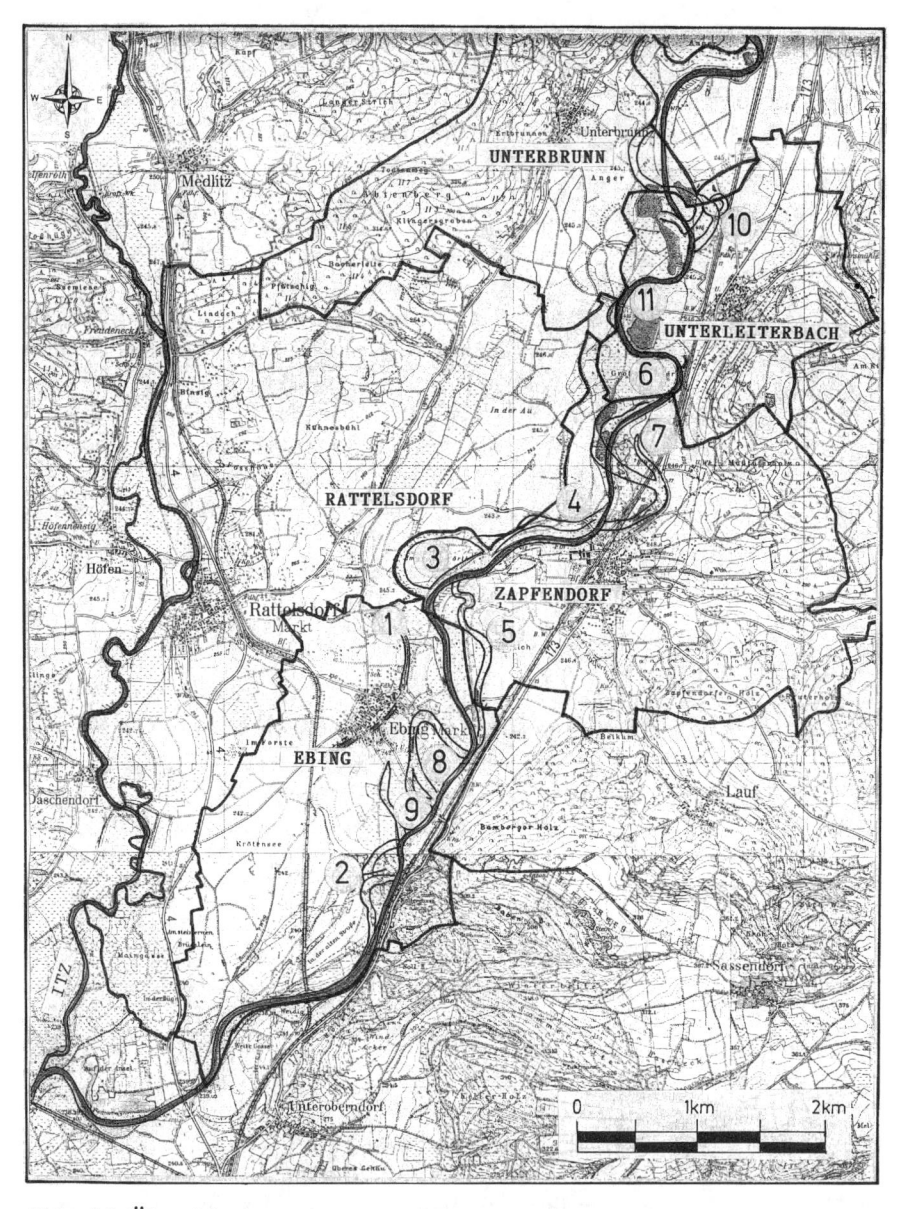

Abb. 26: Übersichtskarte für den Talabschnitt: Unterbrunn — Ebing

		fendorf und Kemmern zu bändigen, wird eine Distriktkommission gegründet. (140) Sie blieb allerdings tatenlos.
1833	[9]	In Selbsthilfe und ohne Erlaubnis durchsticht Ebing den Mainmäander beim Dorf. (141)
1842/43	[7]	Der Mainbogen bei Zapfendorf wird für den Bau der Eisenbahn durchstochen. (142)
1846	[10]	Zum Schutz der 1846 eröffneten Eisenbahntrasse müssen auch die Bögen bei Unterleiterbach mit Steinen dauerhaft befestigt werden. (143)
1855	[10]	Die Uferdeckwerke müssen gegen den anprallenden Main verstärkt werden. (143)
1857/58	[11]	Dis systematische Korrektion des Flusses mit Leitwerken beginnt bei Unterleiterbach. (144)
ab 1870		Die übrigen Mainabschnitte werden mit Leitwerken befestigt. (144)
1878	[8]	Der Mäander bei Ebing wird durchstochen. (144)
1880—1910		Die Ufer werden vollständig mit Leitwerken eingefaßt, womit die natürliche Flußdynamik endet. (144)

Der insgesamt unruhige und stark gewundene Lauf weist nach den Quellen mehrere Aktivitätsphasen auf, zum einen in der ersten Hälfte des 16. Jh., dann an der Wende zum 18. Jh., in der zweiten Hälfte des 18. Jh. und in den 20er Jahren des 19. Jh. Wie unruhig, ja fast verwildert der Main noch im 19. Jh. war, zeigt der Vergleich der Flurkartenstände: Abbildung 24.

Wasserrad bei Unterbrunn

Bei Unterbrunn wurde vom Kloster Michelsberg (auch Mönchberg genannt) 1735 ein Wasserrad errichtet. (145) Wasserräder waren im Prinzip genauso aufgebaut wie kleine Mühlradanlagen: Ein Wehr aus Pfählen und Latten staute das Wasser auf ein Schöpfrad, dieses leitet das Wasser in Gräben. In der Regel dienten diese Anlagen der Wiesenwässerung (Kap. 6.3), hier aber sollte Wasser in die Weiher bei Rattelsdorf eingeleitet werden, denn denen „... mangelt es merklich an Wasser ...". (146) Eine „Local Commission", die den neuen Bau besichtigte, kam sogar zu dem Schluß, das Wasserrad würde sich segensreich für den Schutz der Ufer auswirken. Im Standbuch des Klosters Michelsberg wurde das Unterbrunner Wasserrad skizziert: Abbildung 25.

5.6 TALABSCHNITT: UNTEROBERNDORF — KEMMERN

Zusammen mit den beiden Nebenflüssen Itz und Baunach hat der Main hier eine breite Ausraumzone von über 2 km geschaffen. Am westlichen Talrandbruch

zwingen die widerständigen Schichten des Sandsteinkeupers den Fluß, nach Süden abzubiegen. Es ergibt sich wieder eine Asymmetrie mit einem Steilhang im Westen und weiten Terrassenfeldern im Osten (KÖRBER 1962, S. 100).
Der Raum um die Mündungen von Itz und Baunach ist durch eine bewegte Auenmorphologie mit Rinnen, Spuren alter Mäanderbögen und starker Versumpfung gekennzeichnet. Dieser Naturzustand spiegelt sich auch in den Flurnamen wider. Die heutige Flur „Maingasse" [1] hieß ursprünglich „Maingoß" (= Maingüß). Unter diesem Namen wurde die Flur 1260 erstmals erwähnt (BRAUN 1977 II, S. 185). Auch andere Quellen belegen das feuchte Milieu. 1468 wurde ein Hans Schefstaller zu Baunach genannt, der im „Meynguße" ein Altwasser besaß (JAKOB 1956b, S. 65). Der flußnahe Bereich zwischen Breitengüßbach und Rattelsdorf war noch 1355 von einem Auwald, genannt „Nyderau" bedeckt.(147) Es handelte sich um einen Eichenmischwald, der in der zweiten Hälfte des 14. Jh. vom Kloster Michelau gerodet wurde (JAKOB 1956b, S. 64).
Die heutige Flur „Biegenwehrt" [2] erinnert an einen alten Ort namens „Biegen", zu dem eine Überfahrt gehörte. Diese Überfahrt war einstmals recht bedeutend, denn über sie führte eine alte Fernhandelsstraße, die mindestens aus der Karolingerzeit stammte. Der Flurname „In der alten Straße" [3] dokumentiert noch die einstige Bedeutung des heutigen Feldweges. Bei Biegen schieden sich die Bamberger Zentbezirke Scheßlitz und Baunach durch die keilförmig von Norden eindringende Würzburger Zent Medlitz (WEISS 1959, Karte im Anhang). Erstmals reichte hier also Würzburger Territorium an den Obermain.

Chronik

Jahr	Lokalität	
vor 1485 (Erw.1485)	[4]	Zwischen Güßbach (= Breitengüßbach) und Baunach, im Grenzraum der beiden Orte, nahe dem „Biegenanger" hatte sich der Main unter Zurücklassung eines Altwassers nach links gegen Güßbach hin ausgearbeitet. (148)
1485	[4]	Anschüttung und Altwasser werden in einem Vertrag geteilt, mit der Zusatzbestimmung, daß keine der beiden Gemeinden „Weidenstöcke" einlegen durfte, um den natürlichen Wasserlauf nicht zu verändern. (149)
1520—1566	[2]	Der Main hatte seinen Lauf so verlagert, daß der Biegenhof, gleichzeitig Eckpunkt der alten Würzburger Zent Baunach, versunken war. 1520 werden Biegenhof und Überfahrt letztmalig erwähnt. 1566 mußte der Zentknecht der Würzburger Zent Baunach das Gericht bereits „. . . zu Piegenn Mitten im Main auf einem schelg [= kleines Boot] . . ." ausrufen (JAKOB 1960, Nr. 2, JAKOB 1986, S. 383 ff., BRAUN 1977 II, S. 18).
ca. 1568—	[4]	Im Grenzbereich von Ebing, Güßbach und

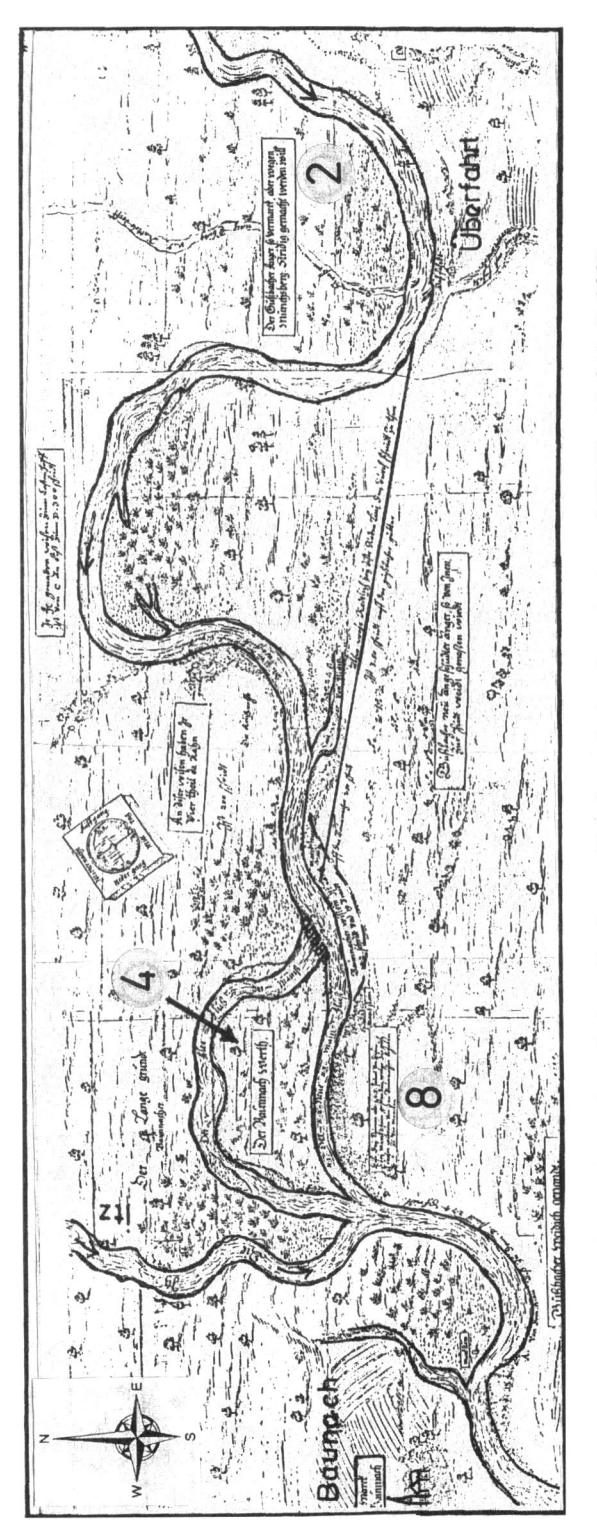

Abb. 27: Main und Maindurchbruch zwischen Breitengüßbach und der Itzmündung 1631 [Ba/A 240, R 928]

1598	[2]	Baunach gingen die Flußaktivitäten weiter.
(Erw. 1598)		Der Main hatte bei der Flur „Auf der Insel" oder „Auf der Büg'n" einen neuen Mäander gebildet. (150)
1590	[2] [4]	Bei Baunach war durch die Flußlaufwanderung der „Kriegsanger" von ehemals 10 auf 2 Tagwerke geschrumpft. (151) Weiteren Landverlusten wollte man mit der Setzung von drei Steinkörben verhindern.
1590	[4] [2]	Auch Gußbach mußte 4 Steinkörbe setzen. (151) Dies alles geschah nach dem „Vischerambt Lichtenfels herkommen" unter der Aufsicht der Fischerknechte von Schwürbitz und Schönbrunn.
1591/92 (Erw. 1597)	[2] [4]	Der Mäander im Grenzraum brach durch: über Altwasser und Anschüttung kam es zu Gerichtsverhandlungen. (152)
1631		Eine recht genaue Zeichnung aus dem Jahr 1631 vermittelt einen Eindruck vom stark mäandrierenden Mainlauf oberhalb der Itzmündung (Abb. 27).
	[4]	Der heutige Flußname „Auf der Insel" (auf der Karte von 1631 = Baunach Werth) erklärt sich aus der damaligen Situation. Der Durchbruch muß kurz zuvor erfolgt sein, da der alte Bogen noch fast völlig wassergefüllt ist. Am Beginn ist der Durchbruch mit einem „Bave oder wehr" (eine Pfahlanlage) abgesperrt.
vor 1659 (Erw. 1659)		Eine weitere Abbildung dokumentiert eine inzwischen stattgefundene neue Laufverlagerung. Der Mäander bei der Überfahrt und ein anschließender Rechtsbogen waren durchgebrochen. Auch hier war noch kaum Verlandung eingetreten (Abb. 28).
1764	[7]	Der weite Linksbogen war inzwischen so weit an das Dorf Kemmern gewandert, daß die Bamberger Regierung auf eigene Kosten einen Schutzbau errichten ließ. (159)
1795	[5]	Nach längerer Zeit werden wieder Wasserschäden unterhalb der Überfahrt beklagt. (153) Es wird von Seiten der Bamberger Regierung ein Uferschutzbau bewilligt und vorbereitet, aber aufgrund der „Franzosenkriege" nicht mehr ausgeführt. (154)
1819	[5]	Ein schweres Hochwasser verursachte eine weitere Ausdehnung des Linksbogens unterhalb der Überfahrt. (155, 156)
1819	[6]	Das Hochwasser verursachte auch bei Kemmern schwere Schäden: Die Straße am „Bösengraben" wurde weggerissen. (160) Eine Skizze von 1820 (Abb. 29) zeigt die Situation. Die Hochwasserschäden wurden noch durch die Flößer, die mit ihren Stangen die Bruchufer ruinierten, verstärkt. (161)
1820	[5]	Die Anwohner versuchten durch künstliche Anschüttungen die Uferabbrüche zu stoppen. (157)

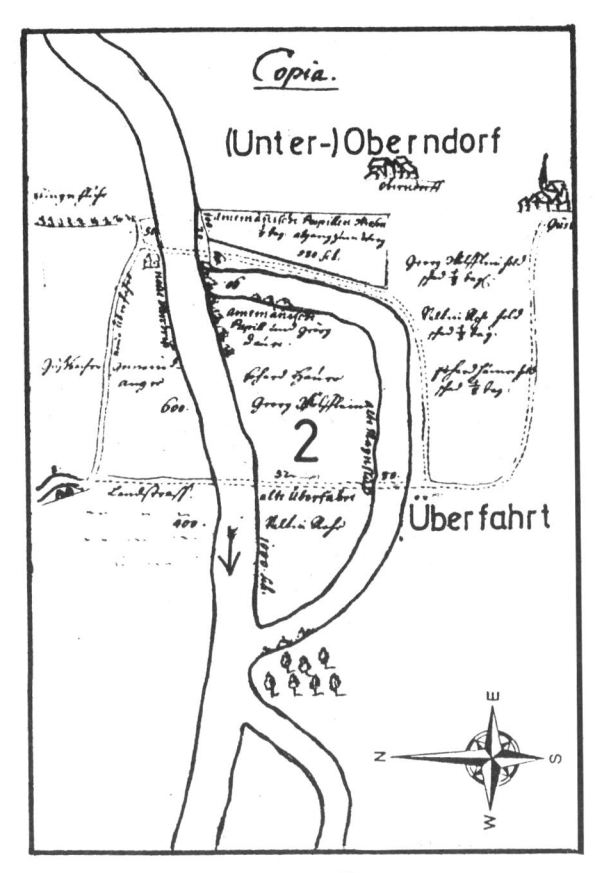

Abb. 28: Main bei der Breitengüßbacher Überfahrt 1659 (Ba/B 110, 94, nach JAKOB 1986, S. 384)

1821+1823	[5]	Die ohnehin schwachen Schutzmaßnahmen werden durch das Einstechen der Flößer mit ihren Stangen in der Biegung zerstört. (158)
1833/34	[7]	Da der Main das Dorf Kemmern selbst bedrohte, veranlaßte die Regierung einen neuen Wasserbau unmittelbar am dorfseitigen Ufer. (162)
1835	[7]	Der Bau wurde von einem Hochwasser zerstört. Wieder verstärken die Flößer die Gefahr einer Laufverlagerung. (163)
1836	[7]	Die Einwohner von Kemmern reparierten den Uferschutzbau in Selbsthilfe. (164)
1842	[7]	Der Prallhang am Dorf blieb jedoch weiter gefährlich. Eine Sandbank drängte den Strom weiter gegen den Ort; sie wurde 1842 durchstochen. (165)
1852—1854	[4]	Nach dem Uferschutzgesetz von 1852 (Kap. 6.1) wurden die Korrektionsbemühungen deutlich aktiviert. 1852—54

		wurde der Linksbogen bei Breitengüßbach durchstochen und dauerhaft befestigt. (166)
1854	[7]	Neue Uferschutzbauten in Kemmern. (167)
1856	[8]	Korrektionsbauten sollen die verwilderte Strecke unterhalb der Itzmündung befestigen. Sie werden in den darauffolgenden Jahren immer wieder vom Fluß umgangen, da sie nicht fachgerecht ausgeführt worden waren und größtenteils nur aus Steinhaufen bestehen. (168)
1862	[8]	Ein neuer Korrektionsplan für das Itz-Baunach Mündungsgebiet liegt vor. (169)
ab 1880		Die systematische Korrektion des Obermains schreitet von der Regnitzmündung an flußaufwärts vor. (170)
1881		Der Main bei Kemmern wird korrigiert (Leitwerke). (171)
1884/85		Begradigung und Befestigung des Flusses zwischen Itz-und Baunachmündung. (172)
1888/89		Fixierung der Itzmündung mit Leitwerken. (173) Danach ist der Main in diesem Flußabschnitt vollständig korrigiert.

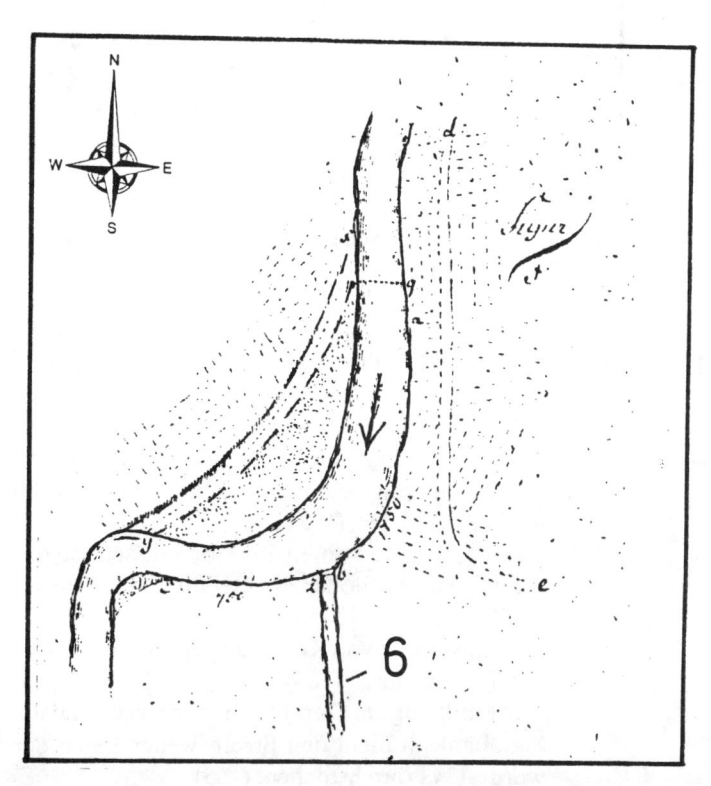

Abb. 29: Uferabbrüche durch den Main unterhalb Kemmern 1820 [Ba/K 200 II, 5007]

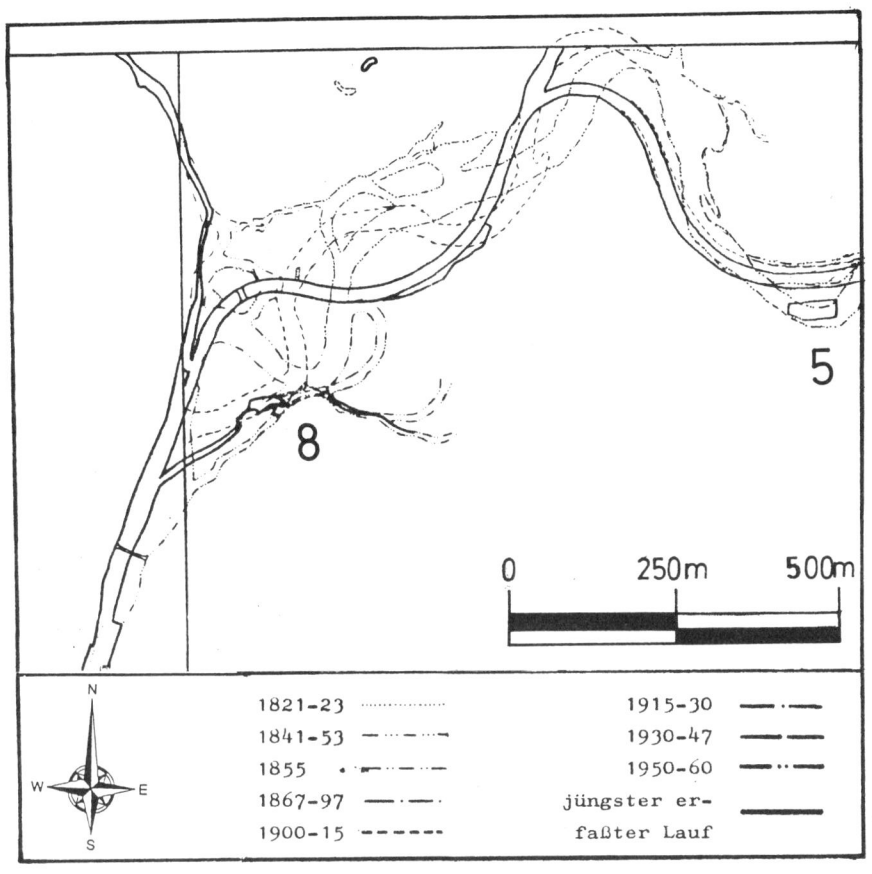

Abb. 30: Flußverlagerung zwischen Breitengüßbach und Kemmern ab dem 19. Jh. (Flurkarten 88/22 + 88/23) (NAGEL & SCHIRMER)

In Fortsetzung des aktiven Flußabschnitts bei Ebing war der Main bis zur Baunachmündung sehr unruhig. Zeiten herausragender Flußdynamik lassen sich am Ende des 15. Jh., ab den 60er Jahren des 16. Jh. bis etwa 1600 und dann erst wieder ab dem Anfang des 19. Jh. feststellen. Der Flurkartenvergleich (Abb. 30) zeigt die Verwilderung und Unbeständigkeit des Flusses zwischen Itz und Baunach. [8] Daß dieser verwilderte Bereich keine Erwähnung in historischen Quellen fand, liegt sicherlich daran, daß das Ödland kaum Streitwert besaß.

Mühle und Wasserrad

Trotz der ungünstigen Flußverhältnisse gab es bei Unteroberndorf eine Mühle. Unter dem Namen „Steinsmühle" wird sie 1323/28 im bischöflichen Urbar genannt. Zur Zeit des nächst jüngeren Urbars (1348) ist sie aber bereits verfallen. Sie soll durch eine Flußlaufverlagerung eingegangen sein (SCHERZER 1972, S. 57, Anm. 27).

Eine Urkunde aus dem Jahr 1572 erwähnt ein Wasserrad bei Breitengüßbach an der Itzmündung (JAKOB 1952, S. 76). Die Wiesenbewässerung war nach JAKOB (1956b, S. 64) notwendig geworden, da der Grundwasserspiegel infolge der Rodung der Talauenwälder in der 2. Hälfte des 14. Jh. gesunken war. Damals hatte man zum Beispiel den Auwald „Nyderau" zwischen Breitengüßbach und Rattelsdorf gerodet (s. o.).

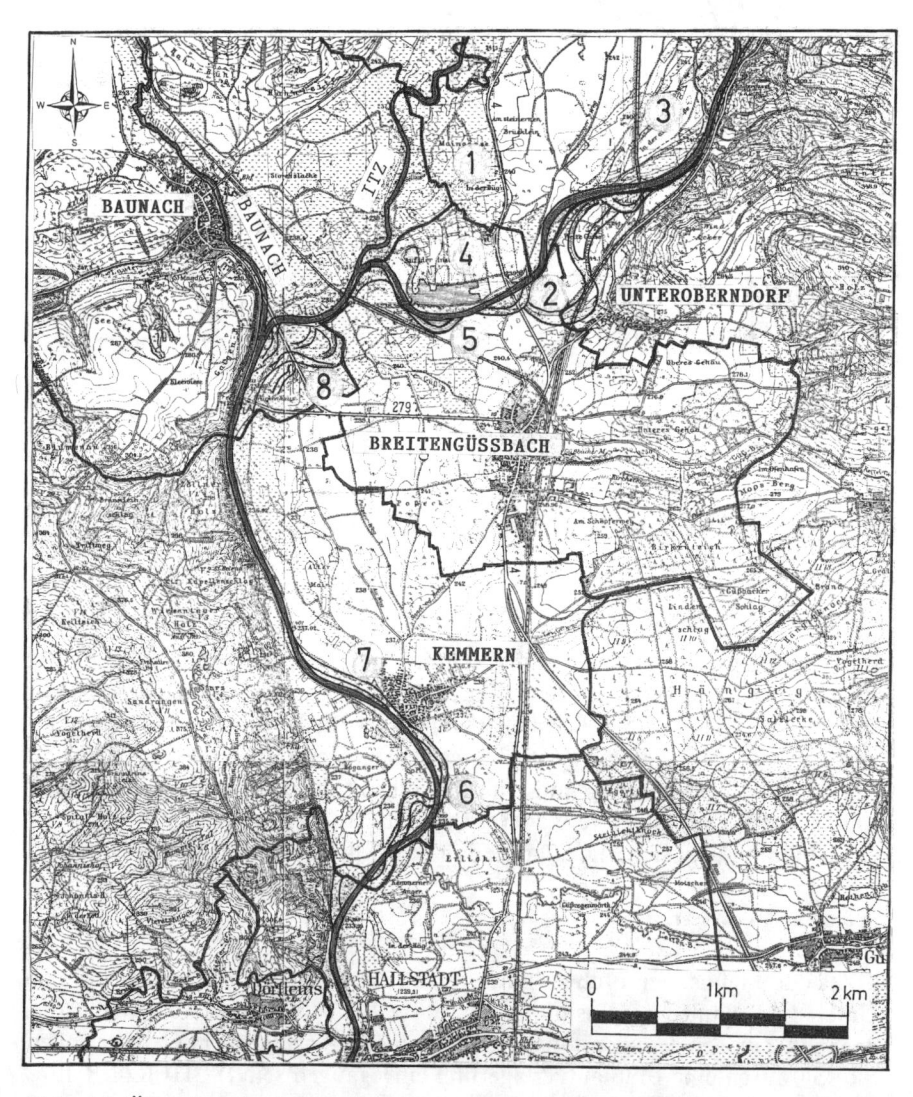

Abb. 31: Übersichtskarte für den Talabschnitt: Unteroberndorf — Kemmern

5.7 TALABSCHNITT: HALLSTADT-BISCHBERG/ GAUSTADT

Hier durchfließt der Main den Bamberger Talkessel und vereinigt sich mit der Regnitz, die von ihrer Wasserführung her den Obermain übertrifft (Kap. 4). (174) Der kesselartige Charakter wird durch den steilen westlichen Talrand hervorgerufen, der eine Folge des durchgehenden Talrandbruchs ist, durch den der Sandsteinkeuper tektonisch herausgehoben wurde. Main und Regnitz schufen die breite Ausräumung im Ausbiß des Feuerletten, dabei stoppte die seitliche Ausräumung vor der Sansteinkeuperwand und präparierte sie als schroffen Hang heraus (FREYBERG 1955, S. 160).

Hallstadt ist der historische Mittelpunkt dieses Raumes. Hallstadt war einer jener Königshöfe, die im 8. Jh. zur Sicherung des fränkischen Grenzraumes angelegt worden waren. Es war zugleich militärischer Sicherungspunkt und Etappenort fränkischer Händler am Rande des weit in das untere Regnitztal hineinreichenden „terra slavorum" (BOSL 1969, S. 9ff.). 805 wird der Königshof Hallstadt erstmals genannt (BOSL 1969, S. 156 ff.). Der Ort ist somit älter als Bamberg, dem erst die Bistumsgründung im Jahre 1007 den Vorzug gab. Im Rahmen des Bamberger Fürstbistums war Hallstadt Sitz eines Amtes und eines Zentgerichtes (WEISS 1974, S. 93).

Im weiten Bamberger Talkassel hatten Main und Regnitz genügend Raum sich auszudehnen. Davon zeugen noch heute das unruhige Auenrelief und die gewundenen Flurgrenzen, die den alten Flußläufen folgten. Das auffallendste Relikt ist der große Altarm um die Flur „Ritzmann". [1] An diesem Mäander lag ein umstrittener Grenzpunkt zwischen Bamberg und Würzburg: die Zitterbrücke [2], die noch heute westlich Dörfleins den „Ziedergraben" überspannt. Hier grenzte das Würzburger Geleitrecht und der Würzburger Hochgerichtsbezirk Hoheneich an Bamberger Gebiet (HOFMANN 1959, S. 59 f.). Das unmittelbar vor den Toren Bambergs endende Würzburger Einflußgebiet gab immer wieder Anlaß zu gerichtlichen Auseinandersetzungen. Diese führten schon früh zur kartographischen Erfassung des Raumes (siehe bei EHRENBURG 1852), der wir detaillierte Angaben zur Flußlaufentwicklung entnehmen können.

Chronik

Jahr	Lokalität	
1489—1532	[1]	Die Mäandrierung, die zum großen Mainbogen bei Dörfleins führte, begann in diesem Zeitraum. (175) Eine Wiese, dem Bamberger Kloster Michelau gehörig, wird zwischen 1489—1532 bereits zur Hälfte hinweggerissen. (176) Die Wiese lag im Flurstück „Ritzmännin" (heute Flur „Ritzmann" (!) im Bogeninneren). (177)
1606		Abb. 32 zeigt eine Karte des Main/Regnitzmündungsrau-

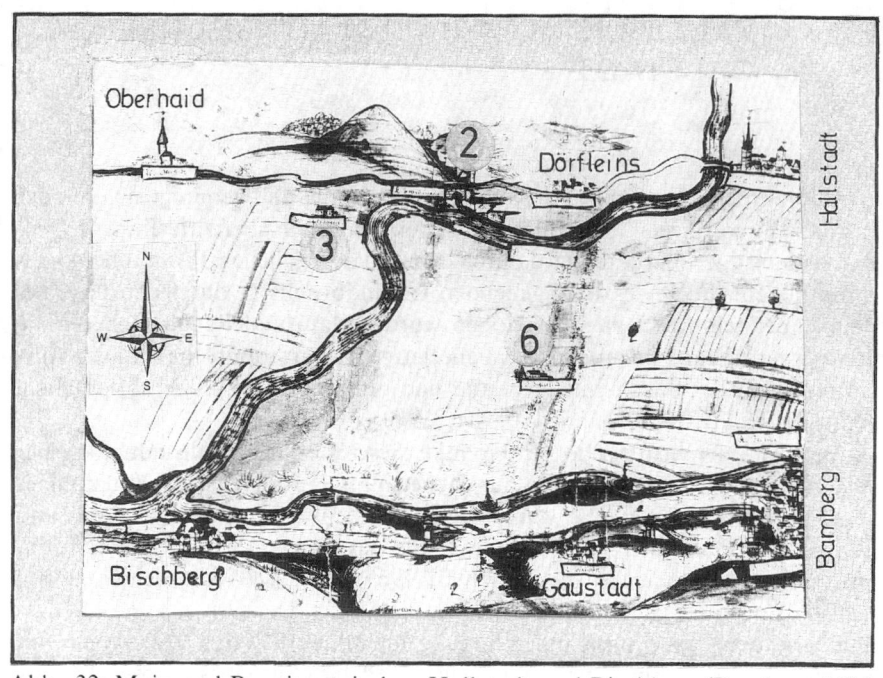

Abb. 32: Main und Regnitz zwischen Hallstadt und Bischberg/Bamberg 1606
[Mü/PLS 11564]

	[2] +	mes. Der Main floß erst mit einer kleinen, initialen Krümmung an Dörfleins, Zitterbrücke und Ziegelhütte vorbei.
	[3]	Die initiale Krümmung hatte sich zwischen 1489—1532 ausgebildet (s. o.).
vor 1615 (Erw. 1630)	[2]	Der Mäander hatte sich soweit gegen die Zitterbrücke vorgearbeitet, daß die Straße mit einem Wasserbau geschützt werden mußte (der Wasserbau ist auf der Abbildung 33 von 1630 zu erkennen). (178)
1619	[3]	Die Mäandrierung ging weiter. Grenzsteine, die bei der Ziegelhütte (heute ist nur noch der Flurname existent) die Gemarkungen von Oberhaid und Dörflein schieden, drohten hinweggespült zu werden. (179)
vor 1697 (Erw. 1697)	[5]	Die Mündung des Mains in die Regnitz hatte sich verlagert: Auf den Abbildungen von 1606 und 1630 lag sie so wie auch heute wieder: direkt unterhalb des Ortes Bischberg. (181) Durch die Verlagerung fand die Vereinigung beider Flüsse jedoch oberhalb des Ortes statt. Der Lauf ist noch heute im Gelände erkennbar (Abb. 37).
1697	[5]	Die durch die Laufverlagerung entstandenen Anschüttungen werden zwischen Oberhaid und Bischberg versteint. Erfahrungsgemäß geschah dies relativ rasch nach der Konsolidierung der Anschüttungen. (181)

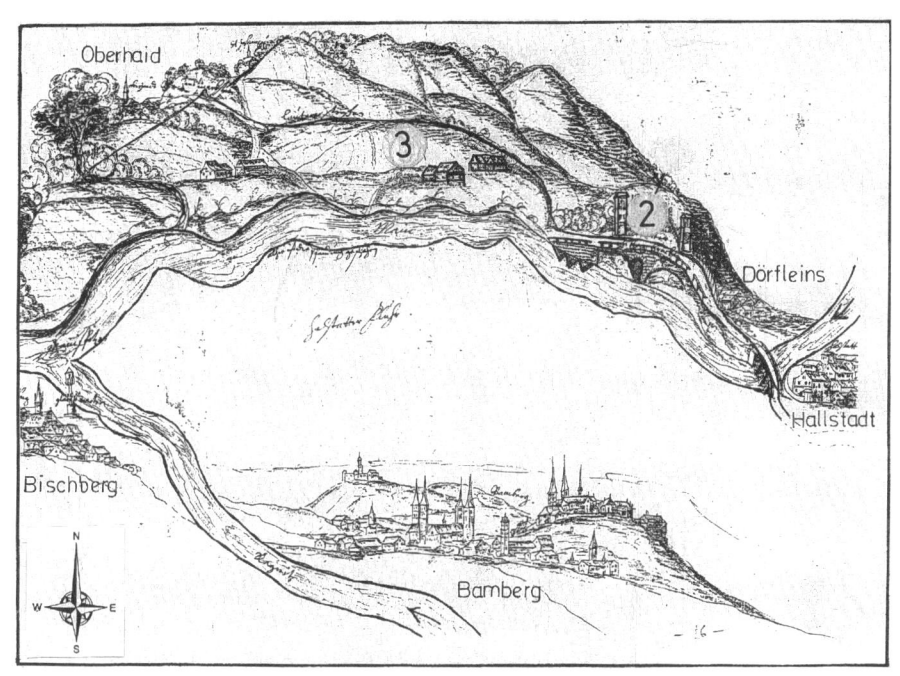

Abb. 33: Main und Regnitz zwischen Hallstadt und Bischberg/Bamberg 1630 [Ba/B 46c, 614]

vor 1699 (Erw. 1699)	[4]	In etwa dem gleichen Zeitraum (Ende des 17. Jh.) haben sich auch die Bewegungen des Dörfleinser Bogens verstärkt, dadurch entstanden neue Anschüttungen im Bereich der Flur „Baumfeld" (heute „Saugries"). (180)
ab 18. Jh.	[5]	Aufgrund der neuen Mündung von Main und Regnitz, 900 m oberhalb der alten Einmündung, floß an Bischberg die doppelte Wassermenge im Vergleich zu vorher vorbei. Das erklärt, warum ein einstmals hochwasserfreier Ortsteil, die „Fischerei", ab dem 18. Jh. vom Fluß bedroht wurde (ARNETH 1965, S. 11 f.).
1714	[7]	Die geänderten flußdynamischen Verhältnisse in dem einstigen Regnitzbett (Erhöhung von Gefälle und Erosionskraft) begünstigten auch den Durchbruch eines beim Biegenhof liegenden Regnitzmäanders. (182) Der Durchbruch von 1714 (ARNETH 1972, S. 65) ist auf der Abbildung 34 aus dem Jahr 1732 festgehalten.
ca. 1712– 1742 (Erw.1742)	[8]	Unterhalb der Hallstädter Mühle begann der Main seinen flachen Linksbogen auszubilden. (186)
1732		Schäden am „Lützelwerth" bei Bischberg. (183)
1736	[8]	Am Hallstadter Linksbogen wurde ein Wasserbau errich-

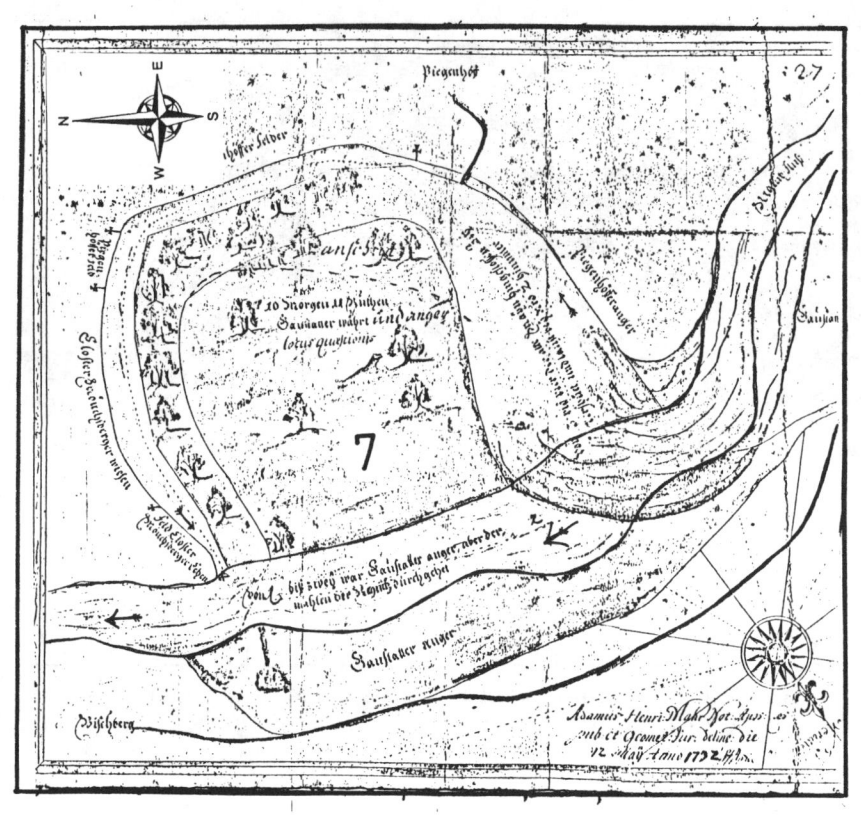

Abb. 34: Der Regnitzdurchbruch bei Gaustadt 1732 [Ba/A 240, R 777]

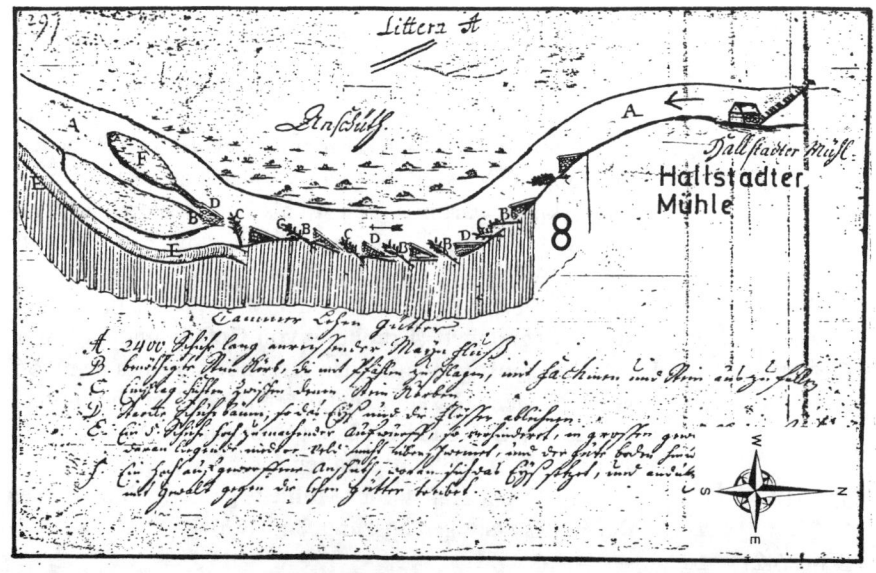

Abb. 35: Uferschäden und geplante Uferschutzbauten unterhalb Hallstadt 1742
   [Ba/B 67 (15), 421]

		tet, den die Flößer aber binnen weniger Jahre (bis 1742) ruinierten. (186)
1740		Bei Bischberg ist die „Obere Au" größtenteils vom Wasser hinweggerissen worden. (184)
1742	[11]	Uferschäden durch Flößer (Abstoßen der Flöße mit Stangen, Anstoßen am Ufer, Bremsen etc.) muß auch eine Wiesenbesitzerin aus Dörfleins beklagen. (185)
1742	[8]	Die Bamberger Hofkammer plant einen aufwendigen Uferschutz mit Steinkörben und Einschlagfichten, um die Auskrümmung des Mains unterhalb Hallstadt zu verhindern (Abb. 35). (187)
1764—1766	[2]	Die Straße an der Zitterbrücke muß mit einem neuen Bau gesichert werden. (188)
1803	[1]	Anfang des 19. Jh., nach rund 300 Jahren, hatte der Dörfleinser Mäander sein Reifestadium erreicht. Der Durchbruch begann mit dem Auskolken einer Rinne (GROH 1952, S. 57).
1803—1806	[10]	Eine Hochwasserserie verursachte Schäden am Westufer der Hallstädter Überfahrt. (189)
1808	[1]	Die Abbildung 36 zeigt den beginnenden Durchbruch des Dörfleinser Mäanders an. Der Karte liegt ein Durchstichsplan zugrunde.
1809	[1]	Der Plan erübrigte sich, denn der Mäander brach bei einem Eisgang im Februar von selber durch. (190)

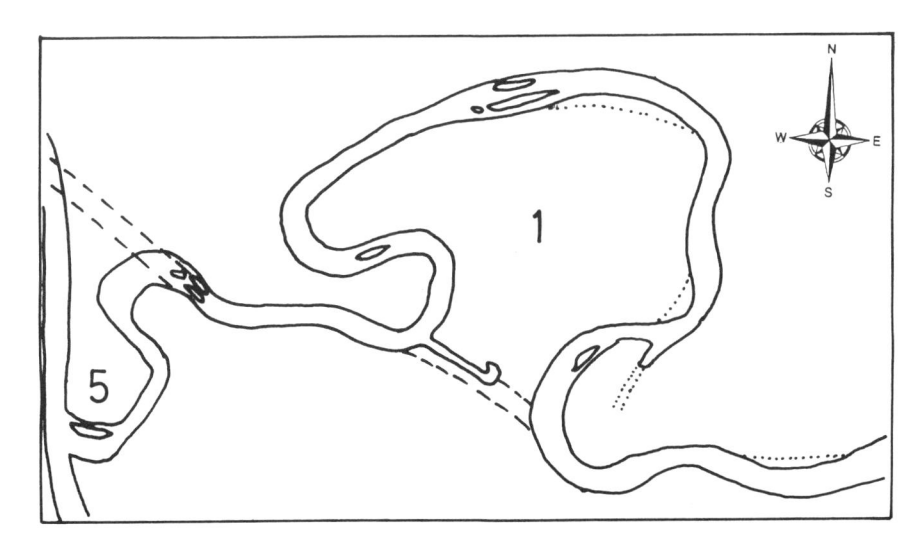

Abb. 36: „Plan des Mains von der Hallstadter Mainmühle bis Bischberg" aufgenommen von dem Ingenieur Droßbach 1808 [Mü/PLS 9366]

1809	[5]	Wenige Monate später nutzte die Bamberger Bauinspektion die günstige Gelegenheit und führte im Sommer den Durchstich im Mündungsbereich durch. (192) Der künstliche Durchstich wurde mit einem Zuschlußwerk gesichert und der natürliche Durchbruch gleichzeitig erweitert. (191)
1819	[5]	Das Hochwasser von 1819 zerstörte das Zuschlußwerk am Durchstich. (193)
1820—1823	[5]	Der Bau wird repariert. (194)
vor 1821 (Erw. 1821)	[1]	In der Durchbruchsstrecke begann der Fluß erneut zu pendeln. Der Flurkartenstand 1821 zeigt bereits neue kleine Mäander (ohne Abbildung).
1822	[1]	Der Altmäander von Dörfleins war 13 Jahre nach dem Durchbruch soweit verlandet, daß er umgebrochen und mit Weiden bepflanzt werden konnte. (195)
1827	[1]	Gegen die neue Mäandrierung mußten Uferschutzwerke erbaut werden. (196) Die hiesigen Uferschäden sind laut der Bamberger Bauinspektion unmittelbare Folgen der flußdynamischen Wirkung des Hallstadter Wehrs. (197)
1827	[9] [10]	Die Hochwässer von 1827, mit Eisgang im März, vergrößern die beiden Gräben bei Hallstadt. (200, 202)
1827	[9]	Der linke Graben wird mit einer starken Befestigung verdämmt, die weitere Einbrüche des Mains erfolgreich verhindern konnte. (199)
1827	[10]	Auch der rechte Graben bei Hallstadt wird verbaut. (201, 202)
1828		Neue Wasserbauten bei Bischberg. (198)
1829		Die Hallstädter Anlegestelle an der Überfahrt wird bei Hochwasser zerstört. (203)
1830		Ein königlicher Erlaß (18. 3. 1830) befiehlt, im Hinblick auf die projektierte Errichtung des Ludwig-Donau-Kanals (Vorläufer des Rhein-Main-Kanals, gebaut 1836—1846), die Beseitigung aller Schiffahrtshindernisse in Regnitz und Main unterhalb Bambergs. (207)
1833		Daraufhin unternimmt der Bauinspektor Schierlinger eine Inspektionsreise, bei der er unter anderem feststellt, daß die Main-Regnitzmündung zu breit ist. (207)
1836		Für die Ausführung der systematischen Korrektion des schiffbaren Mittelmains und der unteren Regnitz wird eine Main-Korrektionskommission gegründet.(208)
1836		Zu den ersten Maßnahmen zählt der Einbau von Flügelbuhnen in die untere Regnitz. (209)
1839	[11]	Dank der Mäandrierung an der Durchbruchsstelle bei Dörfleins drohte ein Einbruch in das Altwasser. (204) Davor sollte ein neuer Wasserbau schützen.
1841	[11]	Die Einbruchgefahr hatte sich wieder eingestellt. (205)
1843	[11]	Unter dem Druck akuter Hochwassergefahr werden die Uferschutzarbeiten im März beendet (Einbau von drei

	Steinbuhnen). (206) Danach setzten die Klagen über eine Einbruchsgefahr aus.
1852	Die Flügelbuhnen an unterer Regnitz und Mainmündung werden zu vollständigen Leitwerken ergänzt. (210)
1852+1853	Aufgrund des Uferschutzgesetz von 1852 werden zwei Abbruchstellen oberhalb Hallstadt befestigt. (211)
1878/79	Beginn der systematischen Korrektion des Obermains, unter Verwendung jener Techniken (Durchstiche, Begradigungen, Leitwerke) mit denen der Mittelmain bereits ab 1836 korrigiert worden war. (212)
1878/79	Die Arbeiten begannen mit der Korrektion der Strecke von Bischberg bis zur Hallstädter Eisenbahnbrücke. (213)

Im Mittelpunkt der Flußdynamik stand der Dörfleinser Mäander. Seine Ausbildung begann am Anfang das 16. Jh. und zusammen mit der Verlagerung der Main-Regnitzmündung akzentuierte er sich im wesentlichen am Ende des 16./Anfang. 17. Jh. Nach dem Durchbruch 1809 ging die Mäandrierungstendenz oberhalb der Mündung in den 20er und 30er Jahren des 19. Jh. weiter. Beendet wurde die natürliche Dynamik durch die systematische Korrektion, welche an der unteren Regnitz und am Mittelmain ab 1836, am Obermain ab 1878 ausgeführt wurde.

Mühle, Brücke und Stauwehre

Die Hallstadter Mühle hatte für den Bamberger Bischof große Bedeutung, da sie auch Zollstation das Hochstifts war. Hier wurde unter anderem das oberfränkische Floßholz taxiert. 1229 wird die Mühle erstmals erwähnt; damals schenkte sie ein Konventuale dem Kloster Michelsberg (KÖBERLIN 1893, S. 13). Eigentum des Bischofs war sie spätestens ab 1395 (GROH 1952, S. 43 f.). Ein Umbau ihrer technischen Anlagen, sicher nicht der erste, ist für 1746 belegt. (214) Nachrichten über Hochwassrsschäden stammen erst aus dem 19. Jh. Die Eisgänge von 1805 und 1809 durchbrachen das Wehr (215) und im Winter 1813/14 wurde es sogar vollständig hinweggerissen. Die Mühle mußte längere Zeit stilliegen. (216) Erst ein neuer Müller baute sie wieder auf. Der Wiederaufbau wurde durch das große Hochwasser 1819 sehr erschwert und verzögert. (217) Aufgrund von Beschwerden der Flößer mußte das Wehrloch 1824 umgebaut werden. (218) Inzwischen war man bei der Bamberger Bauinspektion allerdings zu der Überzeugung gelangt, daß das Mühlwehr hauptsächlicher Verursacher der Uferschäden in der näheren Umgebung sei und daß das Wehr somit einer durchgreifenden Verbesserung der Floßfahrt und den Uferschutzanforderungen im Wege stände. (219) Für 11 000 Gulden kaufte daher der Staat im Jahr 1830 die Mühle und riß sie im November desselben Jahres ab. (219) Welche schädliche Wirkung das Mühlwehr auf seine Umgebung gehabt haben soll, dokumentieren Dankesschreiben, die sogar aus Zeil und Breitengüßbach eintrafen. (220)

Gemäß seiner alten Verkehrsbedeutung besaß Hallstadt auch eine Brücke, die der Bischof Lambert von Brun 1395 erbaut hatte (GROH 1952, S. 10). Auf der Karte von 1606 ist die Brücke abgebildet (Abb. 32). Sie bestand zumindestens

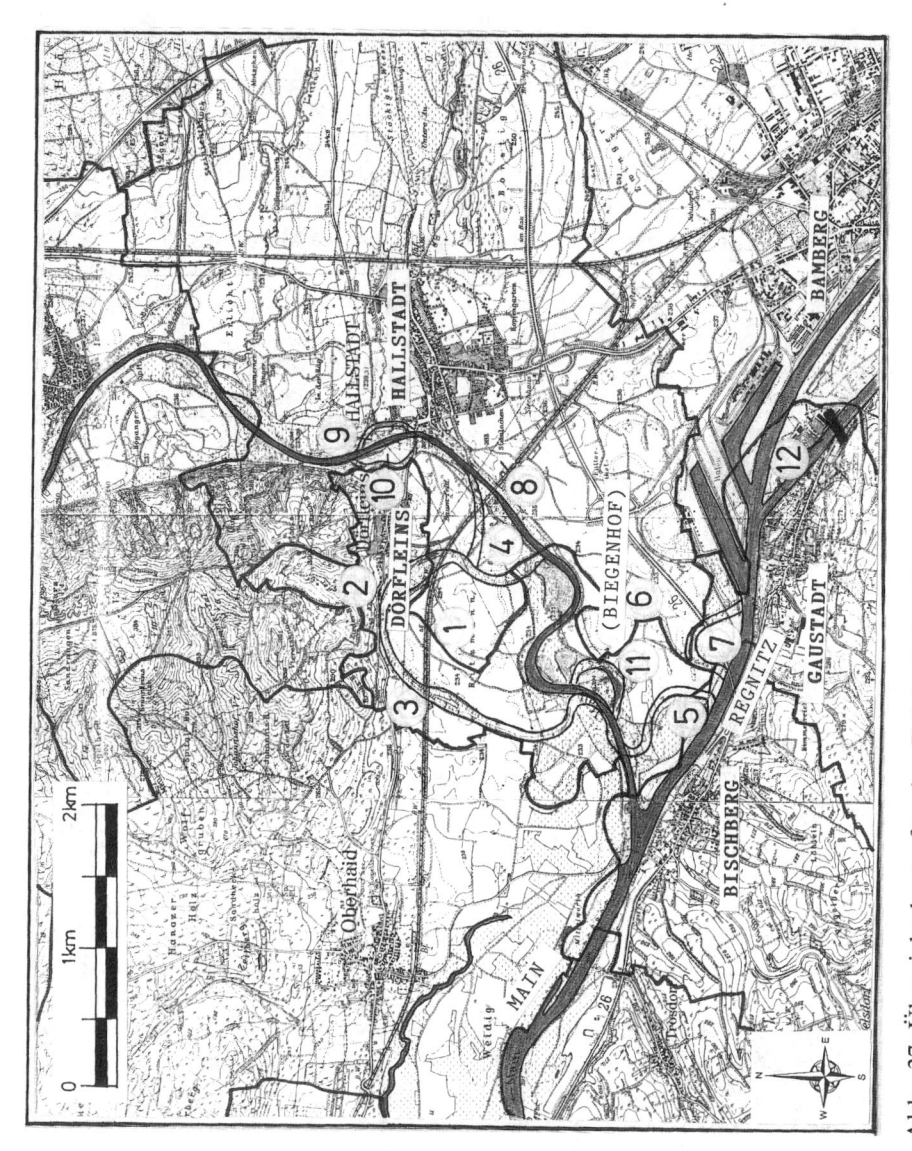

Abb. 37: Übersichtskarte für den Talabschnitt: Hallstadt — Bischberg/Gaustadt

zeit- und teilweise aus Stein, denn einer Aktennotiz ist zu entnehmen, daß sie 1545 von Baumeistern aus Heidenfeld, Nürnberg und Bamberg in eine Steinbrücke umgebaut worden war. (221) Auch in der Geleitgrenzbeschreibung aus dem Jahr 1630 wird sie als Steinbrücke bezeichnet. (222) 1632, zerstörten schwedische Truppen allerdings die Hallstadter Brücke (GROH 1952, S. 10). Eine neue Brücke konnte erst 1879 eröffnet werden. (223)

An den Pfeilern der Eisenbahnbrücke unterhalb des Ortes, die 1852 im Rahmen der Strecke Bamberg-Schweinfurt eröffnet wurde (SCHÄFER 1979, S. 159 ff.), hatte sich bereits 1860 Kies gesammelt, der die Durchlässe verstopfte und bei Hochwasser das Wasser aufstaute. (224)

Die Regnitz wurde 1857/58 durch die Anlage einer künstlichen Stauanlage bei Gaustadt entscheidend umgestaltet. Für die neugegründete Gaustadter Spinnerei hatte man ein Turbinenkraftwerk und einen dazugehörigen Werkkanal angelegt. [12] Bei der Anlage des 1,6 km langen Kanals kamen bedeutende Funde, hauptsächlich aus dem Mittelalter (z. B. 2 Einbäume), aber auch aus vorgeschichtlicher Zeit, zutage (ARNETH 1972, S. 12). Das Turbinenkraftwerk betreibt noch heute die Spinnereimaschinen.

1890 hatte sich durch die 10 Jahre zuvor abgeschlossene Korrektion bei Bischberg eine gefährliche Sohlenvertiefung gebildet. Dagegen mußte in den Jahren 1890—92 eine Stauanlage errichtet werden, die Main und Regnitz auf einer einheitlichen Höhe hielt. (225) Nach dem Bau der Vierether Schleuse 1922—24 (Kap. 5.8) verlor die Bischberger Stauanlage ihre Funktion und wurde abgerissen.

5.8 TALABSCHNITT: OBERHAID — ROSSTADT

Von Oberhaid bis Zeil durchbricht der Main die Keupersandsteinstufe von Haßbergen und Steigerwald. Das Tal verengt sich wieder auf durchschnittlich 1,5 km Breite. Ältere begleitende Terrassenreste fehlen fast vollständig. Durch das Fehlen eines vermittelnden Anstieges erhält das 100 m tief eingeschnittene Tal einen kastenförmigen Charakter (KÖRBER 1962, S. 16). Aufgrund von Geologie und Morphologie zählt KÖRBER (1962, S. 16) diesen Abschnitt noch zum Obermain. Im alltäglichen Sprachgebrauch aber wird der Main unterhalb der Regnitzmündung als Mittelmain bezeichnet. Dieser Regelung soll hier gefolgt werden, da sich durch die Regnitz wesentliche hydrologische Daten verändern (Kap. 4) und der Fluß von nun an schiffbar ist.

In diesem Talabschnitt liegen die beiden Typlokalitäten Viereth und Staffelbach. Nach SCHIRMER (1980) wird hier ein großer Teil des Talgrundes von den 3 historischen Terrassen (Unterbrunner, Staffelbacher und Vierether) gebildet. Die Unterbrunner Terrasse tritt in einem schmalen Streifen am Ostrand des Tales auf. Durch die Rannenführung und die Datierung der Baumstämme im Schotter (Rannen) ist sie belegt. Die Staffelbacher Terrasse liegt 6 m über Fluß, ist von Aurinnen durchzogen und außerordentlich keramikreich. Anhand der Keramik konnte ihre Bildungszeit auf das 14.—17. Jh. festgelegt werden. Die Terrasse läßt sich in 2 Stufen A und B differenzieren. Stufe B ist durch eine Nahtrinne abgesetzt und zeigt ein lebhaftes Relief, wohingegen die ältere Stufe A deutlich ausgeglichener und stärker verbraunt ist (SCHIRMER 1980, S. F7 ff.). In einem schmalen etwa 50 m breiten Streifen begleitet die Vierether Terrasse den Fluß. Ihre Basis liegt höher, ihre Oberfläche 2 m tiefer als die Staffelbacher Terrasse. Die Oberfläche ist stark bewegt und von Rinnen durchzogen (SCHIRMER 1980; S. F7 ff.). Abbildung 38 gibt den holozänen Talaufbau wieder.

Die historisch-politische Situation dieses Raumes ist die eines breiten Grenzsaumes mit sich überlappenden Herrschaftsrechten von Würzburger, Bamberger und ritterschaftlicher Seite. Nach der Teilung älterer Grafschaftsrechte im Jahre 1023 unterstand der gesamte Mainabschnitt von Bischberg bis Roßstadt der Würzburger Hochgerichtsbarkeit (GUTTENBERG 1927, S. 202 f.). Eine Ausnahme war Oberhaid, welches ab 1688 zum Amt und Zentbezirk Hallstadt zählte (WEISS 1974, S. 68, 99). Der Grundbesitz gehörte jedoch weitgehend anderen Herren. An eben diesen Grundbesitz waren aber die wichtigen Vogteirechte samt der niederen Gerichtsbarkeit gebunden, die einen Großteil der eigentlichen

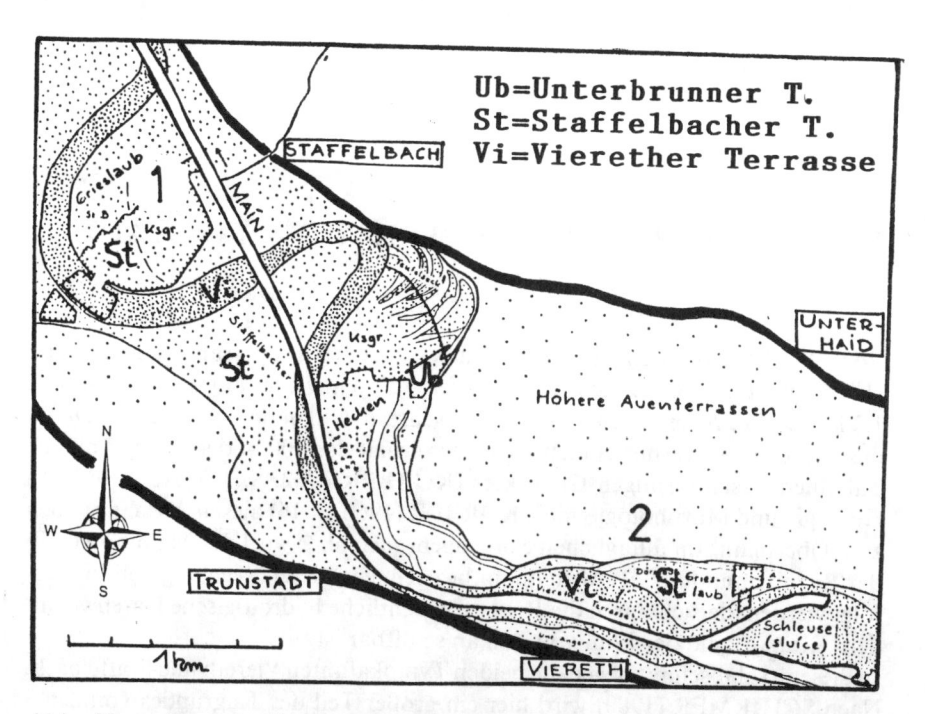

Abb. 38: Aufbau des Talgrundes bei Viereth und Staffelbach (SCHIRMER 1980, S. F9)

Territorialherrschaft ausmachten (NEUKAM 1949). Würzburgs Einfluß wurde hier ganz erheblich eingeschränkt durch das Bamberger Kloster Michelsberg (Viereth), die Freiherren von Rotehan (Staffelbach), Voit von Rieneck (Trunstadt), und weitere Klöster und Stifte aus der Stadt Bamberg (Oberhaid und Bischberg) (WEISS 1974, S. 93, Karte im Anhang).

Der Main verläuft von der Regnitzmündung bis Trunstadt fast gänzlich gestreckt. Weder Morphologie noch Flurgrenzen geben Hinweise auf eine historische Mäandrierung. Dies ist eine zu erwartenden Folge der enormen Erhöhung der Wassermenge unterhalb der Regnitzmündung und die dadurch bedingte starke Veränderung im Verhältnis von Gefälle und Abfluß. Erst im Raum Trunstadt/Staffelbach hat sich das spezifische Gleichgewicht für eine Mäandrierung wieder eingestellt.

Chronik

Jahr	Lokalität	
ca. 1510 (Erw. 1548)	[2]	Durch eine Flußlaufverlagerung begann sich eine Anschüttung am rechten Ufer zu bilden, wodurch eine Insel Teil des Festlandes wurde. (227)
1548	[2]	Die Anschüttung ist soweit landfest, daß über ihre Zugehörigkeit und ihre Nutzung bereits vor Gericht zwischen Unterhaid und dem Kloster Michelsberg gestritten wird. Der Verlandung sollen die Unterhaider mit dem Einlegen von Faschinen nachgeholfen haben. (227)
vor 1668 (Erw.1668)	[1]	1668 begann ein fast hundert Jahre dauernder Streit zwischen Trunstadt und Roßstadt um die Nutzung eines Wörths. (226) Bei der Bildung des Wörths wurde im Grenzbereich zwischen den beiden Orten bei Trunstadt Land abgerissen und auf Roßstadter Seite angelandet. Trotz ungenauer Lokalisierung kann man davon ausgehen, daß es sich um ein Werk des linken Mäanderbogens handelte.
1807	[3]	An der Krümmungsspitze des linken Mäanders hat sich nach einem Hochwasser ein Wassergraben eingeschnitten, dadurch bestand die Gefahr eines Einbruches in eine alte Randsenke, die gen Roßstadt wies. Die Randsenke ist heute noch sichtbar. (228, 229)
1819	[3]	Ein Hochwasser verstärkte die Einbruchsgefahr. (230)
1820	[3]	Erneute Einbruchsgefahr bei Hochwasser. (230)
1827	[3]	Da der Graben namentlich im Winter wassergefüllt blieb, mußte eine Brücke gebaut werden, um den Verkehr auf der dortigen Vizinalstraße aufrechtzuhalten. (231)
1833	[1]	In seinem Bericht über die Inspektion des Mains, die der Mittelmainkorrektion vorrausging, schlug der Bauinge-

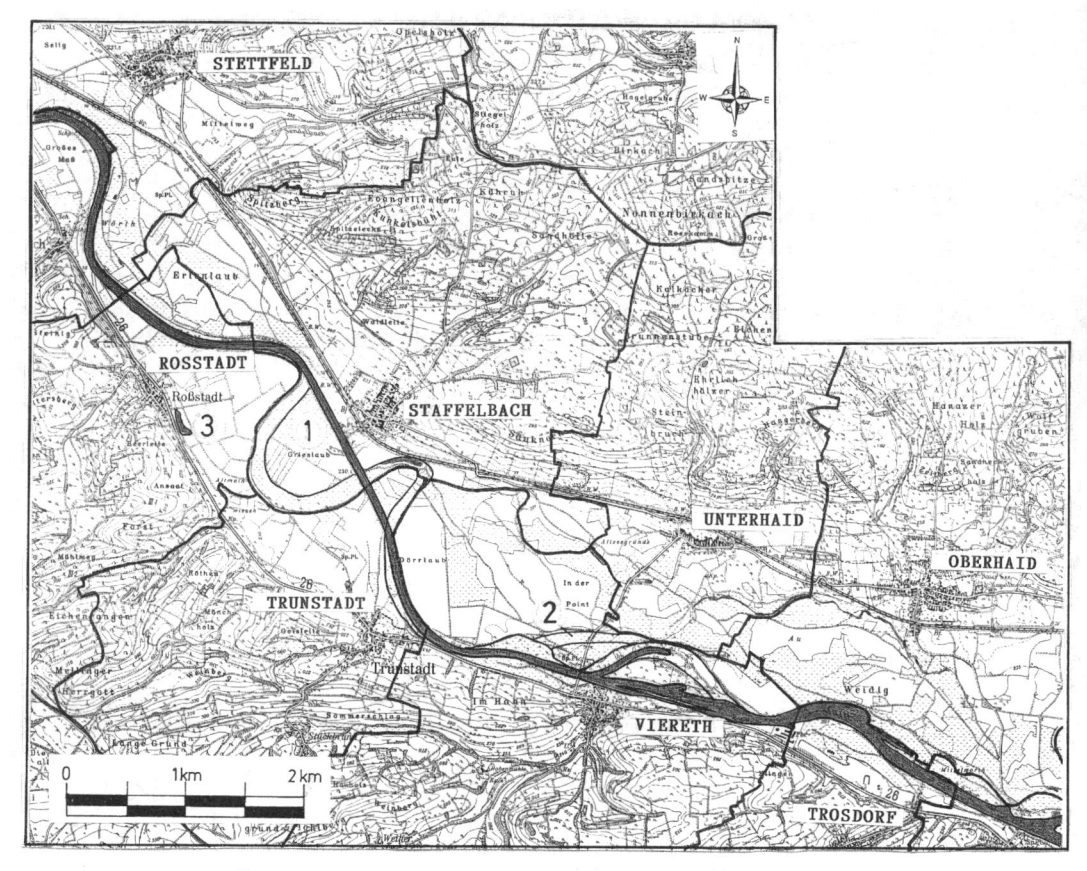

Abb. 39: Übersichtskarte für den Talabschnitt: Oberhaid — Rosstadt

		nieur Schierlinger erstmals einen Durchstich des Doppelmäanders vor. (232)
1836		Vorerst wurden von der Mainkorrektionskommission nur einige Steinbuhnen zur Verengung des breiten Flußbettes bei Viereth und Trosdorf eingebaut. (233)
1850	[1]	Im Sommer begann unter der Leitung des Ingenieurpraktikanten Scherpf der Durchstich des Doppelmäanders. Der erste Durchstich (rechter Bogen) wurde Anfang November eröffnet. Der zweite Durchstich konnte unter Ausnutzung eines kleineren Hochwassers am 23. 11. 1850 um 1 Uhr Nachts geöffnet werden. Alte Wasserbauten die man in etwa parallel zu der Durchstichstrecke fand, belegen daß der Main noch im Mittelalter direkt und gerade am Ort Staffelbach, der seine Ufer mit Wasserbauten schützen

	mußte, vorbeilief. Die Ausarbeitung des Mäanders fand demnach erst im Spätmittelalter/Frühe Neuzeit statt. (235)
1852	Die wirkungslos gebliebenen Buhnen bei Viereth und Trosdorf (Ziel war eine deutliche Einengung des Flußbettes gewesen) wurden 1852 durch uferparallele Leitwerke ersetzt. (243) (Der Main wurde später beim Bau der Vierether Schleuse wieder erweitert.)
1922—1924	Bau der Vierether Schleuse. Auch bei diesem Durchstich fanden sich mittelalterliche Uferbefestigungen (Pfahlanlagen mit Reisiggeflecht) (AMENT 1922/23/24: XIV). Mit dem Bau der Vierether Schleuse begann die Kanalisierung des Mittelmains (Kap. 6.1).

Auffällig sind noch heute die Spuren des großen Doppelmäanders bei Trunstadt/Staffelbach. Nach dem Geländebefund (Bodenbildung, Keramikfunde, s. o.) hat sich der Mäander im Spätmittelalter und in der Frühen Neuzeit gebildet Quellen über die große Flußbewegung fehlen aber vollkommen. Es kann nur gemutmaßt werden, daß es sich um ein Überlieferungsproblem handelt. Die starke grundherrschaftliche Zersplitterung und das Fehlen einer einheitlichen Grundherrschaft, hier „regierten" hauptsächlich kleinere Klöster und Ritter, die nicht über ein ausgebildetes administratives Inventar verfügten, könnten die Ursache für die schlechte Quellenlage sein.

5.9 TALABSCHNITT: DIPPACH — ZEIL

Wie im vorhergehenden Abschnitt durchfließt der Main hier sein Steigerwalddurchbruchstal. Sämtliche Ortschaften liegen am Talrand, mit Ausnahme des ehemals rechtsmainischen Ortsteiles von Sand, Sand am Wörth. Der Beiname belegt bereits die Lage in der Aue. Während der Main von der Kreisgrenze bis Eltmann (236) nur in flachen Bögen schwingt, hat er unterhalb der Stadt bei Steinbach/Limbach/Ziegelanger und bei Sand/Zeil markante Flußschlingen ausgebildet.

Etwas verwickelt stellen sich die historischen Herrschaftsverhältnisse dar. Bei der Teilung des Volkfeldgaus 1023 kam ein isolierter Teil mit Grundbesitz und Rechten an Bamberg. Daraus entwickelte sich das Bamberger Amt und Zentgericht Zeil, vom übrigen Hoheitsgebiet durch die Würzburger Zent Eltman und Hoheneich getrennt (GUTTENBERG 1927, S. 202 f.). Am Main zählten zum Amt Zeil die Orte: Zeil, Schmachtenberg, Ziegelanger, Sand und Knetzgau (HOFMANN 1954, Karte). Die Bamberger Exklave Zeil bot natürlich manchen Anlaß zum Streit zwischen den beiden Fürstbistümern. Ein solcher Anlaß konnte auch eine Flußlaufänderung sein.

Chronik

Jahr	Lokalität	
1551	[2]	Ein neues „Bandwerth" (= Weidenwörth) (237) war an der Grenze von Steinbach und Limbach entstanden und wurde 1551 geteilt. (238) Dies ist ein Hinweis auf eine Auskrümmung des dortigen Mäanders.
ab ca. 1570 (Erw. 1579)	[4]	Im Grenzgebiet von Sand/Ziegelanger treten Streitigkeiten über Mainanschüttungen auf, die darauf hinweisen, daß sich der Rechtsbogen bei Ziegelanger ausbildete. (239)

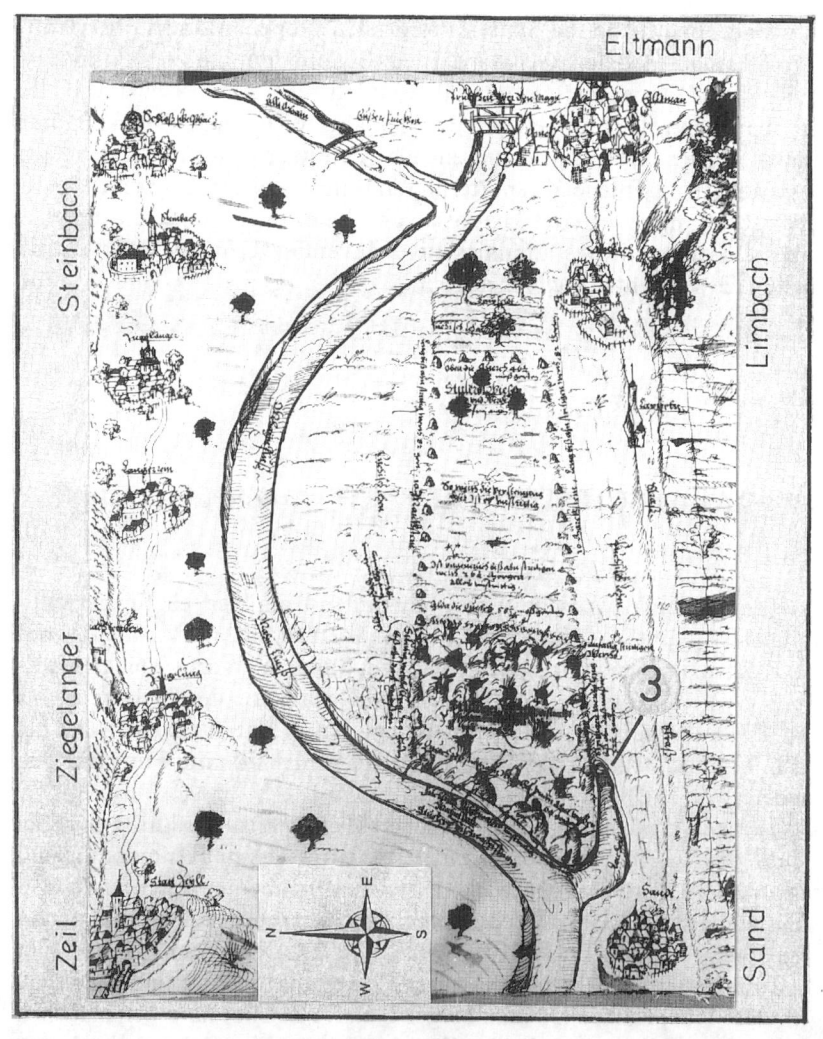

Abb. 40: Strittige Anschütt und der Main zwischen Eltmann und Sand 1579 [Mü/PLS 10303]

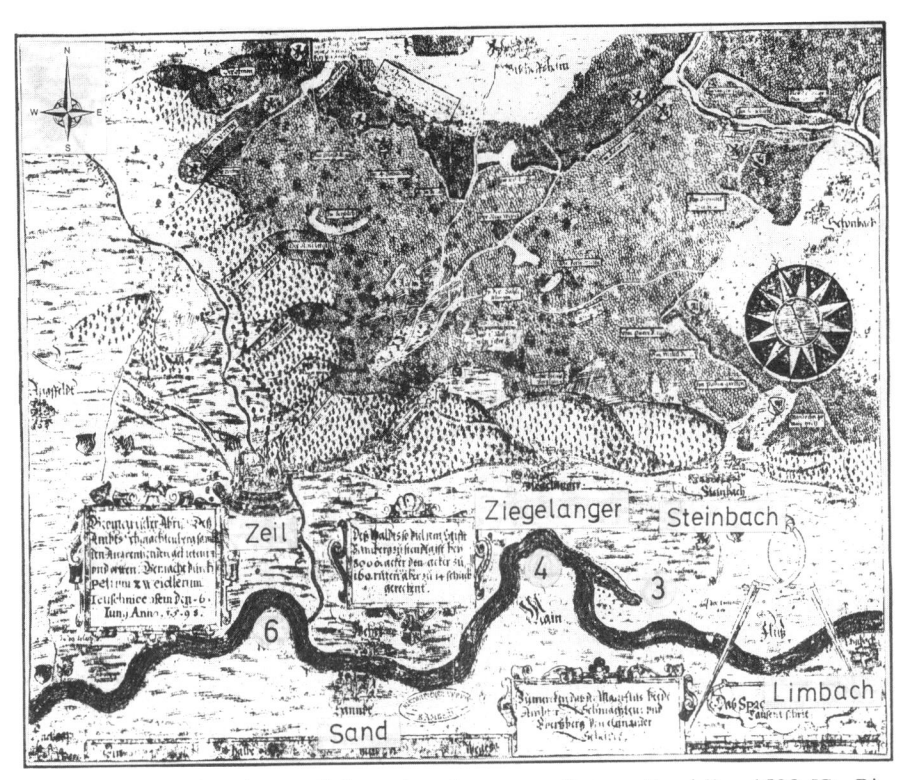

Abb. 41: Plan des Amtes Schmachtenberg von Petrus Zweidler 1598 [StaBi. Ba/H.V.G. 2/22]

1579	[2]	Eine Skizze anläßlich dieser Streitigkeiten zeigt trotz aller Flüchtigkeit, daß der Main bei Limbach und Steinbach noch in einem sehr flachen Bogen floß. (Abb. 40)
1590	[4]	Ein Hochwasser richtete große Schäden an der Ziegelanger Au an (MAUER et. al. 1981, S. 476).
1598		Der Bamberger Kartograph Zweidler fertigte einen detailgetreuen Plan der Mainlandschaft zwischen Limbach und Zeil an (Abb. 41). Auch hier ist deutlich zu sehen, daß der
	[2]	markante Bogen bei Limbach/Steinbach noch nicht existierte.
	[4]	Der Ziegelanger Bogen war allerdings in seiner
	[3]	Ausbildung begriffen; das Altwasser zeigt noch den Mäanderweg. (Abb. 41)
1630	[2]	Die Abbildung 42 aus dem Jahr 1630 belegt den immer noch relativ geraden Verlauf des Mains bei Steinbach. Das läßt sich aus dem Verlauf der Flurgrenzen ersehen, die unschwer mit den heutigen Gemarkungsgrenzen vergleichbar sind. Ein Teil der Grenzsteine fiel später der
	[8]	Mäandrierung zum Opfer.

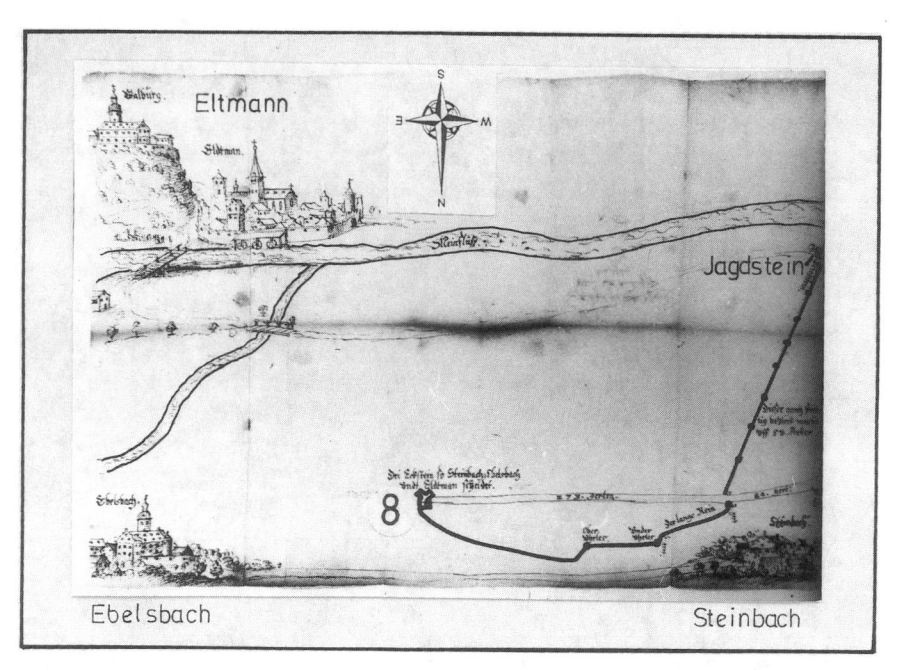

Abb. 42: Main zwischen Eltmann und Steinbach 1630 [Wü/Pläne I, 371]

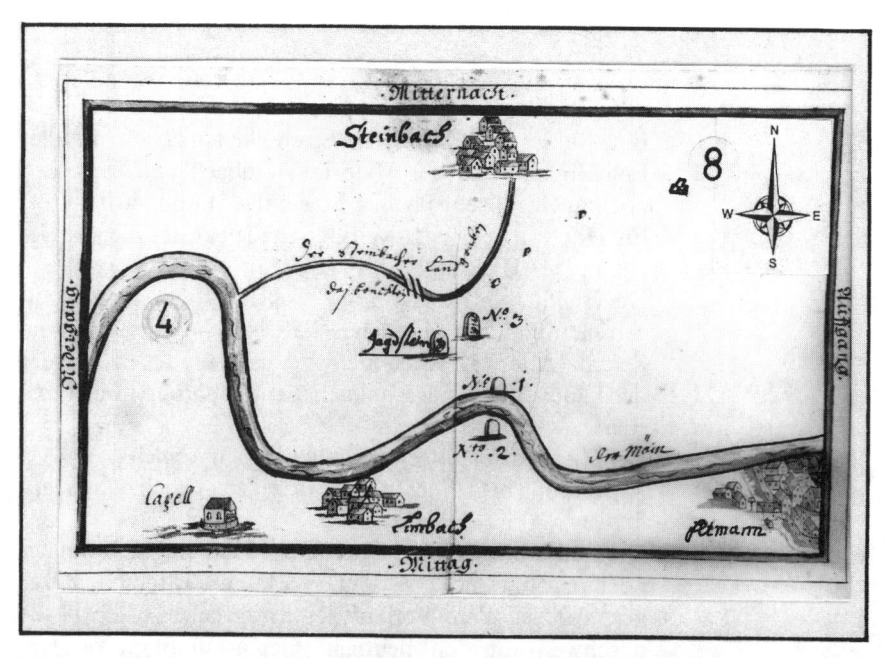

Abb. 43: Main zwischen Eltmann und Ziegelanger 1705 [Wü/Gebr. A. IV E, 222]

ca. 1685 (Erw. 1714)	[2]	Der Verlust der Flursteine wurde ab zirka 1685 durch die einsetzenden Mäandrierung verursacht. (241) Davon betroffen waren Grenzsteinsetzungen des Würzburger Hochstifts aus dem Jahr 1651 und Versteinungen an Anschüttungen, die 1654 stattgefunden hatten. (240, 241)
1696	[2]	Da die Flursteine versanken, begannen 1696 die Auseinandersetzungen um den Verlauf der Grenzen. (243)
1703	[2]	Fast alle Markungssteine, die 1651 gesetzt worden waren, waren verschwunden. (244)
Ende 17./ Anfang 18. Jh.	[5] [6]	Gleichzeitig mit der Ausbildung des Ziegelanger und Steinbach/Limbacher Bogens bildeten sich auch die Mainmäander bei Sand und Zeil. Eine Abbildung von ca. 1740 (Abb. 49, Kap. 5.10) zeigt den Mäanderweg anhand der alten Flußbetten. Aufgrund des reifen Verlandungsstadiums der alten Flußbetten zu diesem Zeitpunkt und der Flußaktivitätsnachrichten aus den Nachbarräumen, kann die Mäandrierung an die Wende 17./18. Jahrhundert gestellt werden.
1705	[2]	Die Abbildung 43, zeigt die initiale Krümmung zwischen Steinbach und Limbach, welche immer noch weit von ihrem heutigen Stadium entfernt ist. (245)
	[4]	Bereits vollständig ausgebildet ist der Mäander bei Ziegelanger.
1711	[4]	Mit einem „Einriß" bereitet sich der Durchbruch des Ziegelanger Mäanders vor. (246)
1713	[2]	Der Mäander bei Steinbach und Limbach hat nach einem Gerichtsprotokoll den Landgraben erreicht, der noch 1705 (Abb. 43) weit vom Fluß entfernt lag. (247)
1717	[2]	Sowohl Limbach als auch Steinbach müssen große Anstrengungen im Wasserbau unternehmen um ihr Land zu schützen. Dabei versuchen sie sich gegenseitig mit handfesten Mitteln zu stören. (248)
1717	[4]	Der Ziegelanger Mäander bricht durch. Den Altarm dämmen die Anlieger mit einer großen Tanne ab. (249) Die Abbildung 44 aus dem Jahr 1718 gibt den frischen Durchbruch wieder.
1719	[2]	Nachdem 1719 ein Vertrag zwischen Steinbach und Limbach über Grenzverlauf und Anschüttungen zum Abschluß gekommen war, endeten vorerst auch die aktenkundigen Klagen über Wasserschäden. (250)
1740	[1]	Der Eltmanner Altmain soll verdämmt werden, da ein Maineinbruch droht. (253)
1743	[2]	Eine erneute Klage über die Gefährdung der Limbacher Flur durch den Mainmäander. (252)
1745	[4]	Dank einer kleineren Flußlaufverlagerung, gibt der Main wieder ein Grundstück frei, das er 1717 bei dem Ziegelanger Durchbruch verschlungen hatte. (251)

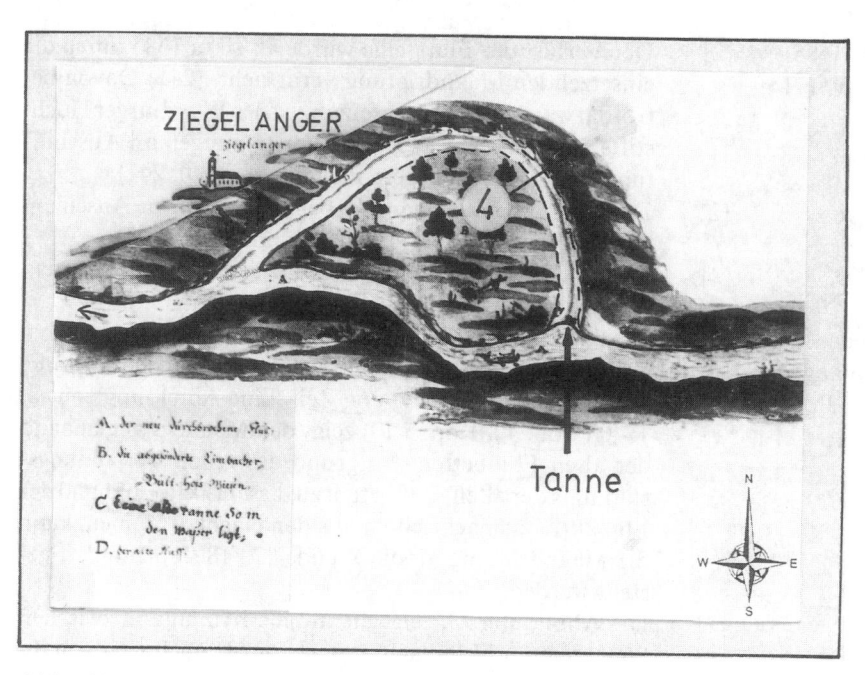

Abb. 44: Der Maindurchbruch bei Ziegelanger 1718 [Mü/PLS 11565]

ab ca. 1750	[1]	In Eltmann werden bei alljährlichen Überschwemmungen, die „blühenden Felder" und Gemüsegärten in der Flur „Au" in „Sandwüsten" verwandelt (GOEPFERT 1908, S. 186).
1772	[1]	Der Main reißt von der Eltmanner Aue Land ab. (254)
1783	[2]	Aus Limbach/Steinbach werden wieder Abspülungen gemeldet. (255) Der Mäander akzentuiert sich weiter. Abbildung 45 zeigt aber, daß er noch nicht seine markante Form erreicht hat.
1814/15	[2]	Im 19. Jh. geht die Auskrümmung des Mäanders weiter. Ein Augenzeuge berichtet wie am Prallhang jährlich Erdreich und begrabene Eichenstämme weg- und freigespült werden. (256)
1820	[2] [6]	Ein Hochwasser verursacht bei Steinbach und Zeil schwere Schäden. (257)
1822	[6]	Die schweren Uferschäden veranlassen die Zeiler um einen Uferschutzbau zu bitten. (258)
1822	[2]	Nunmehr scheint sich der Mäander vollends ausgebildet zu haben, die Gemeinde Limbach ist dadurch selbst bedroht und bittet um einen Uferschutz. (258) Die Kreisregierung in Würzburg ist allerdings der Auffassung, daß die Mühlwehre (hier das Mühlwehr von Eltmann) eine dauerhafte Korrektion des Mains verhindern. (259)

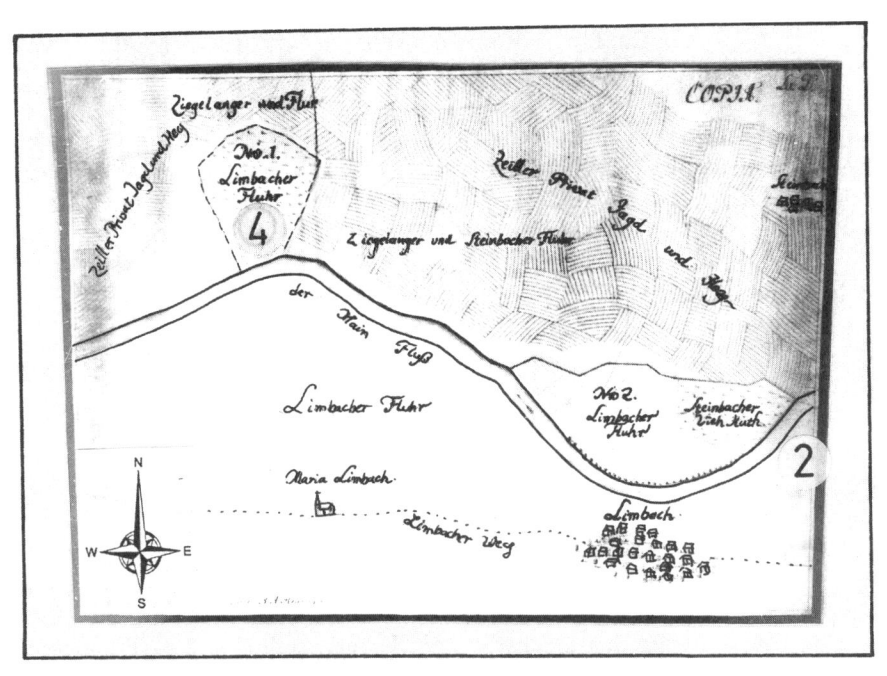

Abb. 45: Main zwischen Limbach und Ziegelanger im letzten Drittel des 18. Jh. [Ba/A 240, R 927]

1820er Jahre		Im Rahmen der verstärkten Uferschutzbemühungen unter der bayrischen Regierung, werden Uferabbrüche aus den Gemeinden Stettfeld, Eschenbach und Ebelsbach aktenkundig. (260)
1828	[2]	Das Hochwasser 1828 verursachte neue Uferschäden namentlich bei Steinbach/Limbach. (261)
1832	[2]	Eine starke Steigerung der Uferabbrüche hatte zu einer beträchtlichen Versandung der Stromrinne bei Steinbach/Limbach geführt. (262)
1833	[2]	Zur Verengung und Vertiefung der Fahrrinne werden in den Mäander Steinbuhnen gebaut. (263) Bis heute bewahrte der Bogen sein 1833 fixiertes Bild. Der Kanaldurchstich wurde in den 50er Jahren unseres Jahrhunderts im Rahmen der Kanalisierung angelegt (NOELL 1986, S. 260 f.).
1838		Der Mäander zwischen Ziegelanger, Sand und Zeil wird durchstochen. Dadurch verkürzte sich das ehemals 5,5 km lange Flußbett auf rund 3 km Länge. (264) Der Durchstich stellt einen der deutlichsten anthropogenen Eingriffe in die Tallandschaft des Untersuchungsraumes dar.
1842—1845		Buhneneinbauten in den zu breiten Main bei Eschenbach. (265)
1846		Die Buhnen bei Steinbach/Limbach und bei Eschenbach werden durch Leitwerke verstärkt. (266)

1861—1866　　　　　Der übrige Mainlauf in diesem Teilstück wird mit Leitwerken befestigt. (267)

Als Aktivitätsraum dominierte eindeutig der Abschnitt zwischen Eltman und Sand, hier bildete sich eine charakteristische Mäandrierung aus. Zeiten stärkerer Flußbewegungen sind das Ende des 16. Jh., vor allem das Ende des 17./Anfang des 18. Jh. und die ersten Jahrzehnte des 19. Jahrhundert.

Mühlen und Brücken

Zwei historische Brücken und Mühlen existierten in diesem Raum, in der Stadt Eltmann und in dem Dorf Sand.
Eine Mühle und Brücke bei Sand wird während eines Hochstiftsstreites 1466, bei dem Würzburg und Bamberg über diverse Streitpunkte verhandelten, erwähnt. (268) Im Hochmittelalter lag bei Sand, welches Teil der Bamberger Exklave war, eine Zollstation des Bamberger Bischofs. Diese Zollstation war zusammen mit einer Mühle und einer Brücke lange vor dem Hochstiftsstreit von den Würzburgern zerstört worden. 1466 war die Erinnerung an dieses Ereignis schon so blaß, daß die Zeugen keine konkreten Angaben mehr machen konnten. (269) Der Vertrag von 1469, der den Hochstiftsstreit beilegte, erlaubte dem Bamberger Bischof allerdings ausdrücklich, die abgebrochene Mühle und Brücke samt der Zollstation wieder aufzurichten. (270) Auf dieses Recht hat Bamberg offensichtlich verzichtet. Trotzdem hat sich eine Erinnerung an die alte Zollstation hartnäckig gehalten. Noch 1604 hielten Bamberger Vertreter bei Sand ein Schiff auf, um Zoll zu erheben, obwohl derselbe bereits an der Hallstadter Mühle entrichtet worden war. (271) Aus der ehemaligen Existenz einer Mainbrücke läßt sich übrigens ganz zwanglos die Lage des Ortsteiles Sand am Wörth erklären, der demnach eine Brückenkopfsiedlung war, die möglicherweise aus der alten Zollstation hervorgegangen ist.
Konkreter faßbar sind Mühle und Brücke von Eltmann. Die hölzerne Mainbrücke wurde zwischen 1444 (letzte Erwähnung einer Fähre) und 1487 (erste Erwähnung der Brücke) erbaut (GOEPFERT 1908, S. 189 f.). Die Mainmühle wird 1524 anläßlich einer Beschwerde Bamberger Schiffer erstmalig genannt. (272) Die Mühle lag unmittelbar unterhalb der Brücke. Da die Brücke zu niedrig geraten war, kam es vor, daß bei hohem Wasserstand, wenn die Schiffer über das Wehr fahren mußten, eine Durchfahrt unter der Brücke unmöglich wurde. (273) Im Jahr 1532 beabsichtigten die Eltmanner die Errichtung einer zweiten Mainmühle. In einem Schreiben bittet das Bamberger Domkapitel den Bischof jedoch eindringlich, den Bau einer zweiten Mühle zu verbieten, da sonst die Gefahr bestünde, daß bei Eissetzungen auch die Räder der Bamberger Mühlen still stehen könnten. (274) Dies ist ein beeindruckendes Beispiel für die zumindestens befürchtete Rückstauwirkung der Mühlwehre, denn Bamberg liegt immerhin 24 km flußabwärts von Eltmann.
Schwere Schäden erlitten Brücke und Mühle in einer Hochwasserserie 1650, 1653, 1654 und 1658 (GOEPFERT 1908, S. 187). Ganz besonders schlimm wirkte sich das Hochwasser 1675/76 aus. Der Main war einen Monat lang fest zugefroren (vom 3. 12. 1675—14. 1. 1676), dann brach das Eis so schnell auf, daß

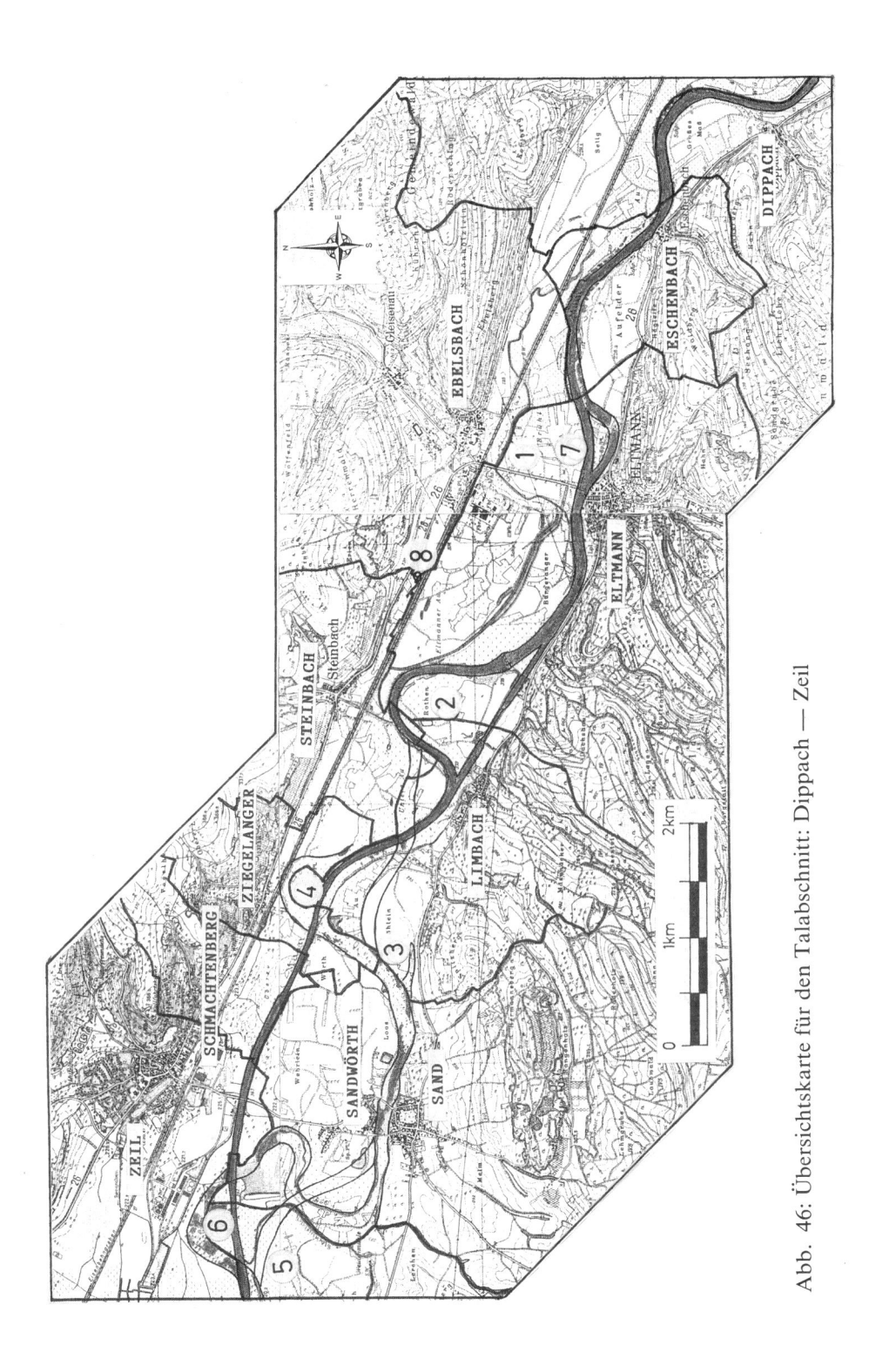

Abb. 46: Übersichtskarte für den Talabschnitt: Dippach — Zeil

es drei Brückenjoche samt den vorgelagerten Eisböcken und zwei Mühlräder hinwegriß (GOEPFERT 1908, S. 187). Die Brücke konnte erst im nächsten Jahr wieder aufgebaut werden. Weitere Schäden verursachten im 18. Jh. die Hochwässer von 1709, 1784 und 1790 (GOEPFERT 1908, S. 188). Ab 1822 versuchte die Regierung das Eltmanner Wehr als erklärtes Haupthindernis einer Korrektion abreißen zu lassen. (275) Doch die Stadt hielt ihre Mühle für unverzichtbar und setzte mit 60 000 Gulden eine enorme Kaufsumme an. Dadurch unterblieb der Abriß vorerst. 1837 baute man stattdessen den heute noch sichtbaren Umlaufkanal. [7] 1861 konnte die Regierung jedoch die Mühle für 25 000 Gulden kaufen und abreißen lassen (GOEPFERT 1908, S. 191).

5.10   TALABSCHNITT: KNETZGAU — HASSFURT

Dieser Talabschnitt liegt im Hassfurter Becken, welches sich in den weichen Schichten des unteren Keupers gebildet hat. Unterhalb des Hassfurter Beckens tritt der Main in die unterfränkische Gäulandschaft ein.
Dieser Raum hatte politisch noch Teil an der Grenzsituation zwischen Bamberg und Würzburg. Die Grenze zwischen der Bamberger Exklave Zeil und dem Würzburger Amt Hassfurt ging mitten durch Knetzgau, der Ortsbach war die Scheidelinie (WAILERSBACHER 1980, S. 4). Auch in Augsfeld lebten zeitweise die Untertanen von Würzburg und Bamberg in bunter Mischung zusammen (WENISCH 1985, S. 46). Mariaburghausen geht zurück auf ein 1243 gegründetes Zisterzienserkloster, welches bereits 1582 säkularisiert wurde. Seither ist Mariaburghausen ein Gut der Universität Würzburg (KEHL, H. 1985, S. 51). Hassfurt existierte spätestens im 8./9. Jh., als Stadt wurde es erstmals 1234 bezeichnet (KEHL, J. 1948, S. 39 f.).
In dem weiten Tal sind bis heute viele Altwasserseen und Aurinnen zurückgeblieben, zum Beispiel der erst in unserem Jahrhundert verlandete „Eichelsee" [1] bei Hassfurt; er wurde erstmals in einer Urkunde von 1357 unter dem Namen „Eigelsee" erwähnt (ENGEL 1956, S. 85).

Chronik

Jahr	Lokalität	
1435	[2]	Die Stromspaltung vor Hassfurt wird erstmals erwähnt: Hassfurter Fischer nutzten den linken Arm, während Mariaburhausen im rechten Arm fischte (KEHL, J. 1948, S. 295).
1466		Eine Stromspaltung gab es auch bei Knetzgau. (276) Die

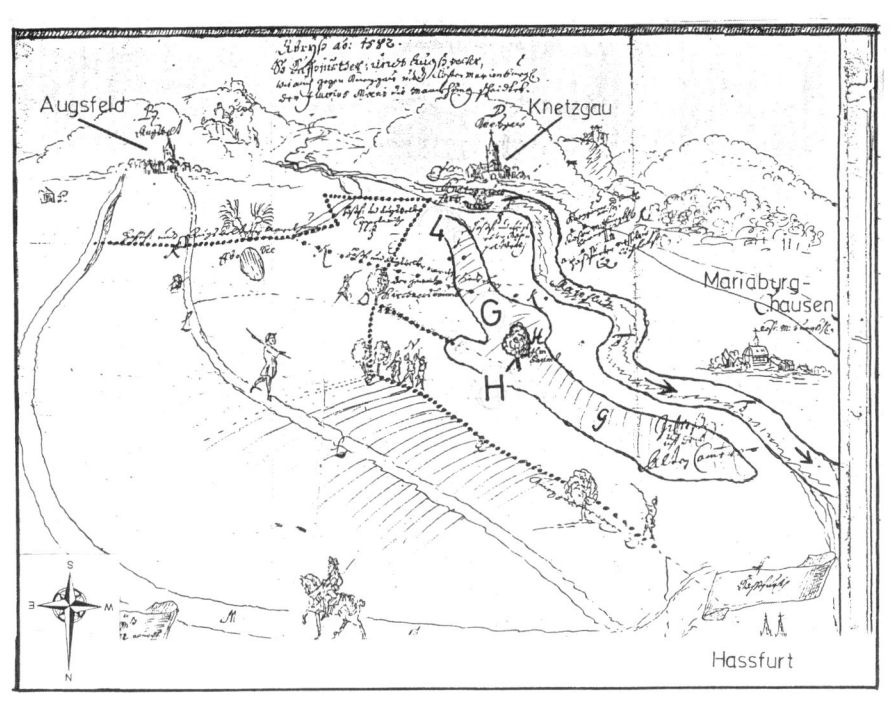

Abb. 47: „Abryß ao: 1582. So Hassfurther undt Augsveltter, wie auch gegen Knezgau undt Closter Marienburgh. der fluvius Moeni die marckhung scheidtet" [Wü/Pläne I, 488]

		Knetzgauer Fischer hatten in dem Seitenarm eine feste Fischfanganlage erbaut, die strittig wurde.
1572		Zwischen Zeil und Knetzgau wurde ein Wörth angeschüttet „... weil die Wasser in itziger Zeit viel angelandet haben...". (277)
1573		Hochwasser in Hassfurt (KEHL, J. 1948, S. 290).
1578		Hochwasser in Hassfurt (ANONYMUS 1965, S. 5).
1582	[3]	Eine Karte (Abb. 47), überliefert in einer Kopie von 1679, dokumentiert noch den Mainverlauf vor der Existenz des großen Mäanders bei Augsfeld. (278)
ab ca. 1600 (Erw. 1654)	[3]	Die Ausbildung des Mäanders begann um 1600. Der Bewegung fällt ein „Ilm Baumb" (Signatur H, Abb. 47) zum Opfer. (279)
ca. 1600— 1654	[3]	In diesen gut 50 Jahren entwickelte sich der hufeisenförmige Augsfelder Mäander zur vollen Reife, dabei werden 280 Morgen Land zerstört. (280)
	[4]	Gleichzeitig wird die auf Abbildung 47 eingetragene Anschüttung an der Grenze von Knetzgau und Zeil gebildet. (285)
1674	[3]	Die Bewegung des Mäanders war endgültig zur Ruhe gekommen. Das konsolidierte Mäanderinnere wurden zwi-

		schen Bamberg und Würzburg versteint, wie es Abbildung 48 zeigt. (281)
1676	[3]	Nach nur kurzer Lebensdauer brach der Mäander durch. (282) Um das Wörth, damals „Bernhäuser Wörth" genannt (283), entbrannte ein ernster Streit, da hiervon auch die Grenze zwischen Bamberger und Würzburger Territorium betroffen war. (284)
1679	[3]	Es wurde eine detaillierte Karte angelegt (Abb. 48), von der im Staatsarchiv Würzburg gleich 7 zeitgenössische Kopien existieren.
1678		Im Knetzgauer Mainabschnitt hatten Hassfurter Fischer eine Fischsperre gebaut. (286)
1724		Schwere Schäden durch ein Hochwasser bei Knetzgau (WAILERSBACHER 1980, S. 80).
1730		Bei Knetzgau mußte ein Uferschutz gebaut werden, dafür hatte man sich von Hassfurt einen „Hoia-Boden" ausgeliehen. Dies war eine Art hölzerner Rahmen der das Wasser abdrängte und hinter dem der Uferbau (hier bestehend aus Pfählen, Faschinen und Steinwurf) errichtet wurde. (287)

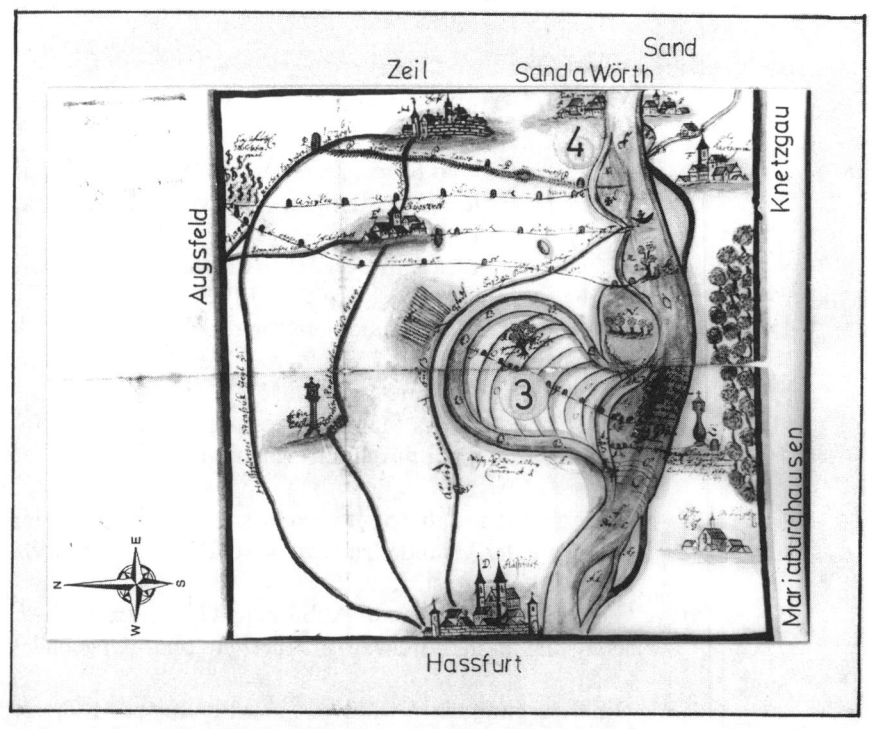

Abb. 48: Der Maindurchbruch bei Augsfeld 1679 [Wü/Pläne I, 485]

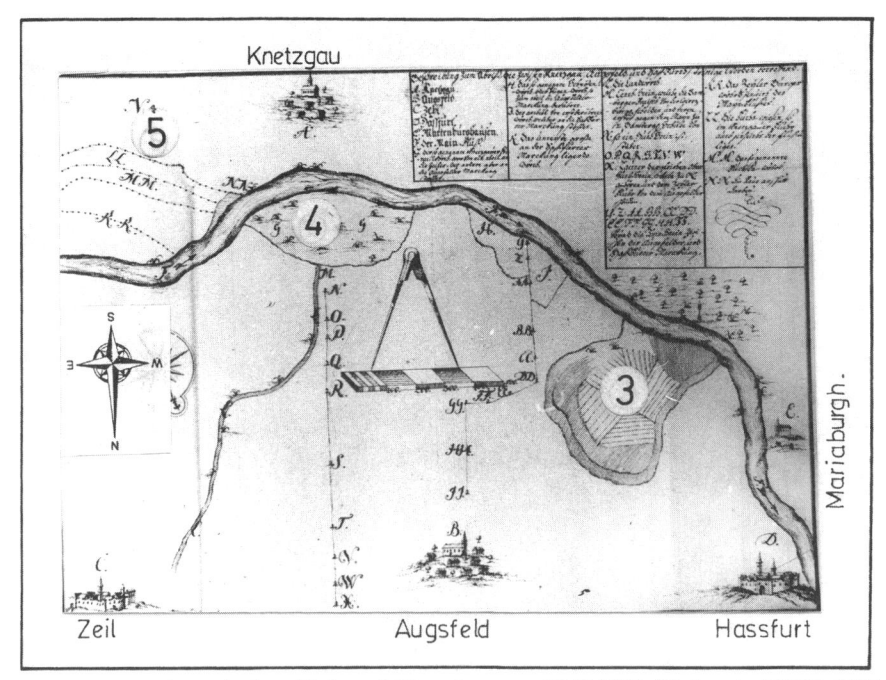

Abb. 49: Main zwischen Zeil und Haasfurt um 1740 [Wü/Gebr. A. IV W, 827]

ca. 1740 [5] [6]	Dank eines neuerlichen Streites um Anschüttungen zwischen Knetzgau und Zeil wird Abbildung 49 angefertigt. Die drei alten Flußbetten zeigen den Mäanderweg, der durch die Auskrümmung der Bögen bei Zeil entstanden war.
1745	Hochwasser in Knetzgau (WAILERSBACHER 1980, S. 80).
1750	Hochwasser in Knetzgau (WAILERSBACHER 1980, S. 80).
1789	Hochwasser in Knetzgau (WAILERSBACHER 1980, S. 80).
1814/15	Inspektionsreise am Main durch den Landesdirektionsrat Philipp Heffner. Er notiert, daß die Augsfelder Markung alljährlich durch Überschwemmungen und Eisgänge schwere Verwüstungen erleidet.
1817—1823	Das linke Ufer bei Mariaburghausen wird verstärkt abgerissen. (288)
1841	Bei Mariaburghausen, bei Knetzgau und Hassfurt werden die ersten Steinbuhnen eingebaut. (289)
vor 1848	Durch Absperrung des rechten Armes und Begradigung des linken Armes, wird die Stromspaltung bei Hassfurt beseitigt. (290) Auf der Flurkarte von 1848 (ohne Abb.) ist dies bereits ausgeführt.

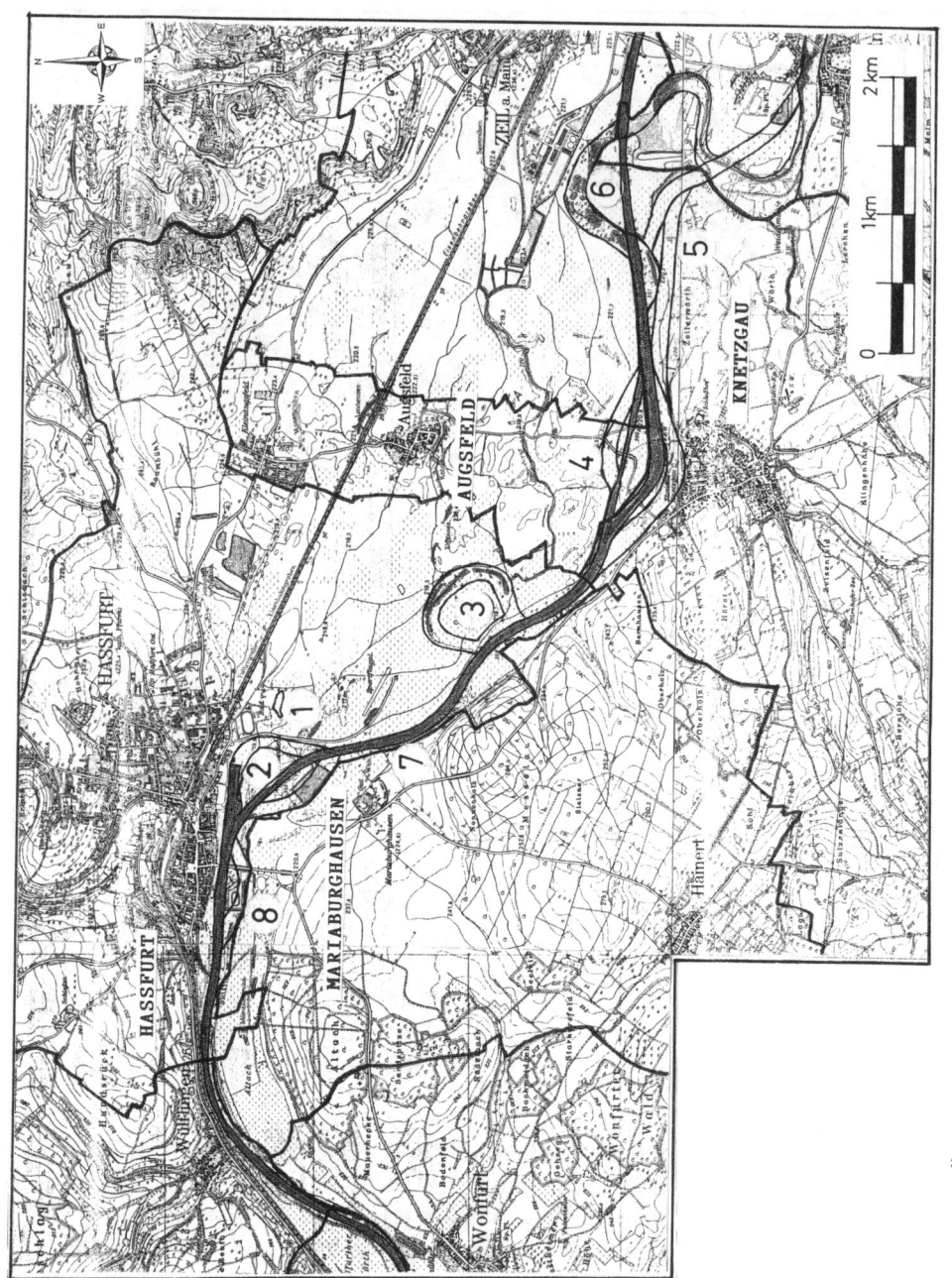

Abb. 50: Übersichtskarte für den Talabschnitt: Knetzgau — Hassfurt

96

1864—1867   Der gesamte Mainabschnitt wird mit Buhnen und Leitwerken befestigt und begradigt. (291)

Nachdrücklichstes Zeugnis der Mainaktivitäten ist der Mäander um das „Große Wörth" bei Augsfeld. Seine Bildung hatte mit ersten Bewegungen Ende des 16. Jh., zusammen mit den Anschüttungen bei Knetzgau und Zeil, begonnen. Zu seiner endgültigen Form entwickelte er sich in der ersten Hälfte des 17. Jh.

Mühlen und Brücken

In Hassfurt existierte eine Mainbrücke und -mühle. Die hölzerne Mainbrücke stammte aus dem Jahr 1380 (KEHL, H. & REICHERT 1985, S. 17). Ebenso wie die Hallstadter Brücke wurde die Brücke von Hassfurt 1632 durch die Schweden niedergebrannt. Eine neue Brücke erhielt die Stadt erst wieder 1866 (KEHL, J. 1948, S. 119). Die Mainmühle, unterhalb der Brücke gelegen, wurde nach der Erlaubnis durch den Würzburger Bischof Johann von Brunn 1430 gebaut. Ihr Wehr staute das Wasser nicht nur für die Mühlräder, sondern auch für die Stadtgräben auf (KEHL, J. 1948, S. 289). Die Mühle besaß 8 Gänge (SCHANZ, 1894, S. 8). Hochwässer beschädigten oftmals die beiden Bauten: 1511 riß eine Hochflut die Brücke vollständig hinweg, sie wurde erst zwei Jahre später wieder aufgebaut. Weitere Hochwasserschäden an Mühle und Brücke ereigneten sich 1513, 1546, 1557 und 1573; danach erst wieder 1636 und 1682 (KEHL, J. 1948, S. 77, 284, 288 f.). 1831 wurde der Abriß der Hassfurter Mühle beschlossen. (297) 1834 beseitigte man Mühle und Wehr, denen viele Uferschäden angelastet worden waren. (298) Die Mainmühle fand noch eine Nachfolgerin, als der Kaufmann Jörg 1840 im Mainarm bei der Voitinsel [8] eine Schiffsmühle aufstellte, die bis 1883 Bestand hatte (KEHL, J. 1948, S. 121 f.).
Auch bei Knetzgau gab es eine Mainmühle. Eine Urkunde aus dem Jahr 1496 nennt die „Schafsmühle" am Main (WAILERSBACHER 1980, S. 7). Dies ist allerdings ihre einzige Erwähnung. Erst wieder aus dem Jahr 1792 stammt die Nachricht, daß ein Müller die Erlaubnis erhalten hatte, eine Mühle bei Knetzgau am Main zu erbauen. (292) Im nächsten Jahr konnte die neue Mainmühle ihren Betrieb aufnehmen. (293) 1843 existierten allerdings nur noch klägliche Reste des inzwischen verfallenen Mühlwehres. (294) Im Jahr 1845 kaufte die Mainkorrektionskommission die Ruine auf und riß sie ein. (295, 296)

5.11 TALABSCHNITT: WÜLFLINGEN — UNTER-EUERSHEIM

Nun wird der Main erstmals von den steilen Flanken des oberen Muschelkalks umrahmt. Während die Talbreite im Raum Wonfurt noch rund 1 km beträgt, sind es bei Ottendorf nur noch 500 m (DOBNER 1980, S. 37).

Hier durchsetzte der Herrschaftsbezirk des Klosters Theres (Obertheres) den Würzburger Hoheitsraum. Das Kloster wurde in den Jahren 1041—1046 vom Bamberger Bischof Suidger (dem späteren Papst Klemens II.) auf Bamberger Grundeigentum gegründet. Laut einer Kaiserurkunde von 1366 gehörten unter anderem die Orte Horhausen, Unter- und Obertheres zu seinem Besitz (VOGT 1979, S. 20, 52). Mittelpunkt des Dorfes Wonfurt war ein Rittergut, welches dem Geschlecht Fuchs zu Wonfurt gehörte. Die Wonfurter Herren standen wegen Eigentumsrechten in beständiger Auseinandersetzung mit dem Kloster. Hauptstreitpunkt war dabei die Mainanschüttung „Frohnweidach", später auch „Füllenwörth" oder „Hammerwerth" genannt. [1] In der kaiserlichen Besitzbestätigung von 1366 wird das Frohnweidach als Teil des klösterlichen Landes erwähnt (VOGT 1979, S. 53).

Chronik

Jahr	Lokalität	
1403	[1]	Erster überlieferter Streit über das mindestens seit 1366 existente Wörth „Frohnweidach". (299) Die Indizien sprechen dafür, daß das Wörth durch eine Flußlaufänderung näher an die Wonfurter Seite angewachsen war, woraufhin es Fuchs von Wonfurt als sein Eigentum betrachtete.
1432	[2]	Erste Erwähnung eines Altwassers (Schaumburgisches Altwasser) und eines Wörths gegenüber dem Frohnweidach (KEHL, J. 1948, S. 295).
1438	[1]	Das „Frohnweidach" war weiterhin eine Insel; in den Altarm auf Wonfurter Seite ließ Fuchs von Wonfurt eine Pfahlanlage, ein „Gedullt" (eine feste Fischfangvorrichtung), einbauen. (300) In derselben Quelle wird eine weitere neue Anschüttung an das Wonfurter Ufer erwähnt, das „grevenwehrt". (301) Der Main scheint sich also nach rechts zu verlagern.
1453	[1]	Wieder Streit um das Altwasser am Frohnweidach, in das der Wonfurter einen unerlaubten Wasserbau gesetzt hatte (vermutlich wieder eine Fischereianlage). Das Kloster erhielt abermals die Besitzrechte an dem Frohnweidach zugesprochen. (302)
1469	[2]	Verleihung des Wörths am rechten Ufer an den Hassfurter Bürger Klumpen, nach dem es fortan benannt wird. (305) Das „Klumpenwöhrt" war damals 13 Äcker groß.
1498	[1]	Diesmal veranlaßte ein klösterlicher Wasserbau den Gerichtsgang zwischen Wonfurt und Theres. (303) Das Kloster erhielt wieder alle Besitzrechte.
1513	[2]	Das „Klumpenwörth" hatte sich durch Anlandungen auf 20 Äcker vergrößert. (307)
1592	[2]	Das Wörth hatte inzwischen die Größe von 60 Äckern

		erreicht. (307) Ausdrücklich wegen des raschen Anwachsens wurde festgelegt, daß das Lehen alle 10 Jahre neu zu vermessen sei.
1590		Zwischen Ober- und Untertheres vergrößert sich eine Anschüttung. (310)
1595	[2]	Ein Hochwasser verschüttet einen Teil des Schaumburgischen Altwassers, wie es die Abbildung 52 zeigt. (308)
1603/04	[2]	Das Kloster Theres läßt den noch offenen Teil des Altarms mit einem Zaun absperren. (308) Anläßlich eines Prozesses über das Altwasser mit den Hassfurter Fischern entsteht die Abbildung 52.
ca. 1645 — ca. 1675	[3] [4]	Der Bogen bei Otten dorf hat sich ausgebildet, oder weiter ausgekrümmt, was sich indirekt aus den davon betroffenen Änderungen des Grenzbaches im Mündungsbereich entnehmen läßt. (311)
1670	[1]	Nach langer Pause brach wieder ein Streit über den Besitz des Frohnweidachs zwischen Wonfurt und dem
1674		Kloster aus. (304) Der Plan aus dem Jahr 1674 (Abb. 51) zeigt einen inzwischen völlig vertrockneten Altarm. Seine Rinne wird bis heute vom Wernbach benutzt.
ca. 1770	[5]	Die Auskrümmung des Horhausener Mäanders beginnt. (312)

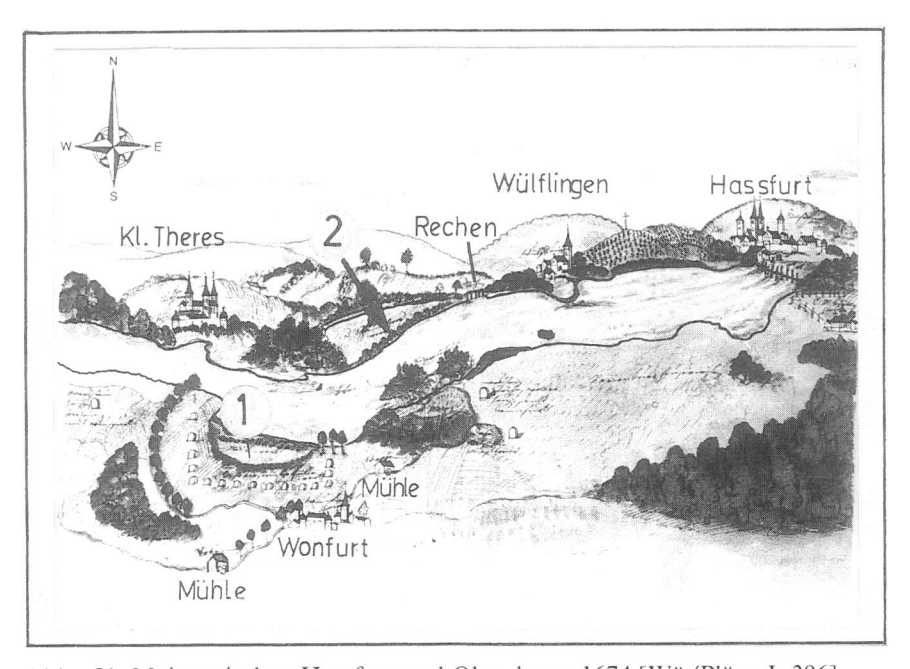

Abb. 51: Main zwischen Hassfurt und Obertheres 1674 [Wü/Pläne I, 396]

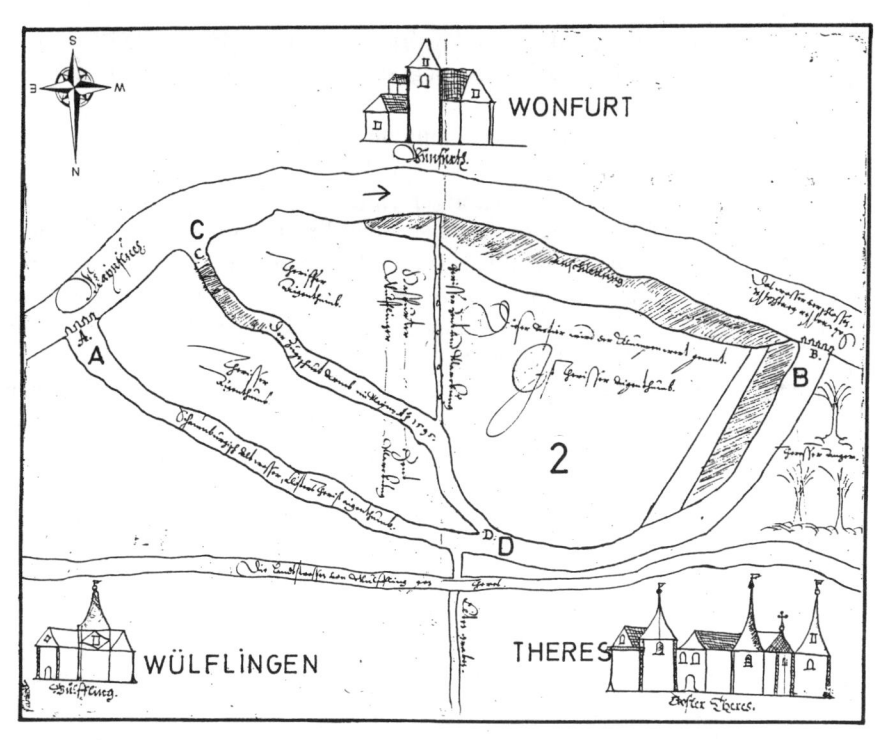

Abb. 52: Das Schaumburgische Altwasser und der Main bei Wonfurt und Obertheres 1603/04 [Ba/B 46 c, 831]

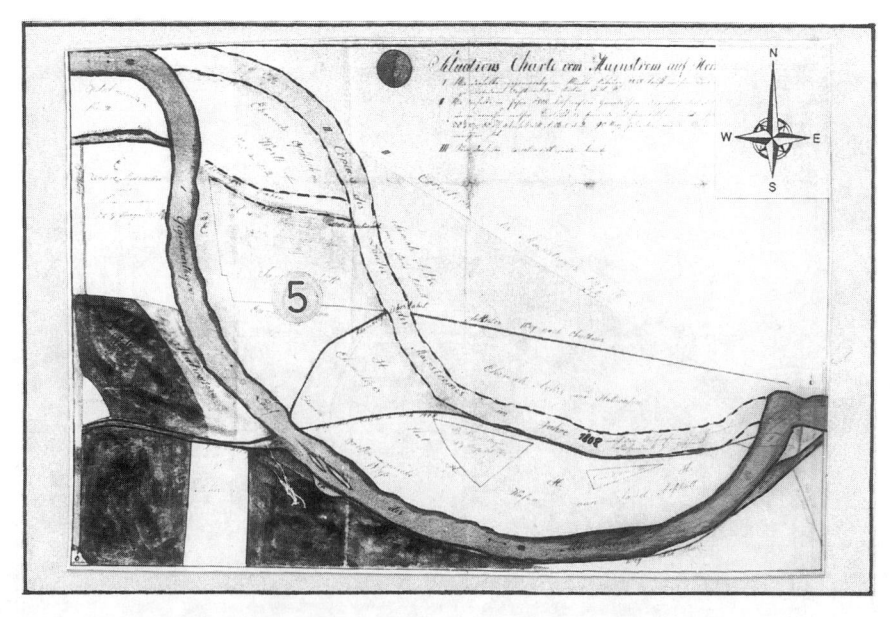

Abb. 53: „Situations Charte vom Maynstrom auf Horhauser Marckung" 1808 und 1828 [Wü/Pläne I, 339]

	[6]	Hinweise darauf geben Landabrisse bei den Siebenäckern.
1802	[5]	Die Auskrümmung des Mäanders schreitet fort, wodurch die Fluren des Dorfes verstärkt bedroht werden. (313)
1807	[5]	Der Main unterspült die Straße bei Obertheres (VOGT 1979, S. 11).
1808—1828	[5]	Eine im Auftrag von Horhausen erstellte Karte (Abb. 53) dokumentiert den Mäanderweg. (314)
1826	[5]	Die Unterspülung der Straße bei Obertheres wird durch einen Bau aus den Steinen der abgebrochenen Klosterkirche gestoppt. (316)
1828	[5]	Aufgrund der Landverluste und der vielen Wasserbauausgaben war Horhausen stark verarmt und mußte um Hilfe bitten. (315)
1832	[5]	Der Mäander bei Horhausen wird durchstochen. (317)
1850—1851		Überall dort wo sich die Eisenbahntrasse dem Fluß näherte, wurden Buhnen eingebaut (SCHÄFER 1979, S. 163).
1859—1861		Der Main wird mit Leitwerken befestigt. (318)

Der weitgehend gestreckte Lauf in dieser Engtalstrecke konnte sich naturgemäß nur schwach verlagern. Lediglich bei Obertheres, Wülflingen und Wonfurt ließen sich nennenswerte Flußverlagerungen feststellen. Dabei ragten zwei Phasen stärkerer Aktivität heraus, am Ende des 16. Jh. bei Wonfurt und Theres und in den ersten zwei bis drei Jahrzehnten des 19. Jh., mit Schwerpunkt am Horhausener Mäander.

Mühlen

Eine Quelle aus dem Jahr 1563 überliefert den Bau von zwei Mühlen für das Kloster Theres im Raum Unter-Obertheres. (319) Möglicherweise hatte hier schon vor den Neubauten ein Mühlwehr den Strom unterbrochen. 1455 wird zumindestens bei einer Strombesichtung ein künstliches Schiffahrtshinderniss bei Theres erwähnt, unter dem man in der Regel Mühlwehre verstand. (320) 1735 ist allerdings im Untereuerheimer Grundbuch nur noch von einer Mühle die Rede. Hierin wurde vermerkt, daß das Fischrecht der Bauernfischer von der „Wollmühle" bei Theres bis zum Bibergraben bei Weyer gehe (OELLER 1957, S. 14). Als das Kloster 1804 verkauft wurde existierte jedoch keine Mainmühle mehr (VOGT 1979, S. 215 ff.).

Wegen des unmittelbaren Eingriffes in die Auenlandschaft sei noch die Anlegung eines künstlichen Mühlbaches durch das Kloster Theres (1590) in der Horhausener Markung erwähnt. Dieser Graben, der von der „Steinsmühle" aus am linken Talrand verlief, mündete in den Wildensee [8]. Aus diesem See speisten sich auch die Untereuerheimer Wiesenwässerungs-Räder. (321) Auf die alte Wiesenwässerung weist noch heute der Flurname „Wasserräder" [9] hin. Im Jahr 1602 wurde eine zweite Mühle an dem Graben errichtet, die „Grabenmühl". (322) Standort und Verbleib dieser Mühle sind unbekannt.

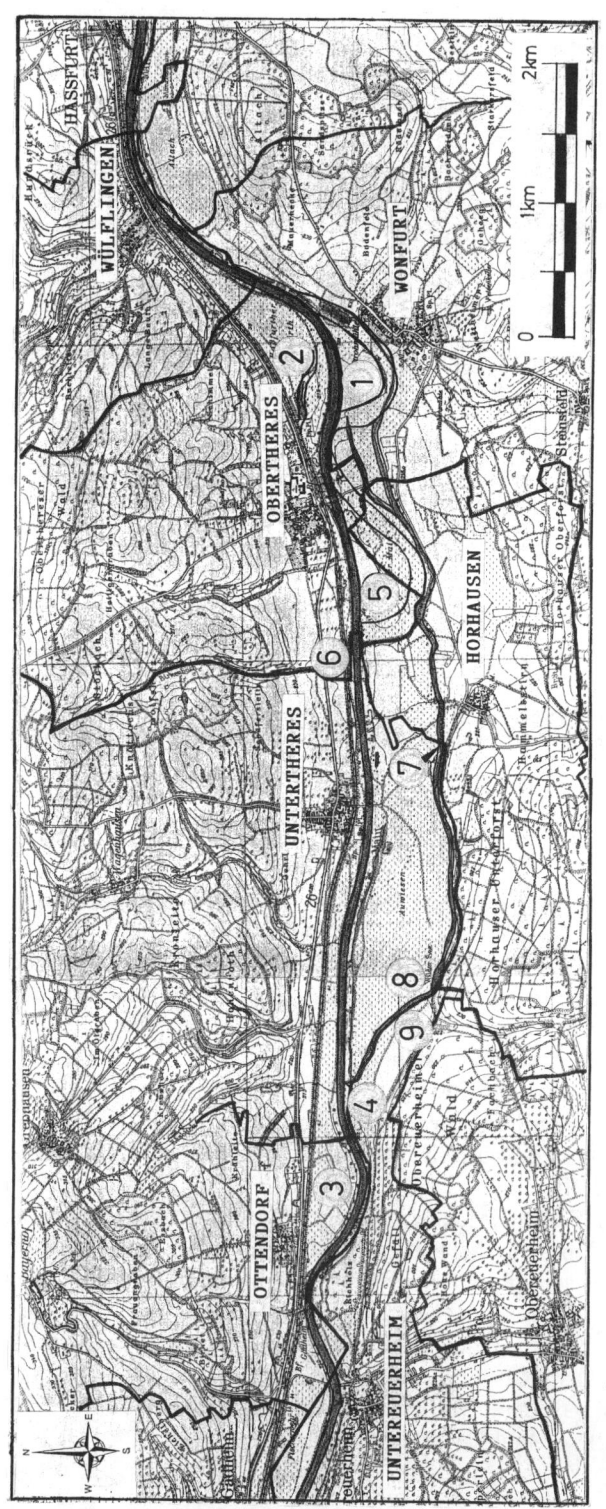

Abb. 54: Übersichtskarte für den Talabschnitt: Wülflingen — Untereuerheim

5.12 TALABSCHNITT: GÄDHEIM — MAINBERG

Das knapp 500 m breite Tal bietet kaum noch Platz für Fluß und Siedlungen. Die Orte liegen daher alle in Seitentälchen bzw. auf den Höhen der Talflanken. Die einflußreichsten Grundherren waren hier die Zisterziensermönche des Klosters Ebrach im Steigerwald. Das Kloster besaß seit 1204 das Gut Weyer samt den Mainfischrechten in dessen Markung (WIESSNER 1973, S. 13, 118). Eine Ruine nördlich von Weyer erinnert noch an die Burg Bergheide zu deren Füßen ein gleichnamiger Ort lag. Der Ort fiel vor 1422 wüst (letzte Erwähnung). Die Burg soll, zumindestens einer Sage nach, Anfang des 15. Jh. zerstört worden sein (OELLER 1955, S. 25). Den Namen Bergheide trug später noch die Ebracher Klostermühle (s. u.).

Nachrichten über größere Flußlaufveränderungen sind von diesem beengten, fast gänzlich gestreckten Mainlauf kaum zu erwarten. Hin und wieder gab es kleinere Anschüttungen, die, wenn sie im Grenzbereich lagen, zu den obligaten Streitereien führten.

Chronik

Jahr	Lokalität	
1467		Eine Anschüttung am linken Ufer wird zwischen Forst und Weyer vertraglich geteilt. (323)
ca. 1540 (Erw. um 1600)		Anhaltende Landabrisse am Schonunger Ufer (rechts) und entsprechende Anlandungen an das linke Ufer bei Weyer, die zu Nutzland umgewandelt wurden, werden erstmals aktenkundig. (324, 325) Ein 71jähriger Zeuge erinnert sich bei einer Vernehmung über die Uferschäden um 1600, daß die Landabbrüche in seiner Kindheit begonnen haben.
1679		In einem Lehenbuch wird von etlichen Abrissen bei Schonungen berichtet. (326)
1685	[1]	Die Gemeinde Forst hatte ein Wehr aus Steinen, Faschinen („Wällen") und Büschen zur Absperrung eines Altarmes errichtet, da der Main seinen Hauptfluß dorthin zu verlegen drohte. (327) Das Wehr lenkte den Stromstrich aber gegen das Ufer von Weyer. Es kommt zu einer Gerichtsverhandlung, bei der Abbildung 55 skizziert wurde.
	[2]	Es bestand sogar die Gefahr, daß der gesamte linke Mainarm in den Bibersgraben gedrängt wurde, zumal Forst die Weiden auf der Maininseln gerodet und damit der Erosion Vorschub geleistet hatte. (328)
1776		Zwischen Schonungen und Mainberg verlief der Main eng an dem rechten Muschelkalhang. Die unmittelbar am Fluß gelegenen Mainberger Zollstation der Würzburger Bischöfe wurde bereits seit dem 16. Jh. mit einer Uferschutzwand

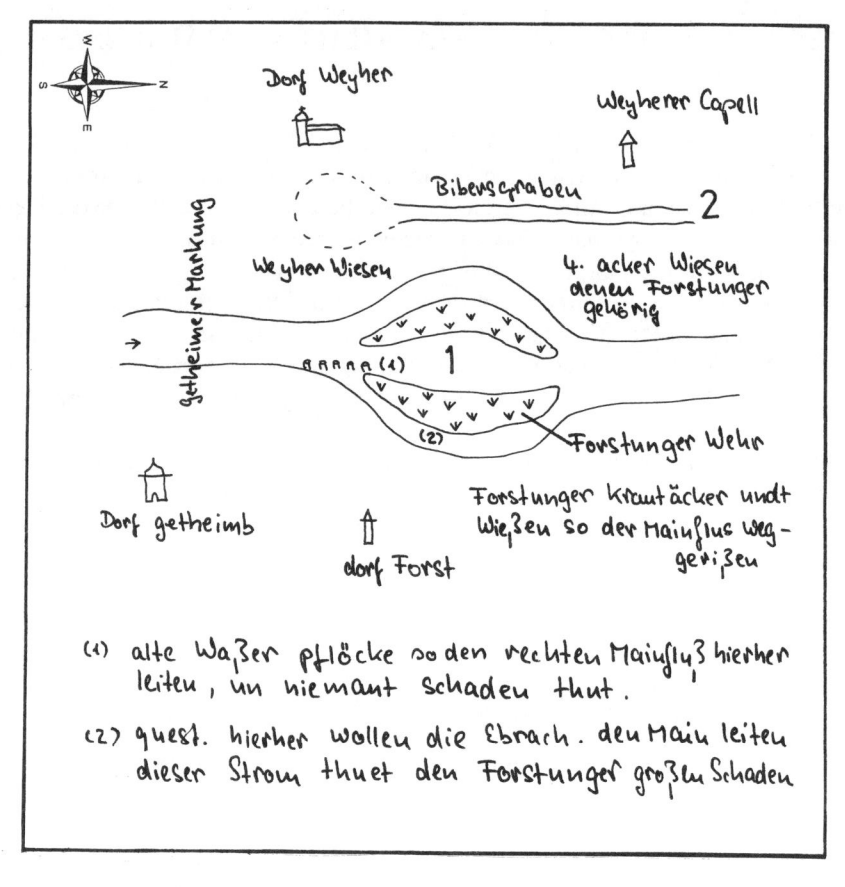

Abb. 55: Stromspaltung und Wasserbau bei Weyer und Forst 1685 (skizziert nach Wü/Gebr. A. IV M, 16)

		aus Balken und Brettern gesichert. Diese Wand muß 1776 erneuert werden (SCHERZER 1964, Nr. 9).
1807		Hochwasser unterspülte die Straße bei Mainberg (SCHERZER 1964, Nr. 9).
1828—1830		Bau einer neuen Uferbefestigung bei Mainberg (BRAUNFELS 1847, 160).
1839	[3]	Der rechte Mainarm um die Gädheimer Insel wird abgedämmt. (330) Seitdem prallte der Main verstärkt gegen das linke Ufer an, wo er bis 1848 6 Morgen Wiesen abriß.
1840—1848	[4]	In diesem Zeitraum bildete sich der Linksbogen bei Schonungen aus. (331)
1848	[4]	Durchstich des Linksbogens bei Schonungen. (332)
1855—1866		Der Mainabschnitt wird mit Leitwerken versehen. (333)

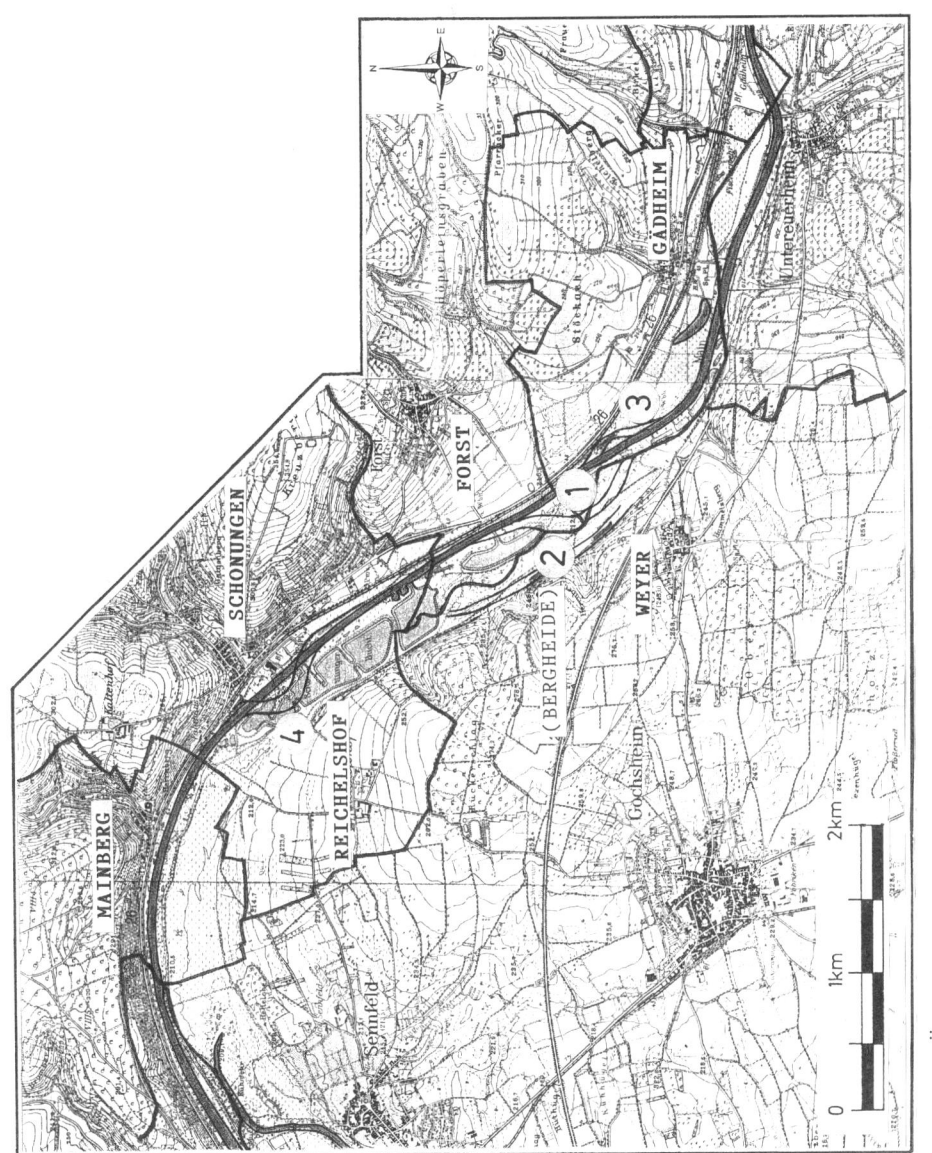

Abb. 56: Übersichtskarte für den Talabschnitt: Gädheim — Mainberg

In dem engen Tal konnten sich keine größeren Bewegungen manifestieren, eine Tatsache die auch die relative Quellenarmut belegt. Feststellen läßt sich nur eine Tendenz des Flusses, wie schon zwischen Hassfurt und Ottendorf (s. o.), sich nach rechts zu verlagern.

Bergheider Mühle

Unterhalb der Bergheider Schloßruine am Bibersgraben [2] stand eine Mühle des Klosters Ebrach, erstmals 1245 erwähnt. (334) Es muß offen bleiben, ob der Bibersgraben, der im Bereich der Mühle „Bergheider Arm" genannt wurde, bei der Erbauung der Mühle noch aktiver Teil des Mains oder bereits ein Altarm bzw. eine Aurinne war. Aus einem umfassenden Vertrag zwischen Weyer und Forst (1467) ist zu entnehmen, daß die Mühle 1467 noch in Betrieb war (AHLBORN & KRAUS 1984, S. 39). Bei einer Zeugenvernehmung um 1600 erinnerten sich alte Fischer, daß man noch in der ersten Hälfte des 16. Jahrhunderts die Mühle vom Main aus mit einem Schelch erreichen konnte, was um 1600 nicht mehr möglich war. (335) In der zweiten Hälfte des 17. Jh. (Erwähnung 1692) war der Mühlgraben an seinem flußaufwärtigen Beginn bereits vollständig verlandet. (329) (Abb. 55 aus dem Jahr 1685) In dem alten Mühlgraben stand noch lange das Wasser; laut eines Vertrages von 1692 wollten sich Weyer und Forst um die Trockenlegung des Bibersgrabens bemühen. (329, 336) Daß dies nicht gelang bezeugen die gegenwärtigen Altwasserreste.

5.13 TALABSCHNITT: SCHWEINFURT — SENNFELD

Unterhalb von Mainberg weitet sich das Tal zum Schweinfurter Becken. Hier, in der Schweinfurter Mulde, blieben Ablagerungen des unteren Keupers an der Oberfläche erhalten, in denen der Main eine bis zu 3 km breite Ausraumzone schaffen konnte (SCHWARZMEIER 1982, S. 20, 86).
Mit dem Sennfelder See beginnt eine Kette von Rinnen, Teichen und versumpften Senken, die sich längs des Talrandes an Röthlein und Heidenfeld vorbei bis nach Hirschfeld zieht. (337) Diese sicherlich sehr alte Talrandsenke spielte vor der Mainkorrektion eine wichtige Rolle für den Hochwasserabfluß. Der einstmals stark morastige Bereich, der heute zum Teil trockengelegt ist spiegelt sich auch in charakteristischen Ortsnamen wider. Die Vorsilbe von Sennfeld stammt von dem keltischen sin = Sumpf (SCHUMANN 1964, S. 7).
Sowohl Schweinfurt als auch Sennfeld waren direkt dem Kaiser unterstellt. Dadurch trug Sennfeld zusammen mit dem nahen Gochsheim den seltenen Titel „freies Reichsdorf". Die freie Reichsstadt Schweinfurt hatte sich aus älteren Vorgängern im 12. Jh. entwickelt. Maßgeblich war dabei die günstige Lage an einer Mainfurt und einem alten Handelsweg gewesen. Eine Bestätigung des Reichsstadtprivilieges durch den König Rudolph von Habsburg 1285 spricht erstmals von Schweinfurt als Stadt (STADT SCHWEINFURT 1985, S. 8).

Schweinfurt hatte es bereits früh verstanden den Main wirtschaftlich zu nutzen und durch diverse Einbauten zu bändigen. Das hat zur Folge, daß für diesen Flußabschnitt im Untersuchungszeitraum keine Flußverlagerungen überliefert sind. Hier liegt also der seltenen Fall vor, daß ein größeres Teilstück des Mains bereits seit dem Hochmittelalter seiner natürlichen Flußdynamik beraubt war. Die Geschichte des Mains kann sich deshalb hier auf die Geschichte seiner Nutzung beschränken.

Mühle, Brücke, Fischfanganlagen

Die Schweinfurter Mainmühle wurde 1387/88, sehr zum Unwillen des Würzburger Bischofs, erbaut. Der bischöfliche Zorn rührte aus der Befürchtung, daß die Schiffahrt durch das Mühlwehr erheblich behindert werden könne. Es kam zu einem Gerichtsstreit, der 1389 mit dem sogenannten „bösen Schiedsspruch" endete, in dem der Erzbischof Adolf von Mainz die Schweinfurter zur Entfernung aller Hindernisse im Main, also auch des Mühlwehres aufforderte (KÜSPERT 1929, S. 3).

Wenige Jahre später wurde dieses Urteil durch das „Wasserbauprivileg" des König Wenzel (1397) praktisch in das Gegenteil verkehrt, denn nach dem Privileg wurde es der Stadt ausdrücklich erlaubt, Brücken, Mühlen und Wehre jeder Art nach eigenem Gutdünken in den Main zu bauen. (338) Schweinfurt ergriff daraufhin sofort die Initiative und baute 1397 die erste hölzerne Mainbrücke (SAFFERT 1962, S. 33 ff.).

Unterdessen war der Main vor dem Mühlwehr rasch versandet, bereits 42 Jahre nach dessen Erbauung mußte das Flußbett von Sand und Kies gereinigt und das Mühlwehr umgebaut werden (1420) (MÜLLER 1923, S. 48; KÜSPERT 1929, S. 7 f.). Trotz Umbauten blieb das Wehr ein beständiges Ärgernis für die Schiffahrt. Entsprechende Klagen über das Schweinfurter Wehr sind aus den Jahren 1431, 1457/58 und 1475 überliefert (KÜSPERT 1929, S. 9 ff.). Es gab bei Schweinfurt nicht nur ein Mühlwehr im Main; eine Urkunde von 1431 nennt auch ein Fischwehr. (339) Aufgrund ihrer anderen Konstruktion (sie waren für Schiffe leicht passierbar) (Kap. 6.4) wurden diese Fischfanganlagen aber weitgehend toleriert.

Aus Schweinfurter Chroniken sind etliche Hochwässer überliefert, die schwere Schäden an Brücke und Mühle verursachten. Bei KÜSPERT (1926, S. 6, 14 f.) sind sie zusammengestellt: Er nennt größere Hochwässer in den Jahren 1407, 1562, 1567, 1573 und 1595. Eine dramatische Episode spielte sich während der Besetzung Schweinfurts im Markgräfler Krieg durch die Truppen des Markgrafen Alcibiades von Brandenburg-Kulmbach 1553 ab. Der Main war Ende Dezember von Schweinfurt bis Mainberg zugefroren, wodurch auch die Mainmühle blockiert war. Der Anführer der Truppen sah im Stillstand der Mühle allerdings einen Sabotageakt der Stadt und zwang die Stadtbaumeister unter Androhung des Galgens dazu, den Main innerhalb von wenigen Tagen mühsam per Hand aufzuhacken (KÜSPERT 1929, S. 12 ff.). Noch während des Markgrafen-Krieges wurde die Stadt samt Mühle und Brücke niedergebrannt. Bis 1583 hatten die überlebenden Bürger Schweinfurt wieder aufgebaut, zumindestens zeigt eine Ansicht aus dem Jahr 1583 (ohne Abb.) eine vollständige Stadtsilhouette mit

Mühlwehr, Brücke und Uferschutzbauten im Vordergrund (STADT SCHWEINFURT 1985, S. 33).

Der einzige, nicht im Zusammenhang mit Mühle und Brücke stehende Uferschutzbau in diesem Flußabschnitt lag nach einer Quelle aus dem Jahr 1748 bei dem „Gaiswehr". [1] Er war ein Gemeinschaftswerk von Mainberg, Sennfeld und Schweinfurt und diente als Sperre zwischen dem Mainfluß und der hier beginnenden Talrandsenke; dort drohte immer wieder ein Main-Einbruch. (340) In der zweiten Hälfte des 18. Jh. (zwischen 1745 und 1785) erhöhte man diese Ein-

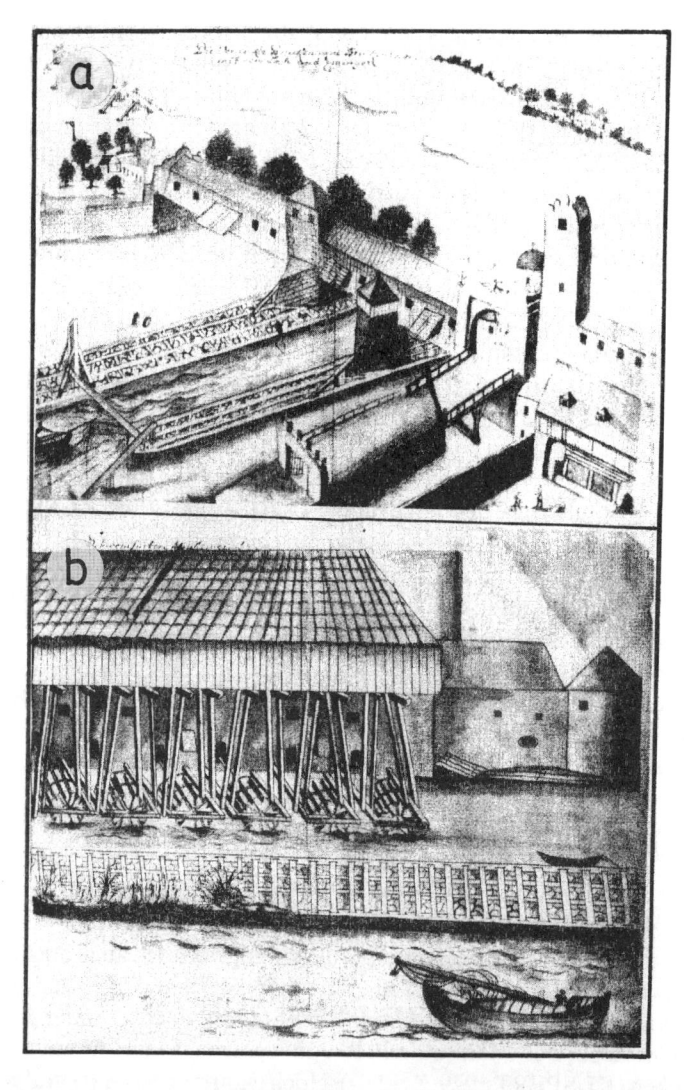

Abb. 57: Details der Schweinfurter Wehranlagen: a) Wehrloch, b) Mühlwerk um 1800 (aus dem Skizzenbuch eines Zimmermannes, nach STADT SCHWEINFURT 1985, S. 80)

Abb. 58: Pflöckeeinschlagen gegen den Eisgang um 1800 (aus dem Skizzenbuch eines Zimmermannes, nach STADT SCHWEINFURT 1985, S. 81)

SCHWEINFURTER WEHRANLAGEN UM 1830
1. Bleiweiß-Mühlwehr
2. Unteres Überfallwehr
3. Wehrloch
4. Staubbrücke
5. Städtische Triebwerke
6. Unterer Cramerscher Mühlkanal
7. Oberer Cramerscher Mühlkanal

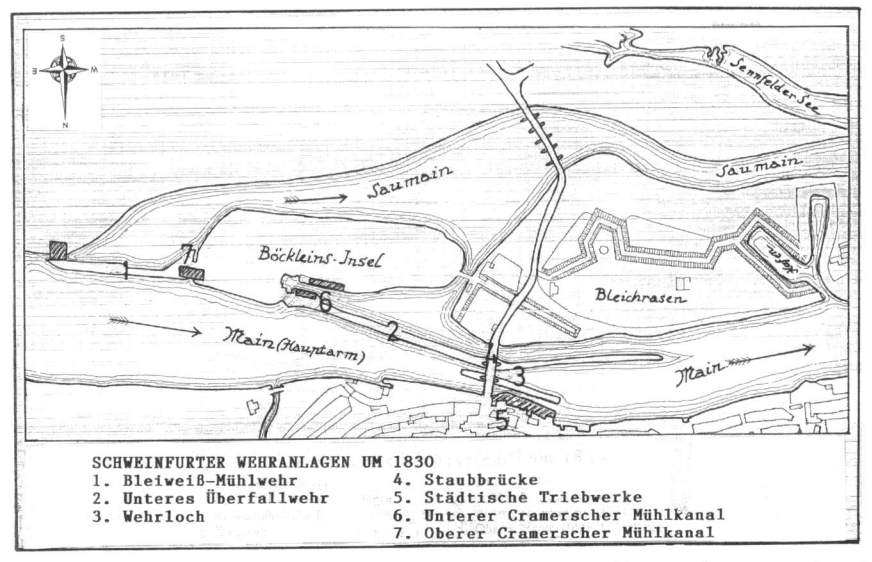

Abb. 59: Die Schweinfurter Wehranlagen um 1830 (KÜSPERT 1929, Beilage)

bruchsgefahr durch die Rodung des Auwaldstreifens, denn seither floßen Hochwässer und Eisgang verstärkt durch die Randsenke ab. (341)
1753—56 kam es zu einer gründlichen Renovierung der Mühle, des Mühlwehres und des Mühlkanals. Der Mühlengrundbaum und das Wehr wurden vollständig umgebaut, der Mühlkanalboden mit 6 Lagen Holzbohlen befestigt. Dies war nötig geworden da man bislang den Kanalboden durch den Einwurf großer Steine befestigt hatte. Bei Eisgängen hatte sich diese Steine mit dem Grundeis gelöst und verlagert (Kap. 7), so daß der Mühlkanalboden voller Unebenheiten und Löcher war (KÜSPERT 1929, S. 20). Aus dem Skizzenbuch eines Zimmermannes um 1800 stammen die Ansichten der Mühle. (Abb. 57 und Abb. 58) Sie vermitteln ein gutes Bild über den Mühlkanal, das Wehrloch, durch welches die Schiffe passieren konnten und das gewaltige Mühlwerk, welches aus insgesamt 16 Rädern bestand. Eine weitere Ansicht aus dem Skizzenbuch belegt den Brauch bei Eisgang die Schollen durch eingeschlagenen Pflöcke aufzuhalten.
Ende des 18./Anfang des 19. Jh. werden bei Schweinfurt neue Mühlen errichtet, die den ohnehin schon eingeschränkten Main weiter umgestalten. 1783 wurde die Bleiweißmühle, 1810 die Cramersche Gips- und Ölmühle eröffnet (KÜSPERT 1929, S. 75 ff.). Die Lage der Mühlen ist der Abbildung 59 aus dem Jahr 1830 zu entnehmen.
Anfang des 19. Jh. treten erneut Klagen über die Versandungen des Mains bei dem Mühlwehr auf. 1819 mußte sogar das Wehr versetzt werden, da der niedrige Wasserstand keinen ausreichenden Stau mehr garantierte. (342) Bauinspektor Schierlinger verfasste 1824 ein Gutachten, indem er die Verflachung des Mains im Umkreis von Schweinfurt als unmittelbare Folge des Mühlwehres schilderte. (343) Bei Schweinfurt kam noch hinzu, daß kräftige Hochwässer, die in der Lage gewesen wären die Sedimentmassen abzutransportieren, ihren Weg meist über die Randsenke ab Sennfeld nahmen und so den Abfluß im Hauptarm minderten. (341)
Ansatzpunkte für Verlandungen boten auch die Brückenpfeiler. Die Kiesbänke mußten dort von den Fischern regelmäßig abgegraben werden. (344) Die Mainmühle wurde 1836—1839 durch einen Neubau des Mühlkanals und 1841 durch den Einbau eines Grundablasses in das Wehr so umgestaltet, daß sie fortan weder für Flußdynamik noch für die Schiffahrt ein bedeudendes Hinderniss darstellte (STEIN 1900, S. 52 ff.). Wenn dies auch längst nicht der letzte Umbau war und heutige wasserbautechnische Erkenntnisse noch weitaus mehr auf die natürliche Flußdynamik Rücksicht nehmen, können diese Umbauten doch als Ende der „mittelalterlichen" Verhältnisse angesehen werden.
Zwischen 1851 und 1858 ersetzte man sowohl die Holzbrücke über den Saumain (den linken Seitenarm des Mains) als auch über den Hauptfluß durch steinerne Brückenbauten. Nachdem 1848 wieder einmal ein Einbruch des Mains am Gaiswehr [1] in die Randsenke zu befürchten war, ersann man neue Pläne zur Absperrung. Ein Dammbau wurde allerdings erst 1862 ausgeführt (KÜSPERT 1929, S. 39). Im Rahmen der Korrektion wurde der Mainlauf bei Schweinfurt von 1860—1864 mit Leitwerken befestigt. (345) Dadurch verlor auch das Rinnensystem von Sennfeld bis Hirschfeld seine Wasserzufuhr.

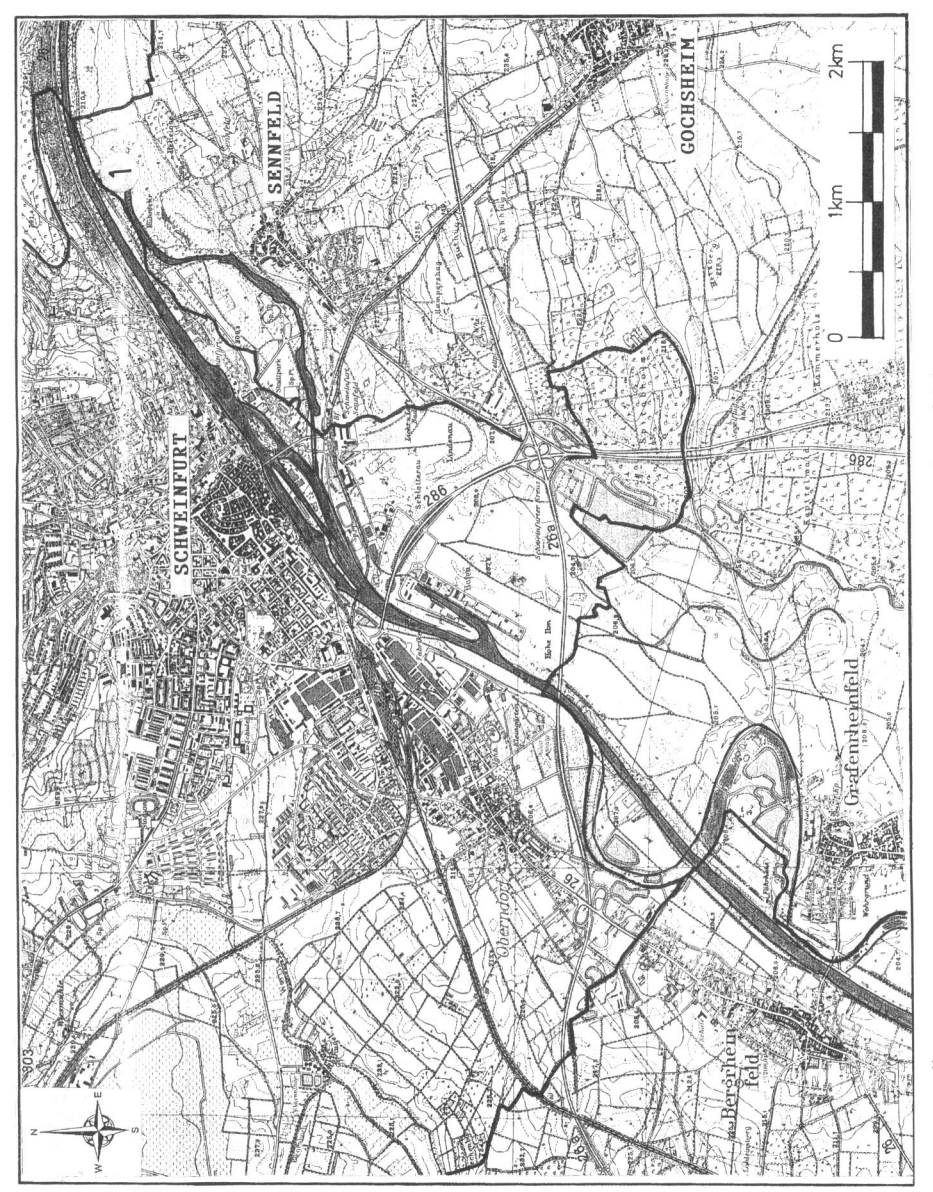

Abb. 60: Übersichtskarte für den Talabschnitt: Schweinfurt — Sennfeld

5.14 TALABSCHNITT: OBERNDORF — GRAFENRHEINFELD

Hier erreicht das Schweinfurter Becken seine größte Breite. Der Main konnte sich nach Herzenslust austoben. Relikte davon sind die auffälligen, großen Mainschlingen, die im 19. Jh. durchstochen wurden.
Die Übersichtskarte zu diesem Mainabschnitt befindet sich am Schluß des Kapitels 5.15, da beide Mainabschnitte eine naturräumliche Einheit darstellen, sich allerdings in der historisch-politischen Situation unterscheiden (Abb. 66).
Die drei Orte — Oberndorf (heute Stadtteil von Schweinfurt), Berg- und Grafenrheinfeld — hatten einst eine gemeinsame Namensendung. Auch Oberndorf hieß früher Oberrheinfeld. Zu den — rheinfeld Orten zählte ebenso die jüngere Rodesiedlung Röthlein (Rothrheinfeld) an der östlichen Talrandgrenze. Die Namensgleichheit der drei Taldörfer folgt aus der Tatsache, daß sie alle von einem einzigen Dorf namens „Rheinfeld" abstammten (OELLER 1955, S. 39 ff.). Erstmals genannt wurde Rheinfeld im Jahr 741, als fränkischer Königshof. Der Bezirk dieses alten Reichsgutes war flußübergreifend und beinhaltete die Markungen der drei Nachfolgeorte. Wie TROST (1969) in seiner Arbeit über gleichnamige Mainuferorte nachwies, war das keine Ausnahme, da der Main im Gegensatz zum Rhein mit seiner mittleren Breite niemals eine unüberwindliche Schranke darstellte. Aus der politisch-regionalen Zugehörigkeit ergibt sich, daß der Dorfkern auf jeden Fall am damaligen rechten Mainufer lag (heute, nach den Durchstichen: linkes Ufer). (346) Die Orts-Kirche ist noch auf Abbildungen aus dem 17. Jh. zu sehen (Abb. 62, Abb. 63), während das alte Dorf Rheinfeld bereits zirka 1100 verlassen war. Der Gottesacker der Kirche wurde jedoch noch im 18. Jh. benutzt. Heute zeugt ein Kreuz von dem alten Mittelpunkt der „Parochia Rheinfeldensis" (GRUMBACH 1975, S. 295 ff.; HAHN et al. 1976, S. 19 f.). [1]
Reste der Ortschaft „Rheinfeld" aus dem 8.—12. Jh., kamen in einer Kiesgrube zum Vorschein. Nach den archäologischen Ergebnissen wurde der Siedlungsplatz durch einen nunmehr verschütteten Wasserlauf an der Ostseite begrenzt, in dem neuzeitliche Keramik gefunden wurde, die vermuten läßt, daß dieses Gewässer erst im 19. Jh. verlandete. Unmittelbar westlich des Altarmes verlief bis zu der Korrektion im 19. Jh. ein Damm, der teilweise über die Reste des alten Rheinfeld gebaut war. Die Abbildung 61 gibt die Fundsituation wieder.
Ab 1094 tauchen in den Urkunden die neuen differenzierten Ortsnamen auf (TROST 1969, S. 111 ff.). (347) Um 1100 hatten sich die machtpolitischen Verhältnisse so verändert, daß die Gemarkung gedrittelt wurde und der alte Hauptort allmählich wüst fiel (HAHN et al. 1976, S. 20 f.). Die Nachfolgeorte gehörten später verschiedenen Herren an. 1664 wurde Bergrheinfeld an das Würzburger Juliusspital verkauft (GRUMBACH 1975, S. 302 ff.). In Grafenrheinfeld konnte das Würzburger Domkapitel ab dem 13. Jh. eine geschlossene Dorfherrschaft aufbauen (GRUMBACH 1975, S. 306). Oberrheinfeld band sich hingegen mehr und mehr an die freie Reichsstadt Schweinfurt. Mit zunehmendem Einfluß Schweinfurts änderte sich auch der Name. 1378 wurde erstmals der Ausdruck „Oberndorff" gebraucht (TROST 1969, S. 113). Schweinfurt kaufte

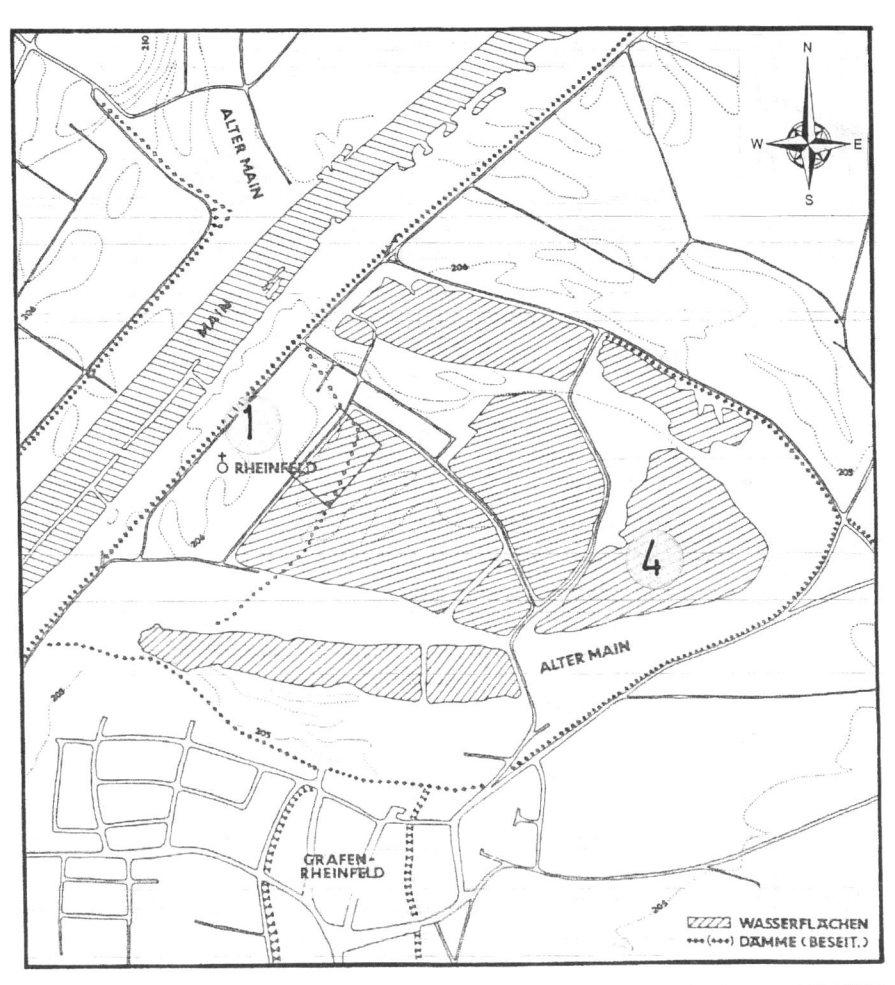

Abb. 61: Lage der alten Siedlung Rheinfeld und der alten Maindämme (HAHN et ali. 1976, S. 18)

letztendlich Oberndorf von seinen letzten Besitzern, den Herren von Thüngen im Jahr 1436.
Die historisch-topographische Situation belegt, daß schon im Frühmittelalter der Main in einem Bogen östlich der alten Siedlung „Rheinfeld" vorbeigeflossen sein muß. Die Grenzen der drei Orte, die weitgehend den alten Mäandern folgen, sind Hinweise darauf, daß das Bild des Mains schon im Hochmittelalter (zu dieser Zeit wurden die Grenzen festgelegt) ähnlich war wie im 19. Jh., denn solche Markungsgrenzen wurden nur schwerlich verändert.
Nachrichten über alltägliche Streitereien wegen Fischrechten, Ufernutzung und Fährverkehr liegen für diesen Raum ab dem 15. Jh. vor. Quellen, die Flußlaufänderungen bzw. Wasserbauten zum Inhalt hatten, tauchen aber erst ab der Mitte des 16. Jh. auf. Dies ist ein Indiz dafür, daß auch erst um diese Zeit eine Flußaktivität eingesetzt hatte.

Chronik

Jahr	Lokalität	
1556		Grafenrheinfeld beschwert sich gegen einen Wasserbau der Bergrheinfelder. (348)
1567	[2]	An der Krümmungsspitze des Oberndorfer Mäanders muß die Gemeinde Bergrheinfeld einen Schutzbau errichten. (349)
1567	[2]	Durch eine Flußbewegung wurde im Inneren des Mäanders Land angeschüttet. (350)
1576		Auch Grafenrheinfeld muß gegen die Mäanderwanderung eine Pfahlanlage (die in Art einer Buhne in den Main hineinragt) bauen. (351)
ab ca. 1575	[3]	In Folge der Bewegungen beginnt sich ein Altarm um die alte Insel „Voglerwerth" zuzufüllen. (352, 353) Über das Voglerwerth und die neuen Weidenbäume, die in dem Ex-Altwasser wuchsen entbrannte zwischen dem Hochstift Würzburg (Grafenrheinfeld) und der Reichsstadt Schweinfurt (Oberndorf) ein bis in das 19. Jh. anhaltender Streit (OELLER 1957, S. 23 ff.).
1575	[4] [5]	Neben dem „Voglerwerth" werden 1575 auch die Anschüttungen bei dem „Alte Eyles" und der Flur „Brandflecken" genannt. (354, 355)
1585	[3]	Ein Vertrag spricht das „Voglerwerth" Oberndorf zu. (356)
1586	[3]	In einer nächtlichen Aktion versuchen die Bergrheinfelder den Altarm künstlich mit Kies aufzufüllen, damit er unzweifelhaft an ihr Land angegliedert würde. Schweinfurt ließ diesen Kies allerdings wieder entfernen. (357)
1590	[3]	Umgekehrt versuchten Schweinfurter Bürger, als die natürliche Verlandung immer weiter fortgeschritten war, den Altarm künstlich offen zu halten. (358)
1590		Über die strittigen Lokalitäten wurde ein Plan angefertigt (Abb. 62). Die Mäander hatten damals schon fast die gleichen Dimensionen wie im 19. Jh. Bei der starken Verkleinerung des Planes sind zwei Pfahlbauten (Uferschutz) bei
	[5]	dem „Brandflecken" und
	[6]	unterhalb der Überfahrt leider nicht mehr zu erkennen. Noch zeigt der Plan keine Flußdämme.
1593	[3]	Durch weitere Ausbildung des Prallhanges werden dort, wo die Markungen aller drei Orte zusammentreffen, die Grenzsteine unterspült. (359)
1596		Es sind Uferdämme errichtet worden bzw. Grafenrheinfeld ist dabei, solche Dämme rund um den Mäander zum Schutz seines Landes zu erbauen. Über die Damm- und Uferschutzbauten wurde ein Vertrag mit Oberndorf geschlossen. (360)

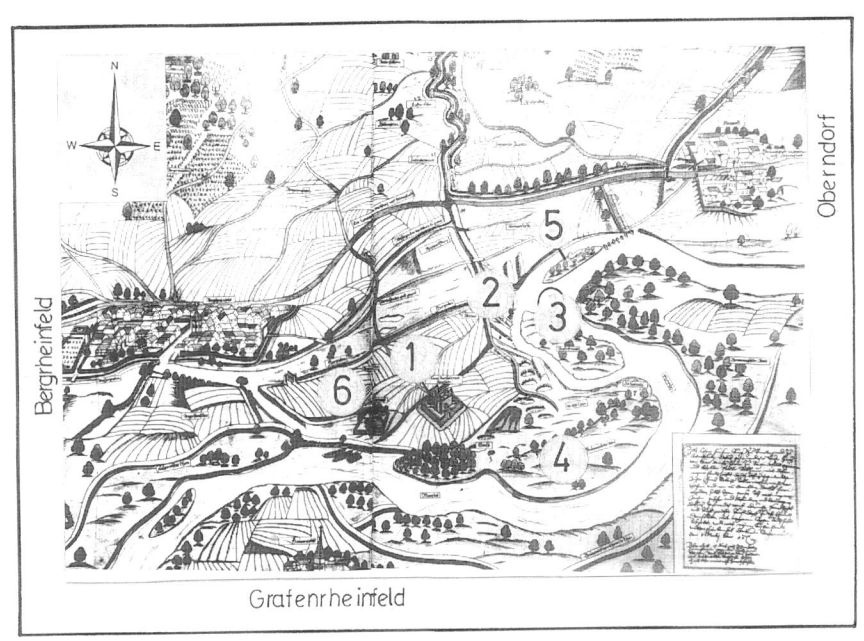

Abb. 62: Main zwischen Oberndorf und Grafenrheinfeld 1590 (Original im Stadtmuseum Schweinfurt, nach SCHÖNER 1970, S. 14, 15)

1596		Die Bergrheinfelder Dorfordnung erwähnt einen Mainbauaufseher, durch den die wesentliche Bedeutung die der Uferschutz hier hatte, dokumentiert wird. (363)
1598		In einem Urbar des Würzburger Hochstifts wird beschrieben, daß die Erddämme flußseitig mit Eichenpfählen, Brettern, Reisig und Faschinen verstärkt sind. Für ihren Unterhalt mußten die Würzburger Untertanen in Röthlein mit beitragen. (361) Über 200 Jahre später, beschreibt der Freiherr von Pechmann daß die Dämme, welche zu steil waren und zu nah am Ufer standen, zum Teil mit Doppel- und Dreifach-Pfahlreihen vor Durchbrüchen geschützt werden mußten. Da diese Dämme aus dem sandigen Lehm der umgebenden Fluren gebaut waren, konnten sie relativ rasch bei Hochwässern erodiert werden. An besonders gefährdeten Stellen mußten daher auch weit vorspringende Abweisbuhnen gebaut werden (PECHMANN 1825b, S. 126 f.).
1598	[1]	Eine flüchtige Skizze (ohne Abb.) zeigt den bereits fertiggestellten Damm mit dem die Reste des alten Ortes Rheinfeld überbaut wurden (s. o.) (362)
ca. 1660	[3]	Eine neue Maininsel, das „kleine Voglerwerth" hatte sich gebildet. (364)
1669	[4]	An der Grenze Berg-/Grafenrheinfeld wurden 5 Morgen

		Land angelandet, die am „Alten Eyles" abgerissen worden waren. (365)
ca. 1670	[7]	Der Altarm um das „Mittelwehrt" hatte sich verfüllt. (366) Damit wird erstmals auch der untere Mäanderbogen in den Quellen erwähnt. Es ist jedoch anzunehmen, daß er sich zeitgleich mit dem flußaufwärtigen Bogen akzentuiert hatte, wobei hier das Fehlen politisch wichtiger Grenzen, die bei einer Flußverlagerung beeinträchtigt werden konnten, zu der mangelden schriftlichen Präsenz geführt hatte.
1672	[6]	Bergrheinfeld errichtete oberhalb der Überfahrt einen Uferschutzbau. (367) Die Abbildung 63 dokumentiert den buhnenähnlichen Charakter der Anlage, die nach einer Klage von Grafenrheinfeld zu weit in den Fluß hineinragte. Beide Uferseiten waren damals bereits mit Dämmen und uferparallelen Pfahlanlagen befestigt. (368)
1674		Landabbrüche bei Grafenrheinfeld. (369)
1682		Ein Dammbruch bei Grafenrheinfeld. (370)
1685		Wieder wird der Grafenrheinfelder Damm bei einem Eisgang beschädigt. (371)
1686	[3]	Das „Kleine Voglerwerth" war an das rechte Ufer angewachsen. (372)
1686		Einem Grenzstreit zwischen Oberndorf und Grafenrheinfeld verdanken wir die Abbildung 64, die den Mäander, die Dämme, die Inseln und die alte Pfarrkirche [1] zeigt.
1753		Es hatte sich an das Bergrheinfelder Ufer eine Kiesbank angelegt, durch die der Stromstrich verstärkt gegen das Grafenrheinfelder Gestade getrieben wurde. (373) Um die natürliche Abtragung der schädlichen Kiesbank zu erleichtern, zogen die Grafenrheinfelder Gräben in den Kies. (374)
1753		Gleichzeitig versucht Grafenrheinfeld an anderer Stelle durch das Einlegen von zwei Ulmen, eine neue Verlandung zu erreichen (Sand und Kies sollte sich in den Baumkronen fangen). (375)
1757/58		In diesem Jahr häufen sich die gegenseitigen Beschwerden über Wasserbauten. (376, 377, 378, 379)
	[8]	Besonders eine Pfahlbaubuhne an der Flur „Wohltreffer" war für die Schiffahrt höchst gefährlich. (380)
ca. 1750—1770 (Erw. 1825)		Nach einem Bericht des Freiherrn von PECHMANN (1825b, S. 127) traten in dieser Zeit Dammdurchbrüche immer häufiger auf, wodurch auch die Reparaturen immer aufwendiger wurden.
1761		1761 stand der Main bei einem Hochwasser 1 Schuh hoch über den Dämmen (SCHÖNER 1970, S. 30).
1763		Als der Damm bei einem Hochwasser brach, stand das Dorf Grafenrheinfeld unter Wasser (ANONYMUS 1905, S. 77).

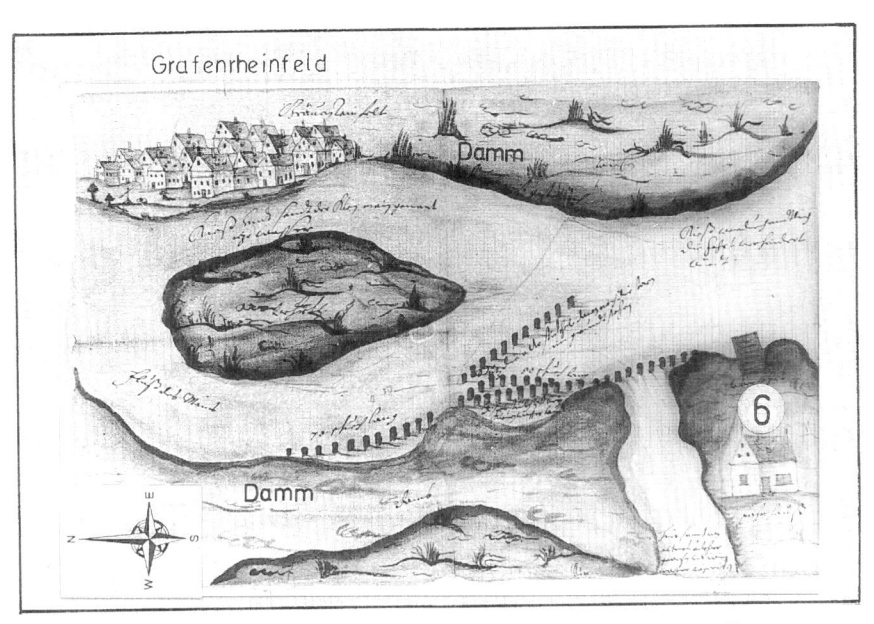

Abb. 63: Uferschutzbauten und Dämme bei der Bergrheinfelder Überfahrt 1672 [Wü/Geb. A. III G, 56]

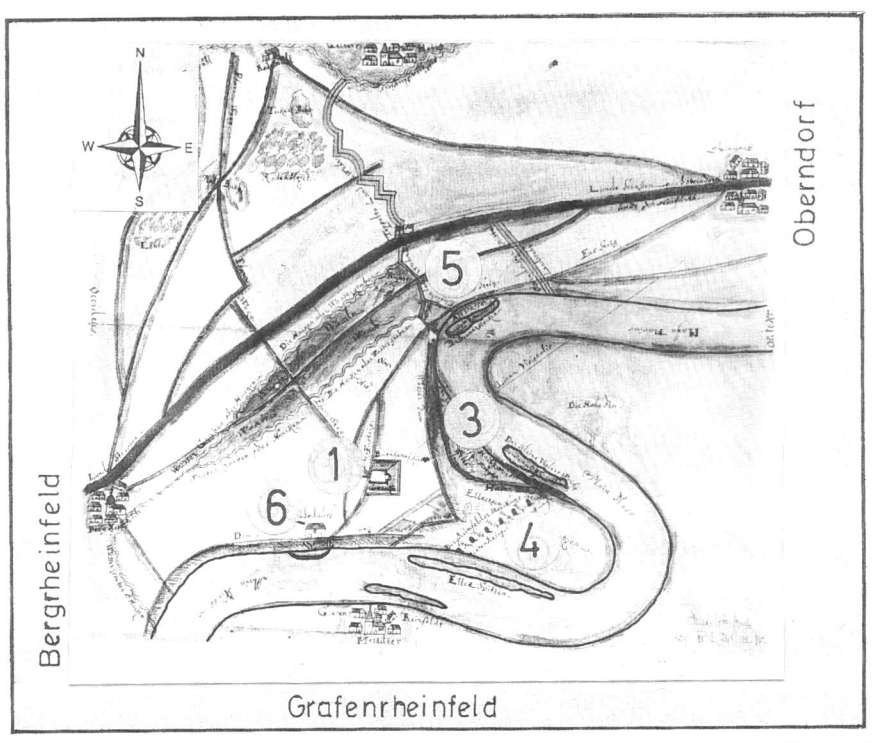

Abb. 64: Main zwischen Oberndorf und Grafenrheinfeld 1686 [Wü/Pläne I, 325]

1770		Eine Aktennotiz verdeutlicht die Kosten der Dammreparaturen: Bergrheinfeld mußte jährlich 116 Gulden für Pfähle und Bäumen und 120 Gulden für Reisigschanzen und Faschinen ausgeben. (381)
1770		Ein Teil der Damm- und Uferschäden rührte allerdings von dem Ab- und Anstoßen der Schiffe und Flöße in den engen Kurven. Bergrheinfeld wollte daher von den Schiffern und Flößern ein Schadensgeld eintreiben, wie es in den Orten Schonungen, Garstadt und Wipfeld bereits erhoben wurde. (381)
1771		Gegen die Hochfluten, die offensichtlich höher stiegen als in den Jahrzehnten zuvor, mußten bei Oberndorf die Dammkronen erhöht werden (FENN 1908, Nr. 8).
1776		Ein außerordentlich hohes Hochwasser am 25. 12. 1776 (ANONYMUS 1905, S. 77 f.).
1784		Am 28. März trat bei Schweinfurt ein Eisstau ein, der fünf Tage andauerte. Bei dem anschließenden Eisgang wurden 80 Floßholzstämme abgetrieben. Das Hochwasser stand bis zum 10. April im Dorf Grafenrheinfeld (ANONYMUS 1905, S. 77 f.).
1789	[10]	Ein ähnlich verheerender Eisgang trat ein. Die Eisplatten waren 2 1/2 Schuh dick; bei ihrem Anprallen brach der Viehdamm durch (ANONYMUS 1905. S. 77 f.).
1799—1810 (Erw. 1825)		Der Freiherr von Pechmann schildert 1825 die am Ende des 18. Jh. stark erhöhte Gefahr von Hochwässern und Dammbrüchen. (382) Von 1799—1809 mußten Berg- und Grafenrheinfeld 73 670 Gulden für Wasserbauten, ohne Holz und eigenes Erdreich gerechnet, aufwenden. Die Gemeindefinanzen wurden ruiniert, zumal die Hochwässer fruchtbares Erdreich hinwegführten und tiefe versandete Kolke zurückließen. (383)
1810	[9]	Es mußten vor dem Hohenweiden- und Viehdamm Querdämme gebaut werden, um den Hochwasserabfluß in der Randsenke zu verhindern (PECHMANN 1825b, S. 128 f.).
1817		Der Freiherr von Pechmann legt den Plan vor, die Mäander zu durchstechen (WETH 1981, S. 78).
1820+ 1821+ 1823		Eisgänge durchbrachen wieder die Dämme, die Hochwässer überschütteten die einstmals fruchtbaren Felder mit Sand und Kies (PECHMANN 1825b, S. 131 f.).
1823 1824		Im September (Ausnutzung des Niedrigwasserstandes) beginnen die Durchstichsarbeiten unter der Leitung des Kreisingenieurs Schierlinger. Zuerst wurde der untere Durchstich von Bergrheinfeld bis nach Garstadt fertig gestellt, im nächsten Jahr folgte der obere Durchstich von Oberndorf bis Bergrheinfeld. Ein Hochwasser im Herbst 1824 begünstigte die Ausarbeitung der neuen Flußbetten (PECHMANN 1825b, S. 139 ff.).

	In den Durchstichsgräben stieß man auf Artefakte, Faunen- und Florenreste (Rannen, Geweihe, Keramik). (384) Demnach querten die Durchstiche ganz unterschiedlich alte holozäne und glaziale Flußablagerungen. Mit den Durchstichen wurde der Main von rund 10 km auf 4,5 km verkürzt. Die Schiffer brauchten für die Strecke Schweinfurt-Garstadt zuvor einen Tag, nun nur noch wenige Stunden (WETH 1981, S. 76).
1850	Die Durchstichstrecken wurden mit Dämmen versehen. Dies geschah mehr auf Wunsch der Anwohner, die immerhin jahrhundertelang Dammbau betrieben hatten, als aus einer Notwendigkeit heraus (WETH 1981, S. 79).

Die großen Mainmäander waren bereits im Hochmittelalter existent. Sie versuchten sich bis zum 19. Jh. immer wieder in flußdynamischen Aktivitätsphasen auszudehnen und zu verändern. So im letzten Drittel des 16. Jh. (1650 bis 1690) und ab der zweiten Hälfte des 18. Jh. Die letzte natürliche Aktivitätsphase fand in den Jahren 1810 bis 1823 statt. Dank der sehr starken Uferschutztätigkeit (Wasserbauten, Dämme) konnte es aber nicht zu einer größeren Veränderung der Topographie kommen. Dafür spiegelt die Wasserbautätigkeit um so eindeutiger die potentielle Dynamik wider. Die anhaltenden Gefahren konnten erst 1823 mit den Durchstichen beseitigt werden.

Mühlen

Als 1455 eine Kommission schädliche Flußhindernisse und Mühlwehre im Main begutachtete, wurde auch in Bergrheinfeld Station gemacht (HOFFMANN 1940, S. 123), ob dabei eine Mainmühle, deren Existenz nicht durch weitere Quellen gesichert ist, besichtigt wurde muß offen bleiben.
1556 wurde eine gemeinschaftliche Mühle für Grafenrheinfeld und Röthlein erbaut. (385) Sie lag zwar nicht unmittelbar am Main, sondern an einem Graben, wurde aber mit Mainwasser betrieben, in dem ein Stauwehr Flußwasser in den Graben leitete. Das Wehr staute den Main unmittelbar in der Krümmungsspitze des Grafenrheinfelder Mäanders am „Viehdamm" auf [10]. (386) Diese Mühle litt von Anfang an unter großen technischen Schwierigkeiten. 1563 nach einigen Verbesserungen und einem Neubau des Mainwehres versuchte man erneut den Betrieb aufzunehmen. (385) Offensichtlich hatte auch dieser zweite Versuch keinen großen Erfolg, denn 1568 ist lediglich von einem „angefangenen Mühlbau" oberhalb des Ortes Grafenrheinfeld die Rede. (388) 1681 war diese Mühle bereits eingegangen. (387)

5.15 TALABSCHNITT: GARSTADT — HIRSCHFELD

Hier verengt sich das Schweinfurter Becken zunehmend, unterhalb des Ortes Hirschfeld treten wieder die steilen Hänge des oberen Muschelkalks an den Fluß heran. Die Engtalstrecke endet erst wieder bei Aschaffenburg.
Ganz im Gegensatz zum vorherigen Flußabschnitt liegen für diesen Raum kaum relevante Quellen vor. Ein Grund mag darin liegen, daß sämtliche Ortschaften dem Würzburger Hochstift angehörten. Grenzstreitigkeiten mit anderen Grundherren konnten also nicht auftreten.

Chronik

Jahr	Lokalität	
1596	[11]	Die erste Quelle die Rückschlüße auf den Mainverlauf zuläßt ist das Protokoll eines Markungsumganges von Garstadt (389): Demnach war der Mäander um das „Garstadter Holz" bereits ein Altwasser („Ach"). (390) Dieselbe Quelle (ein Saalbuch) enthält auch eine Beschreibung der Gewässer, in denen die Garstadter Fischer Fangrechte hatten: genannt werden unter anderem das
	[14]	Altwasser „Bibersfurth" und ein Altwasser an der
	[15]	Grenze nach Hirschfeld bei dem „Biberswehr". (391) (Trotz fast gleichlautender Namen sind zwei unterschiedliche Lokalitäten gemeint.)
1599	[16]	Eine kleine Skizze (Abb. 65) belegt, daß der Mäander bei Hergolshausen bereits in ähnlichen Dimensionen existierte wie vor dem Durchstich im 19. Jh. (s. u.). Die detailgenaue Wegführung und der Verlauf des Heidenfelder Mühlgrabens lassen einen entsprechenden Vergleich mit der heutigen Situation zu. Der Mühlgraben mündete damals schon
	[18]	in die Krümmungsspitze des Mäanders.
1660—1669	[17]	Zwischen Hirschfeld und Dächheim entstand eine Anschüttung. (393) (Zur selben Zeit hatte sich bei Berg- und Grafenrheinfeld das kleine „Voglerwerth" gebildet.)
vor 1737 (Erw. 1737)	[15]	Kurz vor diesem Datum war das Altwasser am „Biberswehr" teilweise verlandet. (394) Das zwischen Hergolshausen und Garstadt strittige Neuland wurde zwei Jahre später Hergolshausen zugeteilt.
1753	[16]	Kloster Heidenfeld erbaute einen Uferschutz an der Krümmungsspitze des Mäanders. (395)
1783		Der Main hatte sich unterhalb Garstadt soweit dem rechten Ufer genähert, daß die Straße unterspült wurde. (396)
1814—1817	[17]	Ausbildung der Stromspaltung bei Hirschfeld (BRAUNFELS 1847, S. 183).

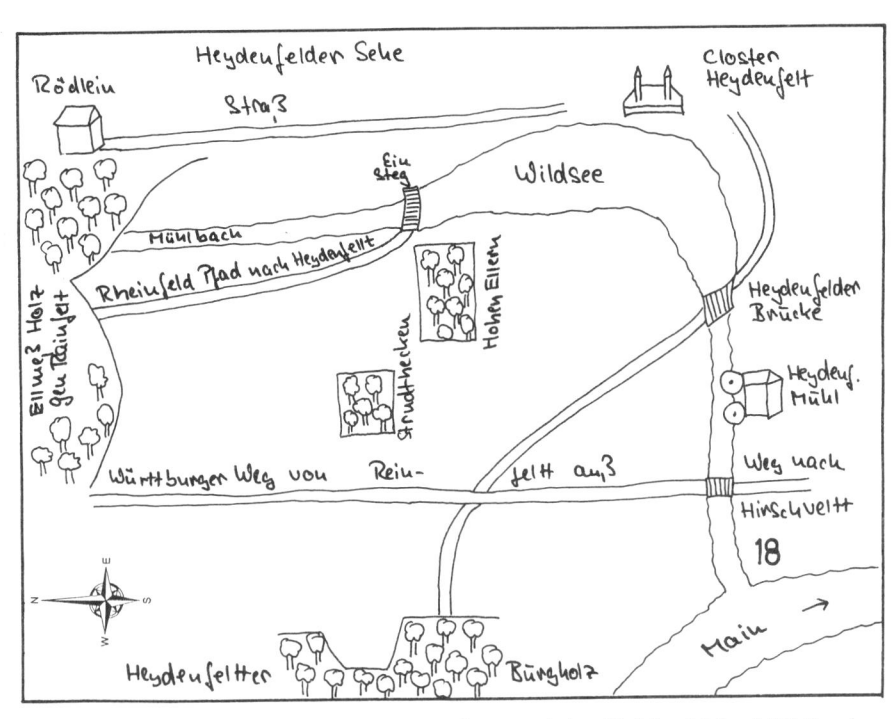

Abb. 65: Die Einmündung des Wilden Sees und des Heidenfelder Mühlbaches in den Main 1599 (skizziert nach Wü/Geistl. 1460)

1815	[17]	Hirschfeld versuchte (erfolglos), die Stromspaltung mit einem Wasserbau zu stoppen. (397)
1818		Bei seiner Maininspektion vermerkt der Zollnachgänger Boller die hohe Gefährlichkeit der Stromspaltung bei Hirschfeld für die Schiffahrt (SCHANZ 1894, S. 6).
1828	[16]	Im Anschluß an die großen Durchstiche von Berg- und Grafenrheinfeld wird der Hergolshausener Mäander begradigt (SCHANZ 1894, S. 366). Die Durchstiche erhöhten die Tiefenerosion des Flusses enorm, dadurch kamen bei Garstadt und Hirschfeld mächtige Stubben (Baumwurzelreste) im Flußbett zu Tage, die auf Kosten der Korrektionskasse entfernt werden mußten. (398)
1845	[17]	Durchstich der Stromspaltung bei Hirschfeld. (399)
1860—1865		Leitwerke werden eingebaut und damit die natürliche Flußdynamik endgültig beendet. (400)

Mühle bei Hirschfeld

Spätestens seit 1405 existierte eine Mainmühle zu Hirschfeld. Sie wird zuletzt 1629 erwähnt. (401) Möglicherweise wurde sie im Dreißigjährigen Krieg zerstört,

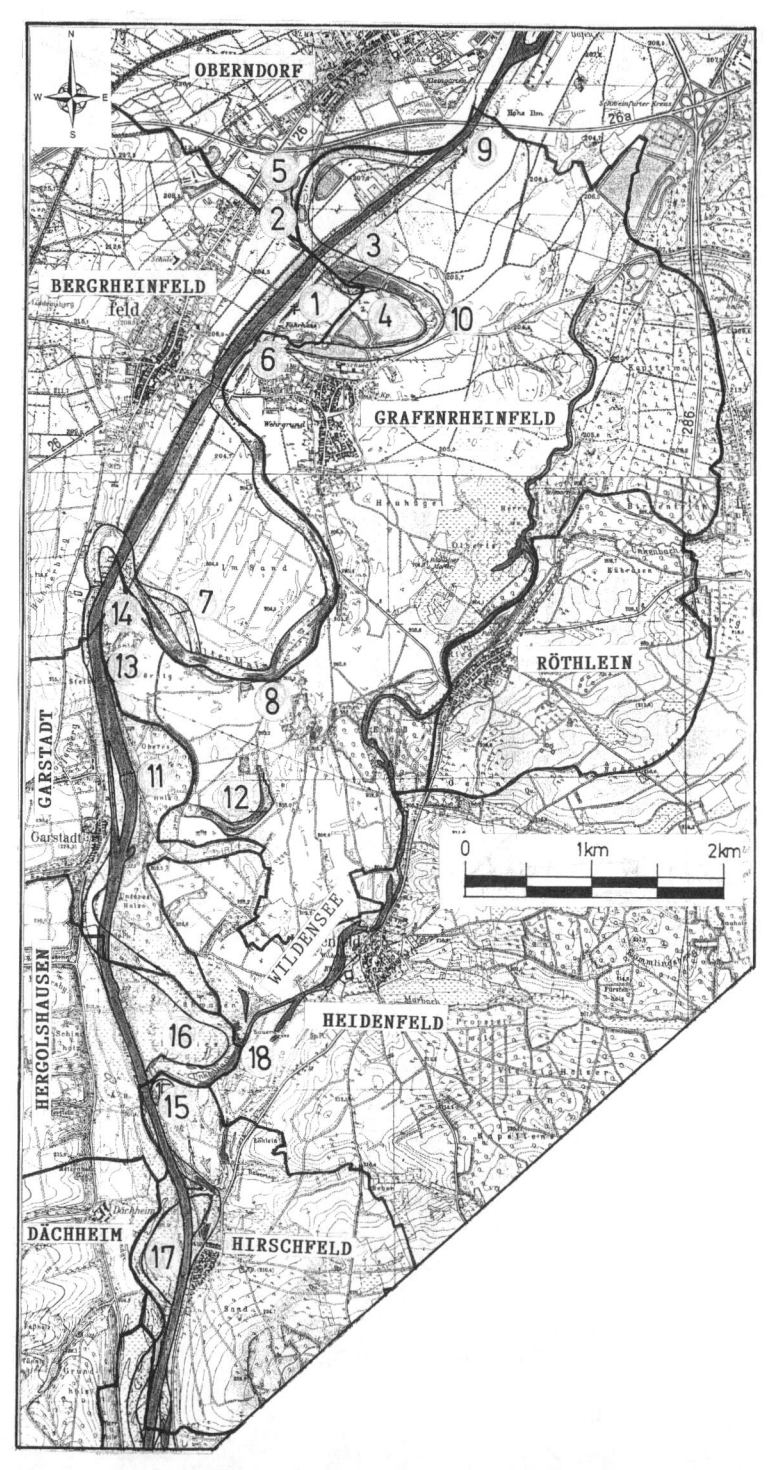

Abb. 66: Übersichtskarte für den Talabschnitt: Oberndorf — Grafenrheinfeld und für den Talabschnitt: Garstadt — Hirschfeld

denn 1721 ist vom „Wiederaufbau einer eingegangenen Mühle zu Hirschfeld" die Rede. (402) Es wurde allerdings keine ortsfeste Mühle gebaut, sondern unterhalb des Ortes eine Schiffsmühle errichtet. Diese brannte 1766 ab, wurde neu aufgebaut und verunglückte bei dem Hochwasser 1784 neuerlich (BUNDSCHUH 1800, S. 684), blieb aber weiter in Betrieb. Ein festes Wehr, welches der Müller 1803 aus Steinen in den Main gebaut hatte, zog den Zorn der Schiffer auf sich. Mit dem Wehr sollte der Schiffsmühle auch bei niedrigem Sommerwasser genügend Wasser zugeleitet werden. Nach langen Auseinandersetzungen mußte das Steinwehr 1812 entfernt werden (SCHANZ 1894, S. 8). Die Schiffsmühle verlegte man 1851 mainabwärts nach Wipfeld. (403) Über ihren weiteren Verbleib ist nichts bekannt.

5.16 DAS BEWEGUNGSPROFIL DES MAINS VON 1400 BIS 1900

Alle obengenannten Daten über Flußlaufverlagerungen, Uferschutzbauten, Mäandrierungszeiträume und Durchbrüche lassen sich in einer Grafik zusammenfassen. Das 10jährige Mittel aller Wasserbau- und Flußaktivitäten kann als Bewegungsprofil des Mains vom 15.—19. Jh. im Untersuchungsraum verstanden werden. Die qualitativ und inhaltlich gleiche Behandlung von Uferschutzbauten und Uferschäden ergibt sich aus der Tatsache, daß die Schutzbauten vor der systematischen Korrektion (Kap. 6.1) rein defensiven Charakter hatten. Das heißt, jedem Schutzbau war auch ein „Flußangriff" vorausgegangen, so daß auch diese anthropogenen Eingriffe ein Spiegel der natürlichen Flußdynamik waren. Der Verlauf der Kurve läßt Phasen stärkerer Flußaktivität erkennen, in denen die Uferschäden zahlreicher waren, wodurch sich auch der Zwang zum Uferschutz erhöht hatte. Diese Aktivitätsphasen werden in Kapitel 8 durch die Kombination mit Hochwasserdaten präzisiert.
Die in der Kurve erkennbaren beiden Extreme sind allerdings Ausdruck der Überlieferungslage: zum einen die geringe Quellenzahl im 15. Jh., deren Ursache die noch verhaltene Schriftlichkeit war; zum anderen die hohe Zahl der Quellen im 19. Jh. Hier hatte die gut organisierte Administration des bayerischen Königreiches einen reiche Produktion hinterlassen.

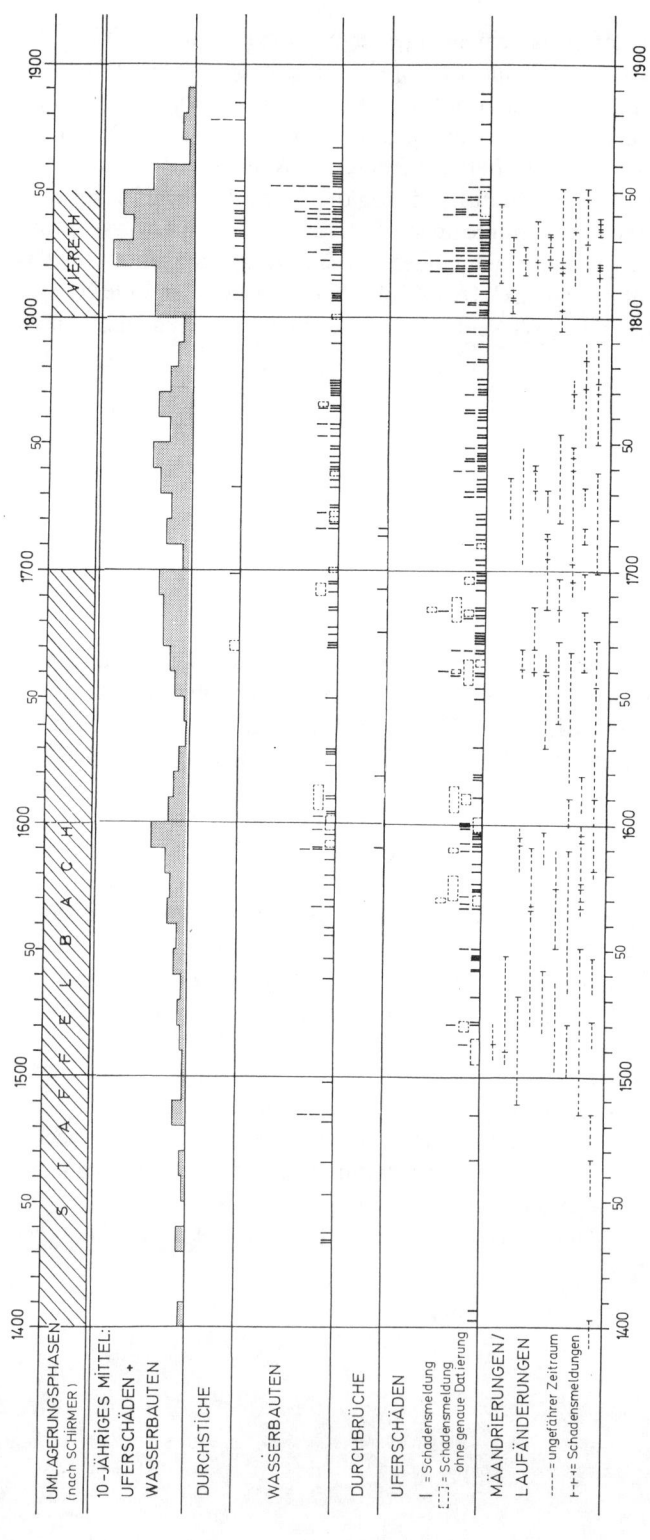

Abb. 67: Grafische Zusammenfassung aller Wasserbauten und Uferschäden im Untersuchungsgebiet und ihr 10jähriges Mittel von 1400 bis 1900

6. DIE EINGRIFFE DES MENSCHEN IN DEN FLUSS

6.1 UFERSCHUTZ UND KORREKTION

„Der Wasserbau zählt zu den ältesten Ingenieuraufgaben der Menschheit. Flußregelungen im heutigen Sinn haben in Mitteleuropa jedoch eine verhältnismäßig junge Geschichte, da es einer fortgeschrittenen Technik bedurfte, die Gewalt der wasserreichen Flüsse zu beherrschen." (SCHEUERMANN 1981, S. 107)
Tatsächlich wurden erst im 19. Jh. jene großen umfassenden Korrektionen ausgeführt, bei denen ganze Flußlandschaften radikal umgestaltet wurden, zum Beispiel am Rhein, an der Donau und am Main. Sowohl in technischer, als auch organisatorischer Hinsicht ist die Zeit vor dem 19. Jh. noch durch „mittelalterliche" Zustände gekennzeichnet. Grundsätze eines systematischen Wasserbaus kannte man, wenn überhaupt, nur von den Römern und später von Leonardo da Vinci (NOELL 1986, S. 252 f.).
Weiter stand das Fehlen einer zentralen effizienten Verwaltung der Durchführung einer systematischen und räumlich übergreifenden Korrektion im Wege. Nichtsdestotrotz bestand natürlich immer die Notwendigkeit, sich vor Ausuferungen und Verlagerungen der Flüsse zu schützen, die wertvolles Land und den Bestand der Schiffahrt ruinierten.
Erste bekannte Wasserbaumaßnahmen am Main wurden zwischen Frankfurt und Mainz von den Römern ausgeführt. Feldherr Drusus ließ hier in den letzten Jahrzehnten vor der Zeitenwende die Ufer befestigen (NOELL 1986, S. 243).
Aus der schriftlosen bis schriftarmen Zeit der nachfolgenden Jahrhunderte liegen keine Belege über Wasserbautätigkeiten vor. Es sind allerdings in Kiesgruben am Mittel- und am Obermain Funde von Pfahlanlagen gemacht worden, die offensichtlich dem Uferschutz dienten. Diese Pfahlanlagen können mit Hilfe der Dendrochronologie in das Hochmittelalter gestellt werden (BECKER & SCHIRMER 1977).
Die zahlreicher werdenden Quellen ab dem Spätmittelalter offenbaren bereits eine rege Uferschutzpraxis am Main. Die vielen Einzelbeispiele dazu finden sich in Kapitel 5.
In der Regel waren die Anlieger selbst für den Schutz ihrer Ufer verantwortlich. Je nach wirtschaftlicher und organisatorischer Potenz fielen die Baumaßnahmen aber recht unterschiedlich aus. Fehlten größere Grundherren, oder waren die Fluren zu stark zersplittert, dann fehlte ganzen Uferabschnitten ein ausreichender Schutz. Das traf auf den größten Teil der Mainufer zu. Dauerhafter Uferschutz fand sich in erster Linie nur an klostereigenen Uferbereichen. Dabei sind die Klöster Langheim und Banz hervorzuheben (Kap. 5.1. und 5.3).

Anders war es bei Arbeiten, die notwendig waren, um die Schiffbarkeit zu erhalten. Hier hatte es eine gewisse „staatliche Fürsorge" gegeben: Per Verordnung verpflichteten die Landesherren die Schiffer- und Fischerzünfte zur Reinigung und Offenhaltung des Mains. Eine der ersten Verordnungen auf diesem Gebiet stammt aus Bamberg (1347). Darin wurden die Fischer angewiesen, die Regnitz bei Bamberg im Winter zu enteisen, den Fluß von Anschüttungen zu räumen und auf die Festigkeit der Ufer zu achten (KOCH 1964, S. 294).
Die Beschwerden über eine schlechte Befahrbarkeit des Mains häuften sich auffällig in dem 15. Jh. (Kap. 6.2). Wenn dabei auch in erster Linie die Verbauung durch die Mühlwehre angesprochen war, so wurden doch auch die offensichtlich häufiger auftretenden Untiefen erwähnt. Eine Bamberger Kommission, die 1475 den Main bis Würzburg bereiste, nannte ausdrücklich Untiefen, Abspülungen und Wirbel als größte Schiffahrtshindernisse (KÖBERLIN 1899, S. 62 f.). Eine nachfolgende Korrektur dieser schlechten Flußverhältnisse fand aber nicht statt.
Ein weiteres Beispiel früher staatlicher Maßnahmen zum Schutz der Ufer stellt ein Dekret dar, das der Würzburger Bischof 1549 seinem Eltmanner Amtmann übermitteln ließ. Bei Hochwasser sollte Eltmann Ausgangspunkt einer mainabwärtswandernden Meldekette sein, damit die Anwohner rechtzeitig bewegliche Gegenstände aus dem Inundationsraum entfernen konnten. (404)
Ansonsten aber waren Eingriffe und Vorschriften der Landesherren, bis auf eine bedeutende Ausnahme (s. u.), nicht üblich. Jeder baute, wie in Kapitel 5 dokumentiert ist, nach seinem Gutdünken und seinen Mitteln, ungeachtet der Interessen der Nachbarn und eines langfristigen Uferschutzes. Uferabbrüche konnten durch dieses Vorgehen in der Summe nicht verhindert werden. War eine Stelle notdürftig befriedet, so griff der Fluß am gegenüberliegenden Ufer an. Zumeist wurde der Wasserbau nach einiger Zeit selbst vom Fluß zerstört.
Eine große Ausnahme war die „Wasserbaubehörde" am Obermain im Raum des Lichtenfelser Fischeramtes (Kap. 5.2). Dort gab es als Teil des Kastenamtes eine Fischereiaufsicht. Der Kastner war Forst- und Fischmeister in einer Person und einer der ältesten Behördenvertreter des Bischofs in Lichtenfels. Erstmals genannt wird er 1262 (MEYER 1956, Nr. 7; WEISS 1959, S. 23). In seiner Funktion als Oberfischmeister verlieh er das Fischrecht und hatte die Aufsicht über den Main zwischen Maineck und Ebensfeld. Gleichzeitig war er Vorsitzender des Wasser- oder Fischergerichts. Ihm unterstanden fünf Fischerknechte, die jeweils einen eigenen Sprengel betreuten: Burgkunstadt (Altenkunstadt, Horb, Burgstall, Maineck, Mainroth), Schwürbitz (Gruben, Michelau), Lichtenfels (Kösten, Ober- und Unterwallenstadt, Reundorf, Schney, Seubelsdorf), Schönbrunn (Nedensdorf, Unnersdorf, Roth = Einzelhof bei Staffelstein), Niederau (Döringstadt, Ebensfeld, Mittelau, Wiesen, Zettlitz) (MEYER 1956, Nr. 7). Aber er war noch weit mehr als ein Oberfischmeister. Aus den Akten läßt sich entnehmen, daß ihm auch die Genehmigung und Beaufsichtigung der Wasserbauten oblag. Damit existierte am Obermain schon seit dem Mittelalter eine regelrechte Wasserbaubehörde. Einzelne Beispiele für das Wirken des Oberfischmeisters bei der Erstellung von Wasserbauten und bei der Anrufung des Wassergerichts finden sich in den Kapiteln 5.1 bis 5.6. Diese Behörde hat auch eigene Regulative zur Ausführung von Wasserbauten hervorgebracht. Der erste Nachweis solcher

„Bauvorschriften" findet sich in einer Urkunde von 1434, die einen Wasserbaustreit zwischen dem Kloster Langheim und einigen Anwohnern von Zeuln dokumentiert. Die Kernbestimmung lautet: „Die Wasserleute sagten, daß die Herren von Langheim und andere Leute bauen möchten in das Wasser 3 Schuh jedermann für das Seine...". (405) Diese Bestimmung war der Prüfstein für alle strittigen Wasserbauten und beruhte sicher auf alter erprobter Gewohnheit. Dadurch wiesen die Uferschutzanlagen im Lichtenfelser Kastenamtbezirk eine gewisse Einheitlichkeit auf.

Die Wasserbauordnung muß aber auch über die Lichtenfelser Grenze hinaus bekannt gewesen sein. Das ergibt sich aus der Tatsache, daß die zu Streitfällen herbeigerufenen Experten („Wasserleute") auch von auswärts kamen. Unter „Wasserleuten" verstand man Müller, Schiffer oder Fischer. Bei der Begutachtung von Wasserbauten bei Unnersdorf und Schönbrunn (Kap. 5.3) im Jahr 1485 waren zum Beispiel Sachverständige aus Hallstadt, Marktgraitz und Marktzeuln anwesend. (406) Am selben Ort begutachtete 1539 auch der Bamberger Brudermüller einen neuen Wasserbau. (407) Ein Wasserbauvertrag zwischen Ebensfeld und Unterbrunn (Kap. 5.4) wurde unter anderem von dem Müller aus Hallstadt und einem Vertreter aus Eltmann unterzeichnet. (408) Sogar der Hassfurter Müller war 1567 zu einer Entscheidung bei Niederau und Döringstadt (Kap. 5.4) hinzugezogen worden. (409)

Bis zum Ende des 16. Jh. fand die Wasserbauordnung ihren Niederschlag nur in Gerichtsbriefen. Inhalt eines ersten allgemeinen Uferschutzdekretes des Bamberger Bischofs wurde sie im Jahr 1588. (410) Dieses Dekret führte auch die gebräuchlichen Wasserbauten auf: Steinkörbe, Pfahlbauten und Weidenbüsche waren demnach übliche Uferschutzbauten im späten Mittelalter und in früher Neuzeit. Noch heute sind diese Wasserbaumittel in Gebrauch.

— **Steinkästen oder -körbe** sind Behälter aus Holzgerippe, die mit Bruchsteinen aufgefüllt wurden. Sie fanden zum Beispiel bei Unnersdorf 1740 (Abb. 17) und bei Hallstadt 1742 (Abb. 35) Verwendung. Ihre Aufgabe war es das Wasser, ähnlich wie heute die Buhnen, vom Ufer abzulenken.
— **Pfahlbauten** bestanden aus Pfahlreihen, die mit Weidengeflecht verbunden waren. Sie konnten mehrreihig angelegt sein, dann waren die Hohlräume zwischen den Reihen mit Steinen oder Faschinen ausgefüllt. Pfahlanlagen bildeten entweder uferparallele Wände oder griffen schräg in den Strom ein. Im Raum von Berg- und Grafenrheinfeld schützten (1672) Pfahlbauten unter anderem die Dämme und dienten als Abweisbuhnen (Abb. 63). Solche Pfahlreihen, mehr oder minder locker gesetzt, sperrten auch Altwässer ab. So zum Beispiel 1631 bei Breitengüßbach (Abb. 27), bei Forst und Weyer 1685 (Abb. 55) und bei Oberndorf 1590 (Abb. 62). Pfahlbauten konnten aber auch Teile fester Fischfanganlagen sein, wie in Kapitel 6.4 näher erläutert wird.
— Zum Einsatz kamen auch **Büsche, Weidenköpfe** und ganze **Baumstämme**. Die Bäume wurden am Ufer befestigt und mit der Krone ins Wasser gelegt. Solche „Einschlagfichten" sind etwa auf der Abbildung 35 aus dem Jahr 1742 zu sehen. Bei Ziegelanger versperrte man das Altwasser 1717 mit einer ganzen Tanne (Abb. 44).

— Ein ganz wesentlicher Grundbaustein des Wasserbaus, damals wie heute, war die **Faschine**. Faschinen sind zylindrige Körper aus Busch- und Strauchbündeln, die mit geflochtenen Weidenruten zusammengehalten werden. Sie sind biegsam, passen sich Unebenheiten an, sind wasserbeständig und daher als Universalbausteine verwendbar (SCHIFFMANN 1905, S. 123 f.).
— **Dämme** als Mittel des Uferschutzes waren höchst aufwendige Konstruktionen und daher sehr selten. Spätmittelalterliche/frühneuzeitliche Dammbauten gab es im Untersuchungsgebiet (seit dem Ende des 16. Jh.) nur längs der großen Mäander bei Berg- und Grafenrheinfeld (Kap. 5.14).

In organisatorischer Hinsicht läßt sich ab dem 18. Jh. ein gewisser Fortschritt im Wasserbauwesen feststellen. In beiden Fürstbistümern machten sich landesherrliche Reformbestrebungen bemerkbar, die zum Aufbau einer Verwaltung fast schon im heutigen Sinne führten. Diese Bestrebungen fanden ihren Höhepunkt in der Regierungszeit des Fürstbischofs Friedrich Karl von Schönborn (Regierungszeit 1729—1746), der in Personalunion Landesherr von Bamberg und Würzburg war. Unter dem Einfluß merkantilistischer Wohlfahrtsideen verknüpfte er Verwaltung und Wirtschaft zum Wohl seiner Untertanen (WILD 1906, S. 40 ff., 187 ff.). Es ist daher kein Zufall, daß sich unter seinen zahlreichen Verordnungen auch eine zum Thema Uferschutz finden läßt. Dieses Dekret wurde für das Bamberger Territorium am 21. Oktober 1744 erlassen. In ihm wurde zum erstenmal eine Pflicht des Staates zum reinen Uferschutz erklärt. (411) An Obermain und Regnitz rief diese Verordnung eine verstärkte Wasserbautätigkeit hervor. Jetzt bauten nicht nur die Grundherren und Anlieger selbst, sondern auch der Staat ließ Uferschutzanlagen unter der Regie von Wasserbauexperten errichten.
Es sei nur kurz erwähnt, daß in den letzten drei Jahrzehnten des 18. Jh. die Regnitz unterhalb von Bamberg dadurch ihre größte Umformung erfuhr. Damals wurden zwischen Hirschaid und Bug drei große Durchstiche von der Bamberger Hofkammer angelegt, die das Bild des heutigen Laufes wesentlich bestimmten (unveröffentlichte Magisterarbeit GERLACH 1984).
Neue Fachbeamte traten nun auch als Persönlichkeiten an das Licht der Öffentlichkeit. Es waren zumeist Ingenieure, die im Auftrag der Hofkammer an Obermain und Regnitz tätig wurden. Namentlich genannt werden in den Quellen der Ingenieur Leutnant Roppelt (1742 bei Michelau) (412), der Hauptmann Rühl (Bauleiter 1749 bei dem Michelauer Wasserbau) (413) und der aus Württemberg stammende Landbauinspektor Isaac Bachmeyer (er fertigte zwischen 1764—1766 Bauten bei Zapfendorf und an der Zitterbrücke bei Dörfleins an). (414) Letzterer sorgte bei der Hofkammer für einige Aufregung, denn wegen enormer Spielschulden mußte Isaac Bachmeyer 1766 zurück nach Württemberg fliehen, von wo aus er sein ausstehendes Salär einklagen wollte. (415)
Ein Dekret vom 30. 4. 1768 mahnte die Bamberger Beamten erneut auf Wasserschäden zu achten, diese der Hochfürstlichen Regierung zu melden und zur Not gefährliche Wasserrisse umgehend selbst zu beheben. (416) Eine zweite Generation von Wasserbauexperten taucht in den Akten am Ende des 18. Jh. auf: Der Artillerie-Leutnant und Ingenieur Leopold von Westen unterbreitete neue Vor-

schläge für den Bau von Uferschutzwänden. (417) Auch der Bamberger Topograph und Mathematiker Johann Baptist Roppelt (1744—1814) verfaßte etliche Gutachten zu Wasserbauten und entwickelte theoretische Vorstellungen. Unter anderem entwarf er einen Plan für den Wasserbau bei Oberbrunn (Kap. 5.4). (416) Diese theoretischen Überlegungen weisen schon auf die Entwicklung des Wasserbauwesens als eigene technische Fachrichtung hin. Am Ende des 18. Jh. widmete man sich im Bamberger Raum dem Wasserbau bereits mit einer ausgeprägten Professionalität; reichte der eigene Sachverstand nicht aus, bediente man sich des Rates ausländischer Experten. 1790 verfaßte der Heidelberger kurfürstliche Administrationsrat Traitteur ein Gutachten über verschiedene Wasserbauten an Obermain und Regnitz. Er schlug unter anderem einen Durchstich bei Ebing vor. Dieser Plan wurde jedoch von Roppelt abgelehnt. Offensichtlich gab es zwischen beiden Experten starke Konkurrenzen. (419) 1792 wurde der Oberbrunner Wasserbau von dem Erlanger Wassergraf Georg Konrad Thaler und einem Schweinfurter Sachverständigen untersucht (Kap. 5.4). (420)
Noch kurz vor der Säkularisation im Jahr 1800 erließ der Bamberger Fürstbischof ein neues „Wasserbauregulativ", in dem erneut festgeschrieben wurde, daß es Aufgabe des Staates sei, für den Schutz der Ufer zu sorgen. (421) Eben diese Bestimmung führte aber im 19. Jh. zu einer Kette von Auseinandersetzungen, da der neue bayerische Staat eine Uferschutzverpflichtung der öffentlichen Hand strikt ablehnte.

Zumindestens im Bamberger Territorium existierte also schon im 18. Jh. das administrative Rüstzeug für eine „moderne" Korrektion des Flusses. Der Vorsprung der an Obermain (und Regnitz) in organisatorischer Hinsicht bestand, läßt sich aus den natürlichen Gegebenheiten erklären. Obermain und Regnitz waren und sind deutlich gewundener als der Mittelmain. Es bestand also ein größerer Zwang zum Uferschutz.
Doch obwohl sich die Qualität der Wasserbauten am Obermain im 18. Jh. deutlich gesteigert hatte, blieb es immer noch bei Einzelmaßnahmen wie sie auch von den Anliegern des Mittelmains erstellt wurden.
Man verharrte also bei dem „mittelalterlichen" Verfahren eines rein defensiven und lokalen Uferschutzes.
In der Regel wurde die natürliche Flußdynamik kaum durch diese lokalen Bauten verändert. Das belegen die zahlreichen Reparaturen und Neubauten. Sie zeigen wie mehr oder minder ungehemmt der Main weiterhin anprallte und die Uferschutzbauten meist rasch zerstörte. Flußlaufveränderungen konnten so erst recht nicht hervorgerufen werden. Aber hin und wieder verhinderten besonders stabile und gepflegte Bauten die natürliche Vorwärtsbewegung der Mainmäander. Beispiele dafür sind der Hollertswehr-Mäander bei Gruben/Schwürbitz (Kap. 5.1), der seit dem 15. Jh. gesichert war und die seit dem Ende des 16. Jh. mit Dämmen befestigten Mainmäander bei Berg- und Grafenrheinfeld (Kap. 5.14).
Anders steht es mit den **Durchstichen**, die den Lauf des Flusses unmittelbar verändern. Sie wurden aber vor dem 19. Jh. kaum ausgeführt. Den einzigen sicher belegten und dauerhaften Durchstich im Untersuchungsraum vor dem 19. Jh. legte Ebing im Jahr 1699 bei einer kleinen Flußschleife an der Flur

„Rosengarten" an (Kap. 5.5). (422) Ansonsten sind nur einige versuchte „Abgrabungen" überliefert, zum Beispiel um 1670 bei Michelau. (Kap. 5.2) (423)
Der Zustand des Flusses war vor dem 19. Jh. durch die Uferschutzbauten nicht wesentlich verändert worden. Der größte Teil der Ufer blieb von Wasserbauten unberührt und konnte so seinen natürlichen Zustand erhalten. Nur an einigen Stellen war der natürliche Wechsel von Bruchufer und Gleithang durch Uferschutzanlagen, welche oftmals nur temporär bestanden, unterbrochen.

Erst im 19. Jh. erreichte der Wasserbau jene technische Reife, durch die nachhaltig das Bild des Flusses verändert werden konnte. Grundlage hierfür war die im 18. Jh. entstandene theoretische Hydromechanik von Bernouilli, Euler und d'Alembert (NOELL 1986, S. 252).
Ganz wesentlich machte sich für den Fall des Mains die Eingliederung in das damalige Kurfürstentum Bayern (1803) bemerkbar. Durch den Frieden von Luneville (1801) und den Reichsdeputationshauptschluß wurden unter anderem die Fürstbistümer Bamberg und Würzburg Teil eines gut verwalteten Zentralstaates.
Vor allem dem Staatsminister Freiherr von Montgelas verdankte Bayern seine effizienten Fachministerien (KIESSLING & SCHMID 1977b, S. 13 ff.). Dazu gehörte auch das 1805 gegründete „Zentralbüro für den Straßen und Wasserbau", Teil des damaligen Finanzdepartement. Erster Vorstand dieser Behörde war Carl Friedrich von Wiebeking, neben Johann Gottfried Tulla einer der großen deutschen Pioniere des Wasserbaus. Er führte in Bayern die ersten systematischen Korrektionen unter anderem an der Donau aus (SCHEURMANN 1981, S. 107, NOELL 1986, S. 252). Dem Zentralbüro untergeordnet war eine Wasser- und Straßenbaudirektion Franken mit Sitz in Würzburg und eine nachgeordnete Inspektion in Bamberg. Dem Ressort unterstand unter anderem „Die Erhaltung und Beförderung des Commerzes zu Wasser". Das hieß im einzelnen: Schiff- und Floßbarmachung der Flüsse, Erhaltung der Ziehwege, Schleusenbau, Brückenbau und Mühlenaufsicht. (424)
Das Interesse der Behörde galt also primär der Schiffahrt, der Uferschutz war hingegen keine Staatsaufgabe mehr. Allerdings unterlagen von nun an alle Uferschutzbauten der Genehmigung und Aufsicht durch die Behörden.
Die großherzogliche Episode des Würzburger Landesteiles 1806 bis 1814 änderte die administrative Ordnung kaum. Mit dem Wasserbau war zu jener Zeit in Würzburg der Freiherr von Pechmann betraut, der sich später besonders durch die Geradeleitung des Mains bei Berg- und Grafenrheinfeld profilierte (Kap. 5.14). 1817 wurde er zum Leiter der Münchner Generaldirektion für den Wasserbau berufen (NOELL 1986, S. 253).
Ab 1808 richtete man in jedem Kreis des Königreiches Bayern Wasser-, Straßen- und Brückenbauinspektionen ein. Nach der Neueinteilung der Kreise (1817) schuf man als neue Unterbehörden lokale Wasserbau-Inspektionen. Der Main im Untersuchungsgebiet wurde damals von den Inspektionen Bamberg und Schweinfurt betreut. Das Münchner Zentralbüro war, nach einigen Umbenennungen, seit 1830 unter dem Namen „Oberste Baubehörde" Teil des Innenministeriums. Die unteren Behörden wurden erneut 1858 umgegliedert. Für den Untersuchungsraum hatte das zur Folge, daß die Inspektionen Bamberg und

Schweinfurt durch die neue Inspektion Hassfurt ergänzt wurde (HOFMANN & HEMMERICH 1981, S. 125 f.). (425)

Ab 1805 gab es also einen einheitlichen organisatorischen Rahmen für das Wasserbauwesen. Wie wurde er nun ausgefüllt?
Zunächst schritt man zu einer Bestandsaufnahme. Die neuen Bauräte und Ingenieure machten sich auf den Weg, um die Schiffahrtsmängel des Mains zu besichtigen: 1807 wurden Obermain und Regnitz (426), 1808 der Main zwischen Eltmann und Hassfurt begutachtet. (427) Es folgte 1817/18 die Reise des Zollnachgängers Boller aus Lohr, der den gesamten schiffbaren Main befuhr (KIMMICH 1965, S. 293). 1819 besichtigte man erneut den problematischen Mainlauf zwischen Kemmern und Zapfendorf (428), 1820 bereiste der Oberleutnant Bürgel zusammen mit dem Kreisingenieur Gries den Main zwischen Bamberg und Schweinfurt (SCHANZ 1894, S. 10). Es wurden jeweils erhebliche Schiffahrtshindernisse festgestellt. Der Main hatte zeitweise nur noch 30 cm Wassertiefe, und er war entschieden zu breit und zu seicht, um die Schiffahrt weiterhin zu garantieren (PECHMANN 1825a, S. 24 f.). Überall in den entsprechenden Akten des frühen 19. Jh. finden sich die Klagen der Schiffer über Sandbänke und Untiefen.
Viel getan wurde dagegen damals allerdings nicht. Noch ganz dem alten Stil verhaftet, führte man vorerst nur einzelne Baumaßnahmen aus. Mit der eigentlichen systematischen Korrektion des Mains, die eine Verbesserung des Fahrwassers zum Ziel hatte, begann man in den 1830er Jahren. Notwendig geworden war sie durch die sich „... von Tag zu Tag steigernden comerciellen und industriellen Verhältnisse, mit welchem auch die Belebung des Verkehrs auf dem Main in Zusammenhang stand..." (BAYERISCHES STAATSMINISTERIUM 1888, S. 314). Der Initiator der Korrektion war der in jeder Hinsicht baufreudige König Ludwig I, der 1825 den Thron bestiegen hatte. Unter ihm erhielt das alte Projekt einer Rhein-Main-Donau-Verbindung neuen Auftrieb, waren doch nun große Teile von Main und Donau in bayerischer Hand vereint (SEIDEL 1981, S. 198 f.). In einem Erlaß an die Oberfränkische Kreisregierung 1830 forderte der König, in Erwartung des neuen Kanals, die dringende Entfernung aller Schiffahrtshindernisse. (429) Den neuen Kanal, Ludwig-Donau-Kanal genannt, erbaute man ausgehend von Bug (oberhalb Bamberg) von 1836 bis 1846 (SEIDEL 1981, S. 199 ff.).
Mit der Gründung einer Main-Korrektions-Kommission im Jahr 1836 fiel nach längeren Vorbereitungen der Startschuß für die systematische Korrektion des Mittelmains. (430) Leiter der Kommission wurde der Würzburger Kreisbaurat Franz Schierlinger. (431) Ihm zur Seite standen der Bezirksingenieur Haider und der Kreisingenieur Pfeuffer. (432) Diese systematische überregionale Korrektion, die den Mittelmain nach und nach einengte und befestigte, endete letztendlich erst mit der Kanalisierung im 20. Jh.
In den 30er Jahren (1834) war auch die Entscheidung gefallen, in Bayern den Holz- und Faschinenbau im Uferschutz zugunsten des reinen Steinbaus aufzugeben. (433)
Anfänglich wurden am schiffbaren Main und der unteren Regnitz (das Anschlußstück zum neuen Kanal) lediglich Steinbuhnen gebaut. „Zur Erzielung

einer vorteilhaften Wirkung der anfänglichen Buhnen wurde in den 40er Jahren zu der Anlage von Flügelbuhnen nach und nach geschritten, das heißt, es wurden die bestehenden Buhnen grossentheils mit mehr oder weniger langen, in die Normallinie fallenden Flügeln versehen, den neu angelegten Buhnen aber sogleich diese Flügel gegeben." (BAYERISCHES STAATSMINISTERIUM 1888, S. 314 f.).

Eine Konferenz der damaligen Mainuferstaaten hatte im Jahr 1846 die Normalbreiten für den schiffbaren Main festgelegt. Diese Werte stellten die Richtschnur für die Korrektion dar. Die Normalbreite zwischen der Regnitzmündung und Hassfurt sollte 52,5 m, zwischen Hassfurt und Schweinfurt 55,5 m und zwischen Schweinfurt und Wipfeld 61,5 m betragen. Bis zur Mündung sollte sich die erwünschte Flußbreite auf 150 m steigern (BAYERISCHES STAATSMINISTERIUM 1888, S. 315 f.). Dadurch erhoffte man sich im Flußabschnitt zwischen Bamberg und Würzburg eine Fahrwassertiefe von mindestens 60 cm (MÜLLER 1923, S. 58 f.).

Ein recht bescheidenes Ziel, welches aber trotzdem durch die vorhandenen Korrektionsbauten nicht erreicht werden konnte. Die Fahrwasserrinne hatte sich bis 1850 nur unwesentlich bis gar nicht vertieft. Zur Beförderung der Verlandung hinter den Buhnen und damit zu einer dauerhaften Verengung des Flusses und Vertiefung der Fahrrinne wurde ab den 50er Jahren das System der Parallelwerke eingeführt. Das waren durchgehende Längsleitwerke, die ein künstliches Ufer darstellten. Alle 75—100 m gingen von ihnen Querbuhnen aus. Durch diese Korrektionsbauten wurden die noch heute typischen Buhnenfelder am Main geschaffen (WALLNER 1975, S. 8).

Anfänglich lag die Krone der Bauten nur 40 cm über Niedrigwasser. Das erwies sich für einen Korrektionserfolg als zu niedrig. 1878 wurde daher eine Höhe von 75—100 cm über Niedrigwasser festgelegt. Die Bereiche hinter den Buhnen, Flügelbuhnen und Parallelbauwerken wurden für eine bessere Verlandung zumeist mit Weiden bepflanzt. (434)

Es gab auch Versuche, das Flußbett unmittelbar zu vertiefen. Spätestens ab 1841 setzte man zur Beseitigung von Untiefen Baggerschaufeln, Sandeggen und Kiespflüge ein. (435) Ab 1871 wurde die Flußsohle mit den neuen Handbaggermaschinen ausgetieft. Das Material wurde hinter die nächsten Verlandungsfelder gekippt und nach der Setzung mit Weiden bestockt (MÜLLER 1923, S. 62).

Den ungleich größeren Erfolg bei der Umgestaltung des Flußbettes hatten die Durchstiche. Durch die Flußlaufverkürzung traten in ihrer Umgebung zum Teil bedeutende Vertiefungen ein. In der Tabelle 3 sind die Durchstiche im Untersuchsgebiet zusammengefaßt. Es wird deutlich, welche enormen Verkürzungen des Flußlaufes sich aus den einzelnen Durchstichen ergaben; insgesamt wurde der untersuchte Main um über 26 km verkürzt.

Als Grundlage für weitere Maßnahmen wurden 1867/68 Stromkarten des schiffbaren Mains aufgenommen. Das Kartenwerk zeigt, daß der Mittelmain damals bereits so gut wie vollständig mit Parallelwerken verbaut war. (436) Spätestens seit 1867 hatte der Fluß also seine natürliche Beweglichkeit verloren.

Der gewünschte Vertiefungseffekt war jedoch nicht eingetreten, das zeigt die Tatsache, daß sich von 1819—1869 der Wasserspiegel an den Meßstationen Schweinfurt, Würzburg, Miltenberg und Aschaffenburg im Durchschnitt nur um

Tab. 3: Künstliche Durchstiche und die durch sie entstandenen Verkürzungen

Jahr	Ort	Mäanderlänge km	Durchstich km	Verkürzung km
1809	Dörfleins (+ Durchbruch)	6,5	2,5	4,0
1823	Berg- und Grafenrheinfeld	10,4	4,2	6,0
1828	Hergolshausen	2,6	1,1	1,5
1832	Horhausen	1,7	0,8	0,9
1833	Ebing	1,2	0,3	0,9
1834	Wiesen	1,6	0,5	1,1
1837	Eltmann (Umlaufkanal)	1,1	0,6	0,5
1838	Zeil und Sand	6,0	3,4	2,6
1841	Unnersdorf	1,6	0,7	0,9
1842	Zapfendorf	1,2	0,5	0,7
1845	Hirschfeld	1,6	0,9	0,7
1848	Schonungen	1,0	0,7	0,3
1850	Staffelbach und Trunstadt	3,5	1,5	2,0
1854	Breitengüßbach	0,7	0,3	0,4
1878	Michelau	1,0	0,4	0,6
1878	Ebing	1,3	0,3	1,0
1878	Dörfleins	0,7	0,4	0,3
1885	Breitengüßbach (Itzmündung)	0,7	0,2	0,3
1922	Viereth (Stauschleuse)	1,5	1,0	0,5
1933	Lichtenfels	2,0	0,8	1,2
1957	Ottendorf (Stauschleuse)	1,3	1,0	0,3
	Gesamtverkürzung:			26,2 km

22 cm gesenkt hatte. Lediglich bei Schweinfurt war eine lokale Senkung von 56 cm eingetreten (SCHANZ 1894, S. 362). Hier zeigte sich die Wirkung der großen Durchstiche von Oberndorf bis Hergolshausen (Kap. 5.14 und 5.15). Insgesamt hatte man bis zum Ende des 19. Jh. die angestrebte Minimaltiefe von 60 cm durch die bisherige Korrektion nicht erreichen können. Zwischen Bamberg und Würzburg verblieben bei Niedrigwasser zumeist nur 50 cm Fahrwasser (MÜLLER 1923, S. 70). 1909 hieß es in einem Bericht der Obersten Baubehörde, die Mittelwasserkorrektion des schiffbaren Mains sei immer noch nicht ganz abgeschlossen. Bis 1909 hatte man allerdings eine durchschnittliche Minimaltiefe von 70 cm erreicht (BAYERISCHES STAATSMINISTERIUM 1909, S. 48 ff.). Jetzt machte es aber die neue Kettenschiffahrt erforderlich (437) in die Mittelwasserkorrektion des 19. Jh. eine Niedrigwasserkorrektion einzubauen. (438) Die Niedrigwasserkorrektion sollte durch flache, schwellenartige Staubuhnen quer im Flußbett erreicht werden. 1903 errichtete man eine solche Staubuhne bei

Garstadt. Eine weitere wurde 1909—1912 bei Oberndorf in den Main gebaut. Das Projekt gedieh aber nie über den Schweinfurter Raum hinaus (MÜLLER 1923, S. 156 ff.), denn inzwischen hatte man sich entschlossen, die unbefriedigenden Schiffahrtsverhältnisse durch eine Kanalisierung des gesamten schiffbaren Mains zu beheben, das heißt, das natürliche Gefälle des Flusses sollte mittels Stauanlagen weitgehend nivelliert werden.

Bereits 1883 war die Strecke Mainz-Frankfurt kanalisiert worden, bis zum Ende des 19. Jh. wurde Offenbach erreicht. 1921 gelangte die Kanalisierung bis Aschaffenburg. Im selben Jahr wurde der Wasserstraßenvertrag zwischen Bayern und dem Deutschen Reich geschlossen. Dadurch konstituierte sich als neuer Bauträger der Kanalisierung die Rhein-Main-Donau-AG. Sie begann 1922 ihre Arbeit mit dem Bau der Vierether Staustufe, da hier die baufällige Bischberger Anlage ersetzt werden mußte (Kap. 5.7 u. 5.8). Die eigentliche Kanalisierung hatte 1941 Würzburg erreicht. Dann unterbrach der Krieg die Arbeiten. Von 1950—1962 errichtete man die Staustufen Goßmannsdorf, Marktbreit, Schweinfurt, Ottendorf, Knetzgau und Limbach. 1962 wurde das vorläufige Ziel Bamberg erreicht. Von hieraus wurde die künstliche Trasse Richtung Donau vorangetrieben (NOELL 1986, S. 260 f.).

Die Degradierung des Mittelmains zu einer Seenkette, so gewaltig dies auch sein mochte, war allerdings „nur" eine Modifikation eines bereits bestehenden künstlichen Zustandes. Spätestens ab den 1860er Jahren hatte der schiffbare Mittelmain seine natürliche Flußdynamik verloren. Wenn auch die gewünschte Eintiefung langsam vor sich ging, Uferabbrüche, Mäanderbildungen, Anlandungen und natürliche Durchbrüche waren durch die Parallelwerke endgültig unterbunden worden. Mit der Einengung und vor allem mit den zahlreichen Durchstichen hatte der Mensch das Bild des Flußlaufes entscheidend verändert und bis heute geprägt.

Ganz anders sah es noch lange Zeit am Obermain aus. Die Verhältnisse hatten sich umgedreht. Stand der Obermain früher im Mittelpunkt staatlicher Uferschutzmaßnahmen, so lag er nun abseits der Schiffahrts- und Korrektionsinteressen, denn die Bedürfnisse der Floßfahrt an das Fahrwasser waren weit geringer als die der Schiffahrt.

Allerdings wurden am windungsreichen Obermain ab den 30er Jahren des 19. Jh. einige große Durchstiche angefertigt, die den Flußlauf deutlich veränderten (siehe Tabelle 3).

Ansonsten aber wurde der Uferschutz von den einzelnen Gemeinden beantragt und ausgeführt. Die Bamberger Bauinspektion erarbeitete fachgerechte Baupläne, genehmigte diese und stellte eine Aufsicht; bezahlen mußten jedoch das Dorf oder die Anlieger selber. Dies hatte zur Folge, daß wie bisher nur Einzelmaßnahmen ausgeführt wurden. Lediglich für den Mainabschnitt Zapfendorf bis Kemmern strebte die Bamberger Bauinspektion eine gewisse Koordinierung der Uferschutzmaßnamen an. Die anliegenden Gemeinden schlossen sich 1826 zu einer Distriktkommission zusammen, deren Aufgabe eine Korrektion des unruhigen Mainlaufes sein sollte. (439) Offensichtlich waren die Partikularinteressen aber größer. Differenzen über Kosten- und Fronbeteiligung verhinderten das Gemeinschaftswerk. Für die erste Hälfte des 19. Jh. belegen die Akten einen

Dauerstreit zwischen den einzelnen Gemeinden und der Kreisregierung. Der Streit ging um die Finanzierung der Uferschutzbauten. Bis auf die Durchstiche, die der Floßfahrt nützlich sein sollten, und einigen Wasserbauten sah sich die Regierung nicht verpflichtet, Uferschutzbauten zu bezahlen. Die Korrektion des Mittelmains diente hingegen der Schiffahrt und quasi nur „nebenbei" dem Uferschutz.

Die allgemeine Rechtsunsicherheit endete 1852 mit dem Gesetz über den Uferschutz. (440) In Art. 2 heißt es: „An Flüssen, welche der Schiff- oder Floßfahrt dienen, bildet der Uferschutz eine Kreislast." (KIESSLING & SCHMID 1977a, S. 157). Das sprunghafte Ansteigen von Wasserbaumaßnahmen am Obermain (Kap. 5) dokumentiert die Wirkung des neuen Gesetzes.

Trotzdem war der Obermain von einer systematischen Korrektion noch weit entfernt.

Mit einer solchen begann man erst 1878. Dabei benutzte man dieselben Korrektionsmittel wie am Mittelmain: Parallelwerke, Durchstiche und steinerne Uferdeckwerke. Zuerst wurde die Strecke von Bischberg aufwärts bis Hallstadt korrigiert (1878—1881) (Kap. 5.7). (441)

In den darauffolgenden Jahren schritt die Korrektion mehr oder minder kontinuierlich mainaufwärts. Die eingeengte und festgelegte Mainstrecke zwischen Rodach und Bischberg war 1888 schon 8,2 km lang (BAYERISCHES STAATSMINISTERIUM 1888, S. 316). Den Obermain zwischen Hausen und der Rodachmündung hatte man bis 1910 zur Hälfte korrigiert. Die Strecke von Hausen abwärts bis Bischberg war 1910 bereits so gut wie vollständig befestigt. Einige wenige Ergänzungen waren noch im Flußabschnitt Unterleiterbach bis Hausen notwendig.

Von 1910 bis 1930 gingen die Arbeiten so gut wie gar nicht voran. Hier machte sich der Krieg und die wirtschaftliche Krise bemerkbar. Die noch anstehenden Ergänzungen konnten erst ab 1931 vollendet werden. Gleichzeitig bezog man den Obermain oberhalb der Rodachmündung in die Korrektion mit ein (BAYERISCHES STAATSMINISTERIUM 1931, S. 146). Zu dieser Zeit wurden unter anderem die Durchstiche bei Lichtenfels, Michelau und Hochstadt angelegt.

Das Ende der natürlichen Flußdynamik liegt am Obermain also sehr viel später als beim Mittelmain. Natürliche Verlagerungen, Anlandungen und Uferabbrüche konnten durchaus noch bis zum Beginn der systematischen Korrektion 1878 stattfinden, je nach Flußabschnitt sogar noch weit über dieses Datum hinaus. Im wesentlichen war der Obermain aber um 1910 begradigt und befestigt. Seitdem hat sein umgestaltetes Flußbett eine Normalbreite von rund 33 m. (442)

Durch die Korrektion im 19 Jh. hat der Mensch den Main nach seinem Maß verändert. Nicht nur die Systematik des Eingriffes, auch die neuen Korrektionsmittel, die sich ganz wesentlich von ihren „mittelalterlichen" Vorgängern unterschieden, trugen dazu bei, da sie weitaus wirksamer auf den natürlichen Flußlauf einwirken konnten.

— **Buhnen oder Querbauten** bilden als Hindernisse im Fluß einen kleinen Stau im Oberwasser aus. Bei und nach der Überwindung dieses Hindernisses tritt eine Querschnittverengung, Gefällssteigerung und Spiegelabsenkung ein. Der Stau hat allerdings nur eine geringe Ausdehnung (WUNDT 1953, S. 22,

24). Diese Wirkung hat die einzelne Buhne mit jedem natürlichen und künstlichen Hindernis gemeinsam, wie zum Beispiel auch den Steinkästen und Pfahlbauten des Mittelalters. Der Unterschied liegt in dem regelmäßigen Einbau von Buhnen auf langen Strecken. Dabei kann sich die kleine Eintiefung, die den Stau kompensiert, summieren.
— **Parallelwerke oder Längswerke** schaffen dem Fluß ein künstliches Ufer. Er wird eingeengt, und es fehlen ihm die natürlichen Ufer zur Erosion. Beides hat eine Verstärkung der Tiefenerosion zur Folge. Dies war auch Ziel der Mittelwasserkorrektion am schiffbaren Main, welches allerdings nur unvollständig erreicht wurde.
— **Uferdeckwerke** aus Steinen gehören zum Bild jedes korrigierten Flusses. Sie schützen die begradigten Ufer vor der Erosion und tragen ihrerseits zur Verstärkung der Tiefenerosion bei.
— **Durchstiche** sind das wirkungsvollste Korrektionsmittel. Innerhalb der Durchstichstrecke und oberhalb davon kommt es zu Laufverkürzungen und zu einer Steigerung der Tiefenerosion. Unterhalb davon aber sind dank der erhöhten Sedimentfracht Akkumulationen die Folge (BREMER 1959, S. 35).

Im Rahmen der Korrektion wurde versucht, dieser Akkumulation durch entsprechende Einengungsbauten zuvorzukommen.

6.2 MÜHLEN

Anders als beim Schutzwasserbau erforderte die Ausnutzung der Wasserkraft immer einen unmittelbaren Eingriff in den Fluß da das Wasser aufgestaut, zum Teil sogar abgeleitet werden mußte.

Die erste Erwähnung einer Wassermühle stammt von dem Geographen Strabo aus Kleinasien (120—63 v. Chr.). Eine Wassermühle mit vertikalem Mühlrad, der Prototyp unserer Wassermühlen, wurde von dem römischen Ingenieur Vitruv im 1. Jh. v. Chr. beschrieben. Über die Vermittlung der Römer drang dieser Typ nach Norden vor. Das Prinzip ist immer gleich: Ein Wehr leitete das Wasser auf ein zumeist unterschlächtiges Mühlrad. Dieses vermittelte die Energie auf ein Mahlwerk (GLEISSBERG 1956, S. 28 ff.). (453)

Noch um die Jahrtausendwende wurde der größte Teil des Getreides in Mitteleuropa mit Hand- oder Roßmühlen verarbeitet. Im 11. Jh. begannen sich die Wasserräder jedoch rasch zu verbreiten und um das Jahr 1300 hatte in wasserreichen Landschaften fast jedes Dorf seine eigene Wassermühle (ABEL 1966, S. 45).

Der Raum an Ober- und Mittelmain machte da keine Ausnahme. Etliche der alten Mühlgebäude stehen heute noch, oder die Bezeichnung „Mühlbach" weist auf die Existenz einer solchen Mühle hin.

Die Konstruktion von Mainmühlen war aufwendiger als die von Bachmühlen. Ihre Stauvorrichtungen mußten größer und den Bedürfnissen der Schiffahrt angepaßt sein, dafür stand ihnen allerdings auch in trockenen Zeiten genügend Wasser zur Verfügung.

Welcher zum Teil gewaltige Eingriff in den Fluß für die Anlage solcher Mühlen nötig war, dokumentiert das Beispiel der Bamberger Mühlen. Für den Betrieb der Stadtmühlen hatte man einen großen Mühlkanal abgeleitet, den heutigen linken Regnitzarm. Die Ableitung dieses Mühlkanals gehört zu den ältesten und nachhaltigsten Umgestaltungen des Flusses im Umkreis des Untersuchungsgebietes. Die Ableitung geschah entweder im 12. Jh. (SCHWEITZER 1866, S. 170 ff.) oder bereits im 11. Jh. (GELDNER 1952b, S. 10 f.). Sicher ist, daß die erste Bamberger Mühle, die an diesem linken Regnitzarm lag, 1268 erwähnt wurde (ANONYMUS 1897/1898, S. 89 f.). Das Wehr bei Bug garantierte dem Mühlkanal seinen Wasserstand. Ein Eisgang im Jahr 1777 belegte auf dramatische Weise, daß der natürliche Abfluß im rechten Arm erfolgte. Das Eis durchbrach das Buger Wehr in voller Breite woraufhin der linke Arm völlig trocken zurückblieb. Erst nach der Reparatur des Wehres im Mai 1777 konnte wieder Wasser in den linken Regnitzarm eingeleitet werden (DIENER 1925a, S. 60 f.; KÖBERLIN 1893, S. 13). Solch eine enorme Leistung mittelalterlicher Wasserbaukunst war kein Einzelfall. Wahrscheinlich um die Jahrtausendwende hatte man für den Betrieb der Augsburger Mühlen gleich mehrere Arme aus dem Lech abgeleitet (SCHIECHTL 1981, S. 139).

Der Main betrieb im Untersuchungsgebiet zeitweise 16 Mühlen (Abb. 68). Noch heute existent, zum Teil sogar in ihrem alten Zustand, sind die Stauanlagen der ehemaligen Mühlen am Obermain: Hochstadt, Lichtenfels und Hausen. Lichtenfels ahmte dabei das Bamberger Beispiel sozusagen en miniature nach. Auch hier war der linke Mainarm nichts anderes als ein künstlich abgeleiteter Mühlkanal, der die Lichtenfelser Mainmühle betrieb (Kap. 5.2). Die beiden anderen Mühlen in Lichtenfels lagen am „Mühlbach", der aber ebenso mit Hilfe eines Stauwehres bei Oberwallenstadt mit Mainwasser gespeist wurde.

Mainabwärts folgten die Klostermühle bei Hausen (Kap. 5.3) und die Mühle bei Hallstadt, welche zugleich bischöfliche Zollstation war (Kap. 5.7).

Die Abbildungen 68 und 69 zeigen Lage und Lebensdauer aller Mainmühlwehre im Untersuchungsraum. Dabei fällt auf, daß die Obermainmühlen sehr viel älter waren als die Mühlen am Mittelmain. Sie stammen zumeist aus dem Hochmittelalter, lediglich die Mühle bei Hausen wurde erst 1509—1513 errichtet (Kap. 5.3), während die Mittelmainmühlen durchweg erst im 14./15. Jh. erbaut bzw. erwähnt werden. Der Grund dafür mag in dem schwächeren Gefälle des Mittelmains und in der Konkurrenz zur Schiffahrt liegen. Um genügend Wasserkraft zu erlangen, mußten aufwendigere Stauanlagen erbaut und auf die Gegebenheiten der Schiffahrt Rücksicht genommen werden. Mainmühlen am Mittelmain gab es in Eltmann (Kap. 5.9), Sand (Kap. 5.9), Knetzgau (Kap. 5.10), Hassfurt (Kap. 5.10), Unter- und Obertheres (Kap. 5.11), Weyer (Bergheide) (Kap. 5.12), Schweinfurt (Kap. 5.13), Berg- und Grafenrheinfeld (Kap. 5.14), Garstadt (Kap. 5.15) und Hirschfeld (5.15). Diese Mühlen waren aber von höchst unterschiedlicher Größe, Bedeutung und Lebensdauer. Zu den großen und langlebigen Müh-

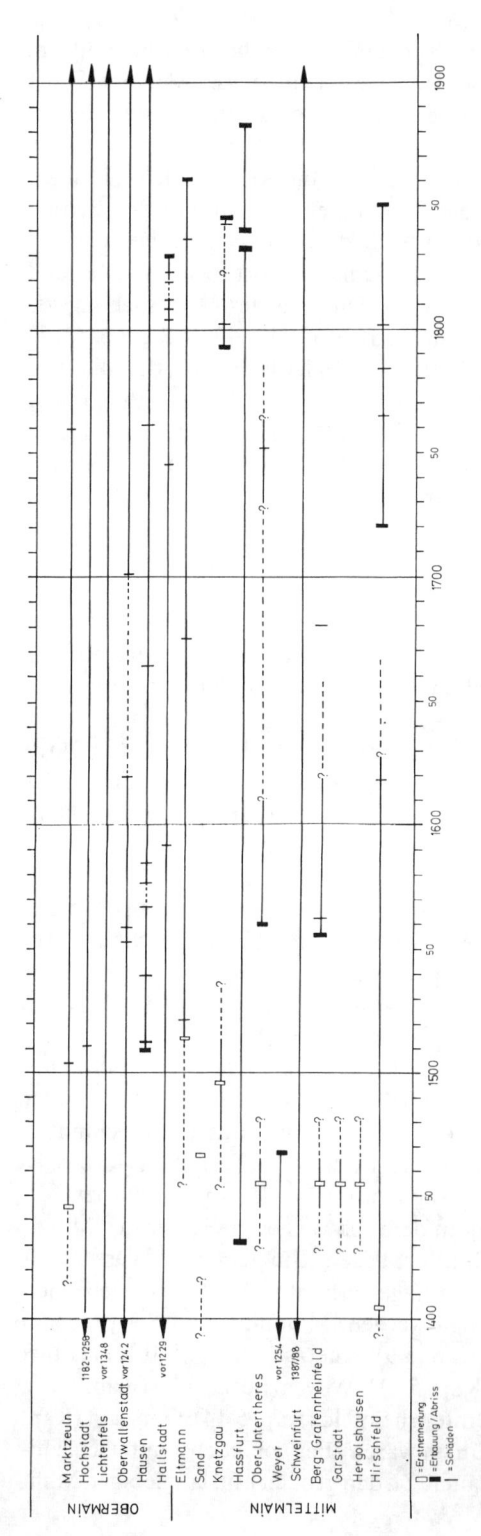

Abb. 68: Erbauung, Existenz und Abriß der Mainmühlen im Untersuchungsgebiet

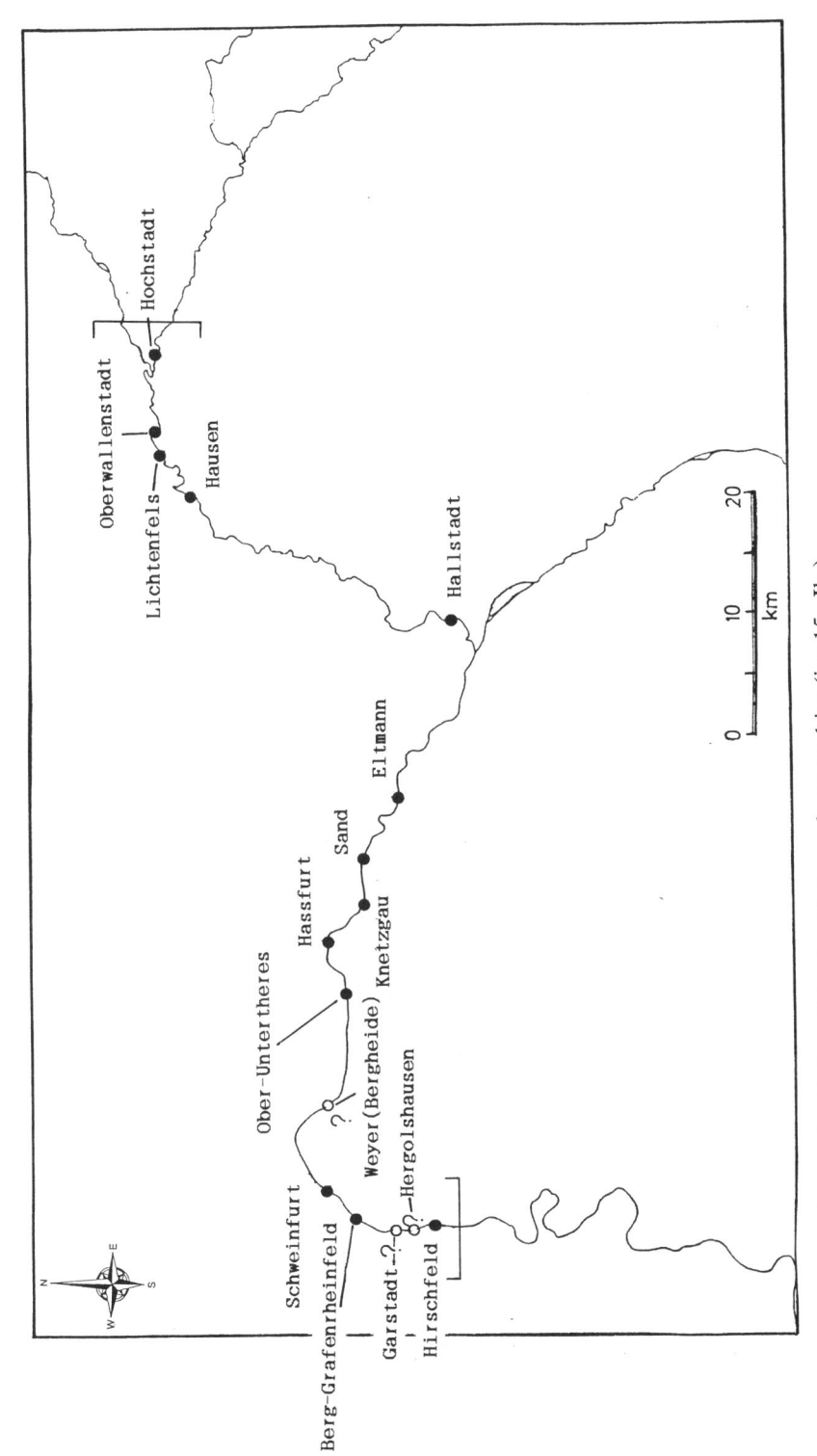

Abb. 69: Historische Mainmühlen im Untersuchungsgebiet (im 15. Jh.)

len zählten die Stadtmühlen von Eltmann, Hassfurt und Schweinfurt. Gegen ihre Stauanlagen sind auch die meisten Beschwerden überliefert.

Das 15. Jh. ist die „Blütezeit" der Mühlen am Ober- und Mittelmain: Damals standen mindestens 12 Mühlwehre im Main. Während die Obermainmühlen (Ausnahme Hallstadt) bis heute existieren, nahm die Zahl der Mühlen am Mittelmain rasch ab. Hier gab es bereits um 1600 nur noch 6 Mühlen.

Ihre Stauanlagen konnten vom einfachen Steinwurf (so bei Hirschfeld: Kap. 5.15) bis zu großen komplizierten Wehranlagen (wie bei der Schweinfurter Mühle: Kap. 5.13) reichen. Den inneren Bau großer Wehre beschrieb 1825 der Freiherr von PECHMANN (1825a, S. 23): „Diese Wehre, welche aus mehreren Reihen von Pfählen aus Eichenholz mit Spundwänden bestehen, deren Zwischenräume mit Steinen und auch wohl Cementmörtel ausgefüllt sind, stauen den Fluß 3 Fuß bis 5 Fuß hoch auf. Sie enthalten für die Schiff- und Floßfahrt 25 Fuß bis 30 Fuß weite Öffnungen, welche auf eine höchst unvollkommene und mühevolle Weise geöffnet und geschlossen werden."

Zu den Mühlwehren, die den Fluß fast in seiner gesamten Breite sperrten, gehörten die von Lichtenfels (Abb. 10), Hallstadt (auf der Abb. 35 ist das Wehr noch am äußeren Rand zu sehen) und Hassfurt (Abb. 51). Die anderen Wehre strichen als „Streichwehre" mit einem mehr oder weniger spitzen Winkel in den Strom ein, wie zum Beispiel heute noch die Wehre bei Hochstadt, Hausen und bei Schweinfurt (Abb. 59).

Ein besonderer Mühlentyp ist die Schiffsmühle. Bei ihr befindet sich die gesamte Betriebseinrichtung auf zwei Wasserfahrzeugen. Das Mahlwerk liegt auf dem Hauptschiff, das unterschlächtige Wasserrad ist zwischen diesem und einem der Radaufhängung dienenden, „Legschiff" angebracht. Mit Ketten oder Seilen wird die Schiffsmühle am Ufer befestigt (LÜTHJE 1983, S. 161, 166). Eine solche Schiffsmühle gab es bei Hirschfeld (Kap. 5.15) und bei Hassfurt, dort als Nachfolgerin der abgerissenen Mainmühle (Kap. 5.10).

Die ortsfesten Wehranlagen der Mainmühlen waren aus naheliegenden Gründen schwere Hindernisse für die Schiff- und Floßfahrt. Das Öffnen der Wehre war mühsam, die Durchfahrt höchst gefährlich, und ab dem 16. Jh. erhoben die Müller überdies für das Öffnen des Wehrloches eine Gebühr (NOELL 1986, S. 244 f.). (444)

Die zunehmende Verbauung der Mainstraße mit Mühlanlagen seit dem Ende des 14. Jh. führte zu entsprechenden Beschwerden der Schiffer- und Handelsleute. Dabei stand vor allem die Schweinfurter Mühle im Mittelpunkt.

1455 sandten Bamberg und Würzburg eine gemeinsame Kommission aus, welche die Schiffsfahrtshindernisse, damit waren höchstwahrscheinlich nur Stauanlagen gemeint, begutachten mußte. Solche Hindernisse befanden sich bei Hassfurt, Theres, Schweinfurt, Bergrheinfeld, Garstadt, Hergolshausen, Fahr, Volkach, Marktbreit, Frickenhausen, Ochsenfurt und Ostheim (HOFFMANN 1940, S. 122 f.).

Einige Jahre später (1475) besichtigten Bamberger Bürger erneut die Wehre, aber auch die Untiefen, Abspülungen und Wirbel im und am Main (KÖBERLIN 1899, S. 62 f.). Die natürlichen Gebrechen des Mains boten demnach offensichtlich ebenfalls Grund zur Klage. Die Wehranlagen waren im 15./16. Jh. immer wieder Gegenstand von Beschwerden. In den Bamberger Stadtrechnungen ist

1498 eine weitere Inspektionsreise vermerkt, die den Wehren von Haßfurt, Schweinfurt, Ostheim, Kitzingen, Frickenhausen, Ochsenfurt und Würzburg galt. (445)
Speziell über das Eltmanner und Hassfurter Wehr klagten Bamberger Schiffer noch im Jahr 1524 (446) und 1539 (447). Danach versiegen allerdings die Beschwerden, denn zum einen hatte sich die Zahl der Wehranlagen reduziert und zum anderen waren entsprechende Umbauten an den Wehrlöchern vorgenommen worden.
Auf dem floßbaren Obermain stellten die Mühlanlagen keine allzu großen Hindernisse dar, denn Flöße konnten die Wehrlöcher besser passieren, sie hatten geringeren Tiefgang und den Flößern selbst wurde ein größeres Geschick nachgesagt (STROBEL 1983, S. 248). Nur vereinzelt treten daher entsprechende Klagen auf, zum Beispiel 1511 gegen das Hochstadter Wehr (448) und 1540 gegen das Hausener Wehr. (449)

Anders als die defensiven Uferschutzbauten wirkten die Mühlwehre unmittelbar auf das Strömungsverhalten des Flusses ein.
Ihr Stau bewirkte generell eine Versandung des Flußbettes. Oberhalb des Wehres wurde eine solche Verflachung durch die Stromverbreiterung und die dadurch entstehenden Uferabbrüche verursacht. Diese Sedimentmassen wurden zu großen Teilen durch das Wehrloch getrieben und setzten sich unterhalb des Wehres als Sandbänke wieder ab (MÜLLER 1923, S. 46 f.). Nur am Fuß des Wehres bildete sich durch das herabstürzende Wasser ein Kolk aus. (450)
Die Einzelheiten des Vorganges können anhand der Abbildung 70 erläutert werden. Infolge der Geschwindigkeitsverminderung wird am oberen Ende des Rückstaues Geschiebe abgesetzt und zwar zu oberst das gröbere und flußabwärts, entsprechend der abnehmenden Schleppkraft, immer kleineres Korn. Die Auflandung, die im Querprofil B entsteht, wirkt ebenfalls wie ein Wehr und erzeugt damit auch eine Hebung der Flußsohle, die flußaufwärts fortschreitet. Durch die gelegentliche Öffnung des oberen Wehrverschlusses wird ein Teil der Akkumulation weggespült, ansonsten würde der ganze Stauraum bis zur Wehr-

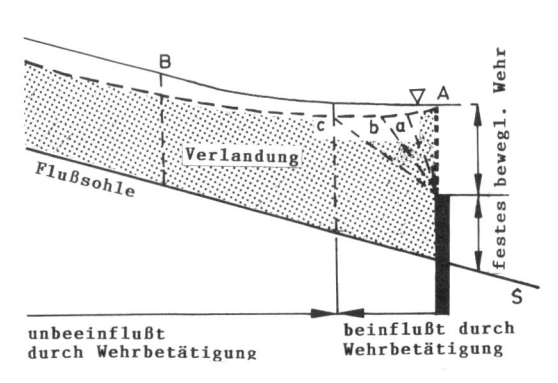

Abb. 70: Umbildung in der Staustrecke einer Wehranlage (SCHAFFERNAK 1950, S. 33).

krone A verlanden. Je länger die Öffnung dauert und je öfter sie vorgenommen wird, desto mehr Geschiebe wird abgetrieben und die Flußsohle nimmt eine immer flachere Lage a, b und schließlich c an. Das heißt die Form des Verlandungskörpers flußaufwärts des Punktes c ist ganz unabhängig davon, ob ein festes oder bewegliches Wehr existiert. Durch den Bau eines beweglichen Wehres wird also lediglich die Verlandungsdauer im Rückstauraum gegenüber einem festen Wehr vergrößert (SCHAFFERNAK 1950, S. 32). Unterhalb des Wehres kommt es durch das abstürzende Wasser und die dadurch entstehenden Grundwalzen zur Auskolkung. Die Bildung von Grund- und Deckwalzen verbraucht aber schon den größten Teil der kinetischen Energie. Deshalb kommt es danach wieder zu einer Anlandung, wie Abbildung 71 zeigt.

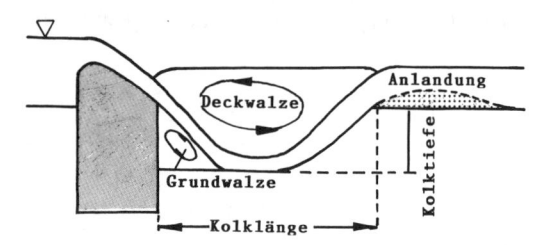

Abb. 71: Örtliche Umbildung unterhalb einer Wehranlage (SCHAFFERNAK 1950, S. 41)

Die konkreten Auswirkungen auf einen Fluß zeigt das gut untersuchte Beispiel der Itz, einer der Nebenflüsse des Obermains. Die Itzaue wurde und wird ganz beträchtlich durch die Stauanlagen der zahlreichen Mühlen aufgehöht. Die seit dem 13./14. Jh. existierenden Mühlen (in den 1950er Jahren waren es noch 18 Mühlen zwischen Coburg und der Mündung) hoben die Itz insgesamt aus ihrem alten Bett heraus: Die Stauanlagen verfälschten das tatsächliche Leistungsvermögen des Flusses zugunsten der Akkumulation. Dabei kam oberhalb der Mühlen Schluff und Sand zur Ablagerung, unterhalb davon zuerst Kies und dann Grobsand (VOLLRATH 1965, S. 27 ff.).
Solche Vorgänge fanden auch im ungleich größeren Main statt. Gut 30 Jahre nach seiner Errichtung in den Jahren 1387/88 mußte das Flußbett bei dem Schweinfurter Wehr von Versandungen geräumt werden (MÜLLER 1923, S. 48). Es ist sicher auch kein Zufall, daß Klagen über Untiefen häufig im 15. Jh. auftraten, zur selben Zeit, in der die meisten Mühlen errichtet wurden. Vor allem seit dem Anfang des 19. Jh. wurden die Wehre in aller Deutlichkeit für die zunehmende Versandung der Mainstraße verantwortlich gemacht. 1819 mußte das Schweinfurter Wehr umgebaut werden, „. . . da die hiesigen Wehrmeister nur mit größter Mühe noch im Stande sind das Wehr so zu versetzten, daß die Stadtmühlen nothdürftig mit Wasser versehen werden können . . .". (451) Der Stauraum war also hochgradig verlandet. Ingenieur Panzer beschrieb in einem Gutachten 1822 die zunehmende Verlandung des Mains durch die Wehranlagen. (452) Auch für den Ingenieur Schierlinger waren die Mühlwehre die Hauptverur-

sacher des katastrophalen Flußzustandes am Anfang des 19. Jh.. (453) Die Liste ließe sich fortsetzen. (454)
Ergebnis aller Klagen war ab den 1830er Jahren der Abriß der Mainmühlen bei Hallstadt (1830, Kap. 5.7), Eltmann (1837 Umbau, 1861 Abriß, Kap. 5.9) und Hassfurt (1834, Kap. 5.10). Das Schweinfurter Wehr wurde 1836—39 umgebaut. Es erhielt einen Grundablaß, wodurch ein großer Teil der schädlichen Stauwirkung kompensiert wurde.

6.3 BEWÄSSERUNGSRÄDER

Die Anfänge einer Wiesenbewässerung in Franken reichen zurück bis in das Hochmittelalter. Um 1200 nahm die Wiesenkultur in Deutschland einen mächtigen Aufschwung. Zwischen 1250 und 1400 wurde die Technik des Schöpfrades im Gebiet der niederschlagsarmen Regnitz entwickelt bzw. durch ausländische Vorbilder angeregt. Speziell der Regnitzabschnitt zwischen Forchheim und Nürnberg war Wiege und Hauptverbreitungsgebiet der Bewässerungsräder.

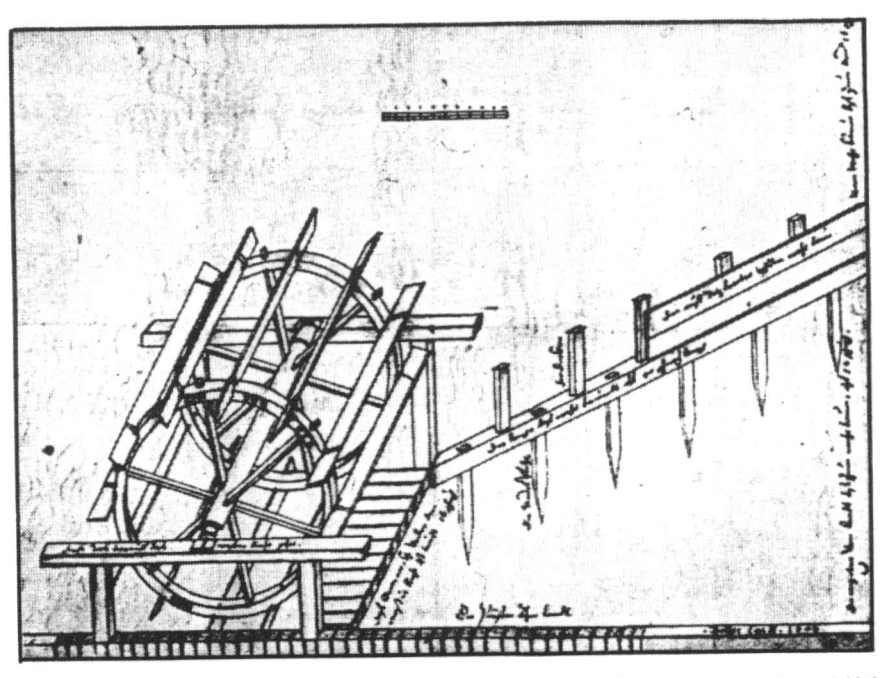

Abb. 72: „Abriß" eines Schöpfrades von Peter Carl aus dem Jahre 1606 (BRENNER 1983, S. 21)

Ein leicht gegen den Stromstrich angewinkeltes Wehr trieb dabei das Wasser auf ein Rad, welches in einer Radstube am Ufer befestigt war und von dem aus das Wasser in kleine Kanäle geleitet wurde. Der Stau wurde nach Bedarf durch das Auflegen von Balken erhöht. Ähnlich wie bei den Mühlwehren gab es ein Loch für die Durchfahrt der Kähne (BRENNER 1983, S. 15 ff.; KUPFER 1930) (Abb. 72). Prinzipiell waren diese Anlagen genauso gebaut wie die Mühlwehre. Da die Regnitz zwischen Forchheim und Nürnberg weder floß- noch schiffbar war, stand der Verbreitung der Bewässerungsräder nichts im Wege. Entsprechend selten existierten sie allerdings am schiff- und floßbaren Ober- und Mittelmain. Für den floßbaren Obermain lassen sich jedoch vereinzelte Wasserräder nachweisen. Eine Urkunde von 1472 erwähnt ein Wasserrad bei Breitengüßbach im Raum der Itzmündung (Kap. 5.6). Durch die kurz zuvor erfolgte Rodung der Talauenwälder war hier der Wasserspiegel gesunken und eine Bewässerung notwendig geworden (JAKOB 1952, S. 76).
1522 wurde ein Wasserrad im Main bei der Lichtenfelder Au errichtet (456) (Kap. 5.2). Jahrhunderte später, 1735, baute das Kloster Michelsberg in Unterbrunn ein Wasserrad in den Main. Es sollte Wasser in die Weiher bei Rattelsdorf leiten (Abb. 22). (457)
Im schiffbaren Mittelmain stand jedoch wahrscheinlich nie ein Wasserrad. In der Aue von Untereuerheim gab es zwar eine solche Anlage, sie wurde aber aus dem „Wilden See" und nicht aus dem Main gespeist (Kap. 5.11). (458)

Als „kleinere Schwestern" der Mühlwehre hatten die Stauvorrichtungen der Wasserräder eine ähnliche, wenn auch deutlich abgeschwächte Wirkung auf das Fließverhalten des Flusses. Diese Wirkung kann aber allein aufgrund des geringen Vorkommens von Wasserrädern an Ober- und Mittelmain vernachlässigt werden.

6.4 FISCHFANGANLAGEN

Am Main waren auch feste Fischfanganlagen, „Fachen" genannt, in Gebrauch. Dies waren Pfahlbauten, die mit Flechtwerk und Reisig verbunden und zum Teil mit Steinwürfen beschwert waren. Eine Fache bestand aus 2 solcher Pfahlreihen, die spitzwinklig zusammenliefen. Dort, wo sich die Flügel trafen, wurde eine große Reuse eingehängt. Die Strömung trieb die Fische in den Trichter und am Ende in den Fangkorb (KOCH 1958, S. 262).
Fachen waren am Main offenbar recht gebräuchlich, sie werden schon in den ältesten Fischereiordnungen aus dem 15. Jh. verboten; ein Verbot, das oft wiederholt werden mußte.
Erstmals urkundlich erwähnt wird eine Fischfache 1414 im Main bei Würzburg. (459) Auch in Schweinfurt stand eine Fache, wie aus einer entsprechenden Bemerkung in einem königlichen Erlaß von 1431 hervorgeht (Kap. 5.13). (460)
Ein Fischwehr behinderte auch die Schiffahrt zwischen Zeil und Knetzgau und

wurde so Verhandlungsgegenstand im Hochstiftsstreit von 1466 (Kap. 5.10).
(461) Unter bestimmten Bedingungen waren die Fachen allerdings erlaubt. Laut der zweiten Bamberger Fischereiordnung von 1565 mußten sie ein Maß von 16 Schuh einhalten (KOCH 1958, S. 215). Das heißt, eine solche Fache durfte immerhin rund 9,5 m in den Strom ragen — weit mehr als den normalen Uferbauten gestattet war (3 Schuh). (462)
Nochmals 1678 überliefern die Quellen den Gebrauch einer festen Fischfanganlage zwischen Hassfurt und Zeil (Kap. 5.10). (463)
Außer den genannten Beispielen bei Schweinfurt und im Hassfurter Raum fanden sich keine weiteren Belege für die konkrete Existenz solcher Anlagen. Sie kamen also im Untersuchungsgebiet nur selten vor. Auch können sie den Flußlauf nicht allzustark gehindert haben, denn sonst wären sie sicher in den vielen Beschwerden der Schiffer im 15. Jh. genannt worden (Kap. 6.2).
Der Zollnachgänger Boller fand bei seiner Mainreise 1817/18 nur noch zwischen Aschaffenburg und Mainaschaff sowie bei Lohr Fischfachen vor. (464)
Zumindestens mittelbar dienten der Fischerei auch solche Pfahlanlagen, die Altwässer abschlossen. Anders als der freie Strom waren Altwässer Privateigentum und wurden als „Hegwässer" mit reichem Fischbestand geschätzt. Pfahlanlagen in Altwässern, die den Fischfang unterstützten, wurden „Dult", „Geduld" oder ähnlich genannt. Wie die Ottendorfer Dorfgerechtigkeit von 1603 belegt, wurden solche Pfahlanlagen, die primär ein Altwasser abschließen sollten, auch mit Reusen versehen. (465)
Ähnliche Pfahlbauten tauchen in den Quellen 1438 bei Wonfurt (466), 1485 bei Unnersdorf (467), 1513 in der Würzburger Fischereiordnung und 1565 in der Bamberger Fischereiordnung auf (KOCH 1958, S. 215, 220). 1570 wird eine „Dult" bei Unterbrunn erwähnt. (468)
Spätestens 1766 war diese Fangmethode aber wohl außer Gebrauch, denn in der damaligen Bamberger Fischereiordnung wird sie nicht mehr genannt (KOCH 1958, S. 261).

Für das Fließverhalten des Wassers spielten die Einbauten in den Altarmen natürlich keine Rolle. Anders sieht es mit den festen Fischfanganlagen im Main aus. Auf keinen Fall sind allerdings diese mit den Wehranlagen zu vergleichen, da sie immer so gebaut waren, daß das Wasser mehr oder minder ungehindert durchströmen konnte. Man wollte schließlich Fische fangen und keinen Stau auslösen. Nichts desto trotz werden die Fachen wie jedes Hindernis im Fluß gewirkt haben. Ein kleiner Stau im Oberwasser bewirkte eine Verlangsamung der Fließgeschwindigkeit, wodurch sich die Sedimentationsbereitschaft erhöhte. Es folgte eine Steigerung des Gefälles bei und nach Überwindung des Hindernisses, wodurch sich die Erosionskraft des Flusses erhöhte.
Aber auch für die Fischfachen gilt, wie für die Bewässerungsanlagen, daß ihre spezifische Wirkung und ihre Zahl zu gering war, um nennenswert in die Flußdynamik eingreifen zu können.

6.5 BRÜCKEN

Auch Brücken, genauer gesagt die Brückenpfeiler, stellen Hindernisse im natürlichen Flußlauf dar. Infolge der Querschnittsänderung eines Flußbettes sowie durch die Reibung an den Pfeilern, tritt oberhalb der Brücke eine leichte Erweiterung ein. Unterhalb der Brücke zieht sich der Querschnitt wieder zusammen. Es steigert sich die Geschwindigkeit und gleichzeitig sinkt der Wasserspiegel etwas ab. Aus Erfahrung gilt, daß der verengte Querschnitt unterhalb von Pfeilerbrücken 95—75 Prozent des ursprünglichen beträgt (Abb. 73). Es finden bei Brücken also wiederum dieselben Vorgänge statt, wie bei der Überwindung eines beliebigen Hindernisses durch das fließende Wasser (WUNDT 1953, S. 26 f.). Vor dem 19. Jh. existierten im Untersuchungsraum nur 6 Mainbrücken: bei Hochstadt (erbaut zwischen 1182 und 1258), bei Lichtenfels (1206/08), bei Hallstadt (erbaut 1395, zerstört 1632, neu errichtet 1879), bei Eltmann (zwischen 1444 und 1487 gebaut), bei Hassfurt (erbaut 1430, zerstört 1632, neu errichtet 1866) und bei Schweinfurt (1397 erbaut) (Abb. 74). Auch die Brücken stammten also wie die Mühlen aus dem Hoch- und Spätmittelalter.

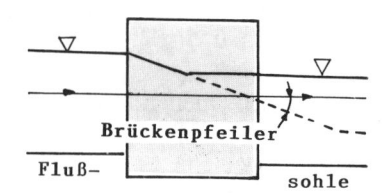

Abb. 73: Räumliche Änderung der Fließrichtung an einem Brückenpfeiler (SCHAFFERNAK 1950, S. 10)

Steinbrücken waren generell selten. Ausgerechnet im relativ verkehrsarmen Obermainraum gab es aber gleich zwei steinerne Brücken, die von Hochstadt und (zeitweise) die von Hallstadt. Vor den massiven steinernen Pfeilern kam es natürlich zu Anlandungen. Bei Hochstadt war es Aufgabe und Privileg des Mainmüllers diesen „Gries unter der Brücke" abzubauen. (469) Die Hallstadter Brücke war ursprünglich eine Holzkonstruktion wurde aber 1545 umgebaut. (470) Alle anderen Brücken gründeten sich auf Holzpfeilern. Von den Holzbrücken schrieb PECHMANN (1825a, S. 8): „Die meisten derselben sind höchst einfache Jochbrücken, welche alle Jahre entweder vor dem Eisgang abgebrochen und nach dem selben wieder errichtet, oder alle drey oder vier Jahre vom Eise oder Hochwasser zerstört werden."
Um die zerstörerische Wucht eines Eisganges zu mildern, errichtete man vor den Brückenpfeilern hölzerne Schanzen. Fünf solcher Eisböcke wurden 1568 zum Beispiel vor der Schweinfurter Mainbrücke gebaut (SCHERZER 1956, S. 157). Vermehrte Klagen über die Bildung von Sandbänken an Brücken treten im 19. Jh. auf. 1827 mußte eine „Steinschütt" unterhalb der Schweinfurter Brücke entfernt werden. (471) Vor der 1839 erbauten Brücke zwischen Kemmern und

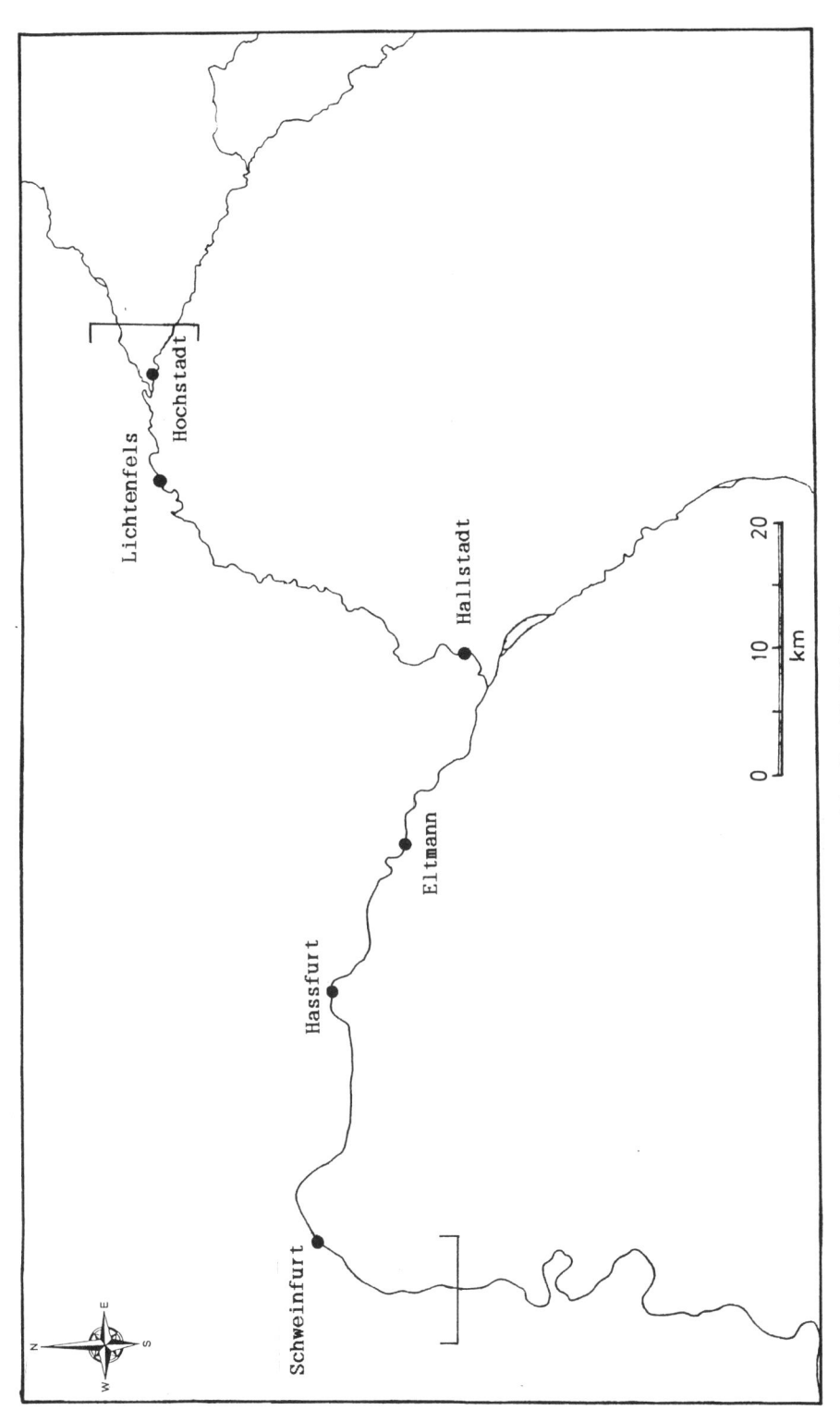

Abb. 74: Historische Mainbrücken im Untersuchungsgebiet (im 15./16. Jh.)

Baunach hatte sich bereits ein Jahr später eine ausgedehnte Kiesbank gebildet, die den Main in zwei Arme spaltete. (472) Dasselbe ereignete sich 1860 vor der 9 Jahre alten Hallstadter Eisenbahnbrücke. (473)
Bis 1881 waren am Obermain bei Schwürbitz, Michelau, Unnersdorf, Wiesen, Zapfendorf, Breitengüßbach, Baunach und Hallstadt neue Brücken errichtet worden. (474) Am Mittelmain baute man die Hassfurter Brücke neu (KEHL 1948, S. 119).
Etliche neue Straßenbrücken stammen aus den letzten Jahrzehnten. Sie sollen hier nicht näher betrachtet werden, da sie bereits einen „künstlichen" Fluß überspannen.

Die Änderung der Strömungsverhältnisse und die Sedimentierung an Brückenpfeilern blieb ob der geringen Reichweite der Vorgänge ein rein lokales Geschehen, welches die natürliche Flußdynamik nur wenig beinflußte.

6.6 UFERABBRÜCHE DURCH DIE FLÖSSER

Der Mensch griff nicht nur durch seine Bauten unmittelbar in den Flußlauf ein, er veränderte im Rahmen der Floß- und Schiffahrt auch ganz entscheidend die Uferbeschaffenheit.
Wie die Quellen belegen, verursachte das Einstechen der Flößer mit ihren Stangen und das Anpflocken und Anstoßen der sperrigen Flöße einen guten Teil der Uferabbrüche. Diese mußten mit dem Aufschwung der Flößerei zunehmen, weshalb hier kurz die Entwicklung der Flößerei in Franken vorgestellt werden soll. Grundlage der Flößerei war der Waldreichtum der Obermainlande: der riesige Frankenwald, der Lichtenfelser Forst und kleinere Wälder, wie der Mainecker Forst auf der Jurahöhe. Diese Waldgebiete wurden nach der Gründung des Bamberger Bistums (11. Jh.) verstärkt gerodet. Mit der fortschreitenden Besiedlung bildete sich auch die Flößerei aus (STROBEL 1983, S. 248 f.). Einen großen Aufschwung erlebte die Flößerei im Spätmittelalter. Das belegen die Zollrechnungen von Kronach, Lichtenfels und Hallstadt. Um 1348 erfolgten die Zollabgaben hier bereits fast ausschließlich in Holz. (475) Im 15. Jh. steigerte sich der Holzbedarf weiter. Allein 1489/90 passierten 3570 Flöße den Hallstadter Zoll (KÖBERLIN 1899, S. 7). Neben dem Rohholz wurden auf den Flößen Weinbergpfähle, Fischtröge, Holztröge jeder Art, Radfelgen, Speichen, Küchengeräte und Bretter transportiert.
Die Flößer befuhren den gesamten Mittel- und Untermain (KÖBERLIN 1899, S. 22 f., 29 f.). Langholzflöße gelangten ab dem 17. Jh. bis in die Niederlande, um dort den hohen Bedarf an Schiffsbauholz zu decken. Sie wurden daher „Holländerflöße" genannt (PFEIFFER 1980, S. 14).
Während des Dreißigjährigen Krieges stagnierte die Flößerei. Erst nach der Vertreibung der Schweden kam der Handel wieder in Gang. (476) Doch die vielen Kriege im 18. Jh. verhinderten eine erneute Blüte. Namentlich die franzö-

sischen Revolutionskriege hatten schwere Einbußen zur Folge. (477) Das änderte sich erst 1806 mit der Kontinentalsperre. Dank des Gewerbeaufschwunges war der Holzbedarf an Rhein und Main kaum noch zu befriedigen. Die Floßwaren wurden rasch und mit ständig steigenden Preisen abgesetzt (DEGNER 1938, S. 10 f.).

Die Attraktivität des gewinnträchtigen Floßhandels zu Beginn des 19. Jh. spiegelt sich auch in dem Plan einiger Privatleute wider, die sich 1818 darum bemühten, den Weißen Main und die Wiesent floßbar zu machen. (478)

Der Aufschwung stoppte allerdings in der Mitte des 19. Jh. (DEGNER 1938, S. 10 f.), und in unserem Jahrhundert erfolgte der rapide Niedergang. Seit einigen Jahrzehnten ist die Flößerei völlig verschwunden.

Ausgangspunkt der Flößerei am Obermain waren vor allem Frankenwald und Lichtenfelser Forst. In die Frankenwaldbäche warf man die Stämme noch einzeln ein, welche bei Kronach zu Floßteilen zusammengebunden wurden. (479) Auf dem Obermain wurden die Teile erneut zusammengebunden, eine Prozedur, die sich bei Erreichen des Mittelmains (bei Bischberg) wiederholte. Die Flöße wurden dadurch auf ihrem Weg talab immer größer. Nach einer Quelle aus dem 19. Jh. bestand ein Floß schon auf dem Obermain aus mindestens 70 Stück Holz. (480)

Welche Ausmaße ein ganzes Floß haben konnte, zeigte sich 1986 bei einer letzten nostalgischen Floßfahrt von Dörfleins bis Karlstadt. Das Floß bestand aus 150 Baumstämmen und war 220 x 63 m groß. Der Floßführer berichtete von seiner früheren Arbeit: „Wenn der Verband gebremst werden sollte, dann mußte ein Flößer an das Ufer springen und den Länderemmel in den Boden rammen: Eine spitze Stange, von der ein kräftiges Tau zum Floß führte. Der Mann am Ufer mußte Kraft genug haben, den Remmel festzuhalten, wenn das treibende Floß an der Verbindung zerrte und der Stab wie ein Pflug durch den Boden fuhr." (481)

Das Ausmaß des Floßes und das geschilderte Landeverfahren läßt ahnen, welche Schäden am Ufer angerichtet werden konnten. Erste Klagen darüber stammen aus dem 18. Jh. 1735 erließ das Kloster Banz einen Erlaß, der den Flößern das schädliche Abstoßen am Schneyer Anger verbot. (482) 1742 beschwert sich eine Wiesenbesitzerin bei Dörfleins über die Schäden, die ihr durch das Anpflocken der Flößer zugefügt wurden. Dadurch waren mindestens 9 Tagwerk Land zerstört worden. (483) Überhaupt sollen erhebliche Landverluste zwischen Hallstadt und Dörfleins in der ersten Hälfte des 18. Jh. durch die Flößer verursacht worden sein. Sie lockerten das Erdreich durch ihr Einstechen und vernichteten die Ufervegetation, so daß die Hochwässer leichtes Spiel hatten. (484) Um 1770 nahmen Schonungen, Garstadt und Hirschfeld bereits Schadensgelder von Flößern und Schiffern. Auch Bergrheinfeld wollte 1770 eine solche Gebühr erheben, da ihre Dämme durch das An- und Abstoßen ständig litten. (485) Nach Meinung des Sachverständigen Roppelt (1778) war der Oberbrunner Wasserbau hauptsächlich durch Flößer ruiniert worden, die sich hier in der Flußkurve abstoßen mußten.

Die Zahl der Beschwerden steigerte sich ganz erheblich im 19. Jh., analog zu dem Aufschwung der Flößerei. Die Kammer des Inneren der Oberfränkischen Kreisregierung legte 1825 eine eigene Akte für die vielen Beschwerden gegen Flößer

von Schwürbitz bis Hallstadt an. Namentlich bei Hausen häuften sich die Schäden, da die Flößer hier vor dem Mühlwehr anhalten mußten. (486)
Auch bei Hallstadt, Dörfleins und Bischberg gab es zahlreiche „Floßschäden" (487), denn hier wurden die Flöße zu größeren Verbänden zusammengestellt. Der florierende Floßbetrieb und die daraus entstandenen Uferabbrüche in den ersten Jahrzehnten des 19. Jh. soll nach Meinung der Zeitgenossen die starke Versandung des Flußbettes unterstützt haben. (488 a)
Zwar versuchten die Floßordnungen, die der neue bayerische Staat in der ersten Hälfte des 19. Jh. erließ, die Schäden zu begrenzen, ihr endgültiges Ende fanden sie aber erst mit den neuen Korrektionsbauten aus Stein. (488 b)

7. DIE MAINHOCHWÄSSER: 1400—1900

In Mitteleuropa können schon bei einem mässigen Hochwasser, wie es alle 2—3 Jahre vorkommt, 7—13 Prozent der gesamten Jahreabflußmenge in wenigen Tagen abfließen. Bei außerordentlichen Hochwässern, zum Beispiel 1909, das als Jahrhunderthochwasser gilt, fließen bis zu 25 Prozent ab (KELLER 1962, S. 296).
Durch die Hochwässer steigerte sich das Arbeitsvermögen des Flusses beträchtlich. Die einzelnen Beispiele in Kapitel 5 belegen wie stark Uferabbrüche, Flußlaufverlagerungen und Durchbrüche von Hochwässern abhängig waren. Sie besaßen eine außerordentlich große formbildende Kraft. (489)
Da große Hochwässer herausragende Ereignisse im Jahr waren, galt ihnen schon immer die Aufmerksamkeit von Chronisten. Abbildung 73 gibt in grafischer Form die Zusammenstellung aller großen historischen Mainhochwässer wieder. (490) Da die Fülle der schriftliche Quellen erst seit dem 15. Jh. mit einem authentischen Bild rechnen läßt, wurde darauf verzichtet, die früheren Jahrhunderte mit ihren sporadischen Hochwassermeldungen mit einzubeziehen. Auch auf die Angabe der Steighöhen mußte verzichtet werden, da sich diese, wenn sie überhaupt angegeben wurden, nur auf lokale Gebäude bezogen. Wenn allerdings Hochwässer mehrmals und an verschiedenen Orten genannt wurden, dann sind sie in der Abbildung 73 doppelt gewichtet worden.
Aus der einschlägigen Überlieferung ergeben sich darüber hinaus eindeutige „Jahrhunderthochwässer": 1342, 1573, 1682, 1784, 1845 und 1882. Diese verheerenden Hochwässer machten sich auch an anderen mitteleuropäischen Flüssen bemerkbar. (491)
Soweit es die Quellen zuließen, konnte in Winter- und Sommerhochwasser differenziert werden. Wie zu erwarten war, fanden 56 Prozent aller historischen Hochwässer im Winter statt (siehe Tabelle 4). Denen stehen nur 14,3 Prozent Sommerhochwässer gegenüber. Entsprechend dem pluvio-nivalen Regime des Mains (Kap. 4) können Sommerhochwässer nur in Ausnahmefällen auftreten. Von daher ist die Annahme erlaubt, daß sich hinter dem relativ hohen Prozentsatz (29,8 %) nicht einordbarer Hochwässer hauptsächlich „normale" winterliche Ereignisse verbergen. Hinzu kommt, daß sommerliche Hochwässer aufgrund ihrer Seltenheit und ihrer katastrophalen Folgen für die Ernte meist einer besonderen Beachtung und Nennung unterlagen. (492) Tabelle 4 zeigt die jahreszeitliche Differenzierung der Hochwässer pro Jahrhundert.
Winterhochwässer sind weitaus formungsintensiver als Sommerhochwässer, da sie auf ein teilweise vegetationsfreies Vorland treffen und oft mit Eisgängen gekoppelt sind.
Eis kann sich in fließenden Gewässern erst bilden, wenn die Wassertemperatur unter 0° abgesunken ist. Dies geschieht um so schneller, je flacher und langsamer

ein Fluß ist. Zuerst bildet sich Eis an den Uferrändern. Bei ansteigender Strömung werden losgerissene Randeisplatten zu Treibeis. Schon dabei entstehen starke Uferschäden. Zu dem Treibeis tritt das Grundeis. Das mächtige Grundeis löst sich infolge des Auftriebs unter der Mitnahme von Geschiebe und Schlamm von der Sohle. Ist der Fluß in voller Breite mit Eis bedeckt, dann genügen Flußengen, scharfe Krümmungen, Wehre oder Brückenpfeiler, um den gefürchteten Eisstand oder Eisstau hervorzurufen. Die Eisstauwirkung eines einzigen Mühlwehres dokumentiert eindrucksvoll eine Quelle aus dem Jahr 1532. Darin wird die Bitte, eine zweite Mühle bei Eltmann zu verbieten, mit der Befürchtung begründet, sie könnte eine Eissetzung bis nach Bamberg verursachen, welches immerhin 24 km flußaufwärts lag. (493)
Durch einen Eisstau wird der Wasserstand oft um mehrere Meter angehoben. Unter der Eisdecke erfolgt der Abfluß mit großer Gewalt, da sich das Wasser in einem geschlossenen Querschnitt mit hoher Wandrauhigkeit bewegen muß. In Tauperioden kommt es zum ebenso schädlichen Eisgang, bei dem die Eisplatten die Ufer aufreißen (SCHAFFERNAK 1950, S. 19 f.). (494)
Aus Tabelle 4 geht hervor, daß mindestens 42,2 Prozent aller Winterhochwässer mit Eisgängen verbunden waren. Auch hier kann man aber davon ausgehen, daß es tatsächlich weit mehr waren, denn Eisgänge gehörten in einem pluvio-nivalen Regime zu einer normalen Erscheinung. (495)
Die Korrektion eines Flusses kann das Hochwassergeschehen in einem bestimmten Rahmen verändern. WALLNER (1957, S. 18 ff.) konnte nachweisen, daß die Mittelwasserkorrektion des schiffbaren Mains im 19. Jh. Höhe und Fließzeit der Hochwässer indirekt beeinflußt hatte. Viel wichtiger als der Einbau von Buhnen und Parallelwerken war dabei allerdings die Beseitigung des Uferbewuchses.

Tab. 4: Jahreszeitliche Differenzierung der großen Mainhochwässer (1400—1900)

	Winter		Eisgänge		Sommer		Unbekannt		Gesamt
	HW	$\%^1$	HW	$\%^2$	HW	$\%^1$	HW	$\%^1$	HW
15. Jh.	15	48,4	9	60,0	7	22,6	9	29,0	31
16. Jh.	17	50,0	6	35,3	6	16,2	14	37,8	37
17. Jh.	20	54,0	6	30,0	7	19,0	10	27,0	37
18. Jh.	13	52,0	3	23,1	2	8,7	10	43,8	25
19. Jh.	25	80,7	14	56,0	1	3,2	5	16,1	31
Gesamt	90	56,0	38	42,2	23	14,3	48	29,8	161

$\%^1$ = Bezogen auf die Gesamtzahl im jeweiligen Jahrhundert
$\%^2$ = Bezogen auf die Zahl der Winterhochwässer

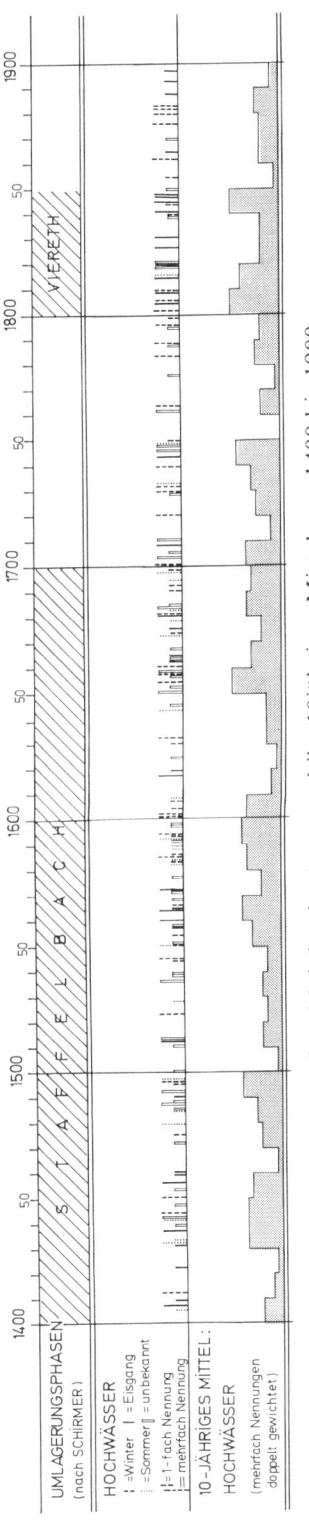

Abb. 75: Grafische Darstellung der großen Mainhochwässer und ihr 10jähriges Mittel von 1400 bis 1900

153

Dadurch wurde die Fließzeit eines Hochwassers stark beschleunigt, das heißt die Hochwasserwellen wurden steiler und schneller (KELLER 1979, S. 15 ff.). Diesen Effekt riefen auch die Durchstiche hervor.

Betrachtet man Abbildung 75, so sind deutliche Perioden stärkerer Hochwassertätigkeit zu erkennen: Im 15. Jh. waren das die Jahre zwischen 1430 und 1460, sowie ab 1485. Der Anfang des neuen Jahrhunderts war vergleichsweise hochwasserarm. In den beiden Jahrzehnten zwischen 1550 und 1570 gibt es aber wieder eine Häufung. Daselbe gilt für die Zeit von 1583 bis 1609. Danach schwächt sich die Hochwassertätigkeit sehr stark ab und erreichte erst wieder ab 1650 einen erneuten Höhepunkt. Durch vermehrte Hochwassertätigkeit ist der Abschnitt zwischen 1680 und 1711 gekennzeichnet. Das völlige Fehlen größerer Hochfluten in den Jahren 1711 bis 1723 wird in der Abbildung 73 durch das 10jährige Mittel verdeckt.

Die Hochwasserzahl steigt erst wieder um 1730 an, wobei die meisten Hochfluten in den 1750iger Jahren stattfanden. Überhaupt war das 18. Jh. auffallend arm an größeren Hochwässern. Werden in den anderen Jahrhunderten immer mindestens 31 Ereignisse genannt, sind es im relativ gut dokumentierten 18. Jh. nur 25 Meldungen (Tab. 4).

Ein starker Anstieg der Hochwassertätigkeit fand erneut in den ersten beiden Jahrzehnten des 19. Jh. statt. Nach einem gewissen Nachlassen setzt sich dieser Trend in den 1840er Jahren fort. Abgeschlossen wird das 19. Jh. durch eine kurze Periode sehr kräftiger Hochwässer im Zeitraum von 1880—1883.

8. DIE AKTIVITÄTSPHASEN DES MAINS

Nach SCHIRMER (1983, S. 39) sind die holozänen Terrassen in der Aue ein Ergebnis von Phasen gesteigerter Umlagerungstätigkeit. In solchen Zeiten muß der Fluß seine Ufer stärker angegriffen haben, wodurch mehr Material in Bewegung geriet. Aus der Zeit seit dem Spätmittelalter existieren am Main zwei morphologisch kartierbare Terrassenkörper: die Staffelbacher Terrasse (Bildungszeit 15.—17. Jh.) und die Vierether Terrasse (Bildungszeit erste Hälfte des 19. Jh.) (SCHIRMER 1983, S. 23 f.).
Die Auswertung der historischen Quellen erbrachte nun sowohl bei der Hochwassertätigkeit (Kap. 7) als auch bei den lokalen Uferschäden und Flußverlagerungen (Kap. 5) erkennbare Phasen gesteigerter Aktivität und Mobilität des Flusses. Beide Datengruppen weisen eine zeitliche Übereinstimmung auf. In Zeiten gesteigerter Hochwassertätigkeiten wurde auch mehr Material abgerissen und umgelagert. Die Abbildung 76 ist eine Kombination des Bewegungsprofils des Mains (Abb. 67) und der Hochwassertätigkeit (Abb. 75), auf deren Grundlage sechs fluviatile Aktivitätsphasen zwischen 1400 und 1900 ausgliederbar sind, jeweils von „Ruhezeiten" unterbrochen:

— Aktivitätsphase A: 1430—1469
— Aktivitätsphase B: 1480—1500
— Aktivitätsphase C: 1560—1610
— Aktivitätsphase D: 1650—1700
— Aktivitätsphase E: 1725—1750
— Aktivitätsphase F: 1805—1855

Die Aktivitätsphase A wurde gestrichelt dargestellt, da sie sich mangels ausreichendem Quellenmaterial weitgehend auf die bereits zuverlässige Hochwasserstatistik stützen muß.
Es läßt sich also festhalten, daß während des Bildungszeitraum der Staffelbacher Terrasse 5 Aktivitätsphasen, die Phasen A—E, historisch fassbar sind. Bereits das äußere und innere Bild dieses Schotterkörpers wies ja zumindestens auf eine Zweigliederung hin (Kap. 3). Die Staffelbacher Terrasse als Summe von fünf Umlagerungsphasen wurde demnach zwischen 1430 und 1750 gebildet. Die Zäsur zur Vierether Terrasse wird durch eine auffallend hochwasserarme Dekade von 1750—1760 eingeleitet. Anfang des 19. Jh. steigen die Meldungen über Hochwasserereignisse und Uferschäden wieder sprunghaft an. Sicher steckt hinter der hohen Zahl von aktenkundigen Uferschäden und Wasserbauten die bayerische Adminstration, die seit 1803 die ehemaligen Fürstbistümer Würzburg und Bamberg verwaltete. Die Hochwasserchronik bleibt jedoch ein zuverlässiger Indikator, unberührt von Überlieferungsbedingungen, denn Hochwässer wur-

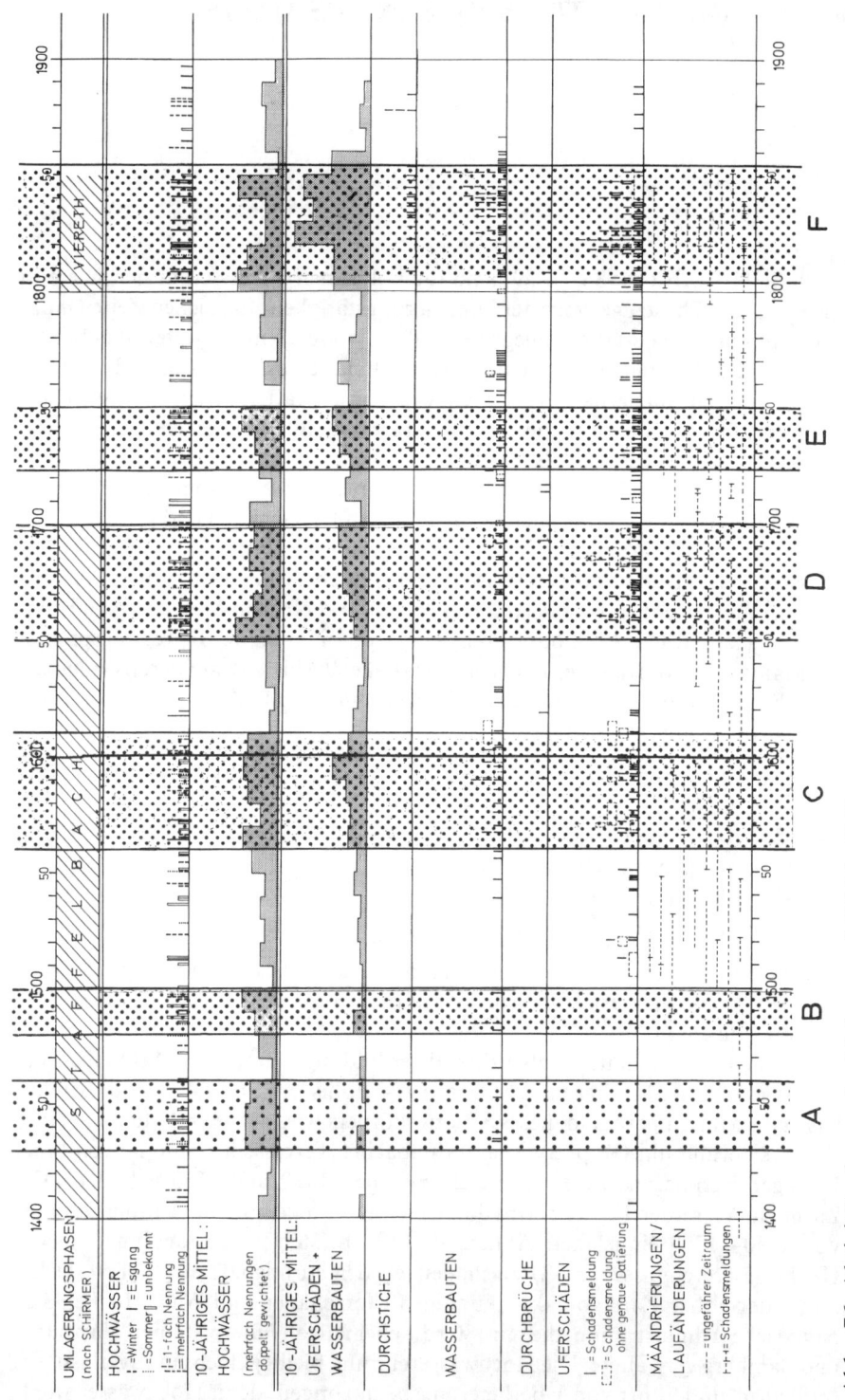

Abb. 76: Aktivitätsphasen des Mains von 1400 bis 1900

den bereits in früheren Jahrhundert ebenso korrekt erfasst wie im 19. Jh. Es gibt keinen Hinweis darauf, daß die Chronisten im 19. Jh. eifriger waren als zuvor. Die Zahl der Hochwassermeldungen aus dem 15. Jh., dem ansonsten eine geringere Schriftlichkeit nicht abzusprechen ist, ist zumindestens genauso hoch (31 Hochwässer) wie die im 19. Jh.

Durch die im 19. Jh. nach und nach fortschreitende Korrektion wurde eine weitere morphologisch sichtbare Flußaktivität verhindert. Schon SCHIRMER vermutete, daß die auffallend kleine Terrassenleiste der Vierether Terrasse nur eine reliktische Initialform darstelle. Es ist zum Beispiel vorstellbar, daß das Produkt der Umlagerungsphase C (1560—1610), die auch zirka 50 Jahre dauerte, zu ihrer Zeit ein ähnliches Erscheinungsbild hatte, wie die Vierether Terrasse heute, deren Weiterbildung zu einem reifen holozänen Terrassenkörper künstlich abgebrochen wurde.

Der Nachweis einer mehrphasigen Entstehung der Staffelbacher Terrasse läßt den Schluß zu, daß auch alle vorhergegangenen holozänen Terrassen Produkte mehrerer Aktivitästphasen darstellen, die wiederum Teil einer länger anhaltenden Umlagerungsperiode waren. Weitere differenzierte Geländeerhebungen könnten also die holozäne Stratigraphie verfeinern.

9. DER NATÜRLICHE ZUSTAND DES MAINS VOR DER KORREKTION

9.1 DER ZUSTAND EINES FLUSSES: MÄANDRIEREND ODER VERZWEIGT

Unter dem Zustand eines Flusses soll hier das Bild seiner Laufentwicklung verstanden werden. Der Begriff Zustand steht also für den englischen Ausdruck „channel pattern", dessen deutsche Übersetzung „Flußbettmuster" wenig ansprechend klingt.
Grundsätzlich kann ein Fluß mäandrierend oder verzweigt fließen. Der Fall eines gestreckten Flußlaufes kommt in der Natur nur ganz selten vor und ist in der Regel auf kurze Laufabschnitte beschränkt (LEOPOLD & WOLMAN 1957, S. 53). (496)

— Der kurvenreiche Lauf des **mäandrierenden Flusses** ist unschwer zu erkennen. Zur exakten Abgrenzung bedient man sich aber eines Grenzwertes, gebildet aus dem Verhältnis von Flußlauflänge zu Tallänge. Ist dieser Grenzwert größer oder gleich 1,5, dann handelt es sich um einen eindeutig mäandrierenden Laufabschnitt (KNIGHTON 1984, S. 129).

Die Abbildung 77 soll die Strömungsverhältnisse in einem Mäander verdeutlichen. Durch das Pendeln des Stromstrichs (der Linie größter Fließgeschwindigkeit) und des Talwegs (der Linie größter Eintiefung) ergeben sich die Mäander. Grundelemente der Formung sind Kolk und Bank, die in einem typischen Wechsel vorliegen. Die Bänke sind in der Abbildung 77 als Übergänge bezeichnet, da sie die Stellen geringster Tiefe sind. Die stärkste Strömungsgeschwindigkeit herrscht am konkaven Ufer und zwar knapp unterhalb der Krümmungsspitze. Hier setzt die Erosion verstärkt an. Durch Unterschneidung des Prallhanges stürzt das Material in den Fluß, wird von der Strömung aufgenommen und nur wenige Meter abwärts am Gleithang lamellenartig wieder angelagert. Erosion und Akkumulation finden also beide knapp unterhalb der Krümmungsspitze statt, wodurch die talabwärtige Wanderung der Mäander (Migration) hervorgerufen wird (LEOPOLD et al. 1964, S. 299 ff.).
Die Bewegungsrate eines Mäanders hängt stark von der Flußbreite und dem Radius des Mäanders ab. Bei breiten und flachen Flüssen bilden sich flachere Schlingen, als bei schmalen und tiefen Flüssen. In breiten Flüssen ist auch die Geschwindigkeit kleiner (KNIGHTON 1984, S. 141 f.).
Im wesentlichen formen sich die Mäander kontinuierlich, durch einen steten Prozeß der Erosion und Akkumulation aus. Hochwässer können diese Prozesse

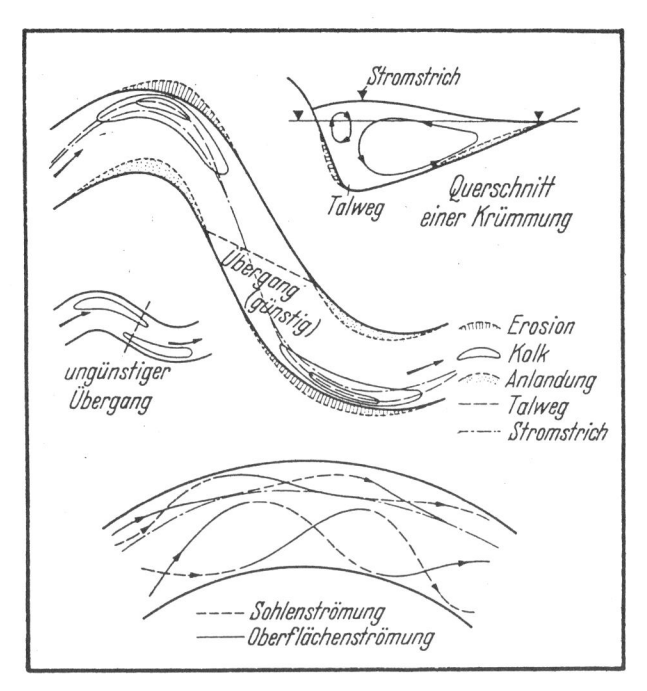

Abb. 77: Wasserbewegung in einem Mäander (WUNDT 1953, S. 23)

abrupt verstärken. An der oberen Weser fand BREMER (1959, S. 134 f.) für die Bildung der Grundelemente Kolk und Bank ein zehnmal so hohes Arbeitsvermögen des Flusses bei Hochwasser als bei Normalwasser. Auch die Untersuchung einer Mäandersequenz des Severn Flusses in Wales ergab, daß sich bei bordvollem Abfluß die kontinuierliche Ausformung der Mäander vollzog, bei großen Hochwässern aber der vorhandene Formenschatz stark veränderte, erweiterte oder durch Durchbrüche degradiert wurde (THORNE & LEWIN 1979). Rücken die Bögen aufgrund ihrer Bewegung (497) immer näher zusammen, dann kommt es zum Durchbruch. Jeder Durchbruch verkürzt den Lauf und verstärkt daher das Fließgefälle in seinem Einflußbereich. Mehr Gefälle begünstigt wiederum das Arbeitsvermögen der fließenden Welle und dank der vergrößerten Erosion die Ausweitung der Schlingen (MANGELSDORF & SCHEUERMANN 1980, S. 143).
Welche Bedingungen müssen für die Mäandrierung erfüllt sein?
Flüsse zeigen einen stark mäandrierenden Lauf, wenn die Wassertiefe groß genug ist (größer als 0,1 m), die Fließgeschwindigkeit klein und die Turbulenzen gering sind (MANGELSDORF & SCHEUERMANN 1980, S. 130 ff.). Auch die Feststoffracht spielt eine Rolle. Bei Fließgeschwindigkeiten von 0,1—0,5 m/sec. ist die Mäandrierung um so leichter je mehr Lockersedimente von Mittel-Grobsandgröße (0,2—2 mm) vorliegen. Feineres Material wird schwebend transportiert und der Transport von gröberem Material würde höhere Fließgeschwindigkeiten und Turbulenzen benötigen, beides stände einer Mäandrierung im Wege (LOUIS & FISCHER 1979, S. 229).

Nach den Untersuchungen von LEOPOLD & WOLMAN (1957) fördert ein relativ geringes Gefälle, das heißt eine geringe Fließgeschwindigkeit, die Mäandrierung. Bei dem Vergleich mäandrierender mit verzweigten Flüßen fanden sie den spezifischen Grenzwert: $s = 0,0012\,Q^{-044}$. Dabei bedeutet s = slope (gefälle) und Q = Abfluß (LEOPOLD & WOLMAN 1957, S. 59). (498)
Ist das Gefälle größer, dann verzweigen sich die Flüsse, ist es kleiner, kommt es zur Mäandrierung. Umgekehrt betrachtet muß der Abfluß für eine Mäandrierung kleiner sein als für eine Verzweigung.

— Unter einem **verzweigten Fluß** ist nach der Definition von LEOPOLD & WOLMAN (1957, S. 53) folgendes zu verstehen: „A braided river is one which flow in two or more anastomosing channels around alluvial islands."

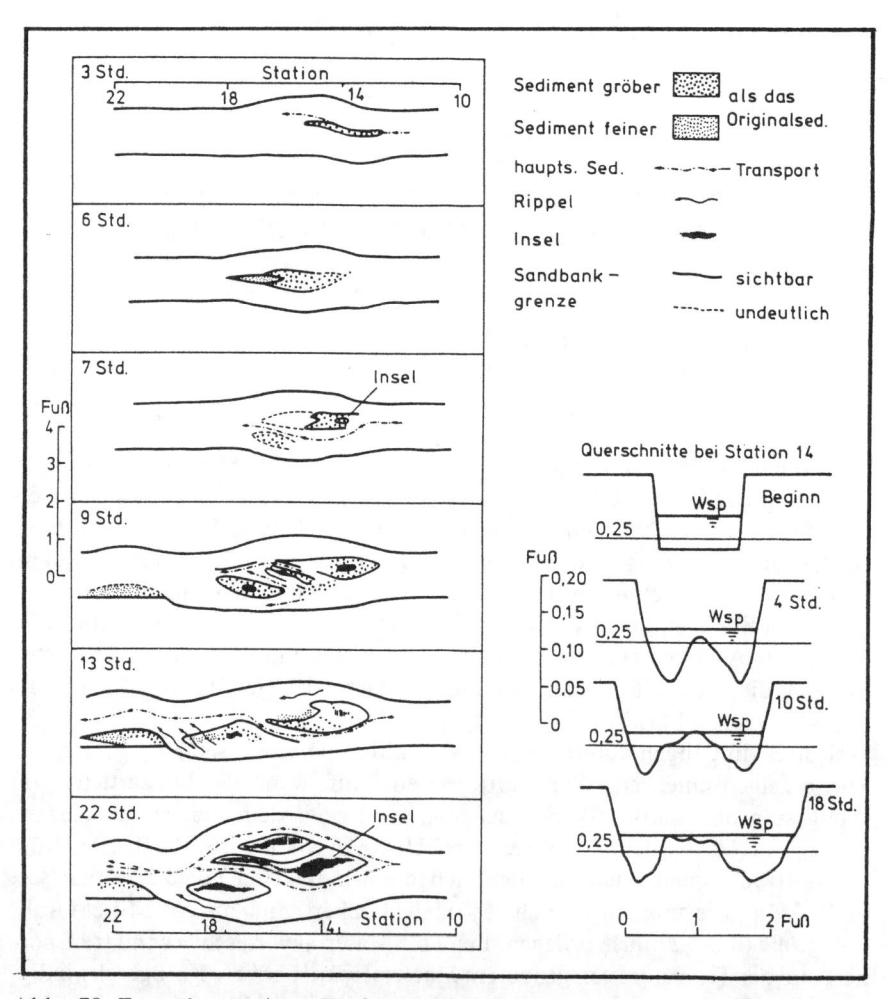

Abb. 78: Entstehung einer Flußverzweigung im Experiment (LEOPOLD & WOLMAN 1957, S. 46)

Mit einem Laborexperiment haben sie die Entstehung einer Insel und damit die Entstehung der Verzweigung verfolgt. Die Abbildung 78 zeigt den Ablauf des Prozesses.

Das Experiment belegte, daß es keiner außergewöhnlichen Sedimentfracht und Abflußmenge bedurfte, um einen „braided river" zu erzeugen. Diese Form ist ebenso wie der mäandrierende Fluß eine Gleichgewichtsform, die sich aus dem spezifischen Zusammenwirken verschiedener hydrodynamischer Variablen ergibt.

Das Experiment ließ sich in der Natur bestätigen. KRIGSTRÖM, der isländische Sanderflüsse untersuchte, fand zwei verwandte Arten der Entstehung von Flußverzweigungen. Zum einen die Verzweigung durch das Anwachsen von Sand-Kiesbänken, ganz ähnlich wie bei LEOPOLD & WOLMAN. Diese Entstehung findet bei mittlerem bis niedrigem Abfluß statt bzw. bei sinkendem Wasserstand. Die zweite Entstehungsart ist an Hochwässer gebunden: Eine zeitweise Überlastung mit Geschiebe führt zur Sohlenaufhöhung. Das Gerinne verstopft sich dadurch selbst den Weg (KRIGSTRÖM 1962).

Ähnlich wie bei der Mäandrierung lassen sich allgemeine Bedingungen für die Entstehung eines verzweigten Flusses angeben. Es muß eine ausreichende Menge an Sedimentfracht vorhanden sein, eine Überfrachtung ist allerdings nicht nötig. In dieser Fracht müssen gröbere Komponenten vorkommen, die der Fluß lokal nicht mehr transportieren kann; sie rufen die initiale Sandbankbildung hervor. Die Ufer müssen erodierbar sein, damit eine Ausweitung des Flußbettes erfolgen kann. In relativ breiten Flußpartien ist die initiale Ablagerung einer Sandbank wahrscheinlicher als in engeren Abschnitten (MANGELDORFF & SCHEURMANN 1980, S. 113 f.). Nicht immer notwendig ist eine hohe Abflußvariabilität, aber ein zeitweiser hoher Abfluß mit starker Sedimenüberfrachtung und später sinkendem Transportvermögen kann eine Ursache der Verzweigung sein. Und letztendlich ist für die Ausbildung einer Verzweigung ein relativ steiles Gefälle notwendig (siehe den Grenzwert von LEOPOLD & WOLMAN 1957).

Ändern sich die beteiligten Variablen wie Abfluß und Gefälle, dann ändert sich natürlich auch der Zustand eines Flusses. Dabei kommt es zu fließenden Übergängen. Innerhalb eines Flusses gibt es nicht selten ein Nebeneinander von gewundenen und verzweigten Laufabschnitten. Ausgerechnet der namensgebende Fluß Mäander in der Türkei hat sowohl verzweigte als auch mäandrierende Strecken (LEOPOLD & WOLMAN 1957, S. 59). (499)
Eine mögliche Änderung des Flußzustandes kann allmählich oder abrupt eintreten. In der Natur hat sich oft gezeigt, daß ein solcher Wechsel durch plötzliche Ereignisse hervorgerufen wurde (KNIGHTON 1984, S. 173).
Allein der normale jahreszeitliche Wechsel zwischen mittlerem und hohem Abfluß ruft allerdings keine Änderung des Flußzustandes hervor: Der Fluß tritt nach einem Hochwasser in der Regel wieder in seinen alten Gleichgewichtszustand zurück. Eine Serie größerer Hochwässer kann aber den Zustand eines Flusses auf Dauer verändern. Ein Beispiel dafür ist der Gila Fluß in Arizona. Von 1864 bis 1904 besaß er ein relativ stabiles, zirka 90 m breites, mäandrierendes Bett. Zwischen 1905 und 1917 trat aber eine Serie größerer Winterhochwässer

ein, die wenig Sedimentfracht mitbrachten und daher sehr erosionshungrig waren. Das Flußbett erweiterte sich auf 600 m. Ab 1918 traten dann nur noch mittlere Hochwässer mit relativ viel Fracht auf, aber erst 1964 stellte sich wieder ein schmales mäandrierendes Bett ein (BURKHAM 1972).
Ähnliches beschreibt SCHUMM von dem Cimarron Fluß im SW von Kanada. Auch hier führten starke Hochwasserereignisse zu einer Abnahme der Mäandrierung und einer Verbreiterung des Flußbettes (SCHUMM 1969, S. 266 f.).
Große Hochwasserserien haben also grundsätzlich die Tendenz einen mäandrierenden Fluß in Richtung Verzweigung zu verändern. Dabei kann die morphologische Wirksamkeit des Hochwassers stark durch die Abnahme des Erosionswiderstandes der Ufer gefördert werden. So waren etwa die Ufer des Cimarron durch Entfernung des Bewuchses anfälliger geworden.
Bisher wurde in erster Linie die Änderung des Abflusses betrachtet. Genauso können jedoch Änderungen der Sedimentfracht einen Wechsel des Flußzustandes hervorrufen. Verzweigte Flüsse verlieren rasch ihre Merkmale, wenn die Geschiebezufuhr geschwächt wird. Die Tiefenerosion gewinnt die Oberhand und fördert die Ausbildung eines einarmigen Flusses (MANGELSDORF & SCHEURMANN 1990, S. 119).
Umgekehrt bewirkt eine Erhöhung der Sedimentfracht einen Hang zur Verzweigung. Mit Hilfe eines Gleichungssystems hat SCHUMM (1969) versucht, die Ursachen der „river metamorphosis" generell zu erfassen. Grundlage dafür waren Untersuchungen von Flüssen in den USA (aus semiariden und subhumiden Zonen) und im SE von Australien:
Die verschiedenen Variablen bedeuten im Einzelnen:

Q = Abfluß, Q_{sb} = Anteil des Flußbettmatarials (größer/gleich der Sandfraktion) an der Gesamtfracht, w = Breite (width), d = Tiefe (depth), λ = Mäanderlänge, s = Gefälle (slope), S = Krümmungsintensität (Sinuosity).

In der Natur ändern sich Abfluß und Sedimentfracht selten allein. Es sollen daher die kombinierten Gleichungen vorgestellt werden:

1. Q^+, Q_{sb}^+ → w^+, d^+, $(w/d)^+$, λ^+, S^-, $s^\pm$
2. Q^-, Q_{sb}^- → w^-, d^-, $(w/d)^-$, λ^-, S^+, $s^\pm$
3. Q^+, Q_{sb}^- → $w^\pm$, d^+, $(w/d)^\pm$, $\lambda^\pm$, S^+, s^-
4. Q^-, Q_{sb}^+ → $w^\pm$, d^-, $(w/d)^\pm$, $\lambda^\pm$, S^-, s^+

Demnach führen Erhöhung von Abfluß und Flußbettmaterial (größer/gleich Sandfraktion) zu einer Streckung und einer Verbreiterung des Flußes. Umgekehrt führt die Erniedrigung beider Variablen zur stärkeren Mäandrierung. Zunehmender Abfluß bei gleichzeitiger Abnahme des Flußbettmaterials bedingt eine stärkere Tiefenerosion und Mäandrierung. Zunahme der Fracht und Abnahme der Abflußmenge leitet zu einem verzweigten Zustand.

9.2 DER ZUSTAND DES MAINS VOR DEM 19. JH.

Der heutige Mainlauf ist gestreckt und eingeengt, ohne die Möglichkeit freier Dynamik. Vor dem 19. Jh. bot der Main ein grundsätzlich anderes, „mittelalterliches" Bild. Er war ein breiter, gewundener Fluß mit natürlichen Steilufern und kiesbedeckten Gleithängen, der alljährlich seinen Lauf ändern konnte.

Unter Zugrundelegung der ersten Flurkarten und der Ergebnisse aus Kapitel 5 läßt sich der Zustand des Mains etwa um 1800 rekonstruieren: Tabelle 5. Dabei stellte sich heraus, daß das für die Mäandrierung ausschlaggebende Verhältnis von Fluß- zu Tallänge mit dem Wert 1,4 knapp unter dem Grenzwert für eine eindeutige Mäandrierung lag. Der gefällsreichere und wasserärmere Obermain war zwar ein klar mäandrierender Fluß, hingegen zeigte der Mittelmain mit seinem geringeren Gefälle und größerem Abfluß eine starke Tendenz zum verzweigten und getreckten Lauf (Kap. 9.1).

Aber auch ohne die Hilfe dieses sicherlich sehr akademischen Grenzwertes ergibt sich aus den historischen Quellen das Bild eines Flusses, dessen natürlicher Zustand zur Verzweigung neigte. Die Klagen über die Versandung des Flußes sind im 15. Jh. und am Anfang des 19. Jh. besonders stark (Kap. 6.1, und Kap. 6.2). Namentlich zu Beginn des 19. Jh. hatte die Verflachung des Flusses, das heißt seine Tendenz zum „braided river", ein für die Schiffahrt bedrohliches Ausmaß erreicht. (500)

Die Tabelle 6 gibt die durchschnittlichen Flußbreiten ausgewählter Abschnitte vor und nach der Korrektion wieder. Es ist bezeichnend, daß der stärker mäandrierende Obermain deutlich schmalere Werte aufweist, die aus seiner geringeren Wasserführung und dem stärkeren Gefälle zu erklären sind.

Tab. 5: Der Zustand des Mains um 1800 und heute (Mäandrierungsfaktor ≥ 1,5 = mäandrierend)

Flußabschnitt	Tallänge km	Fluß- länge (1800) km	Mäandrierungs- faktor = Fluß- (1800) zu Tallänge	Fluß- länge (heute) km	Mäandrierungs- faktor = Fluß- (heute) zu Tallänge
Obermain[1]	43,5	68,5	1,6	57	1,3
Mittelmain[2]	61,5	83,0	1,3	67	1,1
Gesamt	105,0	151,5	1,4	124	1,2

1 Von der Rodach- bis zur Regnitzmündung
2 Von der Regnitzmündung bis zur südlichen Gemeindegrenze von Hirschfeld

Tab. 6: Durchschnittliche Flußbreite (in Meter)

Flurkarte Name (Nr.)	Zeitraum der Aufnahme		
	1821—1823	1841—1853	nach 1960

Obermain

Unterzettlitz (94/19)		46,0	32,0
Döringstadt (93/20)		48,0	33,0
Oberbrunn (92/20)		51,2	30,0
Unterleiterbach (91/20)		60,5	28,5
Zapfendorf (90/20)		72,5	45,0
Ebing (90/21)		65,0	36,0
Daschendorf (89/22)		59,0	44,0
Breitengüßbach (88/22)		85,0	34,0
Baunach (88/23)	47,5	46,5	45,0
Kemmern (87/22)	73,0	71,5	39,0
Hallstadt (86/22)	69,0	68,0	41,0
Dörfleins (86/23)	82,0		54,0

Mittelmain

Trosdorf (85/24)	75,0		95,0[1]
Oberhaid (86/24)	150,0	92,5	110,0[1]
Viereth (86/25)	108,0	95,0	81,0[1]
Trunstadt (86/26)	88,0	97,0	55,0
Staffelbach (87/26)	105,0		51,0
Dippach (87/27)		99,0	61,5
Stettfeld (88/27)		110,0	72,5
Eltmann (88/28)		103,5	78,5
Limbach (88/29)		113,0	96,5
Steinbach (89/29)		128,5	61,0
Ziegelanger (89/30)		102,5	63,5
Augsfeld (90/32)		115,0	65,0

[1] Durch die Vierether Schleuse künstlich erweitert

An vielen Stellen war der Main durch Inseln in zwei oder mehr Arme geteilt. Beispiele für solche Stromspaltungen fanden sich unter anderem bei Lichtenfels (Abb. 10), zwischen Zapfendorf und Ebing (Abb. 23), bei Knetzgau (Abb. 48), bei Weyer (Abb. 55) und bei Berg-Grafenrheinfeld (Abb. 62). Bei günstigen Bedingungen können aus solchen Sandbänken sehr rasch bewachsene, festgefügte Inseln werden. Nach BREMER (1959, S. 35) wuchsen Sandbänke in der Weser innerhalb von 2 Jahren zu Inseln heran und waren mit Weiden bestanden. Regelrecht verwilderte Strecken, ohne feste Ufer und mit rasch wechselnden

Flußarmen, fanden sich am Obermain bei Ebing (Abb. 24) und bei Breitengüßbach/Baunach im Bereich der Itzmündung (Abb. 30).

Andererseits blieben natürlich die Mäanderbögen die auffallendsten Merkmale des Flusses.

Mäander, die sich im Untersuchungszeitraum nur unwesentlich veränderten bzw. stillstanden, waren dazu fast immer durch Uferschutzbauten gezwungen worden. Dazu gehörte der Bogen bei Schwürbitz, der seit dem 15. Jh. befestigt war (Kap. 5.1). Durch ständigen Uferschutz seit dem 16. Jh. wurden auch die Mäander von Unnersdorf/Staffelstein, Döringstadt und Ebensfeld an ihrer natürlichen Bewegung gehindert (Kap. 5.3 und Kap. 5.4). Die ausgeprägten Mäander zwischen Oberndorf, Berg- und Grafenrheinfeld sind seit dem 16. Jh. mit aufwendigen Dammbauten konserviert worden (Kap. 5.14).

Von Natur aus relativ stabil blieben im untersuchten Zeitraum nur die Mäander zwischen Lichtenfels und Weingarten. Aber auch hier befestigte man seit dem 17. Jh. die Ufer (Kap. 5.2 und 5.3).

Die Mehrzahl der historischen Mäander zeigte aber die typische Dynamik. Sie dehnten sich aus, wanderten talab und brachen durch. Der Fortgang der Bewegung und die Dauer einer Mäanderbildung ließ sich aus den historischen Quellen allerdings selten exakt erfassen. Die wenigen sicheren Angaben zeigen ein differenziertes Bild.

Der Bogen bei Unnersdorf/Staffelstein hatte sich sehr stark in einem einzigen Akt, der zwischen 1537 und 1551 geschah, vergrößert (Kap. 5.3). Der Mäander bei Zapfendorf (Kap. 5.5, Abb. 23) hatte sich im 16. Jh. sogar vollständig während eines einzigen Hochwassers gebildet. (501) Mehr kontinuierlich arbeitete sich ein Mäander zwischen Ebing, Baunach und Breitengüßbach in die Fluren vor. Er brauchte für die Ausbildung seines Reifestadiums 23 Jahre, 1591 brach er durch (Kap. 5.6). Weitaus langsamer bildete sich hingegen der große Mäander bei Dörfleins. Sein Wachstum begann ganz allmählich am Anfang des 16. Jh. Es steigerte sich jeweils in den Zeiten größerer Umlagerungstätigkeiten. Nach rund 300 Jahren hatte sich der 6 km lange Bogen bis zum Durchbruchstadium (1809) entwickelt (Kap. 5.7). Die Mäandrierung bei Steinbach/Limbach und Ziegelanger setzte Ende des 17. Jh. ein. Während der Mäander bei Ziegelanger bereits 1717 durchbrach, bildete sich der flußaufwärtige Bogen zwischen Steinbach und Limbach 150 Jahre lang aus. Seine Bewegung wurde in den 1830er Jahren durch Buhnen gestoppt (Kap. 5.9). Relativ rasch entwickelte sich hingegen wieder der Mäander bei Augsfeld. Seine Mäandrierung begann Ende des 16. Jh. und hatte bis 1650 schon ihre größte Ausdehnung erreicht (2 km Lauflänge). Der Durchbruch erfolgte gute 25 Jahre nach dem Erlangen des Reifestadiums (Kap. 5.10). In nur 20 Jahren hatte sich der Horhausener Bogen (1,7 km Lauflänge) in die Fluren gefressen. Ihn durchstach man 1832 (Kap. 5.11).

Mäander bildeten sich also im Untersuchungsgebiet sowohl sprunghaft, als auch mehr oder weniger kontinuierlich aus. Dabei bedurfte es ganz unterschiedlicher Zeiträume, von einem Jahr bis 300 Jahren, die auch keine Korrelation zur Größe der Flußschlinge aufweisen.

Durchbrüche waren zwar immer einmalige Akte, hatten sich aber oft über Jahre hinweg vorbereitet. Das Beispiel des Dörfleinser Mäanders zeigt wie die Hochwässer bereits eine initiale Rinne in Richtung des späteren Durchbruches ausgekolkt hatten (Abb. 36). Genauso hatten Hochwässer am Hals des Schwürbitzer Mäanders eine Rinne ausgekolkt. Der drohende Durchbruch wurde jedoch durch einen Dammbau verhindert (Kap. 5.1). Der Durchbruch des Ziegelanger Mäanders hatte sich rund 6 Jahre zuvor ebenfalls durch erste Risse angekündigt (Kap. 5.9). (502)

Nach einem Durchbruch oder einem Durchstich verlandete ein Altarm immer von seinem flußaufwärtigen Beginn her. Der flußabwärtige Teil eines alten Bogens blieb daher am längsten mit Wasser gefüllt. Dieser Zustand ist zum Beispiel auf folgenden Abbildungen zu sehen: bei Unnersdorf/Staffelstein (Durchstich 1841, Abb. 18), Zapfendorf (Durchbruch 1593, Abb. 23), Ziegelanger (Durchbruch 1717, Abb. 44) Augsfeld (Durchbruch 1676, Abb. 49), Oberndorf, Berg- und Grafenrheinfeld und Hergolshausen (Durchstiche 1823 und 1828, Abb. 66).
Eine zumindestens teilweise Verlandung des Altarmes dauerte nach den vorliegenden Quellen etwa 10—25 Jahre. Bei Wiesen lagen zwischen dem Durchbruch (1693) und dem ersten Weidenwuchs im alten Flußbett (1717) 25 Jahre (Kap. 5. 3). Bei Zapfendorf hatte sich der 1593 durchbrochene Bogen 24 Jahre später teilweise zugeschüttet (Kap. 5.5). 13 Jahre nach dem Dörfleinser Durchbruch und Durchstich wurden Teile des alten Bettes mit Weiden bepflanzt (Kap. 5.7). Der durchbrochene Regnitzbogen bei Gaustadt (1714) trug 13 Jahre später Weiden (Kap. 5.7). Der Doppelbogen von Trunstadt/Staffelbach war 14 Jahre nach dem Durchstich (1850) größtenteils verlandet und mit Weiden bepflanzt. (503) Der alte Fluß bei Sand trug 1848, 10 Jahre nach dem Durchstich, erste Weidenkulturen (HEROLD 1964, S. 105). 12 Jahre nach dem Durchbruch der Augsfelder Schlinge (1676) waren Teile mit Weiden und Gras bewachsen (Kap. 5.10).
Vielfach sind aber noch heute die tiefergelegenen Teile alter Mäander mit Wasser gefüllt.
An den meisten unbefestigten Durchbruchs- und Durchstichstrecken kam es relativ rasch zu einer erneuten Bewegung. Die Stromspaltung im Bereich des Wiesener Durchstiches hatte sich 13 Jahre nach dem Durchstich eingestellt (Kap. 5.3). Die Dörfleinser Durchbruchsstrecke wies 12 Jahre nach dem Durchbruch wieder Ansätze zur erneuten Mäandrierung auf (Kap. 5.7).

Die Grundform eines mäandrierende Flusses war im Untersuchungsgebiet stark von Formen der Verzweigung durchdrungen. Dabei stellte die Verzweigung den dynamischeren Trend dar. Die schon öfter erwähnten Klagen über Versandungen und der Geländebefund (Kap.3) der historischen Terrassenkörper belegen dies. Diese Tendenz zum „braided river" war sozusagen hausgemacht. Durch seine Tätigkeiten und Eingriffe förderte der Mensch wesentliche Bedingungen für die Flußverzweigung (Kap. 9.1), in dem er zum Beispiel die Instabilität der Ufer und die Sedimentfracht steigerte.
Vor und während der **Staffelbacher Phase** waren es vor allem die Rodung der Talauenwälder und die Errichtung der Mühlwehre, die dazu beitrugen. Die

Talauenwälder wurden in der ersten Hälfte des 14. Jh. gerodet (Kap. 10.3), wodurch sich die Instabilität der Ufer erhöht hatte. Hinzu kam die intensivere Nutzung der Aue als Ackerland. Die Abbildungen in den lokalen Kapiteln (z. B. Abb. 22) belegen ja eindrucksvoll, daß sich in der frühen Neuzeit bereits kein Baum und Strauch mehr in der Aue befand und daß sich der Ackerbau bis an die Mainufer hin ausgedehnt hatte. Dadurch wurden die Ufer natürlich zusätzlich destabilisiert.

Ende des 18./Anfang des 19. Jh., zu Beginn der **Vierether Phase,** steigerte sich dieser Trend noch. Daran waren wiederum mehrere Ursachen beteiligt. Zum einen wurde der Sedimenteintrag durch die Ausdehnung des Kartoffelanbaus erhöht. Wie in Kapitel 10.3 näher ausgeführt wird, verbreitete sich der Hackfruchtanbau flächenhaft zu Beginn des 19. Jh. am Main und in seinem Einzugsgebiet. Für eine entsprechende Wirkung auf den Flußzustand steht das Beispiel des Dunajec Flusses in den Karpaten. Dessen Änderung von einem mäandrierenden zu einem verwilderten Fluß an der Wende zum 19. Jh. führen KLIMEK & TRAFAS (1972, S. 88) auf die gleichzeitige Ausdehnung des Kartoffelanbaus zurück. Über die Wirkung des Hackfruchtanbaues in Bezug auf das Abflußgeschehen siehe auch Kapitel 10.1. Weitere Uferinstabilität wurde im 19. Jh. vor allem durch die Flößer ausgelöst. Gerade jetzt erlebte der Floßhandel ja einen gewaltigen Aufschwung. Im gleichen Maße muß sich dadurch der Uferschaden beim An- und Abstoßen der Flöße erhöht haben. Es wurde schon erwähnt, daß die Zeitgenossen die Versandungen zumindestens teilweise auf die „Flößerschäden" zurückführten (Kap. 6.6).

Als Hauptursache der Versandungen galten den Zeitzeugen aber die Mühlwehre. Zu Anfang des 19. Jh. existierten allerdings weniger Mainmühlen als im Spätmittelalter. Jedoch war inzwischen der Faktor Zeit wirksam geworden, wodurch sich die Verlandungen im Stauraum dem Reifestadium näherten (Kap. 6.2 und Abb. 68).

Der Sedimenteintrag hatte sich also Anfang des 19. Jh. durch anthropogene Einflüsse erhöht. Beinahe gleichzeitig hatte sich in der zweiten Hälfte des 18. Jh. die Abflußmenge etwas verringert, denn dieser Zeitraum ist relativ hochwasserarm (Abb. 75 bei Kap. 7). Das entspricht genau einer der von KRIGSTRÖM (1962) formulierten Bedingungen zur Flußverzweigung: relativ niedriger bzw. sinkender Wasserstand bei relativ hoher Sedimentbelastung (Kap. 9.1). Dieselben Aussagen macht auch SCHUMM (1969), dessen Gleichungssystem in Kapitel 9.1 vorgestellt wurde.

10. DIE URSACHEN DER AKTIVITÄSPHASEN

10.1 VORÜBERLEGUNGEN

Grundsätzlich können zwei Faktoren die Flußdynamik beeinflußen: Klima und Mensch.
— Welche Einflußmöglichkeiten das **Klima** auf das Abflußverhalten eines Flußes hat, wurde konkret für den Main in Kapitel 4 erläutert. Der Abfluß wird direkt und indirekt durch die Niederschläge und die Temperatur gesteuert. Auch die Bereitstellung der Sedimentfracht kann bekanntlich klimatischen Bedingungen unterliegen (Frostspregung, Insolation). Dieser Aspekt kann aber für die historische Zeit vernachlässigt werden.
— Die **Tätigkeit des Menschen** hat ebenfalls direkten und indirekten Einfluß auf die Flußdynamik. Die entsprechende Wirkung der einzelnen Schutz- und Nutzbauten im Fluß wurde in Kapitel 6 vorgestellt. Sehr viel komplexer stellt sich die Beeinflußung durch die Umwandlung der Naturlandschaft in eine Kulturlandschaft dar. Rodung und Landnutzungsänderungen können das gesamte Abflußgeschehen modifizieren.

Aus Untersuchungen im Harz lassen sich die Folgen der Rodung für Abfluß und Sedimentfracht ersehen (DELFS et al. 1958, S. 211 ff.) (504): Auf bloßem Gestein betrug der Abfluß 17 Prozent, die Erosion 1500 g/m² (pro Jahr); auf einer freien Humusoberfläche 4 Prozent und 50 g/m² und auf einem mit Nadelstreu bedeckten Waldboden nur noch 1 Prozent und 4 g/m². Für die Sedimentbelastung der Bäche im Untersuchungsgebiet hieß das: 56 t/km² Schwebstofffracht und 2 m³ Schotter (pro Jahr) belasteten den Bach im Kahlschlaggebiet. Der Bach, der durch den Wald floß, führte nur noch 18,6 t/km² Schwebstoffe und 0,05 m³ Schotter. Durch eine schnelle Begrünung der Kahlschlagflächen konnten innerhalb weniger Jahre Abfluß und Erosion gemindert werden.

Dieselbe Untersuchung zeigte auch, daß der gesamte Oberflächenabfluß in einem Waldgebiet geringer ist als im freien Gelände. Der Grund liegt in der höheren Speicherkapazität des Waldbodens und des höheren Wasserverbrauchs in der Wachstumsperiode.

Nicht nur gegenüber einer Kahlschlagfläche, auch gegen Kulturland weist der Wald einen niedrigeren Abfluß- und Erosionsbetrag auf. So ermittelte FRENZEL (1983, S. 50 ff.), daß sich der heutige Oberflächenabfluß um 7—18 Prozent gegenüber dem bewaldeten Urzustand erhöht haben muß. Zugleich hatte sich auch die Sedimentfracht in den Flüssen entsprechend der stärkeren Erosion auf dem Kulturland erhöht.

Durch die Rodung der Wälder verändert sich überdies auch der Gang des Abflusses, da die Schwankungen zwischen Niedrig- und Hochwasser extremer werden.

Eine Ausprägung der Extreme ruft auch die Beseitigung des Bewuchses am Ufer hervor. WALLNER (1957, S. 18 f.) wies für den Main nach, daß weniger die Korrektion, als vielmehr die mit ihr einhergehende Rodung der Ufervegetation Ursache für eine Versteilung der Hochwasserwelle war. Die Beseitigung der Uferrandsträucher hatte die Rauhigkeit der Vorländer vermindert. Dadurch verkürzte sich die Fließzeit und Spitzenabflüsse wurden bereits bei einem niedrigen Wasserstand abgeführt (HANDEL 1982).

Offenes Land bedeutet also Erhöhung des Abflusses, Erhöhung der Erosion und damit der Sedimentfracht, Akzentuierung des jahreszeitlichen Abflußganges und Versteilung einer Hochwasserwelle, was deren Erosionskraft steigert. In der Summe sind dies alles Einflüsse, die nach Kapitel 9.1 in Richtung eines „braided river" weisen.

Das nach der Rodung angelegte Kulturland umfaßte in einem räumlichen und zeitlichen Nebeneinander die unterschiedlichsten Nutzungen. Je nach Art der landwirtschaftlichen Nutzung ergaben sich daraus wiederum unterschiedliche Abfluß- und Erosionsraten. Generell hält eine dichte Pflanzendecke durch Interzeption einen Teil des Niederschlages ab, schützt den Boden vor der Prallwirkung der Regentropfen, bremst den Oberflächenabfluß, begünstigt die Versickerung und sichert durch ein dichtes Wurzelsystem den Halt der Bodenkrume (RICHTER 1965, S. 143).

Eine Untersuchung aus dem Nordwesten der USA stellte die Erosionsraten von Feldfrüchten relativ zum Abtrag auf einer Brachfläche zusammen (nach RICHTER 1965, S. 146): Der relative Bodenabtrag (Brache 100 %) betrug unter Wald 0,001—1,0 Prozent, bei Weideland 1—1,5 Prozent, bei Wiesenflächen und Leguminosen 5 Prozent, bei reifem Getreide 10 Prozent, bei einem Getreidefeld kurz nach der Saat 40 Prozent und bei Weingärten ohne Deckvegetation 90 Prozent. Eine ähnliche Untersuchung wurde in den Karpaten durchgeführt (GIL & SLUPIK 1972, S. 63 ff.). Dabei ergab sich, daß während eines Regengusses auf einer Getreideanbaufläche 0,01 Prozent des Niederschlages zum Abfluß kamen und dabei 0,006 kg/ha Bodenmaterial ausgewaschen wurde. Auf einer Wiesenfläche waren es 0,05 Prozent des Niederschlages und 0,023 kg/ha Abtrag. Bei Kartoffelfeldern aber floßen 23,6 Prozent ab und es wurden 40 000 kg/ha abgetragen.

Hackfruchtflächen und Weinbauareale sind also die am stärksten von Erosion betroffenen Gebiete. Relativ widerständig sind hingegen geschlossene Wiesenflächen und der Futterpflanzenanbau. Von allen Feldfrüchten bietet die Futterpflanze (z. B. Klee und Luzerne) die optimalsten Eigenschaften zur Förderung der Einsickerung und zur Verhinderung des Bodenverlustes (RICHTER 1965, S. 146).

Je nach Zustand der Felder schwankt die Abspülungsgefahr im Jahresablauf. Sie ist im Spätherbst, Winter und zu Beginn des Frühjahrs durch die abgeernteten oder als Saatbeet vorliegenden Felder entsprechend größer. In strengen Wintern mit Bodenfrost wird die Erosionsanfälligkeit allerdings wieder vermindert (RICHTER 1965, S. 143).

Die unterschiedliche Erosionsgefährdung durch einzelne Anbaupflanzen summierte sich in den jeweiligen Fruchtfolgesystemen. Die ursprüngliche extensive Feld-Weide-Wechselwirtschaft war deutlich erosionsresistenter als die nachfolgende Dreifelderwirtschaft bei der vor allem das Element der Brache die große Erosionsanfälligkeit hervorrief, zumal man durch Beweidung und Umpflügen die Brache frei von Vegetation hielt. Durch den Flurzwang ergaben sich überdies riesige Flächen gleicher Nutzung: Sommer-, Winterfeld und Brache. In historischer Zeit wurde die Abspülung noch durch geringe Pflugtiefe und Düngermangel verstärkt (VOGT 1958, S. 199 ff.). Auch die Wölbäcker förderten die Erosion (HARD 1970, S. 291 ff.).

Erst mit der verbesserten Dreifelderwirtschaft, die sich seit dem 19. Jh. verbreitete, verschwand die Brache. Dies hat auf jeden Fall die Erosionsanfälligkeit des Ackerlandes herabgesetzt. Allerdings bebaute man die Brache seither sowohl mit einer abspülungshemmenden (Futterpflanzen), als auch mit einer abspülungsfördernden (Hackfrucht) Feldpflanze (RICHTER 1965, S. 17 ff.).

Solange noch große Teile der Brache vorhanden waren und gleichzeitig der Kartoffelanbau vordrang, überwogen die abspülungsfördernden Faktoren. Erst mit dem starken Rückgang der Brache konnte sich das stabilisierende Element behaupten (näheres zu der Agrargeschichte Frankens in Kapitel 10.3).

Generell hat sich seit der Rodung im Hochmittelalter die Gefahr von Abspülung und Erosion im Zuge der Dreifelderwirtschaft immer mehr gesteigert. Dieser Trend wurde erst mit Bebauung der Brache, durch Düngung, bessere Bodenbearbeitung und Vergrünlandung im 19./20. Jahrhundert gestoppt.

Die Kapitel 10.3 und 10.4 widmen sich der regionalen Siedlungsgeschichte und dem historischen Klimaverlauf, um auf dieser Datengrundlage letztendlich die Bedeutung der beiden Einflußfaktoren für die Flußaktivität zu klären.

10.2 DIE FRAGE NACH DEN BILDUNGSBEDINGUNGEN SPÄTHOLOZÄNER TERRASSEN IN DER LITERATUR

In diesem Kapitel sollen beispielhaft aus der Fülle der relevanten Literatur zur holozänen Talforschung solche genannt werden, die sich explizit zu der Frage nach den Bildungsursachen äußern.

Viele Autoren vertreten die Auffassung, daß menschliche Aktivitäten zum Teil schon in vorgeschichtlicher Zeit die Abflußschwankungen, welche zur Bildung holozäner Terrassen geführt hatten, verursacht haben. BECKER (1983, S. 57 f.) erkannte aufgrund der Akkumulationsdaten von Baumstämmen in Schottern am Oberrhein, Main und Donau, daß Überflutungen und Sedimentverlagerungen zur Römerzeit und im Frühmittelalter ein nie erreichtes Ausmaß angenommen hatten. Während beider Flußaktivitätsphasen erlebte Süddeutschland eine starke Siedlungsbewegung, zuerst im Zuge der römischen Kolonisation, später durch die allemanisch-fränkische Landnahme. Allein die Expansion der Besiedlung spricht nach BECKER gegen einen gleichzeitigen Klimarückschlag. Vielmehr wurden die Schwankungen durch anthropogene Störung des Naturhaushaltes hervorgerufen.

Ähnlich sollen die Entstehungszeiten spätholozäner Auenablagerungen im polnischen Marchtal mit dortigen Siedlungsphasen korrespondieren (HAVLICEK 1983, S. 215). Zur gleichen Zeit, in der eine starke Ausdehnung des Kulturlandes erfolgte (10.—12. Jh.) und in den ersten Hälften des 13. und 14. Jh., fand eine drastische Erhöhung der Hochfluttätigkeit statt.

In älteren Arbeiten, die sich mit holozänen Flußablagerungen beschäftigen, dominiert ebenfalls die These der anthropogen bedingten Auslösung der jüngsten Ablagerungen.

Aufschotterungen in der Saaleaue ab dem 13. Jahrhundert sind nach STEINMÜLLER (1971, S. 1122 ff.) durch die Besiedlung und Rodung des Einzugsgebietes (Thüringer- und Frankenwald) hervorgerufen worden.

Zusammenhänge mit Ausbauphasen der Besiedlung sehen auch WILDHAGEN & MEYER bei Ablagerungen der Leine (1972).

Bezüglich der Bildungszeit jungholozäner Schotterfelder längs der Donau nimmt FINK (1977, S. 205 ff.) eine — wenn auch undeutliche — Übereinstimmung mit Siedlungsphasen an. Sicher ist zumindestens nach seiner Auffassung, daß es keinerlei Beziehungen zu Klimaschwankungen gibt.

Für die fluviatilen Ablagerungen der Weser vor dem 11. Jahrhundert, im 15.—18. Jahrhundert und ab 1850 will sich STRAUTZ (1963) bei der Frage nach den Ursachen nicht festlegen. Für beide Möglichkeiten gibt es an der Weser Argumente.

Auch BRUNNACKER (1959) ließ in seiner Arbeit über die Gliederung der holozänen Terrassen an Isar, Lech und Donau die Frage nach Klima- oder Mensch offen. In einer jüngeren Arbeit über Ablagerungen am Niederrhein (1978) betrachtet er allerdings Klimaschwankungen als Hauptverursacher der Umlagerungsphasen. So stimmten die Phasen etwa mit Nordseetransgressionen überein. Die Meinung, daß die jüngsten Schotterkörper durch Klimaschwankungen verursacht worden sind, vertritt auch SCHIRMER (1983, S. 39 f.). Zwar findet er in den Auenterrassen an Main und Regnitz Anzeichen für menschliche Aktivitäten spätestens seit der Römerzeit (Ansteigen der Auelehmmächtigkeit und des Bodeneisengehaltes, Aussetzen der Rannen im Spätmittelalter gleichzeitig Ansteigen der anthropogenen Funde zum Beispiel Keramik, Pfähle, etc.), aber der innere Aufbau der Terrassen ändert sich nicht. Nach SCHIRMER besteht daher kein Grund, einen neuen Anlaß neben dem klimatischen anzunehmen. Zumal ja klimatische Schwankungen, wenn auch relativ geringe, im Spätholozän wirksam werden konnten, das zeigt unter anderem die Geschichte der Gletscherschwankungen.

Im Unterschied zu den bisher genannten Arbeiten stellte FRENZEL (1983) die Frage nach den klimatischen oder anthropogenen Ursachen der Abflußschwankungen in den Mittelpunkt seiner Untersuchung. Er betont, daß die im Vergleich zu früheren Zeiträumen schwachen Klimaschwankungen seit 5000 v. h. schwerlich den mehrmaligen Wechsel zwischen Erosion und Akkumulation hervorgerufen haben können. Gerade seit den letzten 5000 Jahren häufen sich die hydrologischen Änderungen, zur selben Zeit vermehren sich auch die Hinweise auf die Siedlungstätigkeit des Menschen im europäischen Raum. Durch die vorgeschichtliche Siedlungstätigkeit wurde der bis dahin dichte Mischwald zu einem lichten Forst degradiert. Diese Änderung in der Bewaldung und der Waldzusammensetzung veränderte den Abfluß viel mehr, als es die relativ schwachen Klimaschwankungen vermochten. Dadurch erhöhte sich aber auch die Erosion und somit die Sedimentfracht. So erklärt FRENZEL den Wechsel von Erosions- und Akkumulationsphasen mit anthropogenen Veränderungen der Vegetation.

10.3 AUSDEHNUNG UND VERÄNDERUNG DES KULTURLANDES

Um die für die Erosions- und Abspülungsverhältnisse wichtigen Kulturlandschaftsveränderungen zu erfassen, ist eine Aufarbeitung der regionalen Siedlungsgeschichte im Einzugsgebiet des Untersuchungsraumes notwendig. Auf der Grundlage dieser Details konnte eine grafische Zusammenfassung erstellt werden, die in Abbildung 79 eingegangen ist.

Landnahme und frühmittelalterlicher Ausbau

Die Schlacht an der Unstrut 531, in der die Frankenkönige Theuderich und Clothar den Thüringer König Hermenfried besiegten, markiert den Beginn der fränkischen Landnahme in Ostfranken. Dabei darf man sich diesen Raum bis dahin nicht als siedlungsleer vorstellen. Gerade die Talräume von Main, Regnitz und Itz waren zu allen vor- und frühgeschichtlichen Zeiten besiedelt gewesen (JAKOB 1959, S. 211 f.).
Trotzdem war die Besiedlung in den ersten fünf Jahrhunderten n. Chr. durch frühgermanische Völker nur dünn und vor allem nicht dauerhaft. Ostfranken war ein Durchgangsland in Richtung Westen. Erste bleibende Siedlungskeimzellen hatten die Thüringer im 5. Jh. von der nördlichen Alb bis in das Grabfeldgau hinein angelegt. Auf diese Keimzellen, zu denen die Orte mit der Namensendung -ingen gehören, stießen ab dem 6. Jh. die Franken (WEIGEL 1953). (505)
Landnahme und Ausbau gingen im Frühmittelalter in drei Wellen vor sich. Im 6. und 7. Jh. gelang die Besiedlung vom Grabfeldgau aus längs der Main-Regnitz-Itz-Furche weit nach Osten. Dieses neue Gebiet wurde im Rahmen der 2. Siedlungswelle, in der ersten Hälfte des 8. Jh., unter Karl Martel (714—741) stark ausgebaut und durch Zurodung erweitert. Unter Karl Martell wurden auch die Königshöfe im fränkischen Grenzraum geschaffen, welche ihrerseits neue Kolonisationsmittelpunkte darstellten. Ein solcher Königshof war zum Beispiel Hallstadt. Damals griff die Landnahme schon weitmaschig über den Fränkischen Jura hinweg und gelangte in die bis dahin leeren Keuperbergländer längs des Mains. Der Raum wurde zunehmend stärker in das karolingische Reich eingebunden: Es entstanden die ersten Gaue und 742 wurde das Bistum Würzburg gegründet. Während der dritten Welle im 8./9. Jh., vor allem unter Karl dem Großen (768—814), vollendete sich die Besiedlung über den Jura hinweg in das

Bruchschollenland hinein. Ab dem 9. Jh. begann eine merkliche Verdichtung im gesamten ostfränkischen Raum. Spätestens im 10. Jh. kann der gesamte Raum von den Gäuen über die Keuperberge und vom Obermainland über den Jura bis zum Bruchschollenland als besiedelt betrachtet werden (EMMERICH 1952, S. 35 ff.; KRAFT 1955, S. 421 ff.).
JAKOB (1959, S. 216) nimmt an, daß im Obermain-Itz-Regnitzgebiet die Masse der Siedlungen während des Ausbaus im 8./9. Jh. entstanden sind. Allerdings gab es hier auch sehr viel ältere Keimzellen. So sollen zum Beispiel Döringstadt, Ebing und Hallstadt vorfränkischen Ursprungs sein. Erst im 8./9. Jh. besiedelt wurden die Keuperberge, die Alb und das Bruchschollenland, wo es noch vor dem 8. Jh. riesige Waldgebiete gab (EMMERICH 1951, S. 30).
Durch Landnahme und Ausbau verschwanden namentlich im 8./9. Jh. also beträchtliche Waldareale im Maineinzugsgebiet. RUBNER (1964, S. 119 ff.) beschreibt den Vorgang der Ausbaurodung: Zuerst wurde der durch Vieheintrieb und Waldnutzung gelichtete siedlungsnahe Wald an der Grenze zum Offenland gerodet. Davon ausgehend wurde der Wald mehr und mehr beseitigt. In den Altsiedlungsräumen war daher schon im Frühmittelalter die Bewaldung zwischen den Ortschaften verschwunden.
Die gerodeten Flächen wurden noch recht primitiv bewirtschaftet, in der Form von Feld-Weide-Wechselland, wobei der Boden durch Haken und Egge nur oberflächlich gelockert wurde (ABEL 1967, S. 17 ff.).

Rodung und Ausbau im Hochmittelalter

Noch im 11. Jh. existierten mit Frankenwald und Fichtelgebirge fast völlig unberührte Urwälder. Kleine randliche Siedlungszellen, während des Ausbaus im 8.—10. Jh. gegründet, wurden im Hochmittelalter Ausgangspunkte der Rodung. Zu diesen Orten zählte zum Beispiel Kronach an der Rodach (EMMERICH 1955, S. 276 ff.).
Die Rodetätigkeit in den großen Waldgebieten kam nach der Gründung des Bistums Bamberg (1007) in Gang. Doch obwohl die Bamberger Bischöfe mit Hilfe der neuen Klöster den „Nordwald" zu kolonisieren begannen, waren noch zu Beginn des 12. Jh. weite Teile der Gebirge unberührt. Einen gewaltigen Aufschwung nahm die Rodung auf den Hochflächen ab der Mitte des 12. Jh. Neben den Bischöfen und den Klöstern betätigten sich jetzt auch die weltlichen Herren im Frankenwald, Thüringer Wald und rund um die Münchberger Gneismasse. Zu ihnen gehörten unter anderem die Herren von Andechs-Meranien aus Lichtenfels. Um 1300 war die Besiedlung des Frankenwalds der heutigen bereits sehr ähnlich (GELDERN-CRISPENDORFF 1930, S. 81 ff.).
Dasselbe gilt auch für das Fichtelgebirge, wo der Rodehöhepunkt ebenfalls im 12. Jh. lag und am Ende des 13. Jh. das Siedlungsnetz in etwa fixiert war. Dabei diente diese Rodung des Grundgebirges noch ausschließlich der bäuerlichen Besiedlung (EMMERICH 1956, S. 177 ff.; EMMERICH 1955, S. 258 f.).
Die großen Rodungen führten bereits im 13. Jh. zu ersten Klagen über Waldschäden (HARTMANN 1951, S. 71 f.). Die neugewählten Bamberger Bischöfe mußten im 14. Jh. sogar schwören, keine Neuroudungen mehr vornehmen zu lassen. (506)

Inzwischen war der Wert des Holzes gestiegen: Im 13./14. Jh. gab es eine rege Ausfuhr aus den Waldgebirgen zu den neuen Städten und in die waldarmen Gäulandschaften, die unter anderem dringend Bauholz benötigten (KÖBERLIN 1899, S. 6 f.).
Nicht nur die großen Waldgebirge wurden gerodet. Schon zuvor hatte man begonnen, die ausgedehnten Waldreste auf Keuper und Bundsandstein zu beseitigen. So wurde im 11. Jh. die Bundsandsteinplatte zwischen Kulmbach und Bayreuth besiedelt (KRAFT 1959, S. 33 ff.). Bereits im 10./11. Jh. hatte die Ausbaurodung größere Waldreste im Bruchschollenland und im Vorland von Frankenwald/Fichtelgebirge erfaßt (HOFMANN 1953, S. 33 ff.). Zur selben Zeit wurden die höheren Lagen der Keuperbergländer (Haßberge und Steigerwald) dem Kulturland einverleibt (KÖSSLER 1964, S. 15 ff; KÖBERLIN 1893, S. 55 ff.). Dieser Ausbau dezimierte den Wald also in erheblichem Maße. (507) Nach dem Rodungshöhepunkt, der im 12. Jh. erreicht war, trat eine Stagnation, am Ende sogar eine Wüstungsphase ein. Diese konnte aber durch eine erneute Welle von Zurodnungen um die Mitte des 14. Jh. wieder wett gemacht werden.

In den Altsiedelräumen veränderte zur selben Zeit die sogenannte Vergetreidung das Bild der Kulturlandschaft. Jetzt wurden für die Ausdehnung des Getreideanbaus die Talauenwälder von Lichtenfels bis Hassfurt endgültig beseitigt. Nach dem Bischofsurbar von 1348 hatten in der ersten Hälfte des 14 Jh. von 88 Dörfern im Obermaintal bereits 37 (= 42 %) Zurodnungen vorgenommen (JAKOB 1956a). Neurodungen am Fluß wurden zu dieser Zeit zum Beispiel bei Döringstadt, Ebensfeld, im Winkel zwischen Itz und Main und bei Dörfleins und Hallstadt angelegt (KÖBERLIN 1893, S. 62 ff.).
Zu den Landvergrößerungen trat eine Intensivierung der Landwirtschaft. Ab dem frühen 12. Jh. verbreitete sich die Dreifelderwirtschaft im Maingebiet (SCHWARZ 1984, S. 146). Aus dem Raum des Albvorlandes und der Regnitz ist bekannt, daß die Dreifelderwirtschaft an der Wende 12./13. Jh. vollständig eingeführt war (WEBER 1965, S. 149).
Allgemein dehnte sich im Hochmittelalter also das Ackerland gegen Wiesen, Weiden und Wälder aus. Das Verhältnis von Ackerland zu Wiese betrug mindestens 11:1. Als Viehweiden dienten Ödland und die Stoppelfelder der Brachzelgen.
Im Hochmittelalter kam auch der Gebrauch des schollenwendenden Beetpfluges auf, der die typischen Hochäcker formte (ABEL 1966, S. 41 ff., S. 88). Solche hochmittelalterlichen Ackerformen sind für den Main-Regnitzraum anhand von Wüstungsfluren belegt (JAKOB 1956a).
Das Hochmittelalter war demnach am Main eine Zeit starker Wandlungen in der Kulturlandschaft: Rodung, Vergrößerung der Ackerfläche, Dreifelderwirtschaft mit der typischen Brache und die neue Pflugtechnik sind Faktoren, die die Erosionsanfälligkeit vergrößerten. Die Seitenerosion des Mains wurde im Besondern durch die Rodung der Talauenwälder (14. Jh.) erleichtert.

Die Entwicklung des Weinbaus

Im Hochmittelalter trat im Untersuchungsgebiet mit dem Wein auch eine neue Anbaufrucht auf, die in der Lage war, Abfluß und Erosion zu steigern.

Nach Angaben in Fuldaer Urkunden war der Weinbau 889 bis Volkach am Main vorgedrungen. Von hier aus hatte er sich zwischen dem 10. und 14. Jh. mainaufwärts verbreitet. Schon vor dem Jahr 1400 bestand Weinbau in den Orten Wipfeld, Schweinfurt (508), Schonungen, Weyer, Obereuerheim, Unter-Obertheres, Wülflingen (509), Hassfurt, Zeil, Steinbach, Dippach, Viereth, Dörfleins, Hallstadt und sogar bei Döringstadt und Banz (510) (WEBER 1884, S. 43 f.; WELTE 1934, S. 32 f.). Erstaunlich ist dabei, daß gerade die östlichen Vorkommen sehr früh genannt werden: zwischen dem 10. und 11. Jh. (511) Neue Weinberge wurden im 12. Jh. auch im Umkreis der Stadt Bamberg angelegt (KÖBERLIN 1893, S. 100).

Der Höhepunkt der Weinbauexpansion lag im 14./15. Jh. Ab dem 15. Jh. betrieb fast jeder Ort im Mittelmaintal mehr oder weniger intensiv Weinbau (WELTE 1934, S. 32 ff.; WEBER 1884, S. 43 ff.). Neue Weinberge in großer Zahl wurden zum Beispiel in der 1. Hälfte des 14. Jh. bei Zeil und Dörfleins gerodet (KÖBERLIN 1893, S. 64 ff.). Das Kloster Ebrach wandelte um 1340 bei Gädheim, Weyer, Untereuerheim, Schonungen, Ottendorf und Wipfeld Äcker in Weinberge um (WIESSNER 1973, S. 20 f.). Am Obermain dehnte das Kloster Michelsberg seinen Weinbau im 15. Jh. aus. Es legte unter anderem neue Weinberge in Dörfleins, Gaustadt, Unterbrunn, Reundorf und Oberhaid an (BRAUN 1977 I, S. 130 ff.).

Im Spätmittelalter hatte sich dadurch die Kulturlandschaft erneut stark gewandelt: Restwälder und Buschland wurden gerodet und in Äcker oder Weinberge verwandelt, auf ehemaligem Ackerland wurden oftmals neue Weingärten angelegt (BRAUN 1977, S. 130 ff.). Am Ende des 16. Jh. war der Weinbau so verbreitet, daß in einer Schweinfurter Verordnung von 1567 verboten wurde, Äcker weiterhin in Weinberge umzuwandeln (JÄGER 1973, S. 7 ff.). (512)

Um 1600 trat eine erste Krise des Weinbaus ein, die durch den 30jährigen Krieg gesteigert wurde: Am Obermain läßt sich ein Rückgang des Weinbaues bereits seit der Jahrhundertwende feststellen (JAKOB 1956a). Im Mittelmaingebiet konnte sich der Weinbau zwar bis in das 19. Jh. hinein halten, mußte aber spätestens ab dem 30jährigen Krieg Verluste hinnehmen (WELTE 1934, S. 22 f.). Teile der Weinberge wurden zu Äcker, Weiden und Wiesen, im 18. Jh. auch in Kartoffelfelder umgewandelt.

Das Obermaingebiet verlor während des Krieges fast alle seine Weinbauflächen (WELTE 1934, S. 22 f.). Von den noch um 1600 ausgedehnten Rebflächen am Obermain existierten im 19. Jh. nur noch kleine Reste: bei Banz, bei Kemmern, am Staffelberg, bei Ober- und Unterbrunn sowie in der näheren Umgebung von Bamberg. Hier trat ein erneutes Weinbergsterben in den 1840er und in den 1860er Jahren ein (WEBER 1884, S. 73 ff.), in Folge dessen der Weinbau endgültig aufgegeben wurde.

Im 19. Jh. setzte auch ein Rückgang der Rebflächen in den Mittelmainlanden ein, der sich in der 2. Hälfte des 19. Jh. verstärkte. Von 1863 bis 1925 nahm die Weinbaufläche in Unterfranken um 70 Prozent ab. In den Ämtern Schweinfurt und Hassfurt betrug der Rückgang sogar 90 Prozent (WELTE 1934, S. 26). Es blieben nur die kleinen Weinbauareale bei Schweinfurt und Zeil erhalten.

Wüstungen und Kriegsschäden

Schon während des Landesausbaus im Hoch-Spätmittelalter war es Ende des 13. Anfang des 14. Jh. im Maingebiet und Frankenwald zu einer Wüstungsphase gekommen. Nur im Frankenwald kam es dabei allerdings zu einer Bewaldung der alten Ackerflächen, denn im Maintal wurden die Fluren von Nachbarn weiterbewirtschaftet. Rund 30—50 Jahre später wurde diese Wüstungsphase wieder durch die Agrarflächenexpansion um die Mitte des 14. Jh. abgelöst. Erst an der Wende 14./15. Jh. machte sich auch im Untersuchungsgebiet die eigentliche dauerhafte Wüstungsphase bemerkbar (JAKOB 1968, S. 252 f.).
Allerdings blieb das Maingebiet, inklusive der Keuperbergländer und der Grundgebirge, von größeren Wüstungen verschont. Der Wüstungskoeffizient liegt etwa bei 14 Prozent. Nur in den eigentlichen Gunstlandschaften, wie dem Grabfeldgau, erreichte der Anteil der Wüstungen 28 Prozent (MÜLLER 1951, S. 51 ff.). Für den Raum des Bamberger Beckens nimmt JAKOB (1959, S. 221) ebenfalls eine relativ intensive Wüstung an. (513) Die Fluren wurden in den Gunsträumen jedoch immer von den benachbarten Dörfern mitbewirtschaftet, wodurch das Kulturland fast unverändert blieb. (514) Durch die spätmittelalterliche Wüstungsphase sind also weder im Untersuchungsgebiet, noch im Einzugsraum des Mains große Kulturlandverluste eingetreten.
Temporäre Wüstungen konnten auch durch verheerende Kriege verursacht werden. Ab dem Spätmittelalter war Franken Schauplatz etlicher Kriege. Die meisten davon bedrückten zwar die Landbevölkerung außerordentlich schwer, waren aber entweder zu kurz oder zu punktuell um einen flächendeckenden Kulturlandverfall zu verursachen. (515)
Schwerste Verwüstungen und zeitweiligen Kulturlandverfall hatte allerdings der 2. Markgrafenkrieg (1552—54) zur Folge. Taktik des Markgrafen Albrecht Alcibiades war das Prinzip der verbrannten Erde. Kaum ein Ort am Obermain und am oberen Mittelmain blieb verschont: Dörfer, Felder und Wälder gingen in Flammen auf (GRIMM 1954, S. 23). Bezeichnenderweise blieb dieses Ereignis auch außerordentlich lange im Bewußtsein der Bevölkerung wach (KRAMER 1957, S. 212 f.).
Ganz sicher verursachte auch der 30jährige Krieg temporäre Wüstungen größeren Ausmaßes. Bis 1630 war Franken von dem Krieg wenig betroffen. 1631/32 aber fielen die Schweden ins Land und durchzogen vor allem die Täler (KIST 1953, S. 45 f.). Im heutigen Unterfranken betrugen die Bevölkerungsverluste 40—50 Prozent. Im Itz-Baunachgebiet waren es 70—80 Prozent. Es ist klar, daß dadurch erhebliche Teile des Kulturlandes brach blieben. Zum Beispiel lagen bei Ebern (an der Baunach) im Jahr 1642 90 Prozent des Ackerlandes wüst. Eines der Hauptschadensgebiete war auch der Raum um Mainberg und Schweinfurt, hier standen über 80 Prozent der Höfe leer. Dadurch verfielen Weinberge und Ackerflächen. Die Folge dieses temporären Verfalls war eine Erosionszunahme, denn mangels Pflege konnten sich Erosionsrillen auf Äckern und namentlich in den steilen Weinbergen vergrößern (JÄGER 1967, S. 132).
Dieser Verfall dauerte bis in das 18. Jh. hinein. Noch im Jahr 1686 befahl eine Würzburger Verordnung alle offengelassenen Felder wieder zu besiedeln (SCHÄFER 1976, S. 197) und im Hochstift Bamberg wurde 1744 eine Instruk-

tion erlassen, auf die öden Hofflächen zu achten und diese wieder neu zu besetzen (DÖRFLER 1962, S. 33).
Die Kriegsdurchzüge im 18. Jh. können im Hinblick auf die Kulturlandveränderung vernachlässigt werden. (516)

Der Wald von der Frühen Neuzeit bis zum Ende des 19. Jahrhundert

Auf der Grundlage der bäuerlichen Erschließung der Grundgebirge entwickelte sich seit dem 14. Jh. eine starke gewerbliche Waldnutzung. Im 14./15. Jh. blühten Flößerei, Bergbau, Sägemühlen und Hammerwerke gleichermaßen. Als Folge davon war der Wald schon an der Wende zur Frühen Neuzeit stark gefährdet (EMMERICH 1955, S. 25 f.).
Ein Beispiel aus dem Amt Vilsek (im Osten der mittleren Frankenalb) dokumentiert, wie rasch Wald vernichtet werden konnte. Hier fiel um 1348 eine Hammermühlensiedlung wüst, weil die dortigen Köhler den ganzen umgebenden Wald aufgebraucht hatten. Ein solcher Hammer brauchte pro Woche 60 Fuhren Holz (JAKOB 1968, S. 254 ff.).
Vereinzelte Zurodungen und Neurodungen kamen auch im 15. Jh. immer wieder vor, zum Beispiel in Teilen der mittleren Frankenalb (SCHELBÖGL 1953, S. 228 ff.) und in den Haßbergen (JÄGER 1973, S. 26 f.).
Der schlechte Waldzustand führte im 16. Jh. zu vermehrten Eingriffen des Staates. Der Markgraf Georg von Bayreuth erließ 1531 eine erste Waldordnung. Sie wendete sich gegen die Entnahme von Bau- und Brennholz, unbefugte Rodungen und Vieheintrieb (HARTMANN 1951, S. 78). Ein Vertrag über schonende Waldnutzung wurde 1565 zwischen Bamberg und Brandenburg abgeschlossen, und 1574 erließ der Würzburger Bischof Julius Echter eine Waldordnung. Von nun an sollte staatliche Aufsicht die Degradierung der Wälder verhindern.
Der ursprünglich dichte Laubwald hatte sich im Maineinzugsgebiet spätestens im 17. Jh. durch die menschliche Nutzung in einen lichten Mittelwald gewandelt. Lediglich in den landesherrlichen Wäldern begann im 17. Jh. eine gewisse Konsolidierung dank des geregelten Mittelwaldbetriebes (JÄGER 1968, S. 598).
Die Ausbreitung des Nadelholzes war ebenfalls eine Folge menschlichen Wirkens. Selbst im Fichtelgebirge dominierte die Fichte auf den Höhen erst seit dem 18. Jh. (FIRBAS 1952, S. 110). Eine detaillierte Zustandsbeschreibung liegt für die Wälder um Bayreuth aus dem 18. Jh. vor. Demnach war durch die Floßwirtschaft, die Hammerwerke, die Eisen- und Glashütten und durch die Entnahme von Bau- und Brennholz um 1750 ein starker Waldschwund eingetreten. Zu diesem Zeitpunkt werden Laub- und Nadelhölzer bereits gleichberechtigt nebeneinander genannt. Die Zeitgenossen vertraten die Ansicht, daß die Waldwirtschaft insgesamt in einem sehr traurigen Zustand sei (DÖRFLER 1962, S. 22 ff.).
Die Nutzung und Übernutzung der Wälder ging also auch im 18. Jh. weiter. Lediglich die staatlichen Wälder blieben davon ausgenommen. Hier gab es erste Ansätze zu einer Aufforstung seit der Zeit der beiden Schönborn-Bischöfe (1693—1729 und 1729—1745) (KÖBERLIN 1893, S. 41, 73). Dadurch traten die Nadelhölzer ihren endgültigen Siegeszug an. So wurden zum Beispiel auf der

nördlichen Frankenalb große Privatforste in der 2. Hälfte des 18. Jh. von Laubwäldern in reine Fichtenwälder überführt. Neben diesen Forsten existierten aber noch weiterhin reine Laubwaldbestände, welche erst ab 1800 von Nadelhölzern dominiert werden (WEISEL 1971, S. 16 f.).
Unter der neuen bayerischen Regierung kommt es von 1825 bis etwa 1870 zu einer Phase starker Aufforstungen. Dabei werden Nadelholz und Hochwaldbetrieb bevorzugt (SCHLÖGL 1954, S. 749). Erst jetzt verschwanden die vielen Lichtungen und Ödflächen, die es um 1830 zum Beispiel noch in den Wäldern der nördlichen Frankenalb gegeben hatte (WEISEL 1971, S. 30 ff.). Im waldreichen Oberfranken überwog um 1890 bereits wieder der Hochwald (DÖRFLER 1962, S. 262 ff.).
In den klassischen Waldgebieten führte die Aufforstung zu einer enormen Erhöhung der Bestände. So konnte sich der Wald im Frankenwald und an der Münchberger Gneismasse zwischen 1850 und 1958 um ein Drittel vermehren, teilweise sogar verdoppeln (FRANKENBERGER 1960, S. 36).

Die Landwirtschaft in der Frühen Neuzeit bis zum 18. Jh.

Seit der 2. Hälfte des 15. Jh. kam es wieder zur Ausdehnung der Agrarfläche. Dabei wurden vor allem die Wüstungsfluren wieder in Betrieb genommen. Im Altsiedelland führte der Bevölkerungsanstieg zur Zersplitterung der Fluren und zur Gewannbildung. Weideland wurde in Ackerland und Ödland in Weideland umgewandelt (ABEL 1966, S. 154). Das Kulturland wurde dadurch einmal mehr ausgedehnt. Im Gäuland zwischen Würzburg und Schweinfurt waren am Ende des 16. Jh. Haufendörfer und zersplitterte Gewannfluren die Regel. Mit 85—90 Prozent der Nutzfläche dominierte das Ackerland. Die Wiesen nahmen nur 5—10 Prozent ein. In den Talniederungen lag ihr Anteil allerdings höher. Daneben gab es noch die extensiven Weideflächen und das Ödland, „Ellern" genannt (JÄGER 1973, S. 10 ff.). Die Abbildungen in Kapitel 5 zeigen wie intensiv genutzt die Tallandschaft in der Frühen Neuzeit war (z. B. Abb. 22). In Gewanne aufgeteilte Äcker nahmen den größten Teil der Flur ein und reichten manchmal sogar bis an den Fluß. In der Regel aber wurden die flußnahen Teile von Grünland eingenommen.
Technisch gesehen verharrte die Landwirtschaft der Frühen Neuzeit bei den mittelalterlichen Zuständen. Weiterhin waren Holzpflug, Hacke und Egge im Gebrauch. Die Pflugtiefe betrug dabei nur 5—12 cm (JÄGER 1965, S. 210).
Im 18. Jh. führte der wachsende Bevölkerungsdruck und steigende Agrarpreise zu einer rationellen Beschäftigung mit der Landwirtschaft. Es entstand die sogenannte „Hausväterliteratur". Als neue Pflanzen, von Agrarexperten hochgelobt und gefördert, traten Kartoffeln und verschiedene Kleesorten auf (ABEL 1966, S. 276 ff.). Diese neuen Früchte führten zu einer allmählichen Bebauung der Brache, wobei die Kartoffel abspülungsfördernd, der Kleebau aber abspülungshemmend wirkte (Kap. 10.1).
Im Frankenwald war die Kartoffel um 1717 aus Sachsen eingewandert. Hier in den ungünstigen Gebirgslagen mit Klein- und Zwergbetrieben war sie bereits um 1750 zu einer Volksnahrung gediehen (KÖBERLIN 1893, S. 92).

In der Markgrafschaft Bayreuth wurde die Kartoffel seit 1750 auf Teilen der Brache angebaut. Einen Aufschwung erlebte der Kartoffelanbau in ganz Franken durch die Mißwuchsjahre von 1769—1772. Trotzdem verblieb noch der größte Teil des Kartoffelanbaus in den Hausgärten, die Brache wurde nur sehr zögerlich verdrängt (DÖRFLER 1962, S. 15 ff., 24 ff.; DIENER 1928, S. 441). Auf der Brache hatte der Kartoffelanbau am Ende des 18. Jh. nur in Teilen der Frankenalb, in der Markgrafschaft Bayreuth und bei den kleinbäuerlichen Betrieben im Raum um Höchstadt (im Steigerwald) Fuß gefaßt. Das Beispiel Höchstadt wird jedoch von einem zeitgenössischen Beobachter als Ausnahme im Bamberger Territorium bezeichnet (DÖRFLER 1962, S. 38 ff.).
Auch der Klee war Anfang des 18. Jh. in Franken bekannt geworden. Seine Vorteile wurden unter anderem von dem Würzburger Ökonom Philipp Adam Ulrich propagiert (SCHLÖGL 1954, S. 17). Ähnlich wie die Kartoffel drang aber der Kleeanbau erst gegen Ende des 18. Jh. auf die Brache vor, die wieder nur zum Teil mit der Futterpflanze eingesät wurde (JÄGER 1965, S. 214).
Im Maintal brach man im letzten Jahrzehnt des 18. Jh. die schlechten Wiesen („Ellern") zu Kleeäckern um. So wurden zum Beispiel bei Rattelsdorf, Zapfendorf und Lichtenfels 1797 solche Kleeäcker geschaffen. Im Itzgrund bestanden schon seit 1770 große Areale mit Kleewiesen (DÖRFLER 1962, S. 39 f., 49 f.). Im Hassfurter Becken war der Kleeanbau um 1790 ebenfalls üblich (ARNOLD 1965, S. 30).
Bei der Umwandlung von Grünland in Kleeäcker ist allerdings keine große Veränderung des Abspülungsvorganges zu erwarten, da beide Bodennutzungen etwa gleichermaßen resistent gegen Abspülung und Erosion sind (Kap. 10.1).
Weder der Kartoffel- noch der Kleeanbau waren im 18. Jh. soweit auf die Brache fortgeschritten, daß bereits von einem grundsätzlichen Wandel in der Landnutzung gesprochen werden kann.

Die Landwirtschaft im 19. Jahrhundert

Eine Gegend, in der schon 1800 die Brache vollständig verschwunden war, war das intensiv genutzte Land zwischen Hallstadt und Bamberg. In diesem Gartenbaugebiet, dessen Wurzeln im Hochmittelalter liegen, wurde eine intensive Fruchtwechselwirtschaft mit dem Anbau von Rüben, Kartoffeln, Klee, Lein, Hanf und Gemüse betrieben (KÖBERLIN 1893, S. 96; DÖRFLER 1962, S. 46 f.). Ohnehin war die Umgebung von Städten eher bereit, die traditionelle Dreifelderwirtschaft aufzugeben. Im Umland von Schweinfurt war die Brache 1814 ebenfalls verschwunden (CHROUST 1914, S. 233). Ansonsten blieb es aber bei der Dreizelgen-Brachwirtschaft.
Einen fast explosionsartigen Anstieg erlebte der Kartoffelanbau nach der Hungerkatastrophe 1816. Bis 1829 stieg der Kartoffelertrag im unterfränkischen Gebiet auf etwa die gleiche Menge wie die Getreideernte an. Nun säte man auch vermehrt Klee in das Brachfeld und in die Ödländereien ein (JÄGER 1965, S. 214). Die reine Brache, die Anfang des Jahrhunderts noch fast ein Drittel der Ackerfläche ausmachte, war 1853 in Unterfranken auf 19 Prozent und in Oberfranken auf 17 Prozent der Ackerfläche gesunken (DIEMER 1926, S. 446 f.). Für das Maintal zwischen Eltmann und Hassfurt liegen genauere Angaben vor: Da

der hohe Grünlandanteil am hiesigen Kulturland (20—30 %) eine reiche Futterbasis bot, gab es um 1850 noch ausgedehnte Brachflächen. Mit 21 Prozent war ihr Anteil im Landkreis Hassfurt überdurchschnittlich hoch. Um die Jahrhundertmitte erfolgte aber auch hier der Übergang zur verbesserten Dreifelderwirtschaft. Durchschnittlich nahm der Hackfrucht- und Futteranbau schon die Hälfte der Brache ein, und die Tendenz war steigend. Hackfrüchte, das hieß in erster Linie Kartoffeln, nahmen 1850 rund 18 Prozent und Futterpflanzen 10 Prozent der hiesigen Ackerfläche ein (ARNOLD 1965, S. 27 ff., 35 ff.).

In ganz Unterfranken war die Brache in der 2. Hälfte des 19. Jh. so zurückgedrängt worden, daß ihr Anteil am Ackerland um 1900 nur noch 6 Prozent betrug (JÄGER 1965, S. 235). In Oberfranken dominierte bereits um 1870 überall die verbesserte Dreifelderwirtschaft. Die Kartoffel war dabei zur Hauptbrachfrucht geworden. 1883 bestand die Ackerfläche in Oberfranken zu 60 Prozent aus Getreide-, 20 Prozent aus Hackfrucht-, 8 Prozent aus Klee- und zu 2 Prozent aus Handelsfruchtanbau (DÖRFLER 1962, S. 218 ff., 228).

Noch im 20. Jh. existierten allerdings Reste der unbebauten Brache weiter. Das System des zelgengebundenen Anbaus wurde in Franken erst nach dem ersten Weltkrieg völlig aufgelöst.

Bezüglich der Ackerbautechnik brachte das 19. Jh. keine großen Wandlungen. Zwar gab es ab der Mitte des 19. Jh. die Eisenpflüge, allgemein aber blieb der Holzpflug mit seiner geringen Pflugtiefe bis in das 20. Jh. hinein in Gebrauch (BORCHERDT 1960, S. 48, 58).

Im 19. Jh. wurde die Brache im Maineinzugsgebiet also vor allem durch den Hackfruchtanbau verdrängt. Die Ausdehnung des abspülungshemmenden Kleeanbaus war geringer und fand zum Teil auf Grünlandflächen statt wodurch keine Änderung der Erosionswertigkeit eintreten konnte. In Zusammenhang mit den noch weithin bestehenden weiten Brachflächen und dem Anstieg des Kartoffelanbaus ab 1816, kann der Zeitraum zwischen 1816 und 1850 als besonders abspülungsintensiv betrachtet werden. Eine Wirkung, die nach 1850 durch die nunmehr starke Abnahme der reinen Brache auslief.

10.4 KLIMASCHWANKUNGEN IN HISTORISCHER ZEIT

Für die Zeit des Frühmittelalters liegen kaum aussagekräftige schriftliche Quellen für die Klimaforschung vor. Hier stützt man sich auf indirekte Zeugen vergangener Klimaerscheinungen: Aufgrund von Vernässungsphasen in Mooren, Gletschervorstößen und Phasen verstärkter Solifluktion rekonstruierte FRENZEL (1977, S. 312) für den Zeitraum von etwa 250—750 n. Ch. ein in der Summe kühles und feuchtes Klima, vor allem gekennzeichnet durch kalte Winter.

Die Zeit ab dem Hochmittelalter ist durch etliche paläoklimatische Untersuchungen sehr viel besser erforscht. Die folgenden Ausführungen stützen sich auf die zusammenfassenden Arbeiten von LAMB (1977), FLOHN (1949, 1957, 1967) und von RUDLOFF (1980).

Im Gegensatz zu den ersten Jahrhunderten unserer Zeitrechnung war das Hochmittelalter eine Epoche der Klimagunst. Daher wird es auch das „Mittelalterliche Optimum" genannt. Das milde und trockene Klima setzte möglicherweise bereits um 800 ein. Sicher nachweisbar sind die höheren Temperaturen in Europa ab 900—950. Die Sommer- und Wintertemperaturen lagen mindestens 1° über den heutigen Werten. Auf die milden Wintertemperaturen deuten zum Beispiel die bis an das Ende des 13. Jh. häufig auftretenden Winterregen. Als Höhepunkt der Klimagunst gilt der Zeitraum zwischen 1150 und 1300. Die Weinberge waren weit nach Norden und Osten vorgedrungen (so auch am Main, Kap. 10.3), Mereswege, die heute vereist sind, waren schiffbar, Gletscher hatten sich über den heutigen Stand hinaus zurückgezogen und die Baumgrenzen in den Gebirgen lagen höher.

Von 1200 an machten sich aber in Osteuropa schon erste Anzeichen für feuchtere Sommer und kühlere Winter bemerkbar. Dieser Trend wanderte langsam nach Westen. Vorerst aber wurde die Klimagunst nur von Perioden kühlerer Witterung unterbrochen, denn die Klimaverschlechterung näherte sich etappenweise. Eine erste signifikante Verschlechterung fand von 1310—1320 statt. Die Sommer waren auffallend kalt und feucht, auch die Winter waren kälter. Namentlich die schlechten Jahre von 1313—1317 blieben den Zeitgenossen als „Klimaschock" im Gedächtnis.

Im 14. Jh. machte sich die allmählich feuchter und kühler werdende Witterung durch stärkere Vereisung von Seen und Flüßen und die Zunahme der Feuchtigkeit in mitteleuropäischen und englischen Mooren bemerkbar.

Die zweite Etappe der Klimaverschlechterung lag in den Jahren von zirka 1430—1450. In dieser Zeit häuften sich erneut kühle Sommer und kalte Winter, und es traten ungewöhnliche Witterungsextreme auf. Am Anfang standen die großen Hungersnöte von 1433—1438, verursacht durch lange, strenge Winter und regnerische Sommer. Eine Serie von außerordentlich harten Wintern fand vor allem 1429—1442 statt. Auch die 1450er Jahre waren eine Dekade mit feuchter und kühler Witterung.

Nach der Jahrhundertwende gab es noch einmal eine Phase der Klimaverbesserung. Diese erreichte aber nicht mehr, wie schon in der zweiten Hälfte des 14. Jh., die Gunst des mittelalterlichen Optimums.

Mit der dritten Klimaverschlechterung um 1550 setzte nun endgültig eine längere kühle Phase ein. Diese Zeit von etwa 1550 bis zirka 1700 wird übereinstimmend als „Kleine Eiszeit" bezeichnet.

Die Jahresmittel der Temperatur lagen rund 1,5° niedriger als in den Jahrhunderten zuvor. Innerhalb der „Kleinen Eiszeit" gab es Abschnitte, die noch kühler waren und zu Gletschervorstößen führten. So der Zeitraum zwischen 1560—1610.

Nach 1700 klang die „Kleine Eiszeit" ebenso schrittweise aus, wie sie begonnen hatte. Der Anfang des 18. Jh. war wieder günstiger mit wesentlich höheren Temperaturen. Mit dem extremen Winter 1739/40 setzte eine erneute Verschlechterung ein, die etwa bis 1750 dauerte. Eine weitere kühle und feuchte Periode, repräsentiert durch Gletschervorstöße, gab es um 1780. An der Schwelle zum 19. Jh. herrschte wieder eine günstigere Witterung. Aber ihr folgten rasch im ersten Jahrzehnt merklich kältere Winter und Frühjahre. Der kalte Abschnitt von 1812—1822 war einer der kältesten seit dem Höhepunkt der „Kleinen Eiszeit" zwischen 1560 und 1610. Während dieser Zeit verursachten Mißernten die europaweite Hungerskatastrophe von 1816. Die Witterung blieb anhaltend kühl, dadurch erfolgte in den 1850er Jahren ein allgemeiner Gletschervorstoß. Dieser Gletschervorstoß war vielfach der weiteste seit 8000 Jahren. Danach endete die kühle Klimaepoche endgültig. Das anschließende günstigere Klima wurde nur noch zwischen 1885—1895 von kühleren Temperaturen unterbrochen.

Diese Übersicht der Klimageschichte kann durch einige jüngere Detailuntersuchungen für den Untersuchungszeitraum (1400—1900) ergänzt werden: ZUMBÜHL (1980) unterscheidet sieben neuzeitliche Vorstoßphasen des Grindelwaldgletschers. Der erste Vorstoß fand zwischen 1570—1600 statt, wobei der Höchststand (hier der höchste der Neuzeit) bis zirka 1640 anhielt. Die nächsten Vorstöße fanden von 1660—1670, von zirka 1665—1720 (dieser war zweigeteilt), von zirka 1735—1745, von zirka 1770—1780 und um 1820 statt. Der letzte Höchststand verfehlte nur knapp die Marke von 1600. Aus ihm heraus findet 1855 ein erneuter Vorstoß statt. Danach zog sich der Grindelwaldgletscher sehr stark zurück. Die Vorstöße um 1890 und um 1925—1930 erreichten bei weitem nicht mehr die Ausdehnung ihrer Vorläufer.

Insgesamt sieben neuzeitliche Gletscherhochstände fand BEELER (1981) im Berninapassgebiet. Hier liegen Gletscherhochstände aus dem 17. Jh., um 1780, um 1820 und um 1850 vor. Die beiden Vorstöße von 1890 und 1920 waren ebenfalls ungleich schwächer als ihre Vorgänger.

Die neuzeitliche Klimageschichte eines außeralpinen Raumes rekonstruierte PFISTER (1980a; b) anhand des Schweizer Mittellands. Aufgrund seiner Untersuchung lassen sich Phasen von relativ kühlen und vernässten Sommern ausgliedern: Solche Phasen fanden von 1585—1600, von 1685—1700, von 1730—1740 und von 1880—1890 statt. Im Rahmen seiner Forschung hat der Autor auch Quellen über stärkere Vereisung von Flüßen und Seen zusammengetragen. Zeiträume stärkerer Vereisung lagen zwischen 1565 und 1575, um 1650—1625, von zirka 1655—1670, von zirka 1680—1700, von zirka 1715—1720, am Ende der 60iger Jahre des 18. Jh., von 1810 bis etwa 1820 und von 1890—1895.

Einen detaillierten Einblick in den Ablauf des historischen Klimas liefert auch der von LAMB (1977) aufgestellte Index der Winterstrenge, den er aufgrund zahlreicher Einzelangaben für verschiedene Breitengrade in Europa ermittelte. (517) Die einzelnen Werte pro Jahresdekade sind im Anhang 3 aufgelistet.

Eine grafische Zusammenstellung der verschiedenen Angaben zur Klimageschichte (Index der Winterstrenge nach LAMB, Ablauf der „Kleinen Eiszeit", Schwankungen des Grindelwaldgletschers und Perioden mit kalten Sommern in der Schweiz) findet sich in Abbildung 79 am Ende des nächsten Kapitels.

10.5. ERGEBNIS: DIE URSACHEN DER SPÄTHOLOZÄNEN TERRASSENBILDUNG AM MAIN

In Abbildung 79 werden die Daten der Flußaktivitäten des untersuchten Mainabschnittes, Daten ausgewählter Kulturlandschaftsveränderungen im Maineinzugsgebiet und Klimadaten für den Zeitraum von 1400 bis 1900 gegenübergestellt.
Der Vergleich weist eine weitgehende Kongruenz zwischen den Flußaktivitäten und den Klimaschwankungen auf. Vor allem die Kurve der Winterstrenge nach LAMB stimmt zum Teil bis in Details mit der Hochwasserkurve des Mains überein. Dort wo sich Widersprüche ergeben, so 1730—1750 mit einer stärkeren Hochwassertätigkeit, welche in dem LAMB'schen Index keine Entsprechung findet, weisen andere Klimadaten (Vorstoß des Grindelwaldgletschers) auf eine kühle und feuchte Periode hin (Kap. 10.4). Dies allein wäre allerdings noch kein Beleg für die klimatische Abhängigkeit der Mainaktivitäten in historischer Zeit. Einseitige Vergleiche können oft dazu verführen, statistische Zufälle als Beweise zu mißdeuten. Erst die „Anhörung der Gegenseite" vermittelt ein zumindestens annäherungweise realistisches Ergebnis. Für die vorliegende Untersuchung bedeutet dies die Berücksichtigung der regionalen Siedlungsgeschichte (Kap. 10.3). Bedeutung für das fluviatile Geschehen haben alle jenen Siedlungstätigkeiten die die Abspülung erhöhten (Rodung, Walddegradierung, Wüstungen, Kartoffelanbau) bzw. die Abspülung hemmten (Aufforstung, Waldschutz, Rückgang des Weinbaus, Bebauung der Brache). Die Zeitpunkte und -räume dieser Kulturlandschaftsveränderungen weisen allerdings keinen erkennbaren Bezug zu den einzelnen Flußaktivitätsphasen A—F auf. Demnach wurden also die historischen Terrassen, die bereits in einer intensiven Agrarlandschaft entstanden waren, noch durch klimatisch ausgelöste Umlagerungsphasen, in denen auch die Alpengletscher vorstießen, geschaffen. Nicht zufällig setzt daher die Bildung der Staffelbacher Terrasse mit dem endgültigen Beginn der „Kleinen Eiszeit" 1430 ein. Sogar noch die jüngste Aktivitätsphase im 19. Jh. endete zeitgleich mit dem Auslaufen dieser „Kleinen Eiszeit", und erst in einem zweiten Schritt wurde ihre Vollendung oder Weiterbildung durch die Mainkorrektion gestoppt. Dafür liefern die Verhältnisse am Obermain Hinweise: Auch hier sinkt die Zahl der Quellen über Hochwässer und über Uferschäden nach 1855 rapide ab, obwohl die systematische Korrektion an diesem Laufabschnitt die natürliche Flußdynamik erst ab 1878 beendete (Kap. 6.1).
Es gibt auch für die Bildungszeit der frühmittelalterlichen Unterbrunner Terrasse (550—850 n. Chr.) Hinweise auf ein kühleres feuchteres Klima (Kap. 10.4), das nach dem oben dargestellten sicher mehr Einfluß auf die Flußdynamik gehabt haben wird als die etwa zeitgleiche Landnahme. Wäre der Mensch in historischer Zeit Hauptauslöser von Abflußschwankungen gewesen, dann wäre auch zu fragen, warum es bisher keine Hinweise auf eine der enormen hochmittelalterlichen Kulturlandausdehnung entsprechende Holozän-Terrasse gegeben hat.

Es ist allerdings unübersehbar, daß alle drei historischen Terrassen (Unterbrunner, Staffelbacher, Vierether) einen vom Menschen geprägten Habitus haben.

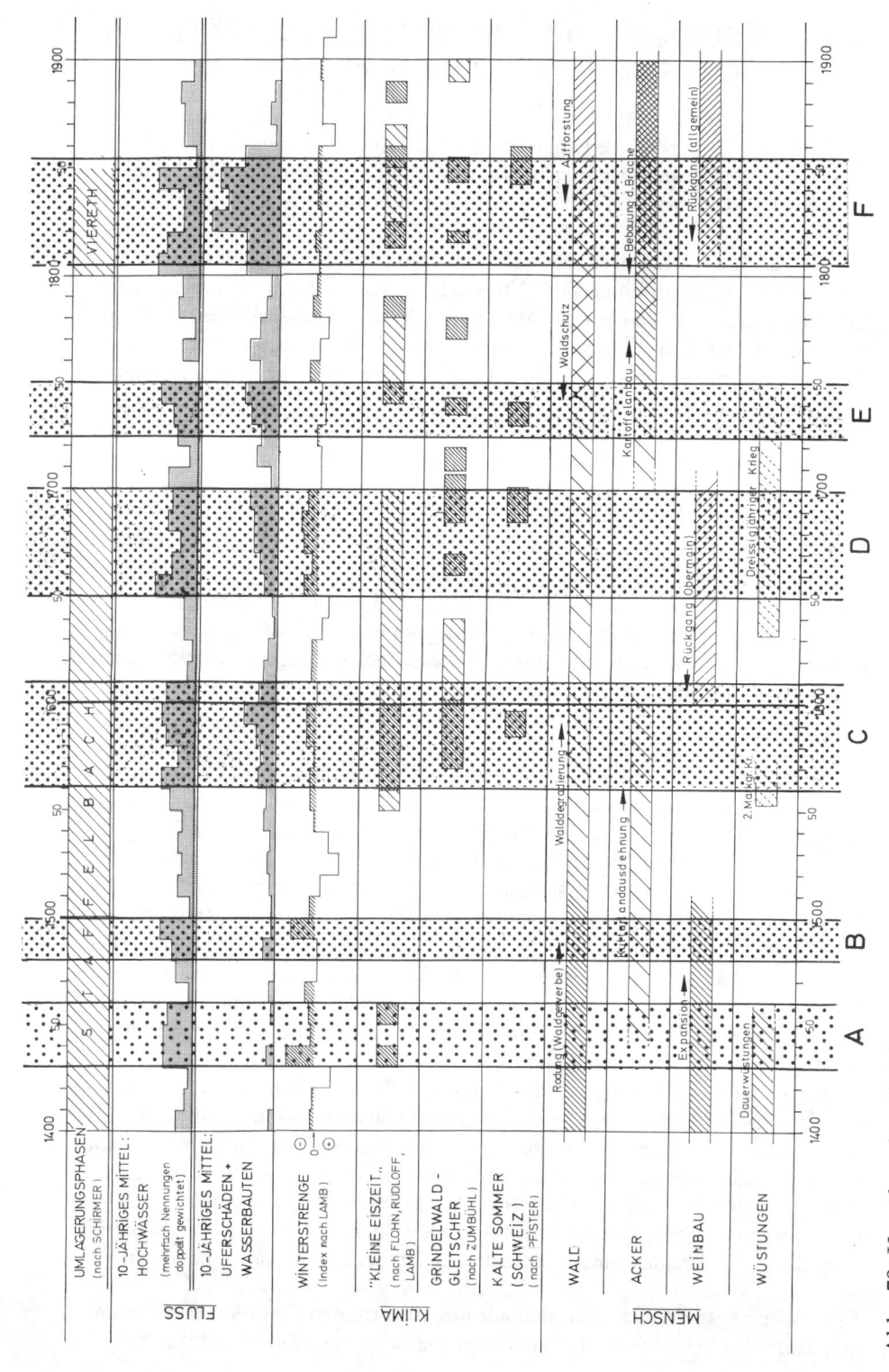

Abb. 79: Ursachen der Aktivitätsphasen mit den Daten der Klima- und Siedlungsgeschichte von 1400 bis 1900

SCHIRMER (1981) konnte anhand der höheren Erosionsbasis nachweisen, daß diese Terrassen von einem flacheren, breiteren Fluß als zuvor geschaffen worden waren. In Kapitel 9.2 wurde bereits dargestellt, daß dieser in den historischen Quellen und Karten nachweisbare Hang zum „braided river" eine Folge menschlicher Aktivitäten war, hervorgerufen durch die Labilität der Ufer und Vergrößerung der Sedimentfracht. Schon die frühmittelalterliche Rodung der Landnahmezeit muß nach dem Geländebefund (Kap. 3) den Zustand des Mains in diese Richtung verändert haben. Unmittelbar vor dem Einsetzen der Staffelbacher Phase im 15. Jh. hatte die Abholzung der Talauenwälder und die Ausdehnung des Ackerlandes in die Aue hinein (um 1350) die Abspülung vergrößert. Unterstützt wurde die Versandung des Flusses durch den Einbau von Mühlwehren im 15. Jh. (Kap. 6.2).

Zu Beginn der Vierether Phase (19. Jh.) näherte sich zum einen die Verlandung im Mühlenstauraum ihrem Reifestadium, zum anderen sorgten gesteigerter Hackfruchtanbau (Kartoffel) (Kap. 10.3) und die Flößerschäden am Ufer (Kap. 6.6) für einen vermehrten Sedimenteintrag.

Das ökologische Gleichgewicht war also bereits in historischer Zeit empfindlich gestört. Das sich in rund 1500 Jahren längs des Mains gleich drei Terrassenkörper bilden konnten, ist ein Ausdruck dieser Störung oder Sensibilisierung des Ökosystems durch den Menschen. Die Abflußschwankungen und die Flußaktivitäten waren Folgen historischer Klimaänderungen, daß daraus allerdings in kürzester Zeit drei Terrassenkörper entstanden, ist Folge der empfindlicher reagierenden Kulturlandschaft. Demnach läßt sich für den Ökofaktor Fluß seit dem Mittelalter ein fast gleichberechtigtes Nebeneinander von Natur und Mensch feststellen, wobei die Natur bei den inneren Steuerungsmechansimen (Flußaktivität durch Klimaschwankung) weitgehend autonom blieb, während der Mensch die äußeren Bedingungen des Ökosystem soweit destabilisiert hatte, daß sich neue morphologische Einheiten mit allerdings noch natürlichem Aufbau bilden konnten. Heute greift die Menschheit bereits in hohem Maße in die inneren Steuerungsmechanismen der Natur ein (z. B. Klimaveränderungen), wodurch sich eine völlig neue Dimension der Umweltveränderungen ergeben wird, die kaum noch Vergleiche mit natürlichen Modellen zuläßt.

11. ZUSAMMENFASSUNG

Dargestellt wurde die Geschichte des Flusses Main anhand eines hydrologisch repräsentativen Ausschnittes zu einer Zeit, in der sich Kultur- und Naturlandschaft bereits intensiv durchdrangen.

Eine Vielzahl von Elementen in unserer Umwelt sind bereits reine Produkte menschlicher Tätigkeiten aus Gegenwart und Vergangenheit. Wie sich das äußere ökologische Bild unserer Landschaft gewandelt hat, ist weitgehend bekannt. Hier ging es darum, den anthropogenen Einfluß auf die inneren ökologischen Steuerungsmechanismen nachzuvollziehen.

Flußdynamische Vorgänge sind solche inneren ökologischen Steuermechanismen, die trotz enormer Kulturlandschaftswandlungen noch lange dem Einfluß des Menschen entzogen blieben. Die Untersuchung diente dem Versuch, die flußdynamischen Bedingungen und die Ursachen ihrer heute mehr und mehr wirksam werdenden Wandlungen mit Hilfe historischer Quellen, unter Berücksichtigung naturwissenschaftlicher Ergebnisse und Fragestellungen, nachzuvollziehen.

1. Die Rekonstruktion historischer Mainzustände führte zu einer Kartierung und Datierung historischer Flußläufe im Untersuchungsraum (von der Rodachmündung bis in das Schweinfurter Becken) vom 15. Jh. bis heute.
2. Die Angaben ermöglichen einen zeitlichen Vergleich des Zustandes des Mains, der in historischer Zeit eine Tendenz zum „braided river" hatte. Die Flußbettumgestaltung war eine Folge direkter menschlicher Eingriffe durch Mühlwehre, durch die Flößer (Uferschäden) und durch indirekte anthropogene Einflüsse wie Abspülungserhöhung in Folge von Rodung und Kartoffelanbau.
3. Die Geschichte des Wasserbaus und seine technische Fortentwicklung spiegelt seine flußdynamische Wertigkeit wider. Uferschutzbauten waren demnach vor dem 19. Jh. für die Flußdynamik von untergeordneter Bedeutung. Auch viele Nutzbauten (Fischfanganlagen, Bewässerungsgräder und Brücken) hemmten den natürlichen Flußlauf kaum. Mühlwehre hatten hingegen einen nennenswerten Einfluß auf das Flußgeschehen, da ihre Stauwirkung zur Umgestaltung der Flußform in einen verzweigten Fluß beigetragen hatte. Erst die systematische Korrektion des 19. Jh. griff massiv in die Flußdynamik ein und beendete die natürliche Aktivität des Mains.
4. Der Vergleich des Bewegungsprofils des Mains zwischen 1400 und 1900 mit Klimadaten und Kulturlandveränderungen ergab, daß der innere ökologische Zustand des Mains, das heißt seine Flußdynamik, bis in die Mitte,

teilweise bis an das Ende des 19. Jh. einen natürlichen durch das Klima gesteuerten Rhythmus beibehalten hatte.
5. Daß sich dadurch in historischer Zeit allerdings gleich drei landschaftsformende Auenterrassen bilden konnten, war eine Folge der äußeren ökologischen Umgestaltung (Rodung, Ackerland), die den Zustand der Aue soweit destabilisiert hatte, daß klimatisch gesteuerte Abflußschwankungen zu vermehrter Umlagerungsaktivität führen konnte.

ANMERKUNGEN

Kapitel 5.1

1 „... der Werd unter dem Kaczenzagel bey Swuerbs, quem dictus Pecz Horant residens in Zewln impetebat." (GELDNER 1952a, S. 21)
2 „... Horant Wöhrd im Main ..." Ba/A 135, 204, 777 (Zitat aus dem Repertorium)
3 „... über die seit langer Zeit vorhandenen Irrungen zwischen Abt Friedrich und ... Lengenfelderin und Conzen Hoffmanns Kinder zu Zeuln, über ein Wöhrd: die Katzenfurt genannt zwischen Zeuln und Trieb..." „... dieses Wöhrd wurde vom Wasser umbrochen, man solle warten auf welche Seite es trocken fällt..." Ba/A 135, 205, 855 + BA/A 135, 205, 857 (Zitat aus dem Repertorium)
4 „Bekenntnis des Wilhelm Marschalk Ritters, daß er von Geheiß wegen seines Herren von Bamberg Gericht gehalten von Bruch und Bau wegen in dem Main, da trat der Abt Friedrich von Langheim und sprach, wie daß sein Vorfahren sel., die von Zeuln, die von Schwürbz und andere einen Hintergang gethan hätten zu bauen in dem Main auf etliche Wasserleut, die ihnen beider Seits ein Herr von Bamberg selbst dazugegeben hatte, und bat, den mit Recht zu fragen wie er für Seine bauen sollt, daß es recht wäre, des gleichen traten die Lengenfelderin und Cunz Hoffmann von seinen Kindern wegen mit desselben Bitte. Die Wasserleute sagten, daß die Herren von Langheim und andere Leute bauen möchten in das Wasser 3 Schuhe jedermann für das Seine, doch daß niemand ein Rad für den Bau in das Wasser halten soll, auf seinem Lande möchte jederman bauen nach seiner Notdurft." Ba/A 135, 205, 853 (Zitat a. d. Repert.)
5 Heinz von Schaumberg bezeugt neuerlich einen Bau, den das Kloster „... an dem Main unter dem Katzenzagel..." errichtet hat. Er bezeugt dem Abt „... sie hetten nicht mer in das Wasser hinein gebaut als dieser Gerichtsbrieff ausweist... das sie die pfel an dem paue des mezzenteils auf trucken Lant gestoßen hetten, der hetten sie doch kein als weit in das wasser gestoßen als der Gerichtsbrief sagt...". Ba/A 135, 194, 247
6 Ba/A 135, 194, 248
7 „Entscheid über den Bau den der Abt von Langheim vor dem Main bei Schwürbitz an Katzenfurt gethan hat." Ba/A 135, 205, 862 (Zitat a. d. Repert.)
8 „Entscheid in der zwischen dem Lichtenfelser Fischmeister Meyer von wegen seiner fürstlichen Gnaden an einem, dann dem Kloster Langheim am anderen Teil, eines Ortswasser halben, die Grube genannt, da itzt die Rodach in den Main fließt bis an den alten Rodachfluß im gemeldeten Meyn,... gewesene Irrung." Ba/A 135, 194, 262 (Zitat a. d. Repert.)
9 Ba/A 135, 194, 244
10 Ba/B 106, 45, Fol. 90 ff.
11 „Aus dem Lichtenfelser Kasten Urbari ist zu sehen, daß vor hundert und mehr Jahren der Mayn, bei dem Ort hart an den Langheimischen Lehen gelegen, gewesene Bamberger Lehen solchen Schaden zugefügt hat..." Ba/B 67 (12), 77
12 Von Seiten des Klosters Langheim heißt es in den „Articuli positionales" unter anderem: „8. Wahr daß der Main vor 60. 70. und mehr Jahren in die Trieber Felder gebrochen ist und dabei auch Kasten Lehen hinweggerissen hat. 9. Das Kloster hat

ober solchem Anriß und Graben einen schweren Wasserbau gemacht, wie er noch zu sehen ist... 10. und dadurch sich der Graben wieder verfüllt hat... 22. Anno 1604 wurden etliche Steinkörbe geschlagen..." Ba/B 67 (12), 77

13 Der Wiesenbesitzer Pankratz Schnapp schreibt an den Bischof: „... und nach dem solche wiesenn wie mennigklichen gut wissen von dem wasser der Rodach mit hinweckreissung derselbigen vil schadens und abbruch erlidenn. Ist doch durch des wassers widerwendung wolfur zehen od zwolf Jaren solcher wiesen wiederumben ...angemahlen worden." Ba/B 67 (17), 3575

14 Aus den bei Anmerkung 12 genannten „Articuli positionales": „7. Wahr, das Marksteine, vor wenigen Jahren noch theils auf fraglichem Ort gestanden, jetzt aber vom Wasser hinweggerissen..." Ba/B 67 (12), 77

15 Aus denselben „Articuli positionales": „3. Das Kloster hat auch tausende von Gulden zum Wasserbau vor langen Jahren und jetzt erst aufgewendet. Es gibt hier 14 Wasserbäue zu sehen, trotzdem wird hier viel Land durch Hochwässer hinweggerissen." Ba/B 67 (12), 77

16 Schreiben des Georg Philipp von Redwiz an den Bamberger Fürstbischof: „Euer hochfürstliche Gnaden, werden gnädigst erlauben, mit unterthänigst gehorsamsten Respect, beschwerend anzubringen, was maßen bereits schon bey 40 Jahren her, wegen der vielfältigen waßer Riße in dem Rodachfluß welchen man wegen Ermangelung theils des holtzes, theils auch der unter einander vermischt liegenden vielerley herrschaftlichen Lehen, dem Waßer Riß darum nicht füglichen, steuern und widerstehen können...". Wenn aber vereinzelt an Grundstücken Wasserbauten errichtet wurden, geschah es, „...daß das wilde Waßer, dem der gebauet, seinen Vorbauung wieder ausgerißen, und weilen die eingelegte baumen, so dan an dem Land befestiget werden müßen, der Schaden bey der gewaltigen wegreißung des baues von dem wilden waßer immer größer worden...". Dadurch ist es nun geschehen „...daß von Redwitz biß Zeuln linker Hand wohl gantze Lehen Stücke biß auf ein geringes Merkmahl ab und weggerissen, zugleich aber sich ergeben, daß jenseits rechter hand eine ungemeine Anschütt sich gefunden,..." Ba/B (17), 3712

17 Ba/B 67 (12), 115
18 Ba/B 54, 2004
19 Ba/B 67 (12), 165
20 Ba/L 41 (Marktzeuln), 643
21 Ba/K 3 F VIIb, 6140
22 Ba/L 41 (Marktzeuln), 643
23 Ba/K 3 F Va, 1984
24 Ba/A 135, 246
25 Ba/A 135, 257
26 Ba/L 41 (Marktzeuln), 646a

Kapitel 5.2

27 Ba/B 67 (16), 26
28 1562 wurde die Anschütt „verpflockt und versteint". (MEYER 1967, S. 28)
29 Ba/B 54, 2069
30 Zu dem Jahr 1673 heißt es: „...ein gar nasses Jahr gewesen,... Im Juli hat es grausames Wetter gegeben, das große Wasserfluten verursachte... An Johannis des Täufers Tag ist die Rodach wie auch der Main und andere Wasser so ausgelaufen, daß es das gelegene Heu meistens weg- und das stehende so verschwemmt und besudelt hat, daß mans kaum gebrauchen konnte. Im folgenden Jahr 1674 am

27. April hat es in hiesiger Gegend so große Geißen [Hagelkörner] geworfen,...". Das Jahr 1675 brachte im Juni dreimal Hochwasser. Im Jahr 1676 war es trocken: Erst am 17. April hatte es den ersten Frühjahrsregen gegeben. Tagsüber war es sonnig und nachts fiel der Reif. 1678 war ein strenger Winter: Karfreitag war der Boden noch hart gefroren. „Im folgenden Jahr 1679 ist wieder ein sehr harter Winter gewesen, dergleichen bei Mannesgedanken sonst nicht gewesen." Im Juli 1679 gab es eine „... große Wassergüß...". (WERNER 1956, S. 145 f.)

31 „... etliche im Fluß liegende grosse Felsensteine, zwischen welchen und der Mayn ein jetzo per vim fluminis abgerissener offener Fahr- und Lehenweg hindurch gegangen, dessen continuation mit G oben beginnet..." Ba/A 240, T 789

32 „Der Köstener Lehen- und Fahrweg, wovon der fördern Theil nächst A durch das entzetzliche Wasser Riß hinweg gerissen und dato nicht mehr zu fahren ist" Ba/A 240, T 789

33 Ba/A 240, T 789

34 Ba/B 93, 567

35 Der Kastner Moser hatte 1733 den Michelauer gestattet „... einen Teil Landes zu durchgraben um dadurch den Maynfluß in ordentliche Schranken zu weisen...". Ba/B 54, 2069

36 Über die Michelauer Bauern heißt es 1741, sie „... können keinen Winterbau mehr treiben [wegen den Wasserschäden],... auch überdeckt Sand und Gries die Felder, daß sie erst in drey Jahren wieder instand sind.". Ba/B 54, 2069
Roppelt schlägt einen neuerlichen Durchstich vor „... in obbesagten alten Durchstich wohin das Wasser wegen seines natürlichen Gewichts, den Zug und Abfall hätte, nun so mehr wieder eingeleitet werden möchte, es müßten dan Zwey neue Thämme aufgeworffen werden...". Dies lehnt die Kommission der Hofkammer ab, weil „... der ganze Fluß den Michelauern, damit quasi vor die Tür geführt wird...". Ba/B 54, 2069

37 Über die Arbeiten fertigte der Bauleiter Rühl einen plastischen Bericht an, worin er die Hitze und die Kälte während den Arbeiten beklagt. Eines der Hauptprobleme aber war, daß nächtens die Leute von Schwürbitz oder Hochstadt kamen und Baumaterial stahlen. Ba/B 54, 2069

38 Ba/B 54, 2076
39 Ba/K 3 F Va, 2002
40 Ba/K3 F VIIb, 596
41 Ba/K 3 F VIIb, 2640
42 Ba/K 3 F VIIb, 2642
43 Ba/B 76 (18), 1

Kapitel 5.3

44 Ba/A 121, 164, 5
45 Anno 1395 „... episcopus Bambergensis appropriavit monasterio decimam in Mittelaw, permutatam ab Alberto Muenczer civi in Bamberg pro curia nostra sita in Weiczendorff." (Zitat aus dem Urbar des Klosters Langheim (GELDNER 1952a, S. 96)).
46 Der Hof Mittelau ist noch bei ROPPELT (1801, S. 172) erwähnt.
47 Ba/B67 (15), 776
48 Der Streitanlaß waren „Etliche zwischen Staffelstein und denen von Unnersdorf die eingeschlagene pfähl und anderes wasser bauen betrefent... 1. wg. d. Baus von Banz

aus unter Unnersdorf im Mewn gegen des Domkapitels Wiesen... 2. wg. der Dult oder Gattern wegen, die untem am Wehrde auf Kapitel Seiten zu bauen angehoben sint... 3. Bau auf der Banzer Seite an einem Anger der Sabats Anger genandt zwischen Unnersdorf und Schönbrunn gelegen... 4. Der Dulden und Gattern halben so durch die von Schönbrunn am Schönbrunner wehrt von neuem zu bauen angehoben sind, die neuen zwo Dulten sollen abgetan werden..." In der Akte aus dem Jahr 1740 liegt diese Gerichtsentscheidung und Wasserbauordnung aus dem Jahr 1485 als Abschrift vor. Ba/B 67 (15), 776

49 „Wenn aber einer bauen will zum Schutze seines Gutes, dann soll er das tun dürfen mit Wissen der Bauleuthe an seinem Ufer uf drey Schuh lang in das Wasser." Ba/B 67 (15), 776

50 „In kurz vorgangenen Jahr hat der Herr von Panntz wegen der Wasserdrängung mit seinem Wehr auf uns verwiesen... In selbiger Zeit, hatt sich in mitten der Wasserstraße ein Werde erhoben, aus Material, das von Schönbrunner Grund und Boden abgemahlen worden ist, aber Banntz hält uns mit Gewalt von der Nutzung ab... Der Abt Heinrich von Banntz hat auch etliche ganz gefährliche Baue, uns zu Schaden in den Main gethan, unter seiner Pau am Mühlgraben, die ihn die Wasserleute geboten haben abzutun. Einiges aber nicht alles hat der Abt abgetan..." Ba/B 67 (11), 431

51 1539 gab es zwischen Unnersdorf und Staffelstein eine „Irrung des Wasserwerck halben und mit Einlegung der Wherd und weyden am Griesanger und Rabenswherd, wg. der Einlegung der Weyden und Weydenwellen [Faschinen]..." Auf Staffelsteiner Seite wurden noch Pfähle gesetzt. Ba/A 90, 502, 3440

52 Im Jahr 1551 heißt es, daß nach dem letzten Vertrag 1539 „... der Mainfluß einen gewaltigen Umbruch gethan, einen Wöhrd (so hivor denen von Staffelstein gewesen und vermöge des Vertrages von ao. 1539, Ihnen bleiben solle) gemacht und von dem Griesanger abgerissen, und aber der Mainfluß, der zwischen diesem Wöhrde und denen zu Unnersdorf Wöhrde, der Rabenswehrt genannt, durchgeflossen, seinen Fluß ganz und gar in diesem 1551. Jahre trucken verlaßen und zugeschüttet...". Ba/A 90, 503, 3445

53 Ba/A 90, 503, 3450
54 Ba/B 93, 1141
55 Ba/B 93, 1141
56 Bei diesem Wasserbau war 1740 „... aber hinterrein der Mayn geflossen... und alles abreissen tut...". BA/B 93, 1142
57 Ba/B 93, 1142
58 Ba/B 93, 1142
59 Ba/B 54, 2069
60 „... nach dem der Main einen merklichen 310 Schritt von dem gemeinschaftl. Kriegs- und Hutanger vor langen Jahren her sukzevize hinweggerissen hat..." Ba/B 86, 48, Fol. 92 ff.
61 „Der Main hat zwischen Hopfgartten und der Mittelau unterhalb Zettlitz seinen Lauf vor etlichen Jahren völlig verlassen und linckher Hand gegen Domprobstei Dorf Wiesen durchgebrochen, mithin das Terrain gegen die Mittelau trucken zugeschüttet hat..." Ba/B 67 (12), 111
62 Ba/B 76 (18), 81
63 Ba/B 67 (12), 111
64 Ba/B 81, 356
65 Ba/B 81, 356
66 Nach Aussage der Staffelsteiner wurden „... lediglich einige Wellen und waidig holz Bündel dahinter gegen das Ufer eingelegt...". Ba/B 46 c, 8
67 Ba/B 46 c, 8

68 Der Steinkasten war noch mit großen „... Fälberling Bäumbe, Weithig und Pflöcke an- und vor solchen Casten noch weithero in Maynfluß hierein angebauet worden...". Ba/B 67 (15), 776
69 Ba/B 67 (15), 776
70 Das Kloster Banz hat, laut einem Schreiben von 1740 „... behufs ihres Wasserbaues in den Mayn eingesenckte Eichbäum nur via facti durch Unterthanen darumben heraushauen zu lassen, all dieweilen mann kurtzhin befohlen, die von Unnersdorf gleichfalls eingelassene Bäum, gleich sonst beschehen, ab gipfeln zulassen...". Ba/B 67 (15), 776
71 Ba/B 67 (15), 776
72 Ba/B 67 (15), 776
73 Ba/K 3 F Va, 1969
74 Ba/K 3 F Va, 1961 I
75 Ba/K3 F Va, 1778
76 Ba/K 3 F Va, 1837
77 Ba/K 3 F Va, 1961 I
78 Ba/K 3 F Va, 1837
79 Der leitende Ingenieur berichtete: „Die ausgegrabene Erde bestund großtentheils aus ganz fetten Lettenboden welcher ahgestochen werden mußte." Ba/K 3 F Va, 1961 I
80 Ba/K 3 F Va, 1961 I
81 Ba/K 3 F Va, 1953
82 Ba/K 3 F Va, 1969
83 Ba/K 3 F Va, 2005
84 Flußkarten des Mains im Wasserwirtschaftsamt Bamberg
85 1509 heißt es „... das Wer und den Werd zu Hausen bei Pantz, wie der zu bauen besichtigt haben..." Li/Zettelkatalog (Hausen)
86 „Die Gemeinde Schönbrunn haben sich beschwert, als der Tham oder der Rham, so den mülgraben der Banzischen Mühle zu Hausen pehelt... zu nachtail braitter, dann der hiervor aufgangen gerichts Handel von 1513 zuleßt, gepauet und ihnen darum nachteilig sei..." Ba/A 121, 166, 162
87 Li/Zettelkatalog (Hausen)
88 Li/Zettelkatalog (Hausen)

Kapitel 5.4

89 Ba/L 47 (Ebensfeld), U5
90 1570 Entscheid „... wegen den Dulten oder Altwasser, ober dem Abschlag an dessen von Giech Wehrte...". Der von Giech mußte demnach von seinem strittigem Bau und „Abschlag" die pfähle ziehen und die „Wellen" (= Faschinen) bei dem Altwasser räumen. Er durfte forthin sein Fischwasser für 8 Tage mit einem Abschlag zubauen, danach mußten die Pfähle und Wellen geräumt werden. Auch darf er sein Altwasser weder verlängern noch erweitern. In diesem Vertrag ist auch der Streit von 1559 zitiert. Ba/L 47 (Ebensfeld), U10
91 „... da die Under Auer den Bau ... zur Beschirmung Ihrer Häuser, und des ganz dorffs halber fürgenommen..."haben, ist er rechtens. Der Main reißt hier beständig „... hinter dem Hirtten Haus zu Under Aw..." ab. Ba/B 81, 280 + Ba/A 110, 72, 498
92 „Anlangend der Döringstadter Anger bey d. Oberen Schüth und Furth erkennen wir das die von Döringstadt solches ihres bauens sich dadurch zu erwehren befugt, alß und dergestalt, daß bede gemeinde Nieder Aue und Döringstadt, sich wo sie das

wassers angriffs zu wehren und bauen macht haben. Jedoch das solche Bäue dem Wasserrecht gemeß, Nemblich uf drei Schuh beschehen." Ba/B 81, 280 + Ba/A 110, 72, 498

93 Anläßlich dieses Streites stellte der Kaiser Rudolph 1586 ein Mandat auf: „Der Main hat vor zwölff mehr oder weniger Jahren bei der Gemeinde Ebensfeld eingerissen, und seinen vorigen Lauf verlassen, dadurch kam dem Giech v. Brunn mehr Land zu, daß er für das seinige hielt..." Das Mandat untersagte Ebensfeld jede feindliche Handlung dagegen. Ba/B 67 (17), 2038
94 Ba/B 67 (16), 46
95 Ba/B 81, 280
96 Ba/B 76 (18), 81
97 Ba/B 67 (12), 111
98 „Sollen sich aber des Flachseinlegens [Faschinen] und mit Gries [Kies] beschweren enthalten, da sonst der Main auf die Giechische Seite geht." Ba/A 90, 466, 541
99 Ba/L 47 (Ebensfeld), A1
100 „Ebensfeld hat sich 1623 understanden einen Graben uf ihr Anschütt am Mayn zu machen und dardurch bey zunehmenden Wasser den sehr starken fluß ganz auf unsere Wiesen, velder und werth zu deren großen Schaden zu treiben..." Der versuchte Durchstich wurde damals verboten. „Vor wenigen Tagen [im Jahr 1628] aber sind die Ebensfelder mit bey ungefehr 100 Mann heimlich und verbotener Weise, sich unterfangen, des vorigen Grabens einen Anfang zu machen..." Ba/B 67 (16), 45
Döringstadt hat seine Flur 1628 „... mit bey 6000 und 200 Wergebuch an Wasserbäuen und obliegt versichert, ohne die Pfähl und die Reisig und Weidig die nechstes Jahr eingelegt werden...". Ba/B 67 (16), 45
101 Ba/B 76 (18), 81
102 Ba/B 67 (16), 46
103 Ba/B 46c, 8
104 Ba/B 67 (15), 652 (II)
105 „Schultheiß und Gemein zu Ebensfeld lassen 8 Steinkörbe, an dem sogenannten Wehrlein bei der Altach c. die von Döringstadt schlagen." Ba/L 47 (Ebensfeld), A2
106 Ba/B 67 (15), 652 (I)
107 Ba/B 67 (15), 652 (I)
108 Oberbrunn beschwert sich 1772 in einem Schreiben bei der Bamberger Regierung über die Saumseligkeit der Frohner aus Döringstadt und vor allem über den Zapfendorfer Zimmermeister, der „... ist aber saumselig geworden und hat stattdessen ohne Not auf der Ebensfelder Seite 12 Schuh über dem Vergleich eine Reihe Pfähle gesetzt, ..., wodurch also das Wasser vor-wie nach auf dem diesseitigen Ufer bleiben-und dessen Übergewicht aller Bau zum Schaden unserer selbst unnützet machen wird...". Ba/B 67 (15), 652 (II)
109 Ba/B 67 (15), 652 (II)
110 Ba/B 67 (15), 652 (II)
111 Ba/B 67 (15), 652 (III)
112 Ba/K 3 F Va, 1835
113 „Dem Amt ist ja, und der Regierung, das Elend dieser Gemeinde allzu bekannt... In diesem Jahr [1834] wieder ein Unglück, was Tag für Tag mehr werden kann. Selbst bei mittelmäßigem Wasserstand ist Unterau einer gänzlichen Überschwemmung ausgesetzt..." Durch den seit mehreren Monate anhaltenden Regen schwoll der Main im Winter auf eine beispiellose Höhe an. Der Strom verließ sein Bett und auf einer Strecke von 100 Schritt Länge wurde das Ackerland am linken Ufer ein Raub der Wellen. „Gegenwärtig ist der Fluß nur noch fünfzig Schritt vom Dorf entfernt..." Ba/K 3 F Va, 1835

114 Ba/K 3 F Va, 1835
115 Ba/K 3 F Va, 1835
116 Ba/K 3 F Va, 1912
117 Ba/K 3 F Va, 1928
118 Flußkarten des Mains im Wasserwirtschaftsamt Bamberg

Kapitel 5.5

119 Ba/B 110, 1100
120 Ba/A 90, 468, 624
121 In der Akte heißt es 1617 von seiten Zapfendorf, die Anschüttung sei „... vor 30. 40. 50. 60. 70. und mehr Jahren hero..." entstanden und seit 50 Jahren wachsen Weiden darauf; vor 32 haben die Zapfendorfer dort den Ackerbau begonnen. Ba/B 67 (15), 531a
122 Ein Schreiben aus dem Kloster Michelsberg schildert den Vorgang: „... alß vor etzlichen Jahren durch diese Rattelsdörfer Grundt, einen starcken durchbruch, Erst in Form eines halben Mondes erthan, und als das Wasser sich wiederumb gesezet, ein arm vom Main, durch die außgespülte dieffe, seinen Fluß einzimbliche Lenge, biß er wiederumb in den alten Fluß gefallen behalten, also daß in der Mitte die grundt bloß und ledig, jedoch etwas überschüttet liegen blieben haben die Gemein zu Zapfendorf, so jenseits des Mains gelegen, wieder Fug, Recht und Billigkeit, deß uf solchen durchgebrochenen und zwischen gemelten Arm, und dem alten Maynfluß liegenden Rattelsdörfische Grundt, als derselbe mit graaß und gesträuchen wiederumb angeflog, himblich und mit gewalt sich zu unterfang denselbigen noch gelegentlich wiederumb zu bauen..., als das Ihrig zu gebrauchen..." Ba/B67 (15), 531a
123 1617 hieß es, daß der Main vor 24 Jahren den Arm verlassen habe. Ba/B 67 (15), 531a
124 1686 datieren die Zapfendorfer diese Mainbewegung auf „... vor etlich 30 Jahren hero...". Ba/B 67 (15), 463
125 1687 kam es zu einer „Beaugenscheinigung" durch den Hallstadter Vogt: „... daß der Ebinger Frühmessacker welcher... ein 12 Simra [Kornmaß] velt nebenst, 2 Tagwerk Wiesen hierbevor gestanden und vor Jahren wegen anstrohmenden Maynflus bis uff beyläufig 9 Simra veld und 1/2 Tagwerk Wiesen abgemahlen. anizo aber alß der Main einen anderen Flußlauf genohmen, diesen Abgang mit abberührt... Wöhrlein (so dermahlen zwar nicht zugenießen oder nuzen) nebst einem Altwasser, welches jedoch nur zum Teil dem acker- und Wöhrt scheiden thät..." Ba/B 67 (15), 463
126 Im Jahr 1698 schreibt der Zapfendorfer Vogt, Ebing hätte sich eine Woche zuvor „...understanden, den oberhalb der neuen Mauern in Bamberg so genand bey den steinernen Stäfelein vorher in einer zimbligen Grümb geflossenen Mainfluß abzuwenten und bey 16 Schuhe waith durch ein Wehr zu graben, wo durch dem stromb führen und eingelaidet...". Ba/B 67 (15), 463
127 Ba/B 67 (15), 463
128 Ba/B 67 (15), 463
129 Ba/B 54, 2079
130 Ba/B 54, 2015
131 Ba/B 54, 2079
132 Ba/K 3 F Va, 1853
133 Ba/B 110, 1108
134 Ba/K 3 F Va, 1797
135 Ba/K 3 F Va, 1806

136 Aus einem Bericht des für Ebing zuständigen Landgerichtes an die Kammer des Inneren von 1816: „Der Main hat bei Ebing seit einigen Jahren eine solche schädliche Richtung genommen, daß schon Fluren und Wiesen hinweg geschwemmt, auf der anderen Seite durch Sand und Kies verderbt wurden. Es droht der Fluß durch die beständigen Hochwasser in diesem Jahr, sich ein neues Bett gegen das Dorf selbst zu nehmen." Ba/K 3 F Va, 1797
137 Das Amt Rattelsdorf berichtet 1817 von den Gefahren des Mains bei Ebing in einem langen Schreiben. Der Fluß teilte sich in mehrere Arme, wodurch die Floßfahrt sehr erschwert ist. Das ufernahe Land wird durch die vielen Landabrisse ständig dezimiert. Das Dorf Ebing selbst ist unmittelbar vom Fluß bedroht. Von einem festen Flußbett kann in diesem Raum keine Rede mehr sein. Der Main bedeckt dadurch eine Fläche von „einer halben Viertel Stunde in der Breite und einer Viertel Stunde in dar Länge." Ba/K 3 F Va, 1797
138 Ba/K 3 F Va, 1797
139 Ba/K 3 F Va, 1797
140 Ba/K 3 F Va, 1806
141 Ba/K 3 F Va, 1797
142 Ba/K 3 F Va, 1987
143 Ba/K 3 F VIIb, 870
144 Flußkarten des Mains im Wasserwirtschaftsamt Bamberg
145 Urkunde von 1735: „Friedrich Carl Bischof von Bamberg erlaubt seinem Prälaten auf dem Closter Mönchberg wegen Wassermangels seinen zu Ratteldorf gelegenen Weiher, ein Schöpfrad in den Main bei Unterbrunn einfangen zu lassen und sich dessen zu gebrauchen." Ba/A 136, 242, 2246
146 Ba/A 136, 242, 2246

Kapitel 5.6

147 „...das holz genant die Nyderau, welches zwischen dem Bygen und Ratelsdorf gelegen ist und auf der einen Seite an den Babenberger Weg, auf der anderen an die Itsch stößt..." (Zitat aus einer Urkunde von 1355 (JAKOB 1956b, S. 64))
148 „...wie der Main durch seinen Fluß ob dem Piegenager hinauf an einem bruch den von Gußbach an ihren Veldern etliches merklich genommen hat und dasselbst gegenüber den von Baunach zugegeben..." Ba/B 67 (15), 616 (Zitat aus einem Vertrag zwischen Breitengüßbach und Baunach von 1485.)
149 Im Vertrag 1485 heißt es, keiner von beiden dürfe „...auf seinem zugemahlenen Grieß [= Kies] Weidenstöcke einhauen, wodurch das Wasser gefehrlich für die andere Seite werden möchte...". Ba/B 67 (15), 616
150 Verhandlungsprotokoll über Abrisse und Anlandungen im Raum Ebing, Breitengüßbach und Baunach von 1598: „...vor ungefähr dreissig Jahren war der Anger ehe ihn der Main gegen Anfang der Sonne bey der Ebinger Wießmath erlangt und berührt ein Stück von zehn und mehr Tagwerk gewesen...". Der Main floß südlich dieses Angers vorbei, „...gegen Mittag...". Er hat sich aber dann „...gewendet und von Jahr zu jahr auf die Ebinger Erbstücke hinein eine Krümb und Bogen gemacht...", bis er den Baunacher „Kriegswehrt" [Name von Gries = Kies] erreicht hatte. Jenes Kriegswehrt stieß im Osten („Sonnenaufgang") an die Ebinger Wiesen und im Westen („Sonnenuntergang") an den Gußbacher Anger. Ba/B 67 (15), 616
151 Dieser Baunacher Kriegsanger wurde durch den Main von 10 Tagwerk auf 2 reduziert. Ba/B 67 (15), 616
152 Während der Verhandlung über die strittige Anschüttung vor dem Lichtenfelser

Wassergericht, hieß es 1597: „...vor 5 oder sechs Jahren der Durchbruch gewesen...". Ba/B 67 (15), 616

153 Die Klagen beschreiben den „... schrecklichen Anblick welches schädlicher Wasser Riß der Main unterhalb der Überfahrt bey Güßbach..." bietet. Ba/K 5 I, 1245

154 Das Material, darunter 6500 Faschinen, war zum Teil bereits geliefert. Ba/K 200 II, 5178

155 Ba/K 3 F Va, 1806

156 Die Gemeinde Breitengüßbach meldete an die Oberfränkische Kreisregierung: „Mehr als 50 Tagwerke unserer besten Grundstücke wurden schon verschlungen und fortdauernd sind die am Fluß gelegenen Felder und Wiesen von Verwüstung und dem Untergange ausgesetzt, ja der ganze Strom droht sogar eine andere Richtung zu nehmen." Ba/K 3 F Va, 1806

157 Ba/K 3 F Va, 1806

158 Entsprechende Beschwerden stammen aus den Jahren 1821 und 1823. Ba/K 5 I, 1245 + Ba/K 5 I, 1249

159 Ba/K 5 I, 1249

160 Ba/K 200 II, 5007

161 Ba/K 200 II, 5007

162 Ba/K 3 F Va, 1837

163 „Das Mainufer ist durch die Flößer und der Ort Kemmern selbst durch den durchgebrochenen neuen Wasserbau aufs höchste gefährdet..." Ba/K 3 F Va, 1853

164 Die Bamberger Bauinspektion berichtete 1836, daß die von Kemmern „... eigenmächtig am Main einen Bau herstellen ohn vorher die Genehmigung nachzuführen.". Ba/K 3 F Va, 1845

165 Ba/K 5 I, 1243 + Ba/K 3 F Va, 1845

166 Ba/K 5 I, 1245

167 Ba/K 5 I, 1243

168 Die Gemeinde Baunach schreibt 1862 an die Baubehörde in Hassfurt: „Es ist hoher Stelle wohlbekannt, daß der Obermain ... bei Baunach ein völlig ungeregeltes nach jedem Mittel- und Hochwasser in seiner Form geändertes Flußbett besitzt, und seine Ufer entweder durch mächtige Kiesbänke überlagert oder momentan mehr oder minder im Abbruch setzt. Häufig ist auch eine bestimmte Begränzung der Ufer gar nicht erkennbar, in der von Altwässern, Kolken und Kiesablagerungen mannigfaltig durchzogenen Auen erst in größer Entfernung ... Uferlinien gezogen werden können... Gewöhnlich ändert sich der Lauf ... alle 2 Jahre..." Wü/Reg. Ab. 2645
Der Hassfurter Bauinspektor schreibt im selben Jahr: „... was nun die von der Gemeinde Breitengüßbach ... ausgeführten Bauten betrifft, ... so reduzieren sich dieselben auf einige ungeordnete Steinhaufen, welche die Gemeinde Breitengüßbach wahrscheinlich in der Absicht, ihre Ufer zu schützen, längs desselben abgelagert haben, und auf die Coupierung einer früher durchbrochenen Kiesinsel gegenüber der Einmündung der Itz..." Wü/Reg. Ab. 2645

169 Wü/Reg. Ab. 2645

170 Ba/K 3 F VII b, 6151

171 Ba/K 5 II, 5048

172 Ba/K 3 F VII b, 878, Ba/K 30,96

173 Ba/K 30, 96

Kapitel 5.7

174 Der Bamberger Kriegsrat und Wasserbausachverständige J. G. Roppelt bemerkte 1781: „Dieser Fluß welcher sich eine Stunde unterhalb Bamberg, nächst dem Ort

Bischberg, mit dem Maynflus vereinbaaret, ist um den dritten Theil stärker als der letztere. Dahero bey dessen Einmündung ehendero der Mayn als die Regnitz seinen Namen hätte verlieren sollen." (KÖBERLIN 1893, S. 10 f.)

175 Ba/A 136, 233, 1497
176 „... eine vom Abt Martin empfangene Wiese uff dem Horb zu Hallstadt gelegen uff 7 Tagwerk gemeßen, aber durch den Mayn zum halben Theil hinweggerissen." Ba/A 136, 233, 1497
177 „Die Wiese im Horb, beym Wasser d. Mbergh Lehen, ... Die Wiese allda, die Ritzmännin gent., leidet schaden vom Wasser." Ba/A 221, 1092, 1
178 1630 berichtet der Hallstadter Vogt über „... den gefährlichen Wasserbau am Zitterberg, welcher vor meiner Zeit, vor Anno 1615 bis dahero ueber 1600 fl [Gulden] an taglohn, außer des holz, so darzu angewiesen worden gecostet, ...". Ba/B 46 c, 614
179 Ba/A 90, 466, 500
180 Bericht von 1699: „... wie das Wasser in dem Hallstadter Fluhr im Baumvelt genannt, an das Dörfles Anger stossend eine alluvion gewachset, welche die Dörfler an sich ziehen wollen, ohn verachtet das Wasser an unserer Flur [Hallstadt] und unseren Grundstücken angeschüdet... seyndt die Dörffleser und vor einem jahr in unsere Fluhr gefallen, haben die Hecken niedergerissen und diese alluvion mit ihrem gehörnten Vieh abgeführt, so daß wir heuer gedrungen und genötigt seyen worden, einen graben vorzumachen und alle attentata zu verhüten, dargegen habe Sie uns mehrmahlen unbefugter Dinger turbiert, den Graben wiederum eingeebnet, ..., so daß wir nimmermehr fried oder freud haben, ..." Ba/B 67 (15), 214
181 Bericht nach einer Besichtigung: „... allwo dann befunden, daß vor vielen Jahren der Mainfluss seinen aluvium in Oberhaider Fluhr gehabt und fast unterhalb Bischberg in die Rettnitz sich ergossen woselbst nach gehender Mainfluß einen anderen Lauff genommen und itzo oben bey Bischberg in die Rettnitz fallet, solcher gestalten denen Oberheydtern durch ihren groß Anger weiden fließ und vorgenohmen Clavio, den alten fluss völlig, nicht weniger denen Bischbergern uf beyder Seiten ein Stück anger liegen lassen ..." Ba/B 67 (15), 281
182 Der Biegenhof war ein Einzelhof, der im Winkel zwischen Main und Regnitz lag. (Abb. 32). ROPPELT (1801) erwähnt ihn noch. Der Hof war sehr von Hochwasser bedroht. Nach 1841 wurde er aufgegeben, heute erinnert nur noch der Flurname an ihn.
183 Ba/A 221, 1092, 3
184 Ba/A 221, 4309, 3
185 Bei Bischberg wurden die Obermainflöße zu größeren Floßstücken zusammengebunden. Die Wiesenbesitzerin klagte über die Schäden, die durch das „... Anpflocken und Festmachen deren Floßstücke, die wegen dem tiefen Wasser umgebunden werden ..." entstanden. Ba/B 67 (15), 421
186 1742 meldete die Gemeinde Hallstadt, der Main „... hat vor 20—30 Jahren seinen Lauf immer mehr hierher gewendet ...". Ba/B 67 (15), 421
187 Ba/B 67 (15), 421
188 Ba/B 54, 1998
189 Ba/K 200 II, 5148 + Ba/K 200 II, 5165
190 Ba/K 211, 1416 + Ba/K 200 II, 5072 + Ba/K 200 II, 5042 + Ba/K 200 II, 5007 + Ba/K 200 II, 5060
191 Ba/K 3 F Va, 1837 + Ba/K 200 II, 5031
192 Ba/K 200 II, 5060
193 Es trat der seltene Fall ein, daß die Regnitz in das „... dermalige im Jahr 1809 enclavierte alte Mainflußbett heraufging und sich ... über das Ufer ... als auch über jenes Enclavement stürzte ...". Ba/K 200 II, 5007

194 Ba/K 200 II, 5031
195 Ba/K 200 II, 5060
196 Ba/K 200 II, 5094 + Ba/K 5 II, 3533
197 Ba/K 200 II, 5094
198 Aus der Bauanleitung: „Keineswegs schräg gestellte mit Kies aufgefüllte Pfahlreihen, an denen beiden Seiten Böschungen mit Senkfaschinen gebildet werden [offenbar die übliche Bauweise], sondern senkrechte Reihen Pfählen zwischen welchen Senkfaschinen aufeinander gelegt . . . werden." Ba/K 200 II, 5076
199 Es wurde ein Flechtzaun mit Faschinenverstärkung hergestellt. Dafür verbrauchte man 15 000 Faschinen, ebensoviele Pfähle und 600 Schock gedrehte Weidenbänder sowie 178 Haufen Bruchsteine. Ba/K 3 F VII b, 841
200 Ba/K 3 F VII b, 841
201 Ba/K 3 F VII b, 841
202 Ba/K 3 F VII b, 847
203 Ba/K 3 F VII b, 847
204 „Der Main droht bey Dörfleins in dem er an der Stelle wo sein ehemaliges Flußbett in den Main mündet eine bedeutende Serpentine beschreibt und die ganze Last des Wassers gerade an der Stelle anprallt, denselben Lauf, Welchen er ohngefähr vor 30 Jahren verließ wieder einzunehmen." Ba/K 5 II, 3533
205 1841 droht sich der Main „. . . in ein kaum 50 Schuh mehr entferntes Altwasser . . ." zu schlagen. Ba/K 3 F VII b, 974
206 Ba/K 5 II, 3514
207 Ba/K 3 F VI b, 4650
208 Ba/K 3 F VI b, 4650 + Ba/K 5 II, 3495
209 Ba/K 5 II, 3495
210 BAYERISCHES STAATSMINISTERIUM 1880, S. 322
211 Ba/K 5 II, 5792
212 Zu der Korrektion bemerkt das Straßen- und Flußbauamt Bamberg 1879: „Die Correction des oberen Mains zwischen der Eisenbahnbrücke bei Hallstadt und der Regnitzmündung bei Bischberg ist an diesem Fluße das erste größere bauliche Unternehmen bei welchem in einheitlicher combinierter Weise den Interessen des Uferschutzes ebenso wie jenen der Floßfahrt Rechnung getragen wird." Ba/K 3 F VII b, 877
213 Ba/K 3 F VII b, 877
214 Ba/B 54, 2079
215 Ba/K 200 II, 5119 + Ba/K 200 II, 5168
216 Ba/K 211, 1410
217 Ba/K 3 F Va, 1809 + Ba/K 211, 1410
218 Ba/K 200 II, 5110
219 Ba/K 200 II, 5110 + Ba/K 200 II, 5163
220 1832 verfassten Bürger aus Hallstadt, Dörfleins, Unterhaid, Oberhaid, Bamberg, Staffelbach und Zeil einen Dankesbrief an den König: „Durch die Mitwirkung der k. Regierung des Obermainkreises haben sich sr. Majestät . . . bewogen gefunden, daß Mühlwehr bei Hallstadt, welche dem Staatsärar sowohl, als auch den angrenzenden Ufer-Bewohnern soviele und so große Nachtheile brachte, endlich gänzlich demoliert wurde . . ." Ba/K 3 F VII b, 848
1837 kommt aus Breitengüßbach die Nachricht, daß die „Wassergefährlichkeit" nach dem Abriß der Mühle sehr gesunken sei. Ba/K 3 F VII b, 849
221 Im Jahr 1545 beratschlagen Baumeister aus Heidenfeld, Nürnberg und Bamberg über die „. . . neu fürgenommenen steinern Brücken über den mayn bei Halstadt.". Ba/B 67 (16), 5

222 Ba/B 46 c, 614
223 Ba/K 3 F VII b, 6151
224 Ba/K 3 F VII b, 871
225 Ba/K 3 F VII b, 1028

Kapitel 5.8

226 Ba/B 67 (15), 772
227 Während einer Gerichtsverhandlung 1558 sagen etliche Zeugen aus, daß das nunmehr strittige Stück Land vor zirka 40 Jahren eine Insel war: „... Fluß so dadurch gangen sei, die Haad gnant worden ... herumb umflossen ... " Ein weiterer Zeuge sagt aus: „Er hat gesehen, das Sandt und Kies das Wasser hirin geführt, desgleichen, das die Underheydter wellen [Faschinen] sollen hinein geworffen haben, damit sich Alt ganges desto eher schüttet." Ba/B 67 (10), 8 a
228 Ba/K 200 II, 5115
229 Die Lage des Altarms wird in einer Akte aus dem Jahr 1827 beschrieben: „Auf der Vizinalstraße, die von Bamberg über Bischberg nach Eltmann führt, findet sich an der Grenze des Ober- und Untermainkreises ein ziemlich tiefer und breiter Wassergraben mit dem Namen der alte Main bekannt, ..." Ba/K 3 F VII b, 977
230 Ba/K 200 II, 5050 + Wü/Reg. Ab. 2678
231 Ba/K 3 F VII b, 977
232 Ba/K 3 F VI b, 4650
233 Ba/K 3 F VI b, 4650 + Ba/K 5 II, 3495
234 Ba/K 5 II, 3808 + Ba/K 5 II, 3621
235 Über die Funde berichtet der Ingenieur Scherpf in einem Schreiben vom 28. 2. 1851: „Soeben kommt der gehorsamst unterzeichnete vom Main Durchstiche, wo sich ein altes Uferdeckwerk gefunden hat. Dasselbe läuft nahehin parallel mit dem neuen Stromlaufe, besteht aus einer doppelten Reihe eichner Pfähle, die 2 Fuß voneinander stehen. Die Länge des schon ausgespülten Theiles beträgt zirka 150 Fuß, nur es scheint von nach oben deutender Ausdehnung zu sein. Allem Anschein nach erstreckt sich dasselbe von Profil 13—18 des 2ten Durchstichs, nur circa 15—20 Fuß vom rechtsseitigen Normalufer entfernt zwischen den Pfählen ist Letten eingestampft." Wü/Reg. Ab. 2740
Durch das weitere Ausspülen der Durchstichsstrecke kamen auch etliche Rannen an der Flußsohle zu Tage, welche entfernt werden mußten. Wenige Tage nach dem ersten Fund entdeckte Scherpf im zweiten Durchstich einen neuen Wasserbau: „... ein Steinbau, aus loser Steinschüttung ausgespült, der in Form einer Buhne angelegt gewesen zu sein scheint." Wü/Reg. Ab. 2740
Wahrscheinlich handelte es sich bei diesem Wasserbau um einen sogenannten Steinkasten.

Kapitel 5.9

236 Der Name Eltmann bedeutet „Alter Main" (RADL 1963, S. 5). Der „Alte Main", ein Bach, durchfließt noch heute die Eltmanner Flur. [1]
237 Wü/Gebr. A. IV E, 222 (Ein Bandwerth ist mit Weiden bewachsen. (LINDNER 1926, S. 98))

238 Wü/Gebr. A. IV E, 222
239 Angaben nach den Eintragungen in der Skizze von 1579 (Abb. 40). Mü/PLS 10303
240 Nach dem Kauf 1651 wurde „... diese Markung umbgangen, undt von undten herauff biß an den Landtgraben, schöne neve rundte stein geszt...".
„... wovon [im Jahr 1703] zwohe nur vorhandten, die übrige aber vom Mainflus hinweg gerissen wordten..." Wü/Gebr. A. IV E, 222
241 Wü/Gebr. A. IV E, 222
242 Wü/Gebr. A. IV E, 222
243 Wü/Gebr. A. IV E, 222
244 Wü/Gebr. A. IV E, 222
245 Wü/Gebr. A. IV E, 222
246 Bei einem Überfall auf Limbacher Anschüttungen 1711 sind die Steinbacher auch in das „Gülthofwehrd" eingefallen und haben „... dergleichen praetendiert//durch welchen wehrt der Mainfluß beginnt einzureysen, und solches von der seyden Limbach abzuschneiden/...". Die Gülthofwiese war die vom Ziegelanger Mäander umflossene Halbinsel. Wü/Gebr. A. IV E, 222
247 Wü/Gebr. A. IV E, 222
248 Es kam zu handfesten Auseinandersetzungen. Die Limbacher wollten 1717 einen Wasserbau aus „Wellen" (= Faschinen) anfertigen. Aber „... es weren ... die Steinbacher mit Schiffsarchen und anderen Bauern Gewähr dahingekommen, und die Wellen auf dem Platz verbrannt, wo die Limbacher zu allem Glück nicht schon über den Main herübergewesen, so würden ohn fehlbar grosse Schlägerei und Morthat daraus erfolget seyn...". Um das Wasser von ihrem neuen Wasserbau abzulenken, hatten die Limbacher auch einen Graben angelegt. Diesen schaufelten die Steinbacher wieder zu und dichteten ihn mit Faschinen und Stauden ab. So unlieb ihnen die Limbacher Wasserbauten waren, so eifrig betrieben die Steinbacher ihre eigenen. Sie erdreisteten sich sogar ihren Uferschutz mit Weidenholz zu bauen, welches sie aus dem Limbacher Wöhrt entwendet hatten. Wü/Gebr. A. IV E, 222
249 Es heißt 1719: „Das Altwasser bei Ziegelanger, war noch ehe bevor vom Main durchflossen, und habe sich vor 2 Jahren der Lauf daraus gewendet..." Ba/B 46 c, 1053
250 Wü/Gebr. A. IV E, 222
251 Ba/B 67 (17), 4367
252 Aus dem alten Eltmanner Gemeindearchiv nach GOEPFERT 1903, S. 186
253 Der Ingenieur Leutnant Dazman zu Würzburg macht den Vorschlag den alten Main durch Damm- und Pfahlbau zu sperren. (GOEPFERT 1908, S. 186)
254 Nach dem Zinsbuch des Gottenhauslehen waren 1772 acht Wiesen „vom Mainfluß gänzlich absorbieret". Als Ursache der vielen Wasserschäden sah man „Erdbeben oder sonst unterirdische Bewegung" an. (GOEPFERT 1908, S. 186)
255 Wü/Admin. 7711
256 Nach einer Inspektionsreise berichtete der Würzburger Landesdirektionsrat Philipp Heffner: „Durch das hinweggerissene Ufer werden jährlich bei Steinbach viele Eichbäume zu Tage gebracht, die eine große Flut vor Jahrtausenden dort eingerissen und mit 8—10 Fuss Erde überführt hat." Diese Rannen werden zu Sesselgestellen, Maßstöcken und Ellen verarbeitet. (CHROUST 1914, S. 23)
257 Wü/Reg. Ab. 2678
258 Wü/Reg. Ab. 2678
259 Ein Gutachten von 1822: „Allein aus den Berechnungen als Folge der technischen Prüfung dieses Gegenstandes, ergibt sich, daß sowohl die von k. Regierung K. d. F. [Kammer der Finanzen] unter 13. April 1822 beantragte Correction... den gewünschten Erfolg nicht haben werden, solange nicht die an mehreren Orten in den

Strom eingebauten Mühlwehre, welche der gleichmäßigen Verteilung des Gefälles nachtheilige Schranken setzen . . ." entfernt worden sind. Wü/Reg. Ab. 2690

260 Wü/Reg. Ab. 2690
261 Wü/Reg. Ab. 2678 + Wü/Reg. Ab. 2707
262 Ein Gutachten von 1832: „Seit der letzten Strombesichtigung haben die Uferabbrüche so zugenommen, daß der Strom das Material nicht transportieren kann. Schiffe können nur noch fahren, wenn die Wehre bei Eltmann das Stauwasser ableiten." In den letzten Jahren waren 13 Morgen Felder hinweggerissen worden. Wü/Reg. Ab. 2678
263 Wü/Reg. Ab. 2675 + Wü/Reg. Ab. 2678 + Wü/Reg. Ab. G 390
264 Wü/Reg. Ab. 2747
265 Wü/Reg. Ab. 2746 + Wü/Reg. Ab. 2656
266 Wü/Reg. Ab. 2656
267 Mü/PLS 18710 (Flußkarte des Mains 1868)
268 Einer der Streitpunkte, die Bamberg vorbrachte, lautete: „. . . ob unser abgeprochen Mule und Brucken wegs der unser vorfarn stifft gehabt hat auff Stiffts grunden zu Sande über den Meyn.". Hier lag auch gleichzeitig eine Bamberger Zollstation: „Mule, Brucken und Zoll halben zu Sand". Wü/Standb. 719, Fol. 118, Fol. 99
269 Die Würzburger antworten auf die Anschuldigung: „. . . nachdem die mewnstrassen, unser und unsers Stiffts ist, darzu ob ein Brucken doselbst gestanden, die war durch unser gewalt nicht abgeprochen hette es aber unser vorfarn solgs eins getan, dan er auch nicht benennet, das war aufs redlichn Ursachs und als an dem seinem geschen . . .". Wü/Standb. 719, Fol. 151
270 Wü/Standb. 719, Fol. 273
271 Ba/B 46 c, 1134
272 Wü/Admin. 15280
273 „Sie [die Eltmanner Mühle] war zu niedrig und da das Mühlwehr unter derselben befindlich war, so trat bei hohem Wasserstand, wo die Schiffe über das Wehr fahren mussten, öfters der Fall ein, dass sie nicht unter der Brücke wegkamen." (SCHANZ 1894, S. 9)
274 Ba/B 81, 485
275 Wü/Reg. Ab. 2690

Kapitel 5.10

276 Im Verhandlungssprotokoll zum Hochstiftstreit 1466 heißt es: „Item als: Vischer die Mewnstrassen mit einem orthswasser [Altarm] verbavet hat derumb sollen bede unser gnedige herren Ir wasserleut auff eine . . . darzu stecken und die mewn strassen wo die unbillich verbavet wer . . . opfen lassen." Wü/Standb. 719, Fol. 259
277 „. . . ein Wöhrd wurde angeschüttet weil die Wasser in itziger Zeit viel angelandet haben . . ." Wü/Gebr. A. III H, 12
278 Die Kartenüberschrift lautet: „Beschreibung und Anzeichnung wie weith sich ao. 1562 die Hassfurth. undt Augsveldter marckung gegen Knezgau und Mariaburgkh. erstrecket haben.". Links unten steht noch einmal: „dieser abryß ist ao. 1582 gemacht". Wü/Pläne I, 488
279 Bei G wird erläutert: „Alda hat der Mainfluß ao. 1582 schon einige dieffe wassergruben von Knezgauer fart biß gegen Hassfurth. an die gen. alte Camerey [Flur in die sich der Bogen einarbeitete] gemacht."
Zu H: „der genannte Ilm Baumb, so der Mainfluß allda dem fluvium aluvionis vor

201

ungefehr 60 Jahren, der alte Bürger und Fischer zu Hassfurt genohmen hat." Nach der Erinnerung alter Hassfurter Bürger befand sich hier um 1610 der Mainlauf. Wü/Pläne I, 488

280 Die folgenden Erläuterungen sind der Karte von 1679 entnommen worden: „... der Maynfluß so lauter anschüdung, die Haßf. Güder ahgerisen, so bey 280 morg. Lehen ... von ao. 1600 biß 1654 verlohren gang..." Wü/Pläne I, 483

281 Wü/Pläne I,483

282 Zitat aus der Erläuterung: „Fluß am Main alß durchbruch ao. 1676 geschehen..." Wü/Pläne I, 483

283 Der Name stammt von einer nahegelegenen Wüstung zwischen Knetzgau und Mariaburghausen. Der Ort war schon 1301 wüst. (BRANDL 1885, S. 241)

284 Die Bamberger Partei wollte das Wöhrt wie gehabt teilen. Von Hassfurter Seite steuerte man eine Drittelung zwischen der Stadt, Mariaburghausen und Zeil (Bamberger Hoheitsgebiet) an. Entsprechende Grenzsteine, die Hassfurt setzte wurden zerstört. Angeheizt wurde der Streit sicherlich durch die Tatsache, daß das Wöhrt im Jahr 1688 mit „graas" und „bandt" [Weiden] bewachsen, also nutzbar war. Vorläufiger Höhepunkt war das Auftreten der mit Flinten bewaffneten Knetzgauer im Jahr 1689, welche einen Ochsen der Augsfelder erschossen. Wü/Gebr. A. IV H, 82 + KEHL 1948, S. 102, 353

285 Wü/Gebr. A. IV H, 80

286 Die Hassfurter hatten die Fischsperre errichtet, um ein Aufwärtswandern der Fische zu verhindern. Die Knetzgauer Fischer rissen die Sperre ein. (MAUER et ali. 1971, S. 240)

287 „Um den Main in seinem Flußbett zu erhalten, errichten die Dorfgenossen die Hoia: Ihr Boden wird vom Haßfurter Wehr herangebracht und am Ufer erfolgt der Zusammenbau. „Hund" und „Katz", zwei wichtige Auslegeteile verbindet man mit Körben und Leitern. Ist der Hoia-Block auf Grund gelassen, rammen die Bauern schwere hölzerne Pfähle in den Boden. In die Zwischenräume kommen Holzschwellen, Rannen und Flechtstangen. Ein Netz Faschinen dichtet zum Fluß hin ab. Auf Schelchen herbeigeführte Steine übernehmen dann hinter diesem Holzgitter die Uferbefestigung. Gearbeitet wird zuerst in der Tiefe, wobei die Hoia das Mainwasser abdrängt. Mit fortschreitendem Uferbau wird der Hoia-Block aufwärts geführt, bis der normale Wasserstand hergestellt ist." (WAILERSBACHER 1980, S. 80)
Eine solche Hoia muß früher ein gebräuchliches Wasserbaumittel gewesen sein. In einer Rechnung über einen neuen Uferschutzbau an der Regnitz am Weg zwischen Bamberg und Gaustadt 1608 wird immer wieder der Posten „am Hoia getzogen" genannt. Stadt Ba/B 5, Nr. 51

288 Aus einem Schreiben der Universität Würzburg an den königlichen Fiskus: „Seit einigen Jahren hat der Mainfluß von unserer Wiesenflur zu Mariaburghausen, die Sauleithe genannt, soviel abgerissen, daß ... Neun und einhalb Morgen 22 Ruthen bereits weggerissen sind ... Wir mußten ... unseren Pächtern eine Entschädigung gewähren, welche von 1817/18 bis 1822/23 in 240 Gulden, ... bestehet." Wü/OLG 2259

289 Wü/Reg. Ab. 2694 + Wü/Reg. Ab. 2645

290 Diese Korrektion wurde im Jahr 1834 geplant, unklar bleibt ob sie damals auch ausgeführt wurde. Wü/Pläne I, 526

291 Mü/PLS 18710 (Flußkarten des Mains 1868)

292 Wü/Ger. Elt. 307

293 Wü/Reg. Ab. 2788

294 1843 heißt es: „Dem Dorf Knetzgau gegenüber erstreckt sich, vom rechtsseitigen Ufer ab eine Kies- und Sandbank ... daß die Schiffe und Flöße bey der Main Überfahrt

sich dem linsseitigen Ufer nähern, und eine Lücke des zerstörten Wehres der Main Mühle bey Knetzgau schräg durchfahren müssen; zu beyden Seiten dieser Lücke stehen spitzige Pfähle und Steine, ..." Wü/Reg. Ab. 2788

295 Wü/Reg. Ab. 2744
296 Wü/Reg. Ab. 2788
297 Ein Gutachten kam zu dem Schluß: „Indessen wird der Fluß wegen einer einzigen Mühle aufgestaut, und sie ist Ursache häufiger Überschwemmungen, und der zunehmenden Untiefen des Flußbettes." Wü/Reg. Ab. 2694
298 Wü/Reg. Ab. 2663 + Wü/Reg. Ab. 2707

Kapitel 5.11

299 Zitat aus der Schlichtungsurkunde von 1403: „... aller Unwille soll absein, Fuchs das Kloster wegen des Altwassers und Wehres im Main oberhalb Theres (Frohnweidach) nicht weiter irren; das Kloster darf das Wehr, welches Fuchs zerstört hat, wieder bauen und machen." (Nach WIELAND (1908, S. 9 f.))
300 Wü/WU 64, 212
301 Von dem „Grevenwehrt" behauptet der Jakob Fuchs: „... sei vor Zeiten das Wasser drumb gegangen, und hab nu an einer Seite den Fluß genommen ... das underziehe sich der Abt ..." Dabei war die Anschüttung gegen Wonfurt hin trockengefallen, wie sich aus der Formulierung des Urteils schließen läßt: „... würdt das Wasser aber seinen Fluß zu zeigen umb den Werth gewinnen, das man trockenen Fuß darzu nit gehen könnte, so soll als dann der Abt und dz Closter zu Theres ihrer Rechte was sie der an dem Werth hetten, hiermit ... unverschieden und vergolten sein ...". Demnach war die Anschüttung zur Zeit eben nicht vom Kloster aus trockenen Fußes zu erreichen. Wü/WU 64, 212
302 Vertrag von 1453 „Von Bew wegen des Altwassers und Wehrt im Main obendige Theres in dem Frohnweidach...". Den Wasserbau in dem Altwasser muß der von Fuchs entfernen, die Anschüttung wird versteint. „... und dz dem Abt Closter ..., das Landt, das dann in zukünftigen Zeite, und sodann der Main in seinem rechten fluß und strome gewesen ist, wann wie und wenn derselbe gemeine Fluß verdruckt, ..., ganz, oder eines Theils, so will dann derselbe Fluß des Mains, verdrucket, oder zu Sand, Erdreich oder zu wehrten würd, und ob der Einfluß des Mains und Wassers also bestünde, und nicht verdrucket, so sollte jedoch solch Land, wehrte und sandt und der Fluß des Altwassers pleiben, und des Closters sein ..." Das heißt noch ist die Anschüttung vom Wasser umflossen. Das Kloster sicherte sich aber bereits für die Zeit nach der Austrocknung die Besitzrechte. Wü/WU 64, 212
303 Dabei werden die Besitzrechte des Klosters von 1453 wiederholt. (WIELAND 1908, S. 10, 74)
304 Das Frohnweidach hatte inzwischen den Namen in „Füllenwerth" gewechselt. Die Marksteinsetzung mußte gegen die Ansprüche des Rittergutes Wonfurt erneuert werden. Ba/A 86, 351, 77
305 Das „Kriegswerdt ... oben im Mayn umb herrn Eberharts von Schaumburgk aldt wasser liegendt..." wurde 1469 an Hanns Klumpen aus Hassfurt verliehen. Wü/-Standb. 637, Fol. 67
306 Wü/Standb. 637, 76
307 Wü/Standb. 637, Fol. 74
Bis 1592 hatte sich der Main, schon soweit von der Anschüttung entfernt, daß man

Feldbau betreiben konnte: Statt „... banden und Hecken und ungebautem feld, ... jetzt aber gereutt und zu fruchtbarem boden und feldtbau merrenteils gemacht, ...". Die Pächter, zumeist Hassfurter Fischer klagen aber über die alljährlichen Überschwemmungen. Wü/Standb. 637, Fol. 69

308 Aus der Kartenerläuterung: Signaturen C und D: „... der Arm vom Main, welcher ao. 1595 ist gantz verschütt worden, durch welchen zuvor die Hassfurter ire besserung zu ihren Weinbergen haben gefürth. und darin biß unden hinauß im Main gefahren und gefischt ..."

309 Signatur B: Nachdem die Hassfurter dort „frevlerisch" eingefahren waren, wurde hier die „... under Verplanckung, ... durch Thereß den 19. April 1603 ... aufgebautt, ... durch die Hassfurther bürg den 4. Octob. 1604 wieder abgehauben ...".
Signatur A: Hier befand sich seit Jahren die „obere Verplanckung", „... um das Altwasser vor hinwegflössen der Fische zu schützen ...". Ba/B 46 c, 831

310 1590 wird ein „Pandwerth" [Weidenwehr] unter den Oberthereser Bauern aufgeteilt, „... alldieweil aber solcher Werth zugenommen, und wo denn als auf Undertheress, etliche aeker worauff mang genug Bandt [Weiden] von Zeiten befunden...". Wü/Standb. 634, Fol. 1

311 Der Hinweis entstammt einer Skizze und Erläuterung aus dem Jahr 1675. Es heißt darin, daß der Main noch vor 30 Jahren einen anderen Lauf gehabt hatte, sich nun aber gewendet habe, dergestalt, daß sich der Grenzbach nach Norden verlängert hat. Wü/Gebr. A. IV T, 6

312 1770 hieß es, „dem Closter ... dienlicher Sandhaufen bey 7. acker über den Main herüber ...". Eine Skizze (ohne Abbildung) bestätigt die Lage. Wü/Gebr. A. VII T, 9 + Wü/Gebr. A. VI H, 209

313 1827 schreibt die Gemeinde: „Sind die Gefahren durch jeden Eisgang und jedes Hochwasser seit 24 bis 25 Jahren gewachsen." Wü/Reg. Ab. 2688

314 Aus dem Begleitschreiben zum Plan von 1828: „Nach dem biß zum Jahre 1808 der Mainstrom sein Beet unserer Gemeinde und unserer Güterbesitzer zum Nachtheile sehr verändert hatte, so ließen dieselben durch den Feldmesser Leissentritt von Haßfurt den Mainstrom aufnehmen, um darauf die Bitte zur Mainkorrektion und Nachlaß der Gült und Grundzinsen ... zu gründen. Da nun seit dem Jahr 1808 der Mainstrom von Jahr zu Jahr immer tiefer sein Beet in unsere Marckung schob, so zwar, daß wir unsere besten Äcker und ... Hutplätze verloren hatten, bitten wir um Hilfe ..." Wü/Reg. Ab. 2678

315 Der zuständige Kreisingenieur unterstützte die Bitte, da die Gemeinde durch ständige und nutzlose Schutzbauten völlig verarmt war. Wü/Reg. Ab. 2688

316 Das Kloster war nach der Säkularisation, 1804 verkauft worden. (VOGT 1979, S. 11)

317 Wü/Reg. Ab. 2678

318 Mü/PLS 18710 (Flußkarten des Mains 1868)

319 Bei Verhandlungen um die Errichtung einer neuen Mühle bei Grafenrheinfeld/Röthlein im Jahr 1563 wurde auch das Beispiel von Ober- und Untertheres genannt: „Item find es sich auch, das zwischen Hassfurt und Schweinfurt am Kloster Theres und dem Dorff Untter Theres beder ... neue Muellen in wenig Jarren mit geschlagenen Wehren am Main uffgerichtet worden." Wü/Ger. Sch. 444

320 Eine Strombesichtigung mit Vertretern aus fast allen fränkischen Gebieten, nannte unter anderem bei Theres ein Schiffahrtshinderniss. Üblicherweise waren damit Mühlwehre gemeint. (HOFFMANN 1940, S. 123)

321 Beschwerde der Untereuerheimer aus dem Jahr 1594:
„It, war das beklagter Herr Abbt, anno Neunzigk, mit andere, und neue Mühl, underwehrts gegen den articulierten Sehe zu bauen [Wildensee], und das Wasser durch einen neuen gemachten Graben biß zur Mühl zu stemmen ..."

Als Folge wurden die Wasserräder der Untereuerheimer „verdorben". Wü/Admin. 7310
322 Wü/Standb. 647, Fol. 6, 8

Kapitel 5.12

323 Dieser Vertrag wird 1692 in einer Schlichtungsurkunde, in der es um ähnliche Streitpunkte zwischen Weyer und Forst ging, genannt: „... wegen dessen Main Anschütt bey Ihr Forstheimer übern Maynfluss so herüber neben und zwischen Weyerer Marckung ligenen Ebrach. Lehenbaren wehrtwiesen, so vermög Ao. 1467 aufgerichteten Compromis oder Schiedsbrief, Neunt halb acker sein soll..." Wü/WU 106, 207
324 Wü/Ger. Sch. 304
Diese Akte ist selbst nicht datiert. Es gibt aber Anschlußakten, die sich auf erstere berufen, die ab 1603 angelegt wurden: Wü/Ger. Sch. 684 + Wü/G 17417. Daraus läßt sich schließen, daß die fragliche Quelle wenige Jahre zuvor entstanden sein muß.
325 „Kundschafft wegen Schonunger Marckung, vorn des Mayn gegen Weyhers zu" Zeugenbefragung: „... weile immer der Mayn uf ihrer Seite [Schonungen] genommen und gegen Weyhers angeschüttet, hetten die Weyherer immer nacher gereudet und gertlein gemacht, undt wie der Augenschein gibt, noch teglich anschütte..." Wü/Ger. Sch. 304
326 In dem Lehen- und Lagerbuch heißt es von mehreren Schonunger Wiesen, sie seien „ohngangbar", weil sie „... durch das wasser hinweggeschüttet...", oder „... durch den Maynfluß hinweggeflößt..." waren. Wü/Rentamt Sch. 35
327 Forst hatte sich unterstanden „... von ihrem Landt, mitten durch den Main und über zweyhundert Schritt lang ein Währ von Wällen, büschen und steinen aufzuwerffen, dadurch nit nur das Wasser an seinen natürlichen Fluß hindern und abwenden, sondern auch den völlig Main von der forstunger gemeindt... ab, und gegenüber auf ... dorffschaft zu Weyher nit ohne grossen Schaden... in den sogenannthen Bibersgraben leiten un zwingen wollen." Wü/Gebr. A. IV M, 16
328 Wü/Gebr. A. IV M, 16
329 „Wie dann solcher Bibergraben, so dermalen noch mit Wasser stehet, doch aber oben herwo selbigen anfangt, schon von selbsten durch den Main zugeschüttet ist, und der übrige Teil, mit Wasser, wann der Main etwas mehr des warmen Wetters halben abnehmen wird, durch vorgeschlagene Baum, eingeworfene Faschinen und aufgeworfenen Sand verwahrt... werden soll..." Danach soll der Graben geteilt werden. Wü/WU 106, 207
330 Wü/Reg. Ab. 2709
331 Wü/Reg. Ab. 2709
332 Wü/Reg. Ab. 2709
333 Mü/PLS 18710 (Flußkarten des Mains 1868)
334 „Irtem in Bergheide molendium et piscina..." (WIESSNER 1973, S. 69)
335 Wü/Ger. Sch. 304
336 Wü/WU 106, 207

Kapitel 5.13

337 1825 beschreibt der Freiherr von PECHMANN (1825b, S. 126) das Gebiet: „Der Main tritt bei Hochwasser und Eisgang in dem eine Stunde langen Raume zwischen Schweinfurt und Schonungen an mehreren Stellen über sein linkes Ufer, strömt außer demselben durch den sogenannten Vogtsee, und den Graben bey Sennfeld, vor der äußeren Mainbrücke bey Schweinfurt vorbey über die nach Gochsheim führende Straße, dann am Fuß der Anhöhen, auf welchen Röthlein und Heidenfeld liegen, durch den sogenannten Elmes, und durch die wilden Seen bey Heidenfeld, und kehrt endlich bey Hirschfeld in sein gewöhnliches Flußbett wieder zurück . . . Diese Richtung des Hochwasser und des Eises wird vorzüglich durch die Lage des davon überschwemmten Bezirkes bestimmt, der beinahe durchaus, und zwar an einigen Stellen um vier Fuß, tiefer liegt, als die Ufer des Flußes."

338 Das Privileg erlaubte der Stadt „. . . uf dem Myne. . . und auch uf dem lande brucken, stege, mulen, veure [Wehre] oder sust andere gebewde . . ." zu errichten. (SAFFERT 1962, S. 33 ff.)

339 1431 befiehlt König Sigmund der Stadt: „. . . daz ir solich gebewe und were, es sey vischwere oder mulenwere . . . auch offenet und abtut . . .", oder sie soll die zuständigen Privilegien vorzeigen. (STEIN 1875, S. 223)

340 Wü/Admin. 8877

341 1824 schrieb der Bauinspektor Schierlinger über das Schweinfurter Mühlwehr: „Das Wehr von Schweinfurt ist ein Überfallwehr und die Strecke des Maines von Schweinfurt bis Mainberg entbehrt noch überdies, seit der vor 40—50 Jahren geschehenen ausrottung des Hagwaldes des kräftigsten Flußreinigungsmittels, ich meine den Eisgang, welcher seit dieser Zeit bei Schonungen sein Bett verläßt über die Niederung längs der Anhöhe, an welcher Reicheslhof liegt, gegen Sennfeld zieht, und durch die Sennfelder Seen und den Saumain unterhalb Schweinfurt in sein Bett zurückkehrt." Wü/Reg. Ab. 2652

342 Das Wehrloch wurde umgebaut, „. . . da die hiesigen Wehrmeister nur mit größter Mühe noch im Stande sind das Wehr so zu versetzten, daß sie die Stadtmühle nothdürftig mit Wasser versehen können . . ." Wü/Reg. Ab. 2652

343 Schierlinger schreibt 1824 in seinem Gutachten: „1. Überfallwehre stemmen den Fluß, hemmen dessen Geschwindigkeit, und begünstigen dadurch das Lagern des Flußmaterials, sowohl oberhalb als auch unterhalb desselben . . . 2. Je länger diese Stemmung ohn Unterbrechung dauert, desto fester lagert sich das Material, indem es sich durch die feineren Bestandtheile der aufgeflößten Thonarten (Schlick) zu festen Massen verbindet." Wü/Reg. Ab. 2652

344 Wü/Reg. Ab. 2652

345 Mü/PLS 18710 (Flußkarten des Mains 1868)

Kapitel 5.14

346 889 lag die „villa roumfeld" „in pago salageuve". Jener Saalgau erstreckte sich rechtsmainisch. (TROST 1969, S. 106 f.)

347 Die Ortsnamen beschreiben die topographische Situation: Oberrheinfeld liegt oberhalb von Bergrheinfeld. Mit diesem zusammen steht es auf einem „Berg", auf der lößverkleideten Terrasse, Grafenrheinfeld aber liegt im „Graben" (ursprünglich also Grabenrheinfeld), deutlich niedriger als die beiden anderen Orte, auf einem Buckel in

der Aue. Die allen gemeinsame Silbe Rhein-, stammt von Rone-, Ran- oder Rein-, was Sumpf bedeutete. (OELLER 1955, S. 39 ff.; TROST 1969, S. 103)

348 Wü/Ger. Sch. 296

349 „Aus was Ursachen das dorff und gemeinde zu Bergrainfelt abgelassenes 67. Jars am Mayn gegen deren zu Schweinfurt altwasser bey dem Watts, am Landt, uf der Bergrainfelder grundt und boden, bauen und dem Mayn strom wehren mussen, ist mit dem augenschein darzuthun . . ., sinte mal alda offenbar, da solcher mayn Bau, nit furgefast worden were, wes schadens . . . der dorff sambt den dorfs-herrn, und allen alda habenden guetern, in kurzer Zeit geworden . . ., und leiden mußten. . . " Wü/Ger. Sch. 757

350 In den Annalen des Nicolaus Schön von Schweinfurt heißt es zu 1580: „. . . haben die Rheinfelder [Grafenrheinfeld] das neue Wehrt, so sich vor 13 Jahren angeschüttet, zu Ende der Au [Oberndorfer Au] mit Pfählen verbaut. . .". (STEIN 1875, S. 506)

351 Die Beschwerden dagegen kamen aus den Flößerzentren der damaligen Zeit, aus Lichtenfels und Kronach: „Wegen Errichtung eines neuen Wehres mit langen eichenen Pfählen im freien Maynstrom . . ." Wü/Miscell. 6527

352 Um 1570 hieß es: „. . . das vor und bey mentschen gedenken ein großer hükel oder wehrt im Main gelegen, darumb der Main uf einer und ein Altwasser uf der anderen geloffen,. . ." Wü/Ger. Wer. 263

353 Zitat aus einem Schreiben von 1590: „. . . wie in der Marckung zu Bergrainfelt am Mainflus ein Altwasser gewesen, darauf die Herren zu Schweinfurt die Vischweydt gebraucht, welcher in wenige Jarrenn sich zugeflutet, Jes ein Weydenwehrt worden . . ." Wü/Ger. Wer. 263

354 Jul. Wü/11083

355 Wü/Ger. Wer. 263

356 Wü/Ger. Sch. 465

357 Nach einer „Alten Chronik der Stadt Schweinfurt" bei STEIN (1875, S. 493): Nachdem die Bergrheinfelder den Kies aufgeschüttet hatte, hat der Rat der Stadt Schweinfurt in der Nacht „. . . über 100 Bürger und in die 50 Fischer ufn Vogelswehrt geschickt und das Altwasser, so vertrocknet und mit Kies überschüttet worden, wieder öfnen lasen, damit sie nicht daraus erzwingen mögten es wäre solches ihrer Marckung anhängig.".

358 „Als sich aber solch Altwasser . . . dero beginnet zuzufüllen, auch an ärten weiden zur engerung angewachsen, haben die Schweinfurth. Weiber und andere Vischer Personen . . . darein geschickt, solche jungen Weyden ausziehen und so viel möglich den Fluß eröffnen lassen . . ." Wü/Ger. Wer. 263

359 Schw/U 641

360 „Bekennen und thun kundth hie mit, . . . Demnach der Maynfluß in etlichen Jarrn hero, beym Brandtflecken herab, am Ufer gegen unsern dasselbsten angrenzenden guetern, sehr eingerissen, allso, daß wir nit allein grosen Schaden zu befahrn, sondern ob wir gleich neu dämmm ufwerffen lassen, damnach durch das anstoßende Wasser, dieselbe auch verzehret, und wir, In grosser gefahr, fur und fur, stecken, wo solchem nit bey Zeit rath geschafft, ein unüberwindlicher schadt uns daraus entstehen würdt." In dem Vertrag geht es darum, vor die Dämme einen neuen Schutzbau zu setzten. Schw/U 656

361 Zitat aus dem Urbar des Würzburger Domkapitels 1598: „. . . auch die zu greven Reinfeldt, die dämm ahm Main, uff eine meile wegs, uff und ab, als weitt ihre Marckung gehet, mitt aller Nothwendigkeitt alß aychernen Pfähle, oder stückhel, Brettern, Wälle [Faschinen], Reisig und dergleichen, so sie mehr tails erkauffen müssen, bessern und handhaben, darzu ihnen aber die zum Rödtlein zu helfen schuldig." Wü/Standb. 18, Fol. 44

362 Die Erläuterung in der Zeichnung lautet: „... ein hoher Wasserwall oder damm.". Wü/Ger. Sch. 693
363 Jener ist in der Bergrheinfelder Dorfordnung von 1596 belegt: „10. Der Mainbau-Aufseher erhält den Tag 3 Batzen 3 Heller und ist frohnfrei." (FENN 1904, Nr. 8)
364 Jul. Wü/10822
365 Jul. Wü/10822
366 Jul. Wü/10822
367 1672 hatte die Gemeinde Bergrheinfeld „... bey Verwehrung ihres Wers oberhalb des fahr-hauß noch 5 bis in 6 große Hauptstuckel zimblich weith in Main eingeschlagen, undt sich darmit mehreres als gebührt, vorm Wasser verwahret." Dieser Bau trieb das Wasser gegen das „... nach unserem vermögent verwahrten Ufer ..." der Grafenrheinfelder. Wü/Gebr. A. III G, 56
368 Auf einer Kopie dieser Abbildung ist noch vermerkt, daß beide Uferseiten mit Dämmen und zum Teil mit uferparallelen Pfahlbauten versehen sind. Jul. Wü/11119
369 Grafenrheinfeld klagt: „... daß das Wasser immer ein Stück feld nach dem anderen denen zu Gräfenrheinfelder abriße...". Wü/Ger. Sch. 465
370 Damals brach der Damm bei Grafenrheinfeld durch. Wü/Ger. Wer. 120
371 „Im frühling 1685 hat sich das Eis underhalb Gräfenrheinfelt auf'm grund gesetzt, und auch das Wasser dergestalt gestämbt, daß dem Tham... beschädigt ist." Für die Reparatur stellte das Domkapitel 30 Eichenstämme zur Verfügung. Wü/Standb. 18, Fol. 110
372 Schw/Varia 47
373 Jul. Wü/10932
374 Jul. Wü/10932
375 Bergrheinfeld wirft der Gemeinde Grafenrheinfeld vor „... zwey dicke starke Ilmen bäum in daß Wasser eingefället [zu haben] ..., welche de facto noch mit denen ästen im waßer da liegen, und durch solche, wieder alles Recht, eine neue Sandbank geschickt und gebracht werden will.". Jul. Wü/10932
376 Wü/Ger. Sch. 451
377 Jul. Wü/10932
378 Jul. Wü/11122
379 Schw/Varia 47
380 „... und es erhellet aus den Akten, daß seit sechzig bis siebzig Jahren beide Gemeinden in unaufhörliche Streitigkeiten verwickelt waren, weil sie, um Dammbrüche zu verhindern, nach Gutdünken in den Fluß hineinbauten, und sich dadurch wechselweise schadeten. Dieses geschah am meisten durch die Gemeinde Bergrheinfeld, ... Sie hatte zum Beispiel an einer weit vorspringenden Ecke des Ufers eine Abweisbuhne erbauet, welche dort ganz unnöthig war, aber jenseits unvermeidliche Dammbrüche hervorbringen mußte. Sie wurde zwar gerichtlich angehalten, diese verderbliche Buhne wieder herauszunehmen, alleine es geschah so unvollkommen, daß ... eine für die Schiffahrt gefährliche enge Stelle zurückblieb, welche die Schiffer, um die für ihre Umgehung, nothwendige Geschicklichkeit zu bezeichnen, den bedeutenden Namen Wohltreffer gegeben haben ..." (PECHMANN 1825b, S. 127)
381 Jul. Wü/10933
382 Eisgänge schädigten die Dämme, „... indem sie dieselben auf der inneren Seite abschälten, und die Pfahlwerke unterspülten und fortrissen." Von 1799 bis 1809 gaben beide Gemeinden zusammen 73 670 Gulden für Wasserbauten aus, ohne den Aufwand an Holz und eigener Erde gerechnet.
383 Oftmals waren sie gezwungen während der Erntezeit die Dämme zu reparieren. Die Landwirtschaft litt auch darunter, daß mehr und mehr fruchtbarer Lehm, für den Dammbau benötigt wurde. (PECHMANN 1825b, S. 128)

384 „Unter einer acht Zoll bis drey Fuß hohen Lage von fruchtbarer Erde fand sich eine Schicht weißlicher, wahrscheinlich aus zerriebenen Flußgeschieben entstandenen Kalkerde, welche auf einer einen Fuß dicken Lettenschicht liegt. Unter dieser findet sich Torf in einer Höhe von drey Zoll bis drey Fuß, und in diesem einzelne Stämme von Weiden, Zitterpappeln und Fichten. Die größten derselben waren ungefähr fünfzehn Zoll dick, und was allerdings bemerkenswerth ist, platt gedrückt, so daß ihr Querschnitt eine Ellipse darstellte. Unter dem Torfe fand sich Moorgrund, der den unter ihm liegende Sand grau gefärbt hatte, oder statt dessen eine leichte sandige mit unzähligen kleinen Süßwasserschnecken vermengte Erde. Darunter liegt theils grober Flußsand, theils Flußkies, welcher bis zu einer Tiefe von acht Fuß unter dem niedrigsten Wasserstande keine andere Veränderung zeigt, als daß er an Größe zunimmt. An dem sogenannten Bleichrasen fand man statt der Lettenschichte unmittelbar unter der fruchtbaren Erde ein zwischen einem und zwey Fuß starkes Lager einer zu Stein verhärteten, aus Sand, Thon und unzähligen Muscheln und Schnecken bestehende Masse, und unter derselben von Eisenoxyd gefärbten Sand mit Brandresten von verkohltem Holze. An einer anderen Stelle fanden sich nur wenige Zoll über dem niedrigsten Wasserstand des Mains, und sieben bis elf Fuß unter der Oberfläche der Ebene, Zähne, Knochen, Geweihe und Gerippe von Hirschen von ungewöhnlicher Größe, und selbst von Elennthieren. Diese Beschaffenheit des Bodens erstreckte sich durch den ganzen zweyten Durchstich, und durch drey Viertheile der zweyten Abtheillung des ersten Durchstiches. Nur waren in dieser Gegend die Torflager höher, und es fanden sich in denselben gut erhaltener Baumstämme mit Ästen und Wurzeln, aber nicht platt gedrückt, wie in dem untern Durchstiche. Das obere Viertheil dieser Abtheilung zeigte nur Sand, aber in der ersten Abtheilung fanden sich sechs und einen halben Fuß tief unter der Oberfläche Reste von Töpferarbeiten, eine kupferne Nadel und die unverkennbaren Furchen einer ehemaligen Ackerfläche." (PECHMANN 1825b, S. 145 f.)
385 1556 wurde die Mühle vom Müller „... mit einer Wasserwag abgewogen und abgemessen...". Die neue Mühle war aber „... nit recht ganghaft worden...". Sie war mit dem Main verbunden: „... den Ausfluß, so er [der Müller] aus dem main drauf zu furen fuergenommen..." Im Jahr 1563 wurde die Mühle längs des Grabens versetzt, und der Mainausfluß wurde mit einem „... kleinen niederen Wehrlein..." versehen. Im selben Jahr beschweren sich dagegen Schweinfurt und Bergrheinfeld: „... von wegen eines wehres ... zur beffortherung ains fluß uff die gemelte Muellen geschlagen." Wü/Ger. Sch. 444
386 Zitat aus dem Standbuch des Domkapitels von 1598: „5 Morgen, ahm Viehweg, Notae der sindt 6 geweßen, ist eine zu der Mühl gegeben." Wü/Standb. 18, Fol. 48
387 Zitat aus dem Grafenrheinfelder Urbarbuch von 1681: „Vor Zeiten hat es hier eine Mühle am Main gehabt, ist aber eingegangen." (OELLER 1955, S. 88)
388 Anläßlich eines Wasserbaustreites zwischen Schweinfurt und Bergrheinfeld 1568 wurde auch ein „... angefangener Mühlbau ahm Main, ober grevenreinfelt..." erwähnt. Wü/Ger. Wer. 119

Kapitel 5.15

389 Wü/Salb. 117, Fol. 488 f.
390 Auszug aus dem Protokoll: „... biß an die Grafenrheinfelder Ach [12], ..., von solcher Ach neben der Garstadter Holz [11] außen herumb biß gar an Mayn hinan zum Eichelgries [13]..." Wü/Salb. 177, Fol. 488 f.

209

391 Wü/Salb. 177, Fol. 484
392 Diese Zeichnung hatte einen Streit zwischen dem Domkapitel (Röthlein) und dem Kloster Heidenfeld über die Neuanlage der Heidenfelder Mühle zur Grundlage. Wü/Geistl. S. 1460
393 Jul. Wü/10822
394 „Seit unfürdencklichen Zeiten und länger als sich Menschen gedächtniß erstrecken mag, ja etlich Secula hindurch . . .", wurde das Altwasser von Garstadt genutzt. Jetzt, 1736 war „. . . herüberwärts eine neue Anschüttung zum grossen Wöhrt . . ." angelegt worden. Der linksseitige Altarm hatte sich zugeschüttet. Jul. Wü/10118
395 Wü/Admin. 8027 + Wü/Gebr. A. IV W, 425
396 Wü/Admin. 9979
397 Wü/Ger. Sch. 245
398 Wü/Reg. Ab. 2694
399 Wü/Reg. Ab. 2709
400 Wü/Reg. Ab. 2645
401 Wü/Miscell. 5943
402 Wü/Admin. 8577 + Wü/Miscell. 5943
403 Wü/Reg. Ab. 1457

Kapitel 6.1

404 Wü/Standb. 1001
405 Ba/A 135, 205, 853
406 Ba/A 90, 502, 3433 + Ba/B 67 (15), 776
407 Ba/A 90, 502, 3440
408 Ba/L 47 (Ebensfeld), U 10
409 Ba/B 31, 260 + Ba/A 110, 72, 498
410 Erlassen wurde das Dekret „Wegen der vielen Irrungen am Maynstrom...", da „... Anlieger die vom Maynstrom durch aufbrechen und einreissen desselben geschädigt werden, Steinkörbe, Pfehl oder anderes Zeug auftrocken Land zusetzen, schlagen und also craft desselben sich ihren jetzt hinweggerissen Acker, oder so noch künftig hinweggerissen werden könnte wieder angeschüttet würd und was angemahlen, das betrachten sie auch dann als das Ihrige. Welches aber von denjenigen so ander Seithe, da dergleich Körb oder Weidenköpf gesetzt werden, nicht gestattet noch zugelassen werden will." Nach dem Verhör von etlichen „... Wassersachverständigen und der Durchsicht der Lichtenfelser Fischerbücher, erläßt der Bischof die Bestimmung: „... die Gewohnheit der Steinkörbe und Weidenköpf am Maynstrom ... auch je und alleweg für beständig und üblich gehalten verstattet . . ." Auch sei den Gemeinden gestattet „... Steinkörb, Pfehl oder anders Zeug von ihrem Grund aus 3 Schuh in den Mayn zu bauen . . .". Alle Streitigkeiten darüber waren dem Oberfischmeister in Lichtenfels zu melden. Ba/B 67 (15), 776
411 Bamberger Dekret vom 21. Oktober 1744: „Demnach sich sowohl aus denen von denen Hochfürstlichen Beamten manichfältig eingelassenen Berichten als auch aus anderwärtig erholhter Kundschaft so viel ergeben/daß der an vielen Orten aus seinen Schranken gewichene Mayn- auch andere Flüsse denen anstossenden Eigenthumer ohnleidentlichen Schaden zugefüget, ganze Aecker und Wiesen entweder gefährliche zerissen, oder wenigstens ohnbrauchbar gemachet, und solcher gestalten die gränzen des Landes-Herrlichen Gebiets selbst verenget und verkürzet haben: und hingegen die Landes-Herrliche Obsicht und Sorge vor das Beste des gemeinen Weesen, wie

nicht weniger das eigene Interesse deren Fürstlichen Unterthanen und des Fürstenthums selbsten allerdings erheischen wollen, auf Mittel und Weege zu gedenken, wordurch nicht sowohl denen bereits geursachten Beschädigungen und gefährlichen Mayn- und Wasser-Rissen, Durchschnitten/Anspühlungen, Erdenspaltungen, und dergleichen nach und nach durch dauerhafte Wasser-Baüe gesteuert, als auch hauptsächlich inskünftige denen mehrentheils, aus Saumsal und Fahrläßigkeit, oder auch Ohnvorsichtigkeit anwachsenden und zunehmenden Ublen bey Zeiten durch geringe Kösten und Mühe hinlänglich vorgebogen werden möchte, ..." Es werden weiter die Beamten angewiesen, den Flußlauf mit seinen Uferabbrüchen regelmäßig zu beobachten. Kleinere Risse sollen sie sofort reparieren, größere Schäden sind der Regierung zu melden, die dann über die Art des nötigen Wasserbaus entscheidet. Ba/B 26 c, 45

412 Ba/B 54, 2069
413 Ba/B 54, 2069
414 Ba/B 54, 2015 + Ba/B 54, 1998
415 Ba/B 54, 2015
416 Stadt Ba/H. V. 1143
417 Stadt Ba/H. V. 1143
418 Ba/B 67 (15), 652 II
419 Stadt Ba/H. V. 1143
420 Ba/B67 (15), 652 III
421 Ba/K 200 II, 5149
422 Ba/B 67 (15), 463
423 Ba/B 54, 2069
424 Ba/B 26 c, 113
425 Einzelheiten zur Verwaltungsgeschichte bei HOFMANN & HEMMERICH 1981
426 Ba/K 200 II, 5115
427 Wü/G 393
428 Ba/K 3 F V a, 1806
429 „Die Hinderniße, welche der Schiffahrt auf dem Main und der Regnitz entgegenstehen, waren seit einer Reihe von Jahren die Veranlassung zu vielen gegründeten Beschwerden der Schiffer. Die Entfernung jener Hindernisse wird noch dringender werden als sie bisher war, wenn die Schiffahrt durch die beabsichtigte Ausführung der Verbindung der Donau mit dem Mayn mittels eines Kanals wichtiger und lebhafter wird." Ba/K 3 F VI b, 4650
430 Ba/K 3 F VI b, 4650
431 Franz Schierlinger war zuvor Bauingenieur in Würzburg und Bamberg gewesen. Er stieg dann zum Kreisbaurat auf. Von 1843—1855 leitete er die Oberste Baubehörde in München. (SCHÄRL 1955, S. 147)
432 Ba/K 3 F VI b, 4650
433 Ba/K 3 F VII b, 601
434 Seit 1842 wird die Bepflänzung mit Weiden offiziell empfohlen. Ba/K 3 F V a, 1724
435 Ba/K 3 Präs., 628 + Ba/K 3 F VI b, 4650
436 Mü/PLS 18710
437 Die Kette an der die Schiffe befestigt wurden war 1908—1912 zwischen Kitzingen und Bamberg verlegt worden. (MÜLLER 1923, S. 156)
438 Die Mittelwasserkorrektion, hatte die Ufersicherung, die Festlegung des Flußlaufes und die Regulierung der Geschiebemenge zum hauptsächlichen Ziel. Die Niedrigwasserkorrektion zielte in erster Linie auf die Verbesserung der Fahrwassertiefe. (SCHAFFERNAK 1950, S. 83)
439 Ba/K 3 F V a, 1806

440 Dieses Gesetz wurde 1852 zusammen mit dem „Gesetz über die Benutzung des Wassers" und dem „Gesetz überdie Be- und Entwässerung" erlassen. Mit diesem Gesetzespaket wurden zum ersten Mal in Bayern die Belange von Wasserbau und Wasserwirtschaft geregelt. (KIESSLING & SCHMID 1977a, S. 157)

441 Ba/K 3 F VII b, 871 + Ba/K 3 F VII b, 6151

442 Diese 33 m Normalbreite waren zu Beginn der systematischen Korrektion des Obermains festgelegt worden. (BAYERISCHES STAATSMINISTERIUM 1888, S. 315)

Kapitel 6.2

443 Unterschlächtig bedeutet, daß das Wasser von unten her durch das Rad läuft. Es gibt entsprechende ober- und mittelschlächtige Mühlräder.

444 Freiherr von PECHMANN beschrieb diesen Vorgang der Wehröffnung (1825a, S. 23): „Im Grunde dieser Öffnung [= Wehrloch] liegt ein starker Balken von Eichenholz (der Grundbaum), welcher den unteren Enden der sogenannten Lochstecken, ungefähr fünfzolligen Balken von Fichtenholz, zum Stützpunkte dient. Diese werden in einer über die Durchfahrtsöffnung gehenden Reihe einer nach dem anderen beynahe senkrecht eingesetzt, und oben einige Fuß Wasserfläche an einen über der Öffnung liegenden Balken (den Lochbaum) angelehnt. Der Wasserstand und die davon abhängende Wassermenge, welche ohne Nachtheil des Ganges der Mühle durch das Loch fließen darf, bestimmt jedesmal die Anzahl der eingelegten Lochstecken und die Abstände voneinander. Sie werden wenn ein Schiff durch das Loch gehen will, herausgenommen und des Mastes wegen der über der Öffnung liegende Lochbaum, an welchen sie gelehnt waren, an Ketten mittels zweier Krahnen zu beyden Seiten des Loches aufgezogen. Ist das Schiff welches hier meistens seinen Mast niederlegen muß, hindurchgegangen, so wird der Lochbaum niedergelassen, und die Lochstecken einer um den anderen wieder eingelegt, eine langweilige und mühsame Arbeit, die vorzüglich bey hohem Wasser schwierig ist, und wobey viele Lochstecken, wenn sie nicht mit gehöriger Vorsicht eingelegt werden, beym Anschlagen an den Grundbaum zerbrechen, vorzüglich da, wo die Trümmer derselben zu den Einkünften des Wehrmeisters gehören." Hinzu kam das Gefälle, das bei der Fahrt über die Öffnung überwunden werden mußte. Flußaufwärts waren mehrere Ochsen und Menschen nötig um die Schiffe durch das Loch zu ziehen.

445 Stadtrechnung aus dem Jahr 1498: „Wir haben geben 26 Gulden zu zerung Clasen, Hölczlein dem eltern, die were, gefelle und gebrechen zu Haßfurt, Sweynfordt, Ostheym, Kiczingen, Frickenhawsen, Ochßenfurt und Wirzburg zu zweyen malen zubesichtigen. Bey verfügten zweyen besichtigungen sein gewesen Hanns Stange und Hans Nickel, schiefmenner, Hans Seydein und Heincz Pewerlein, vischere, inwonere in Bamberg." (KÖBERLIN 1899, S. 68)

446 Wü/Admin. 15280

447 Dabei wurde allgemein die immer stärkere Verschließung des Mains beklagt. (MÜLLER 1923, S. 39)

448 Ba/A 135, 194, 257

449 Das Wehrloch mußte 1540 auf Anraten der Lichtenfelser Fischer umgebaut werden. Li/Zettelkatalog (Hausen)

450 PECHMANN (1825a, S. 23) beschreibt 18—20 Fuß tiefe Kolke.

451 Wü/Reg. Ab. 2652

452 „. . . die an mehreren Orten in den Strom eingebauten Mühlwehre welche der gleich-

mäßigen Verteilung des Gefälles nachtheilige Schranken setzten, zur Erhöhung des Flußbettes und zur Bildung der Untiefen wesentlich beitragen, die Reinigung des Flusses durch seine eigene Kraft selbst bei Beschränkung auf die normale Breite verhindern würden, und örtliche Ueberschwemmungen den Abbruch der Ufer nebst vielfältigen Beschwerden für die Schiffahrt zur Folge haben,..." Wü/Reg. Ab. 2690

453 siehe Anmerkung 343 bei Kapitel 5.13
454 So werden zum Beispiel der Haßfurter Mühle 1828 die häufigen Überschwemmungen und Untiefen im Fluß angelastet. Wü/Reg. Ab. 2652
Ähnliche Klagen werden in den 1820er Jahren gegen das Hallstadter Wehr erhoben (Kap. 5.7). Ba/K 200 II, 5094 + Ba/K 200 II, 5163
455 Ein solcher Grundablaß erlaubte es Wasser auch bei Betrieb der Mühle abzulassen.

Kapitel 6.3

456 Ba/B 67 (16), 26
457 Ba/A 136, 242, 2246
458 Wü/Admin. 7310

Kapitel 6.4

459 1414 bekennen der Schultheiß und die Schöffen des Würzburger Brückengerichtes: „...daß keine fache unter der Leynen und auch kein Zaune soll stene, der da irre Schiffe oder weideleuthe uff des Reichsstrassen,..." und „...das keine Hegschafft riese soll stehne hie zwischen und Carlstatt, ausgenohmen der Speiche und das Omentale, es grabe dann einer sein erb und eigen." (BROD 1956, S. 152 f.)
460 siehe Anmerkung 339 bei Kapitel 5.13. (STEIN 1875, S. 223)
461 siehe Anmerkung 276 bei Kapitel 5.10. Wü/Standb. 719, Fol. 259
462 In der Fischereiordnung von 1565 heißt es: „... auch sollte kein Fischer Hört über 16 Schuh lang ins Wasser schlagen...". (KOCH 1958, S. 215)
Ein Beispiel aus der Schweiz klärt auf, daß unter einem „Hört" eine Fischfache zu verstehen ist. Die Fischer im Zürichsee nannten diese Anlagen, die genauso gebaut waren wie die am Main „Hürden" oder „Hurden". Von dieser Anlage leitet sich auch der Name des Fischerortes Hurden am Zürichsee ab. Demnach muß die Fangmethode mindestens so alt sein wie dieser Ort, der spätestens im 13. Jh. existierte. (ELSENER 1974, S. 69 ff.)
463 siehe Anmerkung 286 bei Kapitel 5.10. (MAUER et al. 1971, S. 240)
464 StaBi. Mü/Kartensammlung Mapp. XI. 544 k
465 Zitat aus der Ottendorfer Dorfgerechtigkeit von 1603: „... und solcher Main groß wird und auslauft haben sie [die Ottendorfer] Macht, denselbigen Auslauf am Geduld mit einer Reuße und Geflecht zu versetzten und zu fischen." (KNOPF 1912, S. 168 ff)
466 siehe Kapitel 5.11. Wü/WU 64, 212
467 siehe Anmerkung 49 bei Kapitel 5.3. Ba/B 67 (15), 776
468 siehe Anmerkung 90 bei Kapitel 5.4. Ba/L 47 (Ebensfeld), U 10

Kapitel 6.5

469 Ba/A 135, 194, 246
470 siehe Anmerkung 221 bei Kapitel 5.7. Ba/B 67 (16), 5
471 Wü/Reg. Ab. 2652
472 Ba/K 3 F VII b, 868
473 Ba/K 3 F VII b, 6146 + Ba/K 3 F VII b, 871
474 Ba/K 3 F VII b, 6151

Kapitel 6.6

475 Nach dem bischöflichen Urbar (B) von 1348 (HOFMANN 1954, S. 50 f.)
476 Nach der Vertreibung der Schweden war, wie der Kronacher Bürgermeister berichtete, „... die Pass wiedereröffnet und unseren Cronacher Flößern Luft gemacht worden, daß sie ihre wenige Nahrung mit den Flößen wieder anfangen und suchen können.". (DEGNER 1938, S. 10)
477 Im März 1799 wurde dem Bamberger Bischof berichtet: „Nur allzu begründet ist die Anzeige, daß viele Flößer in Konkurs verfallen; bald werden sie alle diesem Schicksal unterliegen, wenn nicht schleunige Hilfe geschickt wird. Der Floßhandel ist seinem Verfall ganz nahe und unwiderbringlich verloren, wenn zumalen das linke Rheinufer in französischen Händen verbleibt." (DEGNER 1938, S. :10)
478 Ba/K 3 F V a, 1720
479 Eingeworfen wurden entweder ganze Langhölzer = „Pfade", oder 3—6 m lange, Stücke = „Blöcher". Aus 6—12 Langhölzer wurde der „Boden" gebunden, das Grundelement des Floßes. (KÖBERLIN 1899, S. 21 f.)
480 Ba/K 3 F V a, 1713
481 Reportage in der „Rheinischen Post" vom 21. 6. 1986
482 Ba/B 93, 567
483 Ba/B 67 (15), 421
484 Ba/B 67 (15), 421
485 Jul. Wü/10933
486 Ba/K 3 F V a, 1712
487 Ba/K 5 II, 3492
488a Der königliche Oberzollinspektor Rempler zu Würzburg, berichtete 1836: „Daß durch die Floßfahrt besonders durch die Holländerflöße die Schiffswege versandet und unbrauchbar gemacht werden ist eine bekannte Thatsache..." Wü/Reg. Ab. 2707
488b Es werden 1820 und 1836 neue Floßordnungen erlassen, die von den Gebühren, über die Floßzeiten, Lagerplätze, Zusammensetzung der Flöße bis zum Verhalten an Mühlwehren, alle Gegebenheiten des Floßverkehrs regelten. Ba/L 41 (Marktzeuln), 637

Wegen anhaltender Mißstände mußten 1844 in Kronach, Oberlangenstadt (a. d. Rodach), Lichtenfels und Bischberg Aufsichtsstationen errichtet werden. Die Floßordnungen waren, wie es in dem Vorwort zur Ordnung von 1836 heißt, in Anbetracht der Ausdehnung des Floßhandels erstellt worden. Ba/K 5 I, 1196

489 In welchem Ausmaß größere Hochwässer die Ufer auskolken (Seitenerosion), ufernahe Ackerflächen tieferlegen und zerschneiden und wie gleichzeitig die erosionsresistenten Wiesenflächen aufgehöht werden, beschreibt FUCHS (1960, S. 43 ff.) aus dem Neuwieder Becken.
490 Die Daten aller Hochwässer sind, in Anhang 2 aufgelistet.
491 Alle diese Hochwässer traten auch am Rhein auf (FUCHS 1960, Tab. 2; Tab. 18). In einer Hochwasserchronik der Weser sind die katastrophalen Hochwässer von 1342 (im Juli) und 1682 vermerkt, ebenfalls die Hochwässer von 1784 und 1845. (NATERMANN 1937, S. 55 f.)
492 Tatsächlich zeigen ja die Zahlen des gut dokumentierten 19. Jh., daß 80 Prozent aller Hochwässer im Winter stattfanden.
493 Ba/B 81, 485
494 Während des Mainhochwassers von 1908 wurden bei Michelau Eisplatten mit einer Dicke von 52 cm beobachtet, welche mit Leichtigkeit die Holzpfeiler der Brücken durchschnitten. (ANONYMUS 1951, Nr. 3)
495 Auch hier geben die Zahlen des 19. Jh. einen entsprechende Hinweis: Bei mindestens 56 Prozent aller Winterhochfluten war Eisgang beteiligt.

Kapitel 9.1

496 Nach LEOPOLD & WOLMAN (1957, S. 53) ist ein gestreckter Abschnitt nie länger als ein zehnfaches der Flußbreite.
497 Nach Untersuchungen etlicher Flüße in Devon differenziert HOOKE (1977, S. 278) sechs Typen der Mäanderbewegung (Extension, Translation, Rotation, Enlargement, Lateral Movement, Complex Change) aus denen sich noch Kombinationen ergeben können.
498 Die Formel wurde in das metrische System übertragen, nach KHIGHTON (1984, S. 125).
499 Ein näherliegendes Beispiel ist der Oberrhein vor der Korrektion. Bei Breisach war er bei einem Gefälle von $1\,^0/_{00}$ noch verzweigt, mit der Abnahme des Gefälles setzte sich bei Straßburg ein Arm durch. (MANGELSDORF & SCHEURMANN 1980, S. 120)

Kapitel 9.2

500 Der Freiherr von PECHMANN (1825a, S. 22) bemerkte zum Zustand des Mains: „Ungeachtet der Wichtigkeit seiner Schiffahrt ist er vorzüglich da, wo er die ehemaligen Fürstenthümer Würzburg und Bamberg durchfließt, im höchsten Grade vernachlässigt. Nirgends wurde für die Erhaltung seiner Ufer gesorgt oder vielmehr man verstand nicht dafür zu sorgen. Dadurch wurden sie weggerissen, die Breite des Flußes vergrößert, und seine Tiefe mußte sich verhältnismäßig vermindern. Während der Jahre 1811 bis 1815, welche sich durch äußerst niedriges Wasser auszeichneten, konnten die Schiffe nicht tiefer als 13 Zoll gehen. Ungeachtet dieser niedrige Wasserstand seitdem nicht mehr eingetreten ist, so können sie doch jetzt bey kleinstem Wasser nicht tiefer laden. Die Seichtigkeit des Flusses hat also seitdem zugenommen."

501 Solche abrupten Flußlaufänderungen sind auch aus der Nachbarschaft des Untersuchungsgebietes belegt. Ein einziges Hochwasser genügte um bei Hummendorf einen völlig neuen Rodachmäander auszubilden. Ba/K 3 F V a, 1947
Durch das Hochwasser von 1646 wurde bei Burgkunstadt ein neuer, bleibender Mainarm geschaffen. (WILL 1956, Nr. 5)
502 Das bestätigt eine moderne Untersuchung am Bollin Fluß in Chesire. Der Durchbruch einer Mäanderschleife hatte sich bei mehreren Hochwässern, die auf der vegetationslosen Aue erodierten, vorbereitet. (MOSLEY 1973)
503 Ba/K 211, 1570

Kapitel 10.1

504 Die Hangneigung der Kahlschlagfläche betrug dabei 35—40 Prozent, die der Waldfläche 47 Prozent.

Kapitel 10.3

505 Die Namen Main und Regnitz gelten auch als alte vorgermanische Namen.
506 Diese Schwurformel wurde bei den Bischofswahlen 1328 und 1398 gebraucht. (KÖBERLIN 1893, S. 40)
507 Zur selben Zeit (10./11. Jh.) wurden auch neue Siedlungen im Raum Lichtenfels angelegt. (WEISS 1959, S. 8 f.)
Der Banzgau wurde ab dem 11. Jh. durch die neuen Klöster Banz und Michelsberg erschlossen. (MAIERHÖFER 1962, S. 9 ff.)
508 Hier wird Weinbau schon um 1260 erwähnt. (KRAFT 1955, S. 422 ff.)
509 Erste Erwähnung des Weinbaus 1206 (WENISCH 1985, S. 45)
510 Daran erinnert der Ortsname Weingarten.
511 Erwähnung des Weinbaus in Viereth 911, bei Hallstadt 1007, bei Döringstadt 1246 und am Banzer Berg seit dem 11. Jh. (WEBER 1884, S. 43 ff.)
512 Am Ende des 16. Jh. gab es Weinberge fast am ganzen Obermain. Zu den alten Lagen waren noch Kemmern, Unteroberndorf, Ebensfeld, Oberbrunn, Niederau, Wiesen, Lichtenfels, Hochstadt und Altenkunstadt getreten. (WEBER 1884, S. 43 ff.)
513 Im gesamten Main-Regnitzgebiet soll es 50 abgegangene Orte geben.
514 Für den Bereich des Güterkomplexes des Kloster Langheim um Seßlach (im Itz-Baunach Hügelland) konnte GELDNER (1938, S. 186) zeigen, daß die Fluren der zwischen 1350 und 1450 entstandenen Wüstungen, von den Nachbarn weiter bebaut wurden.
515 Diese Kriegszüge waren: 1388—90 der Städtekrieg; 1430 Einfall der Böhmen während des Hussitenkrieges (1419—1436) in die Obermaingegend und bis in den Hassfurter Raum, dadurch blieb bei Knetzgau eine Dauerwüstung zurück (JAKOB 1968, S. 255); 1449—1453 der 1. Markgrafenkrieg und 1525 der Bauernkrieg.
516 Die Preußen stießen während des Siebenjährigen Krieges (1756—1763) auch nach Bamberg, Schweinfurt und Würzburg vor. 1796 drang der französische Revolutionskrieg bis weit nach Franken.

Kapitel 10.4

517 Die Winterstrenge ermittelte LAMB, indem er die Zahl der milden Wintermonate (Dezember, Januar, Februar) von der Zahl der strengen Wintermonate je Dekade abzog. Milde Winter waren zum Beispiel durch Regen, strenge Winter durch Fluß- und See-Eis gekennzeichnet.
Die Zahlen von LAMB sind im Anhang wiedergegeben.

Abkürzungen

Ba	=	Staatsarchiv Bamberg
Wü	=	Staatsarchiv Würzburg
Mü	=	Hauptstaatsarchiv München
Li	=	Stadtarchiv Lichtenfels
Schw	=	Stadtarchiv Schweinfurt
Jul. Wü	=	Archiv des Juilusspitals Würzburg
Stadt Ba	=	Stadtarchiv Bamberg
StaBi. Mü	=	Staatsbibliothek München
StaBi. Ba	=	Staatsbibliothek Bamberg

ANHANG

Anhang 1: Historische Maßangaben

Flächenmaß

    1 Acker (fränkischer Morgen)   =   2000 qm

    1 Hektar   =   5 fränkische Morgen

Längenmaß

    1 Stunde   =   3,7074 km

    1 Zoll   =   2,432 cm

    1 Fuß = 12 Zoll   =   0,29186 m

(VERDENHALVEN 1968)

(HOFFMANN 1955)

(WAILERSBACHER 1980)

Anhang 2: Die großen Mainhochwässer von 1400 bis 1900

Jahr	Monat, Jahreszeit	Literatur	Archivquellen
1406	Juni	1	
1408	Januar (E)	1,2	
1410	Winter (E)	3	
1413	März	1, 5	Ba/A 136, 233, 1510
1423	Winter (E)	1	
1432	Winter (E)	1	
1433	Sommer	1,5	
1434	Sommer	1	
1438	Januar (E)	1,6	
1440		6	
1442	Juli	1,2	
1443		2	
1445	März	1, 5	
1448		7	
1451	Januar	1, 2, 6, 8	
1454		2	
1457	Januar (E)	1, 2	
1460	Winter (E)	1	
1461	Winter (E)	1	
1473		9	
1476	Januar	2	
1480	Sommer	1, 2	
1485	Sommer	1	
1486		2	
1488		2, 4	
1489		2	
1491	Winter (E)	1	
1493		2, 4	
1496	Januar	1	
1497	Januar	1, 2	
1498	Sommer	1, 2	
1501		15	
1511		10	
1513	Winter (E)	10, 11	
1514		2, 5	
1524	Januar	1, 2	
1529	Juni	1	
1537		2, 4	
1539		1	
1540		2	
1545	Winter	1	

1546	Januar	2, 3, 4	
1551	Januar, Mai	1, 2	
1552		2	
1555	Januar	2	
1558	Januar (E)	1	
1559		2	
1561	Februar (E)	1, 13	
1565	März (E)	1, 2, 5	
1566	Februar (E)	1	
1567	Februar	1, 13	
1569		2	
1572		2	
1573	Winter (E), Herbst	1, 2, 6, 10, 13	
1578		23	
1583	November	2	
1584	Januar	1	
1585	Oktober	9	
1586	Dezember	1, 2, 3, 5	
1587	Februar	2	
1589	Mai	1	
1590	Mai	15	
1592		3	
1593	September	2, 4	
1594	Februar	2	
1595	Februar/März	1, 2, 13	Ba/B 46c, 831
1598		2	
1599		9	
1601	Januar	1, 2	
1602	Januar	1, 2	
1605	Januar	1	
1608	Januar	2	
1609	Mai	1	
1618	Januar (E)	1, 16	
1620	Februar (E)	16	
1625		10	
1631	Februar	1	
1633	Januar	1, 2	
1644	Juni	2	
1646		17	
1651		1, 2	
1653		5	
1655	Februar	1, 2, 7	
1657		1	
1658	Februar	2, 18	
1659		1, 13	
1661	Januar	1, 2	
1663	Winter (E)	1	

1664		4	
1665	Januar/Februar (E)	1	
1668		1	
1673	Juli	2, 7, 11, 19	
1674	Januar	2	
1676	Dezember (E)	18	
1679	Juni	2	
1680		5	
1681	Winter (E)	1, 7	
1682	Januar	1, 2, 4, 8	
1683	April	2	
1684		2, 4	
1685	Frühjahr	20	
1690	Januar	17	
1693	Dezember	2	
1695	Mai	2	
1698	Juni	1, 2	Ba/B 67 (15), 463
1699	Januar	2	
1700	Januar	2, 4	
1704	Frühjahr	2	Ba/B 54, 2066
1706		2	
1709	Winter (E)	1, 2	
1712		1, 4	
1721	Frühjahr	9	Ba/B 81, 356
1729		21	
1730	März/April	2	Ba/B 54, 2066
1732	Winter (E)	1, 2, 22	Ba/B 81, 475
1733	Mai	1, 2	
1740	Dezember	1, 2	Ba/B 67 (17), 3712
1744	Februar/März (E)	1, 2	Ba/B 54, 2079
1764		1	Ba/B 54, 2079
1748		1, 3	
1749	Juli	1, 27	
1750	März	1	
1762		2, 7	
1764	Januar	2, 8	
1776	Winter	23	
1784	Februar/März	2, 4, 11, 22, 23	
1788		4	
1789	Winter	23, 24	
1795	Dezember	4	
1796	Dezember	2, 4	
1799	März	2	
1802	Februar	2	Ba/K 200 II, 5035
1805	Winter (E)	25	Ba/K 200 II, 5119
1806	Frühjahr		Ba/K 200 II, 5165, Ba/A 240 R 1257

1809	Februar (E)	2	Ba/K 200 II, 5060, Ba/K 200 II, 5168
1810	Februar	2, 26	
1814	Winter (E)	25	Ba/K 211, 1410
1816	Juni	4, 7, 25	
1819			Ba/K 200 II, 5007
1820	Januar/Februar (E)	2, 4, 26	Ba/K 200 II, 5007, Wü/Reg. A. 2678
1821		25, 26	Ba/K 3 F Va, 1797
1827	Februar/März (E)	25	Ba/K 3 F VIIb, 841, Wü/Reg. A. 2678
1831	Februar (E)	2, 4, 25	Ba/K 3 F Va, 1831
1839		4	
1840	Februar		Ba/K 3 F VIb, 4650
1841	Januar/Februar (E)	2, 4, 25	
1844	Frühjahr		Ba/K 3 F VIb, 4650, Ba/K 3 F Va, 1724
1845	März/April (E)	2, 4, 25	Ba/K 3 F Va, 1953, Ba/K 5 II, 3520
1847	Januar (E)	25	Ba/K 3 F Va, 1724
1848	Februar (E)	4, 25	
1850		4	
1854	Dezember	9	
1862	Februar (E)	2, 4, 6, 9	
1865	Januar (E)	25	
1870		4	
1876	Februar	2, 4, 9, 25	
1880	Dezember	4	Ba/K 3 F VIIb, 6132, Ba/K 5 II, 3590
1882	Dezember	2, 4, 25	Ba/K 3 F Va, 3922
1883	Januar	2	Ba/K 3 F VIIb, 6178
1888	Januar (E)	25	
1897	Februar (E)	25	

(E) = Eisgang

Literatur

1. WEIKINN 1958—1963
2. KESSLER 1962, S. 23
3. KEYSER & STOOB 1971 (Stichwort: Bamberg, Baunach, Würzburg)
4. BAYERISCHES STAATSMINISTERIUM 1888, S. 310
5. KÖBERLIN 1893
6. DIENER 1925b
7. MEYER 1964
8. JÄCK 1829
9. MEYER 1963/64
10. KEHL 1948
11. BERNINGER 1928
12. MÜLLER 1951, S. 64
13. KÜSPERT 1929
14. ANONYMUS 1965
15. MAUER et al. 1971
16. MEYER 1968
17. WILL 1956
18. GOEPFERT 1908
19. WERNER 1956
20. FREPPON 1928
21. SCHÖNER 1970
22. PASCHKE 1971
23. ANONYMUS 1905
24. DÖRFLER 1962, S. 33
25. STEIN 1900
26. PECHMANN 1825b
27. MEYER 1958

Anhang 3: Index der Winterstrenge und Wintermilde (LAMB 1977, S. 564)

Die Zahl der strengen Wintermonate (Dezember, Januar, Februar) wurde von der Zahl der milden Wintermonate pro Dekade abgezogen. Minuszahlen zeigen eine winterstrenge, Pluszahlen eine milde Dekade an.

Zahlen für Mitteleuropa, zirka 12° Ost.

Dekade	Index	Dekade	Index
1400—1409	− 2	1650er	− 7
1410—1419	− 1	1660er	− 3
1420er	+ 7	1670er	− 6
1430er	− 18	1680er	− 7
1440er	− 2	1690er	− 5
1450er	− 3		
1460er	− 6	1700—1709	+ 1
1470er	+ 1	1710—1719	+ 1
1480er	+ 1	1720er	− 1
1490er	− 12	1730er	+ 3
		1740er	− 1
1500—1509	− 3	1750er	− 5
1510—1519	+ 2	1760er	0
1520er	+ 11	1770er	+ 4
1530er	+ 6	1780er	− 4
1540er	− 1	1790er	− 2
1550er	− 3		
1560er	− 3	1800—1809	− 1
1570er	− 1	1810—1819	− 3
1580er	− 5	1820er	0
1590er	− 5	1830er	− 2
		1840er	− 2
1600—1609	0	1850er	− 2
1610—1619	− 3	1860er	+ 6
1620er	− 3	1870er	0
1630er	+ 2	1880er	0
1640er	+ 5	1890er	− 1

SCHRIFTENVERZEICHNIS

ABEL, W. (1966): Agrarkrisen und Agrarkonjunktur. Eine Geschichte der Land- und Ernährungswirtschaft Mitteleuropas seit dem hohen Mittelalter. — 2. Aufl.: 301 S., 73 Abb., 27 Tab,; Stuttgart.
— (1967): Geschichte der deutschen Landwirtschaft vom frühen Mittelalter bis zum 19. Jahrhundert. — Deutsche Agrargeschichte, 2, 2. Aufl.: 361 S.; Stuttgart.
AHLBORN, J. & KRAUS, N. (1984): Forst im Wandel der Zeiten. — 180 S.; Schonungen (Verlag der Gemeinde Schonungen).
AMENT, G. (1922/23/24): o. T. — Ber. d. Histor. Ver. v. Bamberg, 78: XVI—XVII; Bamberg.
ANONYMUS (1897/98): Einige Skizzen aus der Chronik der Bamberger Mühlen. — Alt Bamberg, 1, S. 89—108; Bamberg.
ANONYMUS (1905): Aus dem Tagebuch eines Grafenrheinfelder Bauern (Michael Gessner, geb. 8. 5. 1711). — Archiv f. Stadt u. Bezirksamt Schweinfurt, 3; S. 77—78; Schweinfurt. [Beilage zum Schweinfurter Tagblatt]
ANONYMUS (1951): Brücken in Michelau. — Heimat-Blätter, 3: Lichtenfels. [Beilage zum Lichtenfelser Tagblatt]
ANONYMUS (1965): Haßfurt. — Heimatbogen d. Bezirksschulamtes Hassfurt, 5: 23 S.; Hassfurt. [vervielfältigte Maschinenschrift]
ARNETH, K. (1965): Bischberg. Ein fränkisches Ganerbendorf. — 271 S.; Hallstadt.
— (1972): Gaustadt. Ein fränkisches Klosterdorf. — 318 S.; Hallstadt.
ARNOLD, A. (1965): Das Maintal zwischen Haßfurt und Eltmann. Seine kultur- und wirtschaftsgeographische Entwicklung von 1850 bis zur Gegenwart. — Jb. d. Geogr. Ges. Hannover für 1965: 270 S., 50 Abb., 49 Tab., 6 Kt.; Hannover.

BAYERISCHES GEOLOGISCHES LANDESAMT [Hrsg.] (1980): Wasserwirtschaftliche Rahmenuntersuchung Donau und Main. Hydrogeologie. — 44 S., 16 Kt.; München.
BAYERISCHES STAATSMINISTERIUM DES INNEREN [Hrsg.] (1888): Der Wasserbau an den öffentlichen Flüssen im Königreich Bayern. — 362 S.; München.
— (1909): Denkschrift über den gegenwärtigen Stand der Wasserbauten in Bayern. — 56 S., 5 Tab., 28 Kt.; München.
— (1931): Denkschrift über den Ausbau der öffentlichen Flüsse in Bayern. — 198 S.; München.
BAYERISCHES STAATSMINISTERIUM FÜR LANDESENTWICKLUNG UND UMWELTFRAGEN [Hrsg.] (1985): Wasserwirtschaftliche Rahmenuntersuchung Donau und Main. —204 S.; München.

BECKER, B. (1980): Dendrochronolgie holozäner Eichenstammablagerungen entlang dem Main und der Regnitz. — In: SCHIRMER, W.: Exkursionsführer zum Symposium Franken. Holozäne Talentwicklung — Methoden und Ergebnisse, S. 25—35; Düsseldorf.

— (1983): Postglaziale Auwaldentwicklung im mittleren und oberen Maintal anhand dendrochrononologischer Untersuchungen subfossiler Baumstammablagerungen. — In: SCHIRMER, W.: Holozäne Talentwicklung — Methoden und Ergebnisse, Geol. Jb., A 71, S. 45—59, 3 Abb., 2 Tab.; Hannover.

BECKER, B. & SCHIRMER, W. (1977) Palaeoecological study on the Holocene valley development of the river Main, southern Germany. — Boreas, 6, S. 303—321; Oslo.

BEELER, F. (1981): Das Spät- und Postglazial im Berninapaßgebiet. — Geographica Helvetica, 36, S. 101—108; Zürich.

BERNINGER, M. (1928): Wie auch dem kleinen und neueren Dorfe Rosstadt eine Ortsgeschichte werden kann — Volkstümlicher Versuch. — 20 S,; Rosstadt.

BORCHERDT, G. (1960): Fruchtfolgesysteme und Marktorientierung als gestaltente Kräfte der Agrarlandschaft in Bayern. —Arbeiten a. d. Geogr. Inst. d. Univ. d. Saarlandes, 5: 292 S.; Saarbrücken.

BORN, M. (1974): Die Entwicklung der deutschen Agrarlandschaft. — Erträge der Forschung, 29: 185 S.; Darmstadt (Wissenschaftliche Buchgesellschaft).

BOSL, K. (1969): Franken um 800. — 2. Aufl.: 210 S., 1 Kt.; München.

BRANDL, J. (1885): Wüstungen im altwürzburgischen Amte Hassfurt. — Archivalische Z., 10, S. 241—246; München.

BRANDT, A. v. (1958): Werkzeug des Historikers. — 8. Aufl.: 206 S,; Stuttgart (Kohlhammer).

BRAUN, R. (1977) Das Bendiktinerkloster Michelsberg 1015—1525. Eine Untersuchung zur Gründung, Rechtsstellung und Wirtschaftsgeschichte. — Die Plassenburg, 39 (1 + 2): 320 S. + 329 S.; Kulmbach.

BRAUNFELS, L. (1847): Die Mainufer und ihre nächste Umgebung. — 458 S., 54 Abb.; Würzburg.

BREMER, H. (1959): Flußerosion an der oberen Weser. — Göttinger Geogr. Abh., 22: 192 S.; Göttingen.

BRENNER, W. (1983): Wasserschöpfräder im Flußgebiet der Regnitz. — Informationsberichte d. Bayer. Landesamtes f. Wasserwirt., 4/83, S. 15—26; München.

BROD, W. (1956): Ein Beitrag zur mittelalterlichen Überlieferung der Würzburger Fischerzunft. — Mainfränkisches Jahrbuch, 79, S. 140—159; Würzburg.

BRUNNACKER, K. (1959): Zur Kenntnis des Spät- und Postglazials in Bayern. — Geologica Bavarica, 43, S. 74—150; München.

— (1978): Der Niederrhein im Holozän. — Fortschritte i. d. Geol. d. Rheinlande und Westfalen, 28, S. 399—440; Krefeld.

BUNDSCHUH, J. K. (1801): Geographisches-topographisches Lexikon von Franken. — 3 (I—Ne): 797 S.; Ulm.

BURKHAM, D. E. (1972): Channel changes of the Gila River in Safford valley, Arizona, 1846—1970. — United States Geological Survey. Professional Paper, 655 G: 24 S.; Washington.

CHROUST, A. (1914): Das Würzburger Land vor 100 Jahren. — 446 S.; Würzburg.
— [Hrsg.] (1919): Lebensläufe aus Franken. — 1: 560 S.; München, Leipzig.

DEGNER, F. (1938): Das Recht der Floßfahrt mit besonderer Berücksichtigung der mainfränkischen Flößerei. — Diss. Univ. Erlangen: 68 S.; Forchheim.
DELFS, J. & FRIEDRICH, W. & KIESEKAMP, H. & WAGENHOFF, A. (1958): Der Einfluß des Waldes und des Kahlschlages auf den Abflußvorgang, den Wasserhaushalt und den Bodenabtrag. — Aus dem Wald, 1958/3: 223 S.; Hannover.
DIENER, E. (1925a): Der Ausreißer — Der verschwundene Fluß. — Alt Franken, 1, S. 60—61; Bamberg.
DIENER, E. (1925b): Hochwasser in Bamberg. — Alt Franken, 1, S. 41—45; Bamberg.
DIENER, H. O. (1928): Zur Geschichte der Brache in Bayern. — Landwirtschaftliches Jb. f. Bayern, 19, S. 438—451; München.
DÖRFLER, H. (1962): Aus der Geschichte der Landwirtschaft von Oberfranken. — 1 (1730—1890): 334 S.; Bayreuth.
DOBNER, A. (1980): Hydrogeologie des Maintales. — In: BAYERISCHES GEOLOGISCHES LANDESAMT [Hrsg.]: Wasserwirtschaftliche Rahmenuntersuchung Donau und Main. Hydrogeologie, S. 27—42; München.

ELSENER, F. (1974): Die Fischfache im Zürichsee zwischen Rapperswil und Hurden. — In: GREES, B. [Hrsg.]: Festschrift für Karl Heinz Schröder, S. 69—82; Kiel.
EMMERICH, W. (1951): Stand und Aufgabe der siedlungskundlichen Erforschung des östlichen Oberfranken. Teil I. — Archiv f. Geschichte v. Oberfranken, 35 (3), S. 3—39; Bayreuth.
— (1952): Stand und Aufgabe der siedlungskundlichen Erforschung des östlichen Oberfranken. Teil II. — Archiv f. Geschichte v. Oberfranken, 36 (1), S. 33—80; Bayreuth.
— (1955): Das Hauptwegenetz des 11. Jahrhunderts in den oberen Mainlanden und seine Grundlagen in karolingischer Zeit. — Jb. f. fränkische Landesforschung, 15, S. 255—283; Kallmünz.
— (1956): Das Siedlungsbild der oberen Mainlande in seiner geschichtlichen Entwicklung. — Geogr. Rdsch., 8, S. 175—180; Braunschweig.
ENGEL, W. (1956): Urkundenregesten zur Geschichte der Städte des Hochstiftes Würzburg. — Quellen und Forschungen zur Geschichte des Bistums und Hochstifts Würzburg, 12: 206 S.; Würzburg (Schöningh).
EHRENBURG, K. (1892): Geschichte der fränkischen Kartographie. — Archiv d. Histor. Ver. v. Unterfranken u. Aschaffenburg, 35, S. 1—32, 1 Kt.; Würzburg.

FENN, N. (1904): Oberndorf. — Archiv f. Stadt u. Bezirksamt Schweinfurt, 8, S. 47—49; Schweinfurt. [Beilage zum Schweinfurter Tagblatt]
— (1908): Oberndorf. — Archiv f. Stadt u. Bezirksamt Schweinfurt, 8, S. 90—92; Schweinfurt. [Beilage zum Schweinfurter Tagblatt]

FINK, J. (1977): Jüngste Schotterakkumulationen im österreichischen Donauabschnitt. — In: FRENZEL, B.: Dendrochronolgie und Postglaziale Klimaschwankungen in Europa, Erdwissenschaftliche Forsch., 13, S. 190—211; Wiesbaden.
FIRBAS, F. (1952): Spät und nacheiszeitliche Waldgeschichte Mitteleuropas nördlich der Alpen. Teil II. — 256 S., 18 Abb.; Jena.
FLOHN, H. (1949): Klimaschwankungen im Mittelalter und ihre historisch-geographische Bedeutung. — Ber. z. dt. Landeskde. 7, S. 347—357; Bad Godesberg.
— (1958): Klimaschwankungen der letzten 1000 Jahre und ihre geophysikalischen Ursachen. — In: Tagungsberichte und wissenschaftliche Abhandlungen des Deutschen Geographentages in Würzburg 1957, S. 201—214; Wiesbaden.
— (1967): Klimaschwankungen in historischer Zelt. — In: RUDLOFF, H. v.: Schwankungen und Pendelungen des Klimas in Europa seit dem Beginn der regelmäßigen Instrumentenbeobachtungen (1670), S. 81—90; Braunschweig.
FRANKENBERGER, R. (1960): Die Aufforstung landwirtschaftlich genutzter Grundstücke als Index für sozialgeographische Strukturwandlungen in Oberfranken. — Münchner Geogr. H., 18: 79 S.; München.
FRENZEL, B. (1977): Postglaziale Klimaschwankungen im südwestlichen Mitteleuropa. — In: FRENZEL, B.: Dendrochronologie und Postglaziale Klimaschwankungen in Europa, Erdwissenschaftliche Forsch., 13, S. 297—322; Wiesbaden.
— (1983): On the Central-European water budget during the last 15 000 years. — Quaternary studies in Poland, 4, S. 45—59; Warszawa, Poznan.
FREPPON, J. (1928): Aus Grafenrheinfelds alter und neuer Zeit. — Bibliothek f. Volks- und Heimatkunde, 123: 52 S.; Kaufbeuren.
FREYBERG, B. v. (1955): Die Entstehung des Bamberger Kessels. — Geol. Bl. v. Nordost-Bayern, 5, S. 155—164: Erlangen.
FUCHS, A. (1960): Das Überflutungsgebiet des Rheins innerhalb des Neuwieder Beckens. — Forsch. z. dt. Landeskde., 124: 104 S., 20 Abb., 24 Kt.; Bad-Godesberg.

GEDERN-CRISPENDORF, G. v. (1930): Kulturgeographie des Frankenwaldes. — Beih. z. d. Mitt. d. Sächsisch-Thüringischen Vereins f. Erdkunde zu Halle a. d. Saale, 1: 282 S., 7 Kt.; Halle a. d. Saale.
GELDNER, F. (1938): Wüstungen im Obermaingebiet. — Heimat und Volkstum, 16 (11 + 12), S. 161—171 + 177—189; München.
— (1952a): Das älteste Urbar des Cistercienserklosters Langheim (um 1390). —Veröff. d. Ges. f. fränkische Geschichte, 10. Reihe, 3, S. 79—202 S.; Würzburg.
— (1952b): Zur älteren Geschichte und Topographie der Stadt Bamberg. — Fränkische Blätter, 4. Jg. 10/11, S. 37—38 + 42; Bamberg.
GIL, E. & SLUPIK, J. (1972): The influence of the plant cover and land use on the surface run-off and wash down during heavy rain. — Studia geomorphologica Carpatho-Balcania, 6, S. 63—83; Krakow.

GLEISBERG, H. (1956): Technikgeschichte der Getreidemühle. — Abh. u. Ber. d. Deutschen Museums, 24. Jg., 3: 80 S.; München, Düsseldorf (Oldenburg Verlag + VDI Verlag).

GOEPFERT, G. (1908): Amt Wallburg und Stadt Eltmann. — 272 S.; Eltmann, Würzburg.

GRIMM, H. (1954): Die Verwüstung des Hochstifts Bamberg im Markgrafenkrieg 1552—54. — Fränkische Blätter, 6. Jg., S. 21—24 + 32—36 + 62—66; Bamberg.

GROH, J. (1952): Hallstadter Heimatspiegel. — 68 S.; Bamberg.

GRUMBACH, F. (1975): Parochia Rheinfeldensis. Untersuchung zur Entwicklung des spätmittelalterlich-frühneuzeitlichen Pfarrsprengels Bergrheinfeld, Grafenrheinfeld, Oberndorf und Röthlein. — Würzburger Diözesangeschichtsbl., 37/38, S. 295—319; Würzburg.

GUTTENBERG, E. v. (1927): Die Territorienbildung am Obermain. — Ber. d. Histor. V. v. Bamberg, 79, 1—539 S., 1 Kt.; Bamberg.

HAHN, H. & PESCHEK, C. & VYCHITIL, P. (1976): Existenz und Lage der Siedlung Rheinfeld. — Mainfränkisches Jb., 28, S. 17—28; Würzburg.

HANDEL, P. (1982): Modellrechungen über den Einfluß von Regulierungsmaßnahmen auf den Hochwasserabfluß. — Schriften d. Deutschen Verbandes für Wasserwirtschaft und Kulturbau, 53, S. 1—43; Hamburg, Berlin (Paul Parey).

HARD, G. (1970): Exzessive Bodenerosion um und nach 1800. — Erdkunde, 24, S. 290—308; Bonn.

HARTMANN, K. (1951): Zur Geschichte des oberfränkischen Waldes. — Archiv f. Geschichte v. Oberfranken, 35 (3), S. 69—85; Bayreuth.

HAVLICEK, P. (1983): Late Pleistocene and Holocene fluvial deposits of the Morava River (Czechoslovakia). — In: SCHIRMER, W.: Holozäne Talentwicklung — Methoden und Ergebnisse, Geol. Jb., A 71, S. 209—217, 4 Abb.; Hannover.

HEROLD, A. (1964): Strukturwandlungen im Maintal bei Zeil unter besonderer Berücksichtigung der jungen Industrialisierung und der Korbweidenwirtschaft. — Würzburger Geogr. Arb., 12, S. 83—122; Würzburg.

HÖHL, G. (1971): Talräume am Obermain. — Mitt. d. fränkischen Geogr. Ges., 18, S. 249—283; Erlangen.

HOFFMANN, H. (1940): Würzburgs Handel und Gewerbe im Mittelalter. —256 S.; Kallmünz.

— (1955): Münzen, Maße und Gewichte, Preise und Löhne in Bayern. — Mitt. f. d. Archivpflege in Bayern, 1/2, S. 16—21; München.

HOFMANN, H. H. (1953): Stadtsteinach. — Histor. Atlas v. Bayern, Teil Franken, 3: 288 S.; München.

— (1954): Mittel- und Oberfranken am Ende des alten Reiches (1792). — Histor. Atlas v. Bayern, Teil Franken, Reihe II, 1: 22 S., 1 Kt.; München.

HOFMANN, H. H. & HEMMERICH, H. (1981): Unterfranken. Geschichte seiner Verwaltungsstrukturen seit dem Ende des Alten Reiches 1814—1980. — 408 S.; Würzburg.

HOFMANN, M. (1954): Hallstadt um die Mitte des 14. Jahrhunderts. Ein

Querschnitt nach dem Urbar B. — Fränkische Blätter, 6. Jg., 13, S. 50—51; Bamberg.
— (1959): Um die „Zitterbrücke". — Fränkische Blätter, 11. Jg., S. 59—50; Bamberg.
HOOKE, J. M. (1977): The Distribution and Nature of Changes in River Channel Patterns: The Example of Devon. — In: GREGORY, K. J. [Edit.]: River Channel Changes, S. 265—280; Chichester.

JÄCK, H. J. (1829): Bambergische Jahrbücher vom Jahre 741 bis 1829. — 970 S.; Bamberg.
JÄGER, H. (1955): Der agrarlandschaftliche Umbau des 19. Jahrhunderts. — Mainfränkische Heimatkunde, 13, S. 210—243; Würzburg.
— (1967): Der Dreißigjährige Krieg und die deutsche Kulturlandschaft. — In: HAUSHOFER, H. & BOELCKE, W. A. [Hrsg.]: Wege und Forschungen der Agrargeschichte, S. 130—145; Frankfurt a. Main.
— (1968): Der Wald im nördlichen Süddeutschland und seine historisch-geographische Bedingtheit. — Mélanges de Geographie, 1968, S. 597—613; Gembloux.
— (1973): Die mainfränkische Kulturlandschaft zur Echter-Zeit. — In: MERZBACHER, F. [Hrsg.]: Julius Echter und seine Zeit, S. 7—35; Würzburg (Echter Verlag).
— (1978): Der Beitrag der Historischen Geographie zur Mittelalterlichen Archäologie. — Z. f. Archäologie d. Mittelalters, 6, S. 7—32; Bonn.
JAKOB, H. (1952): Wasserschöpfräder auch an Itz und Main. — Fränkische Blätter, 4. Jg. 19, S. 76; Bamberg.
— (1956a): Das Agrarlandschaftsbild im alten Hochstift. — Fränkisches Land, 3. Jg., 9; Bamberg.
— (1956b): Zur Datierung des „Rannenhorizontes" und der sogenannten „Pfahlbauten" im Main-Regnitzgebiet um Bamberg. — Ber. d. Naturforschenden Gesellschaft Bamberg, 35, S. 63—82; Bamberg.
— (1959): Siedlungsarchäologie und Slawenfrage im Main-Regnitzgebiet. — Ber. d. Histor. Ver. v. Bamberg, 96, S. 204—248; Bamberg.
— (1960): Wüste Furten im Itz-Mündungsgebiet. — Fränkisches Land, 8. Jg., 2; Bamberg.
— (1968): Wüstungstendenzen und Wüstungsphasen im ehemaligen Hochstift Bamberg Anno 1348. — Ber. z. dt. Landeskde., 41, S. 251—260; Bad-Godesberg.
— (1986): Die Wüstungen der Großgemeinde Zapfendorf und ihres Umlandes. — In: GUNZELMANN, T.: Zapfendorf. Landschaftsgeschichte — Kultur, S. 379—394; Zapfendorf (Selbstverlag der Katholischen Pfarrei und des Marktes Zapfendorf).

KANZ, W. & SCHNITZER, A. (1978): Obermain. Regionale Hydrologische Untersuchung. — In: BAYERISCHES LANDESAMT FÜR WASSERWIRTSCHAFT: [Hrsg.]: Das Mainprojekt, Schriftenreihe d. Bayer. Landesamtes f. Wasserwirt., 7, S. 36—49; München.
KEHL, H. (1985): Universitätsgut Mariaburghausen. — In: STADT HASS-

FURT [Hrsg.]: Stadt Hassfurt 1235—1985. Beiträge zur Heimatgeschichte, S. 51—55; Hassfurt (Tagblatt Druckerei).

KEHL, H. & REICHERT, A. (1985): Hassfurts Geschichte im Überblick. — In: STADT HASSFURT [Hrsg.]: Stadt Hassfurt 1235—1985. Beiträge zur Heimatgeschichte, S. 17—20; Hassfurt (Tagblatt Druckerei).

KEHL, J. (1948): Chronik von Haßfurt. — 376 S.; Würzburg.

KELLER, R. (1962): Gewässer und Wasserhaushalt des Festlandes. — 520 S.; Leipzig.

— [Hrsg.] (1978): Hydrologischer Atlas der Bundesrepublik Deutschland. Kartenband. — 68 Kt.; Bonn.

— [Hrsg.] (1979): Hydrologischer Atlas der Bundesrepublik Deutschland. Textband. — 365 S.; Bonn.

KESSLER, A. (1962): Studien zur jüngeren Talgeschichte am Main und an der Mümling und über jüngere Formenentwicklung im hinteren Bundsandstein-Odenwald. — Forsch. z. dt. Landeskde., 133: 94 S., 17 Abb.; Bad Godesberg.

KEYSER, E. & STOOB, H. [Hrsg.] (1971): Bayerisches Städtebuch. — Deutsches Städtebuch, 5 (1): 637 S.; Stuttgart, Berlin, Köln, Mainz, (Kohlhammer).

KIESSLING, R. & SCHMID, A. (1977a): Regierungs- und Verwaltungshandeln. Vom Polizeistaat zum Daseinsvorsorgestaat. — In: BOSL, K. [Hrsg.]: Dokumente zur Geschichte von Staat und Gesellschaft in Bayern, Abt. III, Bayern im 19. und 20. Jahrhundert, 4: 200 S,: München.

KIESSLING, R. & SCHMID. A. (1977b): Regierungssystem und Finanzverfassung. — In: BOSL, K. [Hrsg.]: Dokumente zur Geschichte von Staat und Gesellschaft in Bayern, Abt. III, Bayern im 19. und 20. Jahrhundert, 3: 371 S.; München.

KIMMICH, H. (1965): Die Entwicklung der Mainschiffahrt im 19. Jahrhundert. — Mainfränkische Heimatkunde, 13, S. 280—302; Würzburg.

KIST, J. (1953): Fürst- und Erzbistum Bamberg. Leitfaden durch ihre Geschichte. — Ber. d. Histor. Ver. v. Bamberg, 92 (1. Beiheft): 71 S.; Bamberg.

KLIMEK, K. & TRAFAS, K. (1972): Young holocene changes in the course of the Dunajec River in the Beskid Sadecki Mountains (Western Carpathians). — Studia Geomorphologica Carpatho Balcania, 6, S. 85—91; Krakow.

KNIGTHON, D. (1984): Fluvial forms and processes. — 224 S.; London (Edward Arnold).

KNOPF, H. (1912): Ottendorfer Gerechtigkeit 1633. — Archiv f. Stadt u. Bezirksamt Schweinfurt, 11; Schweinfurt. [Beilage zum Schweinfurter Tagblatt].

KOCH, W. (1958): Fürstbischöfliche Fischereigesetzgebung und Fischereiverwaltung am Main von 1450—1800. — In FISCHEREIVERBAND UNTERFRANKEN e. V. [Hrsg.]: Festschrift. 80 Jahre Fischereiverband Unterfranken e. V. Würzburg 1877—1957, S. 206—271; Würzburg.

— (1964): Zur Geschichte der Bamberger Fischerzunft. — Ber. d. Histor. Ver. v. Bamberg, 100, S. 277—298; Bamberg.

KÖBERLIN, A. (1893): Zur historischen Gestaltung des Landschaftsbildes um Bamberg. — 129 S.; Bamberg.

— (1899): Der Obermain als Handelsstraße im späten Mittelalter. — Wirtschafts-und Verwaltungsstudien mit besonderer Berücksichtigung Bayerns, 4: 70 S.; Erlangen, Leipzig.
KÖRBER, H. (1962): Die Entwicklung des Maintales. — Würzburger Geogr. Arb., 10: 170 S.; Würzburg.
KÖSSLER, H. (1964): Hofheim. — Histor. Atlas v. Bayern, Teil Franken, 13: 186 S.; München.
KRAFT, W. (1955): Die geschichtliche Entwicklung Frankens. Teil 1. — In: SCHERZER, C. [Hrsg.]: Franken Land, Volk, Geschichte und Wirtschaft, 1, S. 409—466; Nürnberg.
— (1959): Die geschichtliche Entwicklung Frankens. Teil 2. — In: SCHERZER, C. [Hrsg.]: Franken Land, Volk, Geschichte und Wirtschaft, 2, S. 17—70; Nürnberg.
KRAMER, K. S. (1957): Bauern und Bürger im nachmittelalterlichen Unterfranken. — Beitr. z. Volkstumsforschung, 11: 232 S.; Würzburg.
KRIGSTRÖM, A. (1962): Geomorphological studies of sandur plains and their braided rivers in Iceland. — Geografiska Annaler, 44, S. 328—346; Stockholm.
KÜSPERT, O. (1929): Anteil des Mains an der Gestaltung der wirtschaftlichen und finanziellen Verhältnisse Schweinfurts. — Wirtschafts- und Verwaltungsstudien mit besonderer Berücksichtigung Bayerns, CI: 189 S.; Leipzig.
KUPFER, K. (1930): Über die Verbreitung der Schöpfräder in der Regnitz. — Bamberger Blätter, 7. Jg., 2, S. 85—86; Bamberg.
— (1956): Künstliche Flußlaufänderungen im Mittelalter. — Fränkisches Land, 3. Jg. 8; Bamberg.

LAMB, H. H. (1977): Climate, Present, Past and Future. Volume 2: Climatic history and the future. — 835 S.; London, New York.
LEOPOLD, L. B. & WOLMAN, G. M. (1957): River channel patterns: braided, meandering and straight. — Physiographic and Hydraulic Studies of Rivers, 14, S. 44—62; Washington.
LEOPOLD, L. B. & WOLMAN, G. M. & MILLER, J. P. (1964): Fluvial Processes in Geomorphology. — 522 S.; San Francisco.
LINDNER, L. (1925): Die Mainfischerei in Unterfranken. — Diss. Univ. Würzburg; XI, 147 S.; Würzburg.
LOUIS, H. & FISCHER, K. (1979): Allgemeine Geomorphologie. — 814 S., 146 Abb., 2 Kt.; Berlin, New York (Walter de Gruyter).
LÜTHJE, S. (1983): Schiffsmühlen auf bayerischen Flüssen. — Informationsberichte d. Bayer. Landesamtes f. Wasserwirt., 3/83, S. 161—190; München.

MÄLZER, G. (1986): Der Main. Geschichte eines Flusses. — 112 S., 118 Abb.; Würzburg (Echter Verlag).
MAIERHÖFER, I. (1962): Grundformen der Herrschaftsbildung im östlichen Grabfeld von der fränkischen Landnahme bis zur Säkularisation. — Mainfränkisches Jb., 14, S. 1—83; Würzburg.
MANGELSDORF, J. & SCHEURMANN, K. (1980): Flußmorphologie. — 262 S.; München (Oldenbourg Verlag).

MAUER, H. & MARQUARDT, E. & WINKLER, R. (1971): Chronik der Stadt Zeil. Teil 1: Zeil bis Ende des 13. Jahrhunderts. — 317 S.; Hassfurt.
— (1981): Chronik der Stadt Zeil. Teil 3. — 584 S.; Zeil.
MENK-DITTMARSCH, F. (1843): Der Main von seinem Ursprung bis zur Mündung. — 422 S., 8 Taf., 1 Kt.; Mainz.
MEYER, H. (1956): Blüte und Niedergang der Mainfischerei um Lichtenfels. — Heimat-Blätter, 7; Lichtenfels. [Beilage zum Lichtenfelser Tagblatt].
— (1958): Ein Beitrag zur Michelauer Ortsgeschichte. — 52 S.; Michelau, Lichtenfels (Meisterdruck).
— (1962): Die Lichtenfelser Wöhrdmühle. — Heimat-Blätter, 8 + 9; Lichtenfels. [Beilage zum Lichtenfelser Tagblatt].
— (1963/64): Wenn der Main über die Ufer tritt. — Heimat-Blätter, 9 (1963) + 1 + 2 (1964); Lichtenfels. [Beilage zum Lichtenfelser Tagblatt]
— (1964): Aus dem Leben einer Fränkischen Stadt. Kleine Lichtenfelser Ortsgeschichte. — 85 S.; Lichtenfels (Meister Druck).
— (1967): Aus der Geschichte des Lichtenfelser Spitaldorfes Unterwallenstadt. — 40 S.; Lichtenfels (Meister Druck).
— (1968): Trabanten der Kreisstadt Lichtenfels. Oberwallenstadt-Krappenroth. —71 S.; Lichtenfels (Meister Druck).
MOJSKI, J. E. (1983): Lithostratigraphic Units of the Holocene and the Surface Morpholoy of the Bedrock (Vistula Delta Plain). — In: SCHIRMER, W.: Holozäne Talentwicklung — Methoden und Ergebnisse, Geol. Jb., A 71, S. 171—186, 6 Abb.; Hannover.
MOSLEY, M. P. (1975): Meander cutoffs on the river Bollin, Ceshire, in July 1973. — Revue de Geomorphologie Dynamique, 24 (1): 21—31; Paris.
MÜLLER, F. (1923): Die Entwicklung des bayerischen Mains als Schiffahrtsstraße. — Diss. Univ. Würzburg: 219 S.; Würzburg.
MÜLLER, W. (1951): Mittelalterliche Wüstungen in Oberfranken. — Archiv f. Geschichte v. Oberfranken, 35 (3), S. 40—68; Bayreuth.

NATERMANN, E. (1937): Zur Ortsgeschichte von Hameln. Auswertung und Bedeutung der bei den neuen Großwasserbauten in Hameln angetroffenen Bodenfunde. — Schriftenreihe d. Niedersächsischen Heimatbundes e. V., 15: 110 S.; Oldenburg.
NEUKAM, W. (1949): Territorium und Staat der Bischöfe von Bamberg. — Ber. d. Histor. V. v. Bamberg, 89, S. 1—35; Bamberg.
NIETSCH, H. (1955): Hochwasser, Auelehm und vorgeschichtliche Siedlung. —Erdkunde, 9, S. 20—39; Bonn.
NOELL, H. (1986): Die Veränderung der Flußlandschaft des Mains durch den Wasserbau. — Informationsberichte d. Bayer. Landesamtes f. Wasserwirt., 1/86, S. 241—270; München.

OELLER, A. (1955): Die Ortsnamen des Landkreises Schweinfurt. — Mainfränkische Heimatkunde, 8: 116 S.; Würzburg.
— (1957): Das Schweinfurter Fischer- und Schifferhandwerk. — Mainfränkische Hefte, 28: 62 S.; Würzburg.
OESCHGER, H. & MESSERLI, B. & SVILAR, M. [Hrsg.] (1980): Das Klima.

Analyse und Modelle, Geschichte und Zukunft. — 296 S., 123 Abb.; Berlin, Heidelberg, New York (Springer Verlag).

PASCHKE, H. (1971): Der Bughof ob Bamberg. Ein Austattungsgut des Bistums Bamberg. — Ber. d. Histor. Ver. v. Bamberg. 107, S. 321—344; Bamberg.

PECHMANN, H. v. (1825a): Der frühere und gegenwärtige Zustand des Wasser- und Straßenbaues im Königreich Bayern. — Jb. d. Baukunde, 1 (1), S. 1—57; Stuttgart, Tübingen.

— (1825b): Die Geradeleitung des Mains bei Grafenrheinfeld, — Jb. d. Baukunde, 1 (2), S. 125—146; Stuttgart, Tübingen.

PFEIFFER, G. (1980): Die Bedeutung des Mains für die Ausbildung der Kulturlandschaft. — In: DEUTSCHER WERKBUND BAYERN e. V. [Hrsg.]: Der Main, Gefährdung und Chance einer europäischen Flußlandschaft, S. 11—18; München.

PFISTER, C. (1980a): The Climate of Switzerland in the last 450 years. — Geographica Helvetica, 35 (5), S. 15—20; Bern, Zürich.

— (1980b): Klimaschwankungen und Witterungsverhältnisse im schweizerischen Mittelland und Alpenvorland zur Zeit des „Little ice Age". Die Aussagen der historischen Quellen. — In: OESCHGER, H. & MESSERLI, B. & SVILAR, M. [Hrsg.]: Das Klima. Analyse und Modelle, Geschichte und Zukunft, S. 175—190: Berlin, Heidelberg, New York (Springer Verlag).

PFUHLMANN, H. (1980): Kloster Banz. — In: STADT STAFFELSTEIN [Hrsg.]: 850 Jahre Marktrecht Staffelstein, S. 253—264; Staffelstein.

RADL, W. (1963): Ortsnamen im Landkreis Hassfurt. — Heimatbogen d. Bezirksschulamtes Hassfurt, 3: 35 S.; Hassfurt. [vervielfältigte Maschinenschrift]

RADUNZ, E. & RADUNZ, K. (1979): Seubelsdorf. Geschichte und Gegenwart. — 84 S.; Seubelsdorf (Selbstverlag der Gemeinde Seubelsdorf).

RICHTER, G. (1965): Bodenerosion. — Forsch. z. dt. Landeskde., 152: 592 S., 102 Abb., 71 Tab., 9 Kt.: Bad Godesberg.

ROPPELT, J. B. (1801): Historisch-topographische Beschreibung des kaiserlichen Hochstifts- und Fürstentums Bamberg, nebst einer neuen geographischen Originalkarte dieses Landes und 4 Blättern. — 684 S.; Nürnberg.

RUBNER, H. (1964): Wald und Siedlung im Frühmittelalter am Beispiel der Landschaften zwischen Alpen und Main. — Ber. z. dt. Landeskde., 32, S. 114—127; Bad Godesberg.

RUDLOFF, H. v. (1980): Die Klima-Entwicklung in den letzten Jahrhunderten im mitteleuropäischen Raum (mit einem Rückblick auf die postglaziale Periode). — In: OESCHGER, H. & MESSERLI, B. & SVILAR, M. [Hrsg.]: Das Klima. Analyse und Modelle, Geschichte und Zukunft, S. 125—148; Berlin, Heidelberg, New York (Springer Verlag).

RYBA, J. (1966): Schonungen. Geschichte eines fränkischen Dorfes., 223 S.; Schweinfurt.

SAFFERT, E. (1962): Die Rechtsgrundlage aller Schweinfurter Wasserbauten.

— Schweinfurter Heimatblätter, 31. Jg., 9, S. 33—36; Schweinfurt. [Beilage zum Schweinfurter Tagblatt]

SCHÄFER, P. (1976): Die Entwicklung des Straßennetztes im Raum Schweinfurt bis zur Mitte des 19. Jahrhunderts. — Würzburger Geogr. A., 44: 489 S.; Würzburg.

— (1979): Die Entstehung des mainfränkischen Eisenbahnnetzes. Teil 1: Planung und Bau der Hauptstrecken bis 1879. — Mainfränkische Studien, 21: 487 S.; Würzburg.

SCHÄRL, W. (1955): Die Zusammenstellung der bayerischen Beamtenschaft von 1806—1918. — Münchener Histor. Studien, Abt. Bayerische Geschichte, 1: 407 S.; Kallmünz.

SCHAFFERNAK, F. (1950): Grundriss der Flussmorphologie und des Flussbaues. — 115 S., 129 Abb.; Wien (Springer Verlag).

SCHANZ, G. (1894): Die Mainschiffahrt im 19. Jahrhundert und ihre zukünftige Entwicklung. — 411 S.; Würzburg.

SCHERZER, W. (1958): Die alten Mainbrücken Unterfrankens und ihre Baulastträger. — Würzburger Diözesangeschichtsbl., 20, S. 154—177; Würzburg.

— (1964): Schloss Mainberg. — Schweinfurter Heimatblätter, 9; Schweinfurt. [Beilage zum Schweinfurter Tagblatt]

— (1972): Ältestes Bamberger Bischofsurbar 1323/27. — Ber. d. Histor. V. v. Bamberg, 108, S. 5—170; Bamberg.

SCHEUERMANN, K. (1981): Die Anfänge des Wasserbaus unter Carl Friedrich von Wiebeking. — Informationsberichte d. Bayer. Landesamtes f. Wasserwirt., 4/81, S. 107—120; München.

SCHIECHTL, H. (1981): Wasserbau am Lech in seiner geschichtlichen Entwicklung. — Informationsberichte d. Bayer. Landesamtes f. Wasserwirt., 4/81, S. 121—160; München.

SCHIFFMANN, D. (1905): Leitfaden des Wasserbaues. — 559 S.; Leipzig.

SCHIRMER, W. (1978): Aufbau und Genese der Talaue. — In: Das Mainprojekt. Hydrogeologische Studien zum Grundwasserhaushalt und zur Stoffbilanz im Maineinzugsgebiet. — Schriftenreihe d. Bayer. Landesamtes f. Wasserwirt., 7, S. 145—154; München.

— (1980): Exkursionsführer zum Symposium Franken. Holozäne Talentwicklung-Methoden und Ergebnisse. — 210 S,: Düsseldorf.

— (1981): Abflußverhalten des Mains im Jungquartär. — Sonderveröffentlichung d. Geol. Inst. Univ. Köln, 41, S. 197—208; Köln.

— (1983): Die Talentwicklung an Main und Regnitz seit dem Hochwürm. — In: SCHIRMER, W.: Holozäne Talentwicklung — Methoden und Ergebnisse, Gcol. Jb., A 71, S. 11—43; Hannovcr.

SCHLÖGL, A. (1954): Bayerische Agrargeschichte. Die Entwicklung der Land- und Forstwirtschaft seit Beginn des 19. Jahrhundert. — 914 S., 218 Abb.; München.

SCHNELBÖGL, F. (1953): Siedlungsbewegungen im Veldener Forst. — Jb. f. fränkische Landesforsch., 11/12, S. 221—235; Erlangen.

SCHÖNER, K. (1970): Aus Bergrheinfelds vergangenen Tagen. — In: Festschrift zur Weihe der Apostelkirche St. Bartholomäus in Bergrheinfeld: S. 14—35; Bergrheinfeld.

SCHUMANN, H. (1964): Altertümliche Hufeisen im Moorgrund. — Schweinfurter Heimatblätter, 2, S. 7—8; Schweinfurt. [Beilage zum Schweinfurter Tagblatt]

SCHUMM, S. A. (1969): River metamorphosis. — Journal of Hydraulic engineering, American Society of Civil Engineer, 95, S. 255—273; New York.

SCHWEITZER, A. (1866): Der Lauf der Regnitz durch die Stadt Bamberg in der älteren Zeit. — Ber. d. Histor. Ver. v. Bamberg, 29, S. 169—181; Bamberg.

SCHWARZ, K. (1984): Frühmittelalterlicher Landesausbau im östlichen Franken zwischen Steigerwald, Frankenwald und Oberpfälzer Wald. — Römisch-Germanisches Zentralmuseum, Monographien, 5: 177 S.; Mainz.

SCHWARZMEIER, J. (1980): Geologische Karte des Maingebietes 1:200 000. — In: BAYERISCHES GEOLOGISCHES LANDESAMT [Hrsg.]: Wasserwirtschaftliche Rahmenuntersuchung Donau und Main. Hydrogeologie: Beil. 1; München.

— (1982): Erläuterungen zur geologischen Karte von Bayern 1:25 000, Blatt Nr. 5927: Schweinfurt. — 139 S., 23 Abb., 1 Kt., 6 Beil.; München.

SEIDEL, H. P. (1981): Die Verbindung von Donau und Main aus historischer Sicht. — Informationsberichte d. Bayer. Landesamtes f. Wasserwirt., 4/81, S. 191—206: München.

SPÄTH, H. (1978): Hydrogeographie. — In: BAYERISCHES LANDESAMT FÜR WASSERWIRTSCHAFT [Hrsg.]: Das Mainprojekt, Schriftenreihe d. Bayer. Landesamtes f. Wasserwirt., 7, S. 31—33; München.

STADT SCHWEINFURT [Hrsg.] (1985): Zeitreise. Schweinfurt — Von der Freien Reichsstadt zur Industriestadt. Materialien aus über 1200 Jahren Stadtgeschichte bis in die Anfänge der Industrialisierung. — 120 S,: Schweinfurt (Verlag Ludwig & Höhne Werbeagentur).

STARKEL, L. (1983): Facial Differentiation of the Holocene Fill in the Wisloka River Valley. — In: SCHIRMER, W.: Holozäne Talentwicklung — Methoden und Ergebnisse, Geol. Jb., A 71, S. 161—169, 5 Abb.; Hannover.

STEIN, F. (1875): Monumenta Suinfurtensia historica. — 607 S.; Schweinfurt.

— (1900): Geschichte der Stadt Schweinfurt. — 1 + 2: VIII, 379 S. + V, 229 S.; Schweinfurt.

STEINMÜLLER, A. (1971): Die holozänen Sedimente im mittleren Saaletal und zu Fragen der junghistorischen fluvialen Vorgänge in den Tälern der Mittelgebirgsschwelle. — Geologie, 20 (10), S. 1111—1131; Berlin.

STRAUTZ, W. (1963): Auelehmbildung und -gliederung im Weser- und Leinetal mit vergleichenden Zeitbestimmungen aus dem Flußgebiet der Elbe. — Beitr. z. Landespflege, 1, S. 273—314; Stuttgart. [Festschrift für H. F. Wiepking]

STROBEL, L. (1983): Zur Geschichte der Schiffahrt und Flößerei auf den großen Flüssen Bayerns. — Informationsberichte d. Bayer. Landesamtes f. Wasserwirt., 4/83, S. 231—291; München.

THEODORI, C. (1925): Geschichte und Beschreibung des Klosters Banz. — 166 S.; Lichtenfels (H. O. Schulze).

THORNE, C. R. & LEWIN, J. (1979): Bank Processes, Bed Material Movement and Planform Developement in a Meandering River. — In: RHODES, D. D. & WILLIAMS, G. P. [Hrsg.]: Adjustements of the Fluvial System: S. 117—138; London.

TROST, W. (1969): Die gleichnamigen Uferorte beiderseits des Mains. — Mainfränkisches Jb., 21, S. 26—112; Würzburg.

VERDENHALVEN, F. (1968): Alte Maße, Münzen und Gewichte aus dem deutschen Sprachgebiet. — 54 S.; Neustadt a. d. Aisch (Degener).

VOGT, G. (1979): Burg und Dorf, Kloster und Schloß Theres. — 235 S.; Münsterschwarzach.

VOGT, J. (1958): Zur historischen Bodenerosion in Mitteldeutschland. — Petermanns Geogr. Mitt., 102 (3), S. 199—203; Leipzig.

VOLLET, H. (1983): Oberfranken im Bild alter Karten. — Ausstellungskatalog der staatliche Archive Bayerns, hrsg. von der Generaldirektion der staatlichen Archive Bayerns, 15: 84 S.; Neustadt a. d. Aisch.

VOLLRATH, H. (1965): Das Vegetationsgefüge der Itzaue als Ausdruck hydrologischen und sedimentologischen Geschehens. — Landschaftspflege und Vagetationskunde, 4; München.

WAILERSBACHER, R. (1980): 1200 Jahre Knezcegeue-Knetzgau. Festschrift zur 1200 Jahrfeier der Gemeinde Knetzgau. — 264 S.; Hassfurt.

WALLNER, J. (1957): Hochwasserabfluß und 100 Jahre wasserbauliche Maßnahmen. Eine Untersuchung über den 400 km langen schiffbaren Main von Bamberg bis zur Mündung. — Besondere Mitt. z. dt. Gewässerkundlichen Jb., 20: 20 S.; Koblenz.

WEBER, H. (1884): Bamberger Weinbuch. — Ber. d. Histor. Ver. v. Bamberg, 46: 293 S.; Bamberg.

WEBER, J. (1965): Siedlungen im Albvorland von Nürnberg. — Mitt. d. fränkischen Geogr. Ges., 11/12, S. 141—263; Erlangen.

WEIGEL, H. (1953): Straße, Königscentene und Kloster im karolingischen Ostfranken. — Jb. f. fränkische Landesforsch., 13, S. 7—54; Kallmünz.

WEIKINN, C. (1958/60/61/63): Quellentexte zur Witterungsgeschichte Europas von der Zeitwende bis zum Jahre 1850. Hydrographie. — 1 (Zeitwende bis 1500): 531 S., 2 (1501 bis 1600): 486 S., 3 (1601 bis 1700): 586 S., 4 (1701 bis 1750): 381 S.; Berlin (Akademie Verlag).

WEISEL, H. (1971): Die Bewaldung der nördlichen Frankenalb. — Mitt. d. fränkischen Geogr. Ges., 17, S. 1—68; Erlangen.

WEISS, H. (1959): Lichtenfels-Staffelstein. — Histor. Atlas v. Bayern, Teil Franken, 7: 192 S.; München.

— (1962): Die Zisterzienserabtei Ebrach. Eine Untersuchung zur Grundherrschaft, Gerichtsherrschaft und Dorfgemeinde im fränkischen Raum. — Quellen und Forschungen zur Agrargeschichte, 8: 147 S.; Stuttgart.

— (1974): Stadt- und Landkreis Bamberg. — Histor. Atlas v. Bayern. — Teil Franken, Reihe 1, 21: 293 S.; München.

WELTE, A. (1934): Der Weinbau des mittleren Mainlandes in seiner ehemaligen

Verbreitung. — Forsch. z. dt. Landeskde., 31 (1): 36 S., 1 Kt.; Bad-Godesberg.

WENISCH, S. (1985): Zur Geschichte von Augsfeld, Sailershausen, Uchenhofen und Wülflingen. — In: STADT HASSFURT [Hrsg.]: Stadt Hassfurt 1235—1985. Beiträge zur Heimatgeschichte, S. 45—49; Hassfurt (Tagblatt Druckerei).

WERNER, A. (1956): Schney. Zeit- und Kulturgeschichte. — 190 S.; Coburg (Druckhaus Coburg).

WETH, L. (1981): Grafenrheinfeld 741—1981. — 238 S,: Münsterschwarzach.

WIELAND, M. (1908): Kloster Theres. — 83 S.; Hassfurt.

WIESSNER, W. (1973): Das Gesamturbar des Zisterzienserklosters Ebrach vom Jahre 1430. — Veröff. d. Ges. f. fränkische Geschichte, 10. Reihe, 8: 185 S,: Würzburg.

WILD, K. (1906): Staat und Wirtschaft in den Bistümern Würzburg und Bamberg. Eine Untersuchung über die organisatorische Tätigkeit des Bischofs Friedrich Karl von Schönborn 1729—1746. — Heidelberger Abh. z. mittleren und neueren Geschichte, 15: 216 S,: Heidelberg.

WILL, G. (1956): Hochwasserkatastrophen am Obermain bei Burgkunsstadt. — Heimat-Blätter, 5 + 6; Lichtenfels. [Beilage zum Lichtenfelser Tagblatt]

WUNDT, W. (1953): Gewässerkunde. — 320 S., 185 Abb.; Berlin, Göttingen, Heidelberg.

ZIMMERMANN, G. (1980): Das Marktprivileg von 1130 im Rahmen der Staffelsteiner Geschichte. — In: STADT STAFFELSTEIN [Hrsg.]: 850 Jahre Marktrecht Staffelstein, S. 11—22; Staffelstein.

ZUMBÜHL, H. & MESSERLI, P. (1980): Gletscherschwankungen und Temperaturverlauf. Beispiel einer Korrelationsanalyse von indirekten und direkten Klimazeugen am Beispiel des Grindelwaldgletschers und der 200jährigen Basler Temperaturreihe. — In: OESCHGER, H. & MESSERLI, B. & SVILAR, M. [Hrsg.]: Das Klima. Analyse und Modelle, Geschichte und Zukunft: S. 161—174; Berlin, Heidelberg, New York (Springer Verlag).

KARTENVERZEICHNIS

Geologische Karten

SCHWARZMEIER, J. (1980): Geologische Karte des Maintales 1:200 000. — In: BAYERISCHES GEOLOGISCHES LANDESAMT [Hrsg.]: Wasserwirtschaftliche Rahmenuntersuchung Donau und Main. Hydrogeologie: Anhang; München.

Topographische Karten

1:50 00

BAYERISCHES LANDESVERMESSUNGSAMT [Hrsg.]: Nachdruck des „Topographischen Atlasses vom Königreich Bayern":

Blatt Bamberg	Ausgabe 1841
Blatt Gerolzhofen	Ausgabe 1857
Blatt Karlstadt	Ausgabe 1852
Blatt Lichtenfels	Ausgabe 1867
Blatt Schweinfurt	Ausgabe 1852

1:25 000

BAYERISCHES LANDESVERMESSUNGSAMT [Hrsg.]:

Nr. 5831 Seßlach	Ausgabe 1969
Nr. 5832 Lichtenfels	Ausgabe 1958
Nr. 5833 Burgkunstadt	Ausgabe 1958
Nr. 5927 Schweinfurt	Ausgabe 1971
Nr. 5928 Obertheres	Ausgabe 1957
Nr. 5929 Hassfurt	Ausgabe 1971
Nr. 5931 Ebensfeld	Ausgabe 1958
Nr. 6027 Grettstadt	Ausgabe 1965
Nr. 6029 Knetzgau	Ausgabe 1958
Nr. 6030 Eltmann	Ausgabe 1958
Nr. 6031 Bamberg Nord	Ausgabe 1965

QUELLENVERZEICHNIS

Staatsarchiv Bamberg (Ba)

A 86 = Bamberger Verträge

  351, 77

A 90 = Bamberger Ortsurkunden

  466, 500
  466, 541
  468, 624
  502, 3433
  502, 3440
  503, 3445
  503, 3450

A 110 = Domprobstei Urkunden

  72, 498

A 121 = Urkunden des Klosters Banz

  164, 5
  166, 162

A 135 = Urkunden des Klosters Langheim

  194, 244 205, 857
  194, 246 205, 862
  194, 247
  194, 248
  194, 257
  194, 262
  204, 777
  205, 853
  205, 855

A 136 = Urkunden des Klosters Michelsberg

  233, 1497 242, 2246
  233, 1510

A 221 = Bamberger Standbücher

    1092, 1
    1092, 3
    4309, 3

A 240 = Karten und Pläne

    R 472
    R 927
    R 928
    R 1257
    T 789

B 26c = Bamberger Verordnungen : Allgemeines

    45
    113

B 46c = Differenzen mit Würzburg

    8
    614
    831
    1053
    1134

B 54 = Bamberger Hofkammer

1998	2076
2004	2079
2015	
2066	
2069	

B 67 (10) = Bamberger Regierung : Beziehungen (u. a. Kloster Michelsberg)

    8a

B 67 (11) = Bamberger Regierung : Beziehungen (u. a. Kloster Banz)

    431

B 67 (12) = Bamberger Regierung: Beziehungen zu Kloster Langheim

    77
    111
    115
    165

B 67 (15) =Bamberger Regierung: Beschwerdeakten
    214
    281
    421
    463
    531a
    616
    652 I—III
    772
    776

B 67 (16) =Bamberger Regierung: Mühlen-, Fischerei- und Wasserrechtsakten
    5
    26
    45
    46

B 67 (17) = Bamberger Regierung: Beziehungen zum Adel
    2038   4367
    3712
    3575

B 76 (18) = Außenämter des Hochstiftes: Amt Lichtenfels
    1
    81

B 81 = Literalien und Akten der Domprobstei Bamberg
    280   485
    356
    475

B 86 = Literalien und Akten des Domkapitels Bamberg
    48

B 93 = Literalien und Akten des Klosters Banz
    567
    1141
    1142

B 106 = Literalien und Akten des Klosters Langheim
    45

B 110 = Literalien und Akten des Klosters Michelsberg
    1100
    1108

K 3 F Va = Regierung von Oberfranken: Landwirtschaft

1712	1809	1912	1984
1713	1831	1928	1987
1720	1835	1947	2002
1724	1837	1953	2005
1778	1845	1961 I	3922
1797	1853	1969	
1806			

K 3 F VIb = Regierung von Oberfranken: Handel und Gewerbe
    4650

K 3 F VIIb = Regierung von Oberfranken: Straßen-, Brücken- und Wasserbau

596	871	6132
601	877	6140
841	878	6146
847	974	6151
848	977	6178
849	1028	
868	2640	
870	2642	

K 3 Präs. = Präsidialregistratur der Regierung von Oberfranken
    628

K 5 I = Akten des Bezirksamtes Bamberg I
    1196
    1243
    1245
    1249

K 5 II = Akten des Bezirksamtes Bamberg II
    3492
    3495
    3514
    3520
    3533
    3590
    3621
    3808
    5048
    5792

K 30 = Straßen- und Flußbauamt Bamberg
    96

K 200 II = Straßen-, Brücken- und Wasserbauwesen
    5007
    5031   5072   5148
    5035   5076   5149
    5042   5094   5163
    5050   5110   5165
    5060   5115   5168
    5062   5119   5178

K 211 = Finanzamt Bamberg Land
    1410
    1416
    1570

L 41 (Marktzeuln) = Gemeindearchiv Marktzeuln
    637
    643
    646a

L 47 (Ebensfeld) = Gemeindearchiv Ebensfeld
    A 1
    A 2
    U 5
    U 10

Staatsarchiv Würzburg (Wü)

Gebr. A = Gebrechenamt
    III G, 56   IV T, 6
    III H, 12   IV W, 425
    IV E, 222   IV W, 827
    IV H, 80   VI H, 209
    IV H, 82   VII T, 9
    IV M, 16

OLG = Oberlandesgericht Bamberg
    2259

Pläne I = Würzburger Risse und Pläne I
- 325
- 339
- 371
- 396
- 483
- 485
- 488
- 526

Reg. Ab. = Regierungsabgabe (Regierung von Unterfranken)

1457	2678	2740
2645	2688	2744
2652	2690	2746
2656	2694	2747
2663	2707	2788
2675	2709	

Salb. = Salbuch
- 177

Standb. = Standbuch
- 18
- 634
- 637
- 647
- 719
- 1001

Würzburger Kartons:

Admin. = Administration
- 7310
- 7711
- 8027
- 8577
- 8877
- 9979
- 15 280

G
- 390
- 393
- 17 417
- 40 001

Geistl. S. = Geistliche Sachen
    1460

Ger. Elt. = Gericht Eltmann
    307

Ger. Sch. = Gericht Schweinfurt
    245
    296
    304
    444
    451
    465
    684
    693

Ger. Wer. = Gericht Werneck
    119
    120
    263

Misccell. = Miscellen
    5943
    6527

Rent. Sch. = Rentamt Schweinfurt
    35

Würzburger Urkunden:

WU = Würzburger Urkunden
    64, 212
    106, 207

Hauptstaatsarchiv München (M)

PLS = Plansammlung
    9 366
    10 303
    11 564
    11 565
    18 710

Stadtarchiv Bamberg (Stadt Ba)

    H. V. 1143

Stadtarchiv Lichtenfels (Li)

    Zettelkatalog (Hausen)

Stadtarchiv Schweinfurt (Schw)

    U 641
    U 656
    Varia 47

Archiv des Juliusspitals Würzburg (Jul. Wü)

10 818	11 083
10 822	11 085
10 932	11 119
10 933	11 122
11 078	
11 080	

Staatsbibliothek München (StaBi. Mü)

    Kartensammlung Mapp. XI, 544k

Staatsbibbliothek Bamberg (StaBi. Ba)

    H. V. G. 2/22